Friedrich Bodenstedt

Gesammelte Schriften

Erster Band

Friedrich Bodenstedt

Gesammelte Schriften
Erster Band

ISBN/EAN: 9783743386723

Hergestellt in Europa, USA, Kanada, Australien, Japan

Cover: Foto ©Thomas Meinert / pixelio.de

Manufactured and distributed by brebook publishing software (www.brebook.com)

Friedrich Bodenstedt

Gesammelte Schriften

Friedrich Bodenstedt's
Gesammelte Schriften.

Gesammt-Ausgabe

in

zwölf Bänden.

Erster Band.

Berlin 1865.

Verlag der Königlichen Geheimen Ober-Hofbuchdruckerei
(R. v. Decker).

Tausend und Ein Tag
im Orient.

Von

Friedrich Bodenstedt.

Erster Band.

Berlin 1865.

Verlag der Königlichen Geheimen Ober-Hofbuchdruckerei
(R. v. Decker).

Vorwort.

Im Laufe der letzten acht Jahre sind, von amerikanischen wie von deutschen Verlegern ersten Ranges, wiederholte Aufforderungen an mich ergangen, eine billige Gesammtausgabe oder eine für ein größeres Publikum passende Auswahl meiner Schriften erscheinen zu lassen.

Umstände, deren Erörterung nicht vor die Oeffentlichkeit gehört, verhinderten mich bisher solchen Aufforderungen entgegenzukommen, obgleich die Gründe dafür einleuchtend genug waren.

Einmal sind meine zahlreichen Schriften in den meist prachtvoll ausgestatteten Einzelausgaben der von Decker'schen Officin zu theuer, um in ihrer Gesammtheit unbemittelten Lesern zugänglich zu sein, woraus folgt, daß die Meisten nur einen kleinen Theil davon kennen; — dann berühren sie auch, als der treue Ausdruck eines vielbewegten Lebens, scheinbar zu verschiedenartige Gebiete, um alle für Alle gleich einladend zu erscheinen, so lange sich nicht eine billige und bequeme Vermittlung zu näherer Bekanntschaft mit ihnen bot.

So ist es gekommen, daß jedes meiner Bücher, nach der Gunst oder Ungunst des Zufalls, seinen eigenen Weg gegangen ist, unberührt von den Schicksalen der andern, obgleich sie nur im Zusammenhange ganz verstanden werden können: nicht blos weil sie einer und derselben Quelle entsprungen sind, deren Gehalt ihren Werth hauptsächlich bestimmt, sondern auch weil sie, trotz der Verschiedenartigkeit ihres Inhalts, auf das Engste zusammengehören, einander wesentlich erklären und ergänzen.

Bilder von unglücklichen Poeten, die durch Selbstüberschätzung ein klägliches Ende genommen, trübe Jugendeindrücke und Schicksale ließen schon früh in mir den Entschluß reifen, mit Sammlungen eigener Gedichte — deren Anfänge in mein achtes Lebensjahr zurückreichen — nicht eher an die Oeffentlichkeit zu treten, bis ich mir durch andere Arbeiten einen geachteten Namen errungen haben würde. Das Glück kam meinen Bestrebungen entgegen. Gleich mein erstes größeres Werk »die Völker des Kaukasus« hatte sich, trotz der höchst ungünstigen Zeit, in welcher es erschien (es fiel mitten in die Märzstürme des Jahres 1848 hinein) eines so durchgreifenden und nachhaltigen Erfolges zu erfreuen, wie selten einem ähnlichen Buche in Deutschland zu Theil wurde. In den nächstfolgenden Jahren erschienen die mehr einer poetischen Auffassung der Menschen und Dinge sich zuneigenden beiden Bände der ersten Ausgabe von »Tausend und Ein Tag im Orient«, deren Erfolg denjenigen der »Völker des Kaukasus« noch übertraf. Beide Werke erlebten wiederholte Auflagen, wurden in fremde Sprachen übersetzt und fanden in der alten wie in der neuen Welt gleich günstige Aufnahme.

Nun erst trat ich mit Sammlungen eigener Gedichte hervor, welche zum größten Theile schon viele Jahre in meiner Mappe geruht hatten, und mit mehreren Bänden poetischer Uebersetzungen, welche ebenfalls theilweise einer früheren Zeit angehörten. Diese Arbeiten wurden Anfangs mehr gelobt als gekauft; erst nach und nach gelang es ihnen, sich in der deutschen Literatur einzubürgern; allein es scheint mir kein übles Zeichen zu sein, daß ihre Anerkennung und Verbreitung mit den Jahren wächst, statt abzunehmen. Sie würden von vornherein eine wärmere Aufnahme gefunden haben, wenn ich meine literarische Laufbahn damit begonnen hätte und wenn sie in eine günstigere Zeit gefallen wären; denn das Urtheil der Welt über die zeitgenössischen Autoren, denen es gelingt in weiteren Kreisen bekannt zu werden, gründet sich zumeist auf ihr erstes Auftreten in der Literatur, wie denn schon ein alter Spruch sagt, daß die ersten Eindrücke die bleibendsten sind.

Dazu kommt, daß ich nie einer literarischen Coterie oder Clique angehörte, sondern immer meine eigenen Wege ging, und sang wie mir's um's Herz war, ohne je irgendeiner von der Zeit begünstigten Partei oder Richtung zu schmeicheln. So geschah es denn, daß sich meist einseitige Urtheile über mich bildeten, je nachdem man meine eigenen Gedichte, oder meine Uebersetzungen, oder meine ethnographischen und historischen Studien, oder meine orientalischen Reisebilder in den Vordergrund stellte.

Die erste bedeutende Stimme die sich in Deutschland nachdrucksvoll über meine Gesammtthätigkeit vernehmen ließ, war die Gustav Freytag's, der mit liebevollem Eingehen in meine von ihm richtig herausgefühlten Intentionen, den Kern und inneren Zusammenhang meiner äußerlich so verschiedenartigen Schriften treffend charakterisirte, und ihre Erfolge wesentlich auf die poetische Quelle, der sie alle entsprungen sind, zurückführte. Ich will sein vielleicht zu günstiges Urtheil, welches vor etwa zwölf Jahren in den »Grenzboten« erschien, hier nicht wiederholen, sondern selbst ein paar Worte über Grund und Zweck meiner Schriften sagen, um den rothen Faden aufzuzeigen, der sich durch alle hindurchzieht.

Um die Zeit, da meine Altersgenossen unter den deutschen Poeten ihre ersten Lorbeern in der Heimat ernteten, trieb mich mein Schicksal in fremden Ländern umher und ich mußte meine ganze Kraft aufbieten, um aus den neuen, oft mächtigen Eindrücken die sich mir aufdrängten, bleibenden Gewinn zu ziehen und sie beherrschen zu lernen, statt von ihnen verwirrt und überwältigt zu werden. Das Studium der Sprachen und Geschichte der Völker unter welchen ich lebte, war nur die nothwendige Vorbereitung zum tieferen Einbringen in ihren Geist und ihre Sitten. Meine Neigungen trieben mich, die Sprachen zunächst und zumeist aus ihren poetischen Denkmälern zu studiren, gleichviel ob diese in Kunstdichtungen oder Volksliedern bestanden. Durch ihre Geschichte lernt man die Thaten und Schicksale der Völker kennen; durch ihre Lieder sieht man ihnen in's Herz. So erweiterte sich auf das Natürlichste mein Gesichtskreis; ich gewann eine Menge fruchtbarer Anschauungen und Erfahrungen, und durch meine Art die Menschen und Dinge zu sehen und zu beurtheilen, glaubte ich neue Seiten an ihnen zu entdecken, oder das schon Bekannte in hellerem Lichte zu sehen. Diese Art war aber keine andere als mit dem Auge des Poeten zu schauen, welches sich früh gewöhnt überall das Wesentliche, Bedeutende, Charakteristische herauszufinden und dem Nebensächlichen nicht mehr Aufmerksamkeit zu schenken als ihm gebührt. Ich lebte und reiste nie wie ein Tourist, der alle Leute zu seinen Zwecken ausfragt, mit athemloser Hast Jagd auf alle Sehenswürdigkeiten macht, und jeden Abend die Summe seiner Eindrücke zieht, um sie am folgenden Morgen gleich frisch in sein Buch einzutragen. Dazu fehlte mir der schnelle Blick gleichwie Gewandtheit und Neigung. Ich bin ein schwerfälliger Mensch, der sich ganz in die Dinge und Menschen einleben muß, um sie mit künstlerischem Behagen schildern zu können. Jahre lang habe ich gar kein regelmäßiges Tagebuch geführt und überhaupt nie daran gedacht, alle meine Beobachtungen und Erfahrungen für die Oeffentlichkeit niederzuschreiben. So hab' ich z. B. nicht den mindesten Drang gefühlt, der Welt von meinem Aufenthalt in der Türkei, Italien, Frankreich und England zu erzählen, weil ich fand, daß wir an trefflichen Reisewerken von Männern, welche diese Länder besser kennen als ich, keinen Mangel haben.

Selbst von meinen orientalischen Tagebüchern ruhen die meisten noch unbenutzt in meinem Pulte, da mir nicht daran lag, von Station zu Station über meine Eindrücke, Erlebnisse und Abenteuer zu berichten, sondern im Zusammenhange lebenswahre Bilder aus der Erinnerung zu malen, und zwar zunächst von solchen Ländern und Völkern, von welchen man bei uns in weiteren Kreisen noch keine lebendige Vorstellung hatte.

Unter den deutschen Reisenden in Rußland war es besonders dem trefflichen Kohl gelungen, sich die weiteste und wohlverdiente Anerkennung zu erringen. In den Ländern zwischen dem Schwarzen und Kaspischen Meere waren Dubois de Montpereux, Koch und Moriz Wagner meine nächsten und bekanntesten Vorgänger. Kohl und Dubois hatten sich die Aufgabe gestellt alles irgendwie Merkwürdige und Wissenswerthe der von ihnen besuchten Gegenden und Städte in ihren Schilderungen zu umfassen; Koch und Wagner verfolgten vorwiegend naturwissenschaftliche Zwecke, und ich hatte es hauptsächlich mit dem Geistesleben der Völker zu thun.

Ueberall bestrebt, mich so kurz wie möglich zu fassen, drängte ich meine Betrachtungen über Rußland auf wenige Blätter zusammen, um dann meine Leser sogleich durch die Donische Steppe nach dem Kaukasus zu führen, wo ich mein Wanderzelt am längsten aufschlug. Beim Anblick dieses majestätischen Gebirges, das ich, weit besser als aus Reisewerken, schon aus den glühenden, farbenfrischen Schilderungen der russischen Poeten kennen gelernt hatte, konnt' ich mit Lermontoff ausrufen:

> Du greiser Kaukasus, ich grüße Dich!
> In Deinem Reich kein fremder Gast bin ich:
> Schon oft, gar oft durchzogen meine Träume
> Mit Dir des Ostens sonnenhelle Räume.

Tiflis, die gartenreiche, bergumragte Hauptstadt von Georgien, wo ich mich ein paar Jahre hindurch unter Mirza-Schaffy's Leitung dem Studium der orientalischen Sprachen widmete, wurde zum Mittel- und Ausgangspunkte meiner Wanderungen und späteren Schilderungen. Hier, wo ich an der Wiege unseres Stammes saß und täglich einen lebendigen Auszug aller Völkerschaften zwischen dem Schwarzen und Kaspischen Meere vor mir hatte, entwarf ich den Plan zu meinem ersten größeren Werke, welches bestimmt war, in großen Zügen ein anschauliches Bild der Länder und Bewohner des kaukasischen Isthmus zu geben. Mit dem Eintritt der in Tiflis unerträglichen heißen Jahreszeit begannen meine Ausflüge in die Berge, wo der Beobachtung überall neue Gebiete sich erschlossen. Daß es dabei auch an poetischer Ausbeute, aus eigener und fremder Quelle, nicht fehlte, bedarf wohl kaum der Erwähnung. Ich sammelte Sagen und Volkslieder, übersetzte und benutzte was ich verstand und ließ mir erklären was mir dunkel war.

Schon im Jahre 1845 erschien von mir eine chronologisch geordnete Sammlung kleinrussischer Volkslieder, unter dem Titel »die poetische Ukraine«. Nachbildungen persischer, kurdischer, tatarischer, armenischer, georgischer und tscherkessischer Lieder wurden später meinem poetischen Reisewerke »Tausend und Ein Tag im Orient« eingeflochten, welches auch zuerst den größten Theil derjenigen Gedichte brachte, zu welchen mein Unterricht bei dem schriftgelehrten Mirza-Schaffy Veranlassung und Anregung gegeben hatte. Was sich sonst in meiner Reisemappe an poetischen Ergüssen fand, wurde, mit einer Auswahl anderer Gedichte, nach meiner Rückkehr in die Heimat in einer besonderen Sammlung herausgegeben. Die erhabenen Eindrücke, welche die Steppe, das Meer und die Berge in wechselnder Beleuchtung mir boten, hatten sich in meinen Geist wie Keime gesenkt, aus welchen mit innerer Nothwendigkeit poetische Blüthen und Früchte erwuchsen. Kein Sterblicher kann die Menschen und Dinge um sich her schildern wie sie sind, sondern nur wie sie sich im Spiegel seines Geistes zeigen; der Künstler giebt in seinen Bildern nicht die Sache selbst, sondern das Resultat der Sache, und das nach meiner geringen Begabung zu thun, ist immer mein ehrliches Bestreben gewesen. Ich habe kein Land durchwandert, ohne seinen geistigen Inhalt, soweit derselbe mir zugänglich war, in mir aufzunehmen; ich habe keinen fremden Dichter übersetzt oder nachgebildet, ohne an mich selbst die höchsten künstlerischen Forderungen dabei zu stellen, und alles Fremde was ich biete, ist so in seine deutsche Haut hineingewachsen als ob es darin geboren wäre. Meine eigenen Erzählungen und Dichtungen bilden einen Ring, dem die fremden Perlen und Edelsteine als charakteristischer Schmuck eingefügt sind. Dieser Ring umspannt ein gutes Stück Menschenleben, und wer die nächstfolgenden Bände aufmerksam durchliest, wird vertraut werden mit lebensfrischen, von der Natur hochbegünstigten Völkern und Ländern, für welche die Geschichte bis dahin kaum Platz gefunden hat, welche aber bestimmt scheinen Ausgangspunkte einer neuen Geschichte zu werden. Der Kaukasus ist die Basis der künftigen Weltherrschaft, die freilich nicht über Nacht kommen und auch nicht über Nacht verschwinden wird, sondern sich langsam und sicher vorbereitet, ohne daß die bethörten Völker, im Gefühl ihrer überlegenen Bildung, eine Ahnung haben von der ihnen fern

Inhaltsverzeichniß.

Vorwort.

			Seite
1. Kapitel.	Abschiedsblick auf Moskau	. . . .	1
2. „	Von Moskau bis zu den Steppen des Don	. . .	13
3. „	Die Donische Steppe	. . . .	22
4. „	Ueber den Kaukasus nach Tiflis	. . . .	43
5. „	Mirza-Schaffy, der Weise von Gjändsha	. . . . .	53
6. „	Des Weisen von Gjändsha erste Liebe	. . . . . .	62
7. „	Die Schule der Weisheit	. . . .	79
8. „	Die Zungengeschichte und die Pest. (Ein Zwischenspiel.)		88
9. „	Die Schule der Weisheit. (Fortsetzung.)	. . . . .	95
10. „	Die Schule der Weisheit. (Fortsetzung.)	. . . . .	102
11. „	Wanderungen, Fernsichten und Wunder	. . . . .	108
12. „	Die Schule der Weisheit. (Fortsetzung.)	. . . . .	120
13. „	Ein Ausflug nach Armenien	. . . .	125
14. „	Ein Blick auf Land, Volk und Kirche von Armenien		165
15. „	Armenisches Allerlei	. . . .	185
16. „	Die Schule der Weisheit. (Schluß der ersten Abtheilung.)		203
Anmerkungen	. . . .		211

Verzeichniß

der

im ersten Bande vorkommenden Lieder.

	Seite
Die Troika, oder das Dreigespann	14
Mutter, Mutter, ach vergebens	32
Grüß Dich, Väterchen, herrlicher, stiller Don	33
Der Kasbék	47
Der Terek	50
Mullah, rein ist der Wein	60
O, sanfter Wind! zum Ort hinwehe	63
Der Dorn ist Zeichen der Verneinung	66
Was ist der Wuchs der Pinie	67
Mit züchtigem, mit treuem Sinn	68
Nicht mit Engeln im blauen Himmelszelt	72
Sing' ich ein Lied, hüpft freubereich	82
Mein Herz schmückt sich mit Dir, wie sich	83
Du bist der Erzeuger des Liebes	84
Zum Divan der Veziere mußt' ich kommen	85
Soll ich lachen, soll ich klagen	95
Das Glaubensbekenntniß des Mirza-Schaffy	96
Mirza-Schaffy giebt sein Urtheil über den Schach von Persien	97
Mirza-Schaffy rühmt die Anmuth Zuléikha's	97
Mirza-Schaffy feiert einen Gedächtnißtag	98
Mirza-Schaffy wird gläubig aus Liebe	99
Mirza-Schaffy rühmt sein eigenes Glück	100
Euch mißfällt mein Dichten, weil ich	101
Fatima beim Saitenspiel	103

	Seite
Aus dem Feuerquell des Weines	106
Mirza-Schaffy, leichtsinnig Flatterherz!	123
Mit Geschenken beladen kehr' ich von Gjirdshistan	137
Habt Ihr mein Mädchen geseh'n	137
Füllt mir das Trinkhorn	143
An Sarema	158
Wie die Nachtigallen an den Rosen nippen	161
Armenisches Grablied	188
Mädchen, bring' Wein	207
Auf dem stürmischen Meer	207
Nach einem hohen Ziele streben wir	207
So singt Mirza-Schaffy	208
Gelb rollt mir zu Füßen der brausende Kur	209
Die helle Sonne leuchtet	210
Ich fühle Deinen Odem	210

Erstes Kapitel.

Abschiedsblick auf Moskau.

Aus der alten, hügelgetragenen Hauptstadt Rußlands führt unsere Wanderung in die traubenreichen Gärten von Tiflis, der bergumschlossenen Hauptstadt Georgiens.

Man scheidet von Moskau schwereren Herzens als von Petersburg, dessen kalte Pracht und Größe mehr blendet als anzieht, mehr Staunen erregt als Befriedigung; während in Moskau, der allen Russen heiligen Stadt, auch der Fremde sich bald heimisch fühlt und eine Menge fesselnder Beziehungen findet, die ihn mit wachsender Gewalt in ihren Zauberkreis bannen.

Es herrscht hier, im Gegensatz zu dem paradesteifen, einförmigen, glanzübertünchten Petersburg, ein freierer Verkehr, eine wärmere gesellige Luft, ein traulicheres Entgegenkommen der Menschen und eine größere Mannigfaltigkeit volksthümlicher Monumente und Erscheinungen. An jedes Denkmal, welches hier vor uns aufsteigt, knüpfen sich wirklich denkwürdige Erinnerungen, die in ihrer Gesammtheit die Geschichte von mehr als einem halben Jahrtausend erzählen. Hier wurzelt Alles wirklich in dem Boden, der es trägt; hier ist Alles geworden, in Petersburg Alles gemacht.

Moskau erhält sein charakteristisches Gepräge hauptsächlich durch den Kreml, dessen weißsteinige, ein unregelmäßiges Polygon bildende Mauer den geheiligtsten und volksthümlichsten Fleck

Erde des über drei Welttheile sich erstreckenden Zarenreichs
umschließt. Frei auf breitem Hügelrücken ausgedehnt, tief zu
seinen Füßen den Mosquastrom und lang ausgedehnte Gartenanlagen, im Osten begrenzt durch den weiten, schönen Platz,
der die kolossalen Bildsäulen Minin's und Posharsky's
trägt, erhebt sich der Kreml abgeschlossen, gleichsam wie eine
Insel, aus dem nach allen Seiten unübersehbaren Häusermeere.
Die nach den Erhebungen und Senkungen des Bodens auf-
und absteigende dicke, riesige Mauer ist mit Zinnen und
Schießscharten versehen und an jeder Ecke steigt ein stattlicher,
spitzauslaufender Thurm auf.

Den freiesten und vollständigsten Ueberblick der launenhaft
zusammengewürfelten Bauwerke des Kreml bietet das südliche
Ufer der Mosqua. Ueber den breiten Spiegel des Stromes
spannt sich eine pfeilergetragene, hohe, prachtvolle Brücke hin.
Dahinter steigt die weiße Kremlinmauer mit ihren an gothische
Bauart erinnernden Thürmen auf. Diese gewaltige Mauer
erscheint von hier aus nur als eine leichte Umgrenzung der
gigantischen Häusermassen mit den zahllosen Kuppeln, welche
beherrscht von dem hier in seiner ganzen Größe sichtbaren
Iwan Weliki, dem höchsten aller Thürme des Zarenreichs,
aus ihr emporragen. Der achteckige, schlanke, in drei Haupt-
abtheilungen sich verjüngende Glockenthurm ist mit einer zwiebelförmigen goldenen Kuppel gekrönt, aus deren Knopfe ein
riesiges Kreuz sich erhebt. Im Hintergrunde und zu beiden
Seiten des Iwan Weliki, den wir als Mittelpunkt des
blendenden Bildes festhalten, drängen sich ganze Massen größtentheils goldener, theilweise auch silberner, himmelblauer und
grüner Kuppeln, in bald größeren, bald kleineren Gruppen,
planlos durcheinander.

Es ist schwer, wo nicht unmöglich, ein treffendes Bild
zur schnellen Veranschaulichung dieser in allen Farben spielenden Wunderwelt zu finden, die, in sich abgeschlossen, ihres

Gleichen auf Erden nicht hat. Den besten Ausdruck dafür hat wohl der Volksmund gefunden, indem er den Kreml nach seinen zwei wesentlichsten Merkmalen den »weißsteinigen« und »goldköpfigen« nennt. Damit ist das Hervorragende, zunächst in die Augen Springende und dauernd in der Erinnerung Bleibende des Ganzen sehr glücklich bezeichnet: die von weißsteiniger Mauer umschlungenen, malerisch in einander verschobenen Tempel und Paläste unten, und das Labyrinth der goldschimmernden Kuppeln oben. Aus jeder dieser meist flach gedrückten, zwiebelförmigen Kuppeln steigt ein Kreuz hervor, und am Fuße des Kreuzes krümmt sich ein aufwärts gekehrter Halbmond, als Zeichen, daß der Islam hier in seinem langen Kampfe mit dem Christenthume unterliegen mußte.

Dort vor dem vier Jahrhundert alten, auf einer majestätischen Terrasse hoch über der Stadt gelegenen, wunderlich gebauten Zarenpalaste schwang der donische Dmitry die schwarze Fahne, mit welcher er auszog Mamai zu bekämpfen und der Herrschaft der Tataren ein Ende zu machen.

Dicht an den Zarenpalast stößt die nicht minder merkwürdige Granowítaja Paláta, d. h. der eckige oder facettirte Palast, sogenannt nach den prismatisch zugespitzten steinernen Würfeln, womit die äußeren Mauern von oben bis unten bedeckt sind. In diesem Gebäude, welches mit dem nur wenige Jahre älteren Zarenpalaste zusammenhängt, befindet sich der zarische Thronsaal, wo noch jetzt der Kaiser, dem alten Brauche seiner Vorgänger folgend, nach der Krönungsfeierlichkeit öffentlich auf dem Throne speist. In demselben Saale ließ Joann der Schreckliche nach dem Tode seiner zweiten Gemalin (1569), der Tochter des Kabarderfürsten Temrjuk, die zweitausend Jungfrauen versammeln, aus welchen er seine dritte Gemalin erküren wollte. »Zur Schau und Wahl für den Zaren, die reizendsten Jungfrauen jeden Standes, ohne Ansehn der Geburt; die Bojarentochter wie die Bäuerin; die Reiche wie die

Arme.« ¹) So lautete der Befehl, nach welchem aus allen Theilen Rußlands die Jungfrauen herbeigetrieben wurden „zu des schrecklichen Zaren Augenweide und Auswahl.« Den Preis trug Marfa (Martha) davon, die blonde Tochter eines Kaufmanns aus Nowgorod, deren Herz schon seit lange einem Andern (Andrei) gehörte, und die vor Schrecken über das neue Glück, das ihr zu Theil werden sollte, mitten in der Hochzeitsfreude des schrecklichen Zaren starb (13. November 1571).

Es ist eine eigenthümliche, beachtungswerthe Erscheinung, daß die grausamsten Herrscher Rußlands zugleich die volksthümlichsten waren, und daß gerade ihr Andenken noch jetzt am lebendigsten in den Liedern und Sagen des Volkes fortklingt. ²) Eine solche Verherrlichung durch Lied und Sage, wie sie eben dieser schreckliche Zar Joann Wassiljewitsch, der Zerstörer Groß-Nowgorod's, gefunden, ist seitdem keinem russischen Herrscher wieder zu Theil geworden. Und allerdings hat es ihm keiner seiner Nachfolger an Grausamkeit gleichgethan, der nach der Erzählung des russischen Geschichtsschreibers Karamsin binnen sechs Wochen sechzig Tausend Einwohner Groß-Nowgorod's vom Leben zum Tode bringen ließ, und sich an den Flammen der zerstörten Stadt weidete, wie einst Nero am Brande Roms. »Der von Bürgerblut geröthete Wolchow ward in seinem Laufe gehemmt durch Berge verstümmelter Leichname und lange vermochte er nicht sie hinabzutragen in den Ladogasee.« (Karamsin T. IX. p. 162.)

*   *   *

Den Haupteingang zum Kreml bildet das an dem schon vorhin erwähnten großen Platze, welcher den Kreml vom Basar trennt, nach Osten gelegene heilige Thor des Erlösers.

Ehe wir hinein treten, werfen wir einen Blick auf die beiden Kunstdenkmäler, welche den Platz zieren: die auf einem etwas zu schmalen Fußgestelle stehenden Bildsäulen Minin's und Posharsky's, und die unweit im Hintergrunde derselben befindliche Zwiebelkirche Wassily Blashennoi.

Die meisten Reisebeschreiber haben an den kolossalen Bildsäulen mancherlei zu tadeln gefunden; mir hat das Ganze einen imposanten Eindruck gemacht. Besonders scheint es mir ein glücklicher Gedanke, daß Minin, der Mann aus dem Volke, mit der ausgestreckten Rechten auf den Kreml, das Volksheiligthum Rußlands, hinweist, zu dessen Befreiung er den Fürsten Posharsky in Nischny-Nowgorod aufforderte.

Weit mehr jedoch als dieses Denkmal zieht die Kirche Wassily Blashennoi, vielleicht das wunderlichste Bauwerk der Welt, unsere Aufmerksamkeit auf sich. Diese Kirche wurde — wie es heißt und sehr glaublich ist — nach der eigenen Idee des schrecklichen Zaren Joann Wassiljewitsch, zum Andenken an die Eroberung von Kasan, im Jahre 1554 von einem ausländischen Architekten erbaut. Die Grundidee bei der Anlage dieses phantastisch-verschnörkelten, kolossal-kleinlichen Bauwerkes scheint gewesen zu sein ein Gebäude hinzustellen, welches sich nicht allein als Ganzes von allen übrigen Kirchen der Welt streng unterscheiden sollte, sondern an welchem auch alle einzelnen Theile des Ganzen, trotz ihrer gezwungenen Zusammengehörigkeit, die schroffsten Gegensätze unter einander bilden sollten. Dieser Plan ist denn auch in einer wirklich staunenswerthen Weise ausgeführt, so daß kein Glied des Baukörpers dem andern ähnlich sieht. Der untere, die eigentlichen Kirchenräume bildende, scheinbar halb in die Erde gedrückte Theil, besteht aus neun abgesonderten, in Bauart und Verzierung gänzlich von einander verschiedenen Kapellen, über welchen eben so viele und eben so verschiedengestaltige Thürme und Kuppeln aufsteigen. Die Portale und anderen hervorspringenden Theile des Gebäudes sind mit kleineren pyramidalen Thürmchen geziert, und ganz vereinzelt macht sich an der Nordostseite noch ein niederer Thurm mit großem Stachelkopfe bemerkbar. Von den sechzehn theils kuppelgekrönten, theils spitzauslaufenden Thürmen des Bauungeheuers erhebt sich der dicke Mittelthurm mit seinen zugleich an chinesischen, byzantinischen, altitalienischen und gothischen Geschmack erinnernden Verzierungen am höchsten. Doch genug von diesem wunderlichsten und doch wunderbaren Denkmale der Baukunst, dessen Beschreibung mit Worten unmöglich ist, und von welchem selbst die genaueste Zeichnung nur eine dürftige Anschauung bieten kann. Der schreckliche Zar soll mit dem Werke seiner Laune so zufrieden gewesen sein, daß er, wie die Sage erzählt, dem Architekten die Augen ausstechen ließ, um ihn zu verhindern anderswo ein ähnliches Bauwerk zu errichten . . .

Wir wenden uns jetzt dem heiligen Thore des Erlösers zu, um einen Abschiedsblick in das Innere des Kremls zu werfen. Nur mit entblößtem Haupte darf man, selbst bei der strengsten Kälte dieses aus einer langen, düsteren Mauerhöhlung bestehende Thor durchschreiten, dessen byzantinischer Bogen von einem stattlichen, im Geschmack des deutschen Mittelalters erbauten Thurme überragt wird.

Nächst dem oben erwähnten alten Zarenpalaste mit der Granowitaja Palàta nehmen hauptsächlich die drei Kathedralen des Kreml, welche als Typen aller russischen Kirchen gelten können, (denn Waffily Blaschennoi hat keine Nachahmung gefunden) unsere Aufmerksamkeit in Anspruch. Unter ihnen nimmt die Kathedrale zur Himmelfahrt Mariä, mit ihren mongolischen Kuppeln und byzantinischen Bogendächern die erste Stelle ein. Hier befindet sich das, nach dem Volksglauben vom Evangelisten Lukas eigenhändig gemalte Bild der heiligen Jungfrau Maria; hier werden die Zaren gekrönt und wird das größte Kleinod des Volkes, das Banner des Vaterlandes aufbewahrt. Professor Blasius hat seinem vortrefflichen Reisewerke über Rußland³) genaue Grundrisse und sehr gelungene Zeichnungen der Hauptgebäude des Kreml beigegeben, auf welche ich diejenigen meiner Leser verweise, welche genaue Anschauungen der architektonischen Wunderlichkeiten des moskowischen Kapitols gewinnen wollen, denn alles Bestreben, diese Formen mit Worten zu malen, ist ein vergebliches, weil sie in ihrer Eigenthümlichkeit keine passenden Vergleiche außer sich bieten. Nirgends ist hier ein reiner Styl, nirgends eine Spur freier Schöpfung zu finden, nirgends der Geschmack eines bestimmten Volkes und Zeitalters rein ausgeprägt; vielmehr ist Alles nach Willkür und Laune zusammengeworfen, überall hier der Kunst Gewalt angethan um das Verschiedenartigste zu einigen und die einander widerstrebendsten Elemente durch Zwang zu binden. Der Osten wie der Westen, das Alterthum wie die Neuzeit, Chinesen und Mongolen, Byzantiner und Römer, Italiener und Deutsche haben zur Gründung des Kreml ihren Tribut liefern müssen.

Und so ist durch phantastisches Ueberspringen aller mustergiltigen Kunstregeln, durch kecke Verhöhnung aller hergebrachten Schulbegriffe ein Werk entstanden, dessen Eigenthümlichkeit eben in diesem seltsamen Gemische besteht, wo die schroffsten Gegensätze der Baukunst mit den grellsten Farbenkontrasten (grünen Dächern, rothen Pfeilern, weißen Mauern, blauen Kuppeln ꝛc.) wetteifern, um das Verschiedenartige des Einzelnen recht in die Augen springen zu lassen, während das kolossale, vielgestaltige Ganze, trotz seiner launenhaften Zusammenstellung, doch von wunderbarer, malerischer Wirkung ist.

Der Kreml paßt zu dem Boden, in welchem er wurzelt, und bei aller fremdartigen Mannigfaltigkeit seiner Bestandtheile trägt das Ganze ächt russisches Gepräge. Denn darin liegt eben die Eigenthümlichkeit Rußlands, daß es zugleich in

Asien und Europa wurzelt und die Kräfte und Erzeugnisse beider Welttheile in seiner Weise sich dienstbar macht, ihnen russische Uniform anzieht, und sie als Mittel zu seinen Zwecken verwendet.

Kann man sich eine buntere Musterkarte von Völkern, Sprachen, Religionen, Trachten, Sitten, Kunst- und Naturerzeugnissen denken, als diejenige, aus welchen Rußland besteht? Und kann man sich grellere Kontraste denken als diejenigen, welche hieraus entspringen? Während der Tschuktsche an der Ostspitze Asiens bei seinem Wallfischthran in hermetisch verschlossenen Zelten von Rennthierfellen kauert, lorgnetirt der parfümirte Petersburger die Sängerinnen in der italienischen Oper, reckt sich der träge Georgier unter den Riesenplatanen seiner Heimat. Während in der einen Provinz das Quecksilber gefriert, daß es sich hämmern läßt, gedeihen in der andern die herrlichsten Weine und Südfrüchte unter freiem Himmel. Während der Reisende im nördlichen Sibirien auf hundebespannten Schlitten fährt, ziehen durch die Lande am Araxes, am Kyros und Kuban Karawanen arabischer Kameele. Das isländische Moos und die immergrüne Myrthe; der Leopard und der Polarbär; das Rennthier und das Merinos haben in Rußland gedeihlichen Boden. Selbst unter den Strömen lassen sich Beispiele finden zur Veranschaulichung der Kontraste, welche dieses Riesenland erzeugt: die kleinen, unter Eis gebornen Ströme des Kaukasus rauschen durch sonnige, immergrüne Länder in's Kaspische und in's Schwarze Meer, während der aus den glühenden Sandwüsten der Mongolei kommende Jenissei mit den übrigen Riesenströmen Sibiriens sich in's Eismeer ergießt.

Christen verschiedener Glaubensbekenntnisse und Sekten: Griechen, Armenier, Katholiken und Unirte, Lutheraner und Reformirte, Herrenhuter und Mennonisten haben in Rußland ihre Kirchen; eine halbe Million Juden ihre Synagogen, und drei Millionen Muhammedaner ihre Moscheen. Der Parse kasteit sich zur Ehre Ormusd's vor den ewigen Feuern von Baku; der Kalmyk betet seinen Dalai-Lama an; der Bramine seinen Brama, und der tungusische Schamane sein hölzernes Götzenbild ...

All diese großartige, vorwiegend rohe Mannigfaltigkeit in Sitte, Glauben und Kultur, und die daraus entspringenden Kontraste finden im Kreml ihren bildlichen Ausdruck.

Dieselbe autokratische Gewalt, welche in diesen Bauwerken die schroffsten Gegensätze gewaltsam einigte, hat auch die vielen grundverschiedenen Volksstämme, vom östlichen Ozean bis zum bothnischen Meerbusen, und von den Grenzen der Tatarei bis zum Eismeere, gewaltsam geeinigt, so daß für Alle nach Außen nur Eine Grenze, und im Innern des Riesenstaates nur Eine Münze, Ein Gesetz, Maß und Gewicht gilt.

Dort neben der Granowitaja Palàta steht die Orushéinaja Palàta oder das Arsenal, wo man unter anderen Kleinodien auch die hundert Kronen und Scepter der nach und nach den Zaren unterworfenen Fürsten als Merkwürdigkeiten zeigt.⁴)

* * *

Vom Iwan Weliki aus, an dessen Fuße als ein unbewegliches Schaustück die größte Glocke der Welt steht, werfen wir unsern Scheideblick auf die umliegende Stadt. (Die Glocke bildet mit den beiden am neuen Arsenal stehenden Riesenkanonen ein Merkwürdigkeitskleeblatt, welches an Ungeheuerlichkeit seines Gleichen auf Erden sucht. Das Metall einer einzigen dieser Kanonen würde hinreichen um ein ganzes deutsches Fürstenthum mit Geschütz zu versorgen, während die Glocke so kolossal ist, daß das bei ihrem Sturze unten ausgesprungene, verhältnißmäßig kleine Stück genügen würde um eine besondere Glocke von nicht unbeträchtlicher Größe daraus zu gießen.)

Wie Moskau als das Herz Rußlands, so ist der Kreml mit dem gegenüberliegenden, weit ausgedehnten Basar, als das Herz Moskau's zu betrachten.

In drei unregelmäßigen Bogen schlingen sich breite, geschmackvoll bepflanzte Boulevards um die drei mittleren Stadttheile Moskau's, welche den Kreml umgeben. In dem wichtigsten dieser Stadttheile, dessen auf den Kreml schauende Fronte der Basar (Gostini dworr) bildet, drängen — im Gegensatz zu der übrigen weitläuftig gebauten Stadt — Häuser und Menschen sich dichter zusammen, rasseln fortwährend hunderte von Droschken und Equipagen, herrscht ein fast ununterbrochen lautes Leben und Treiben von mehr asiatischem als europäischem Anstrich. Nach Maßgabe der Entfernung von diesem Mittel- und Nährpunkte der Stadt verringert sich das Leben in den Straßen, und in manchen Stadttheilen herrscht eine fast ländliche Oede und Ruhe. Prachtvolle Paläste, die sich der Mehrzahl nach in nichts Wesentlichem von unseren modernen Palästen unterscheiden, wechseln ab mit unansehnlichen Holzhäusern, schmutzigen Kneipen, riesigen Kronsgebäuden, alten und neuen Kirchen, Gartenanlagen und freien Plätzen.

An freien Plätzen, großartigen Gartenanlagen und schönen Spaziergängen ist Moskau überaus reich, wie denn die Stadt in ihrem achtzig Werste messenden Umfange einen Raum einnimmt, welcher wenigstens eine vierfach größere Bevölkerung tragen könnte.

Im Gegensatz zu Petersburg, wo in den schnurgeraden Straßen die Häuser militairisch gleichmäßig in Reih' und Glied aufgestellt sind, als ob sie jeden Augenblick bereit wären, eine Schwenkung nach links oder rechts zu machen, ziehen sich in Moskau fast alle Paläste und Häuser, welche etwas für sich bedeuten wollen, aus der ohnehin unregelmäßigen Straßenlinie möglichst weit zurück und schieben aus dieser Entfernung ein Gitter oder eine Verzäunung vor, um die gezogene Linie damit auszufüllen.

Man hat berechnet,[5]) daß etwa der vierte Theil aller Häuser in Moskau aus solchen Rückzugsgebäuden besteht, welche von weiten Hofräumen, Gärten oder Rasenplätzen umgeben sind. Es ist eine Eigenthümlichkeit der alten Moskowiter (welche sich überhaupt durch freieren Sinn und größere Selbstständigkeit von den Petersburgern unterscheiden), daß Jeder sein Haus hier nach seinem eigenen Geschmacke, seiner eigenen Laune oder Grille baut.

Der Petersburger sieht mit sklavischer Aengstlichkeit vor Allem darauf, daß sein Haus dem des Nachbars möglichst ähnlich werde; der Moskowiter dagegen sucht seine Genugthuung darin, daß sein Haus von dem des Nachbars sich möglichst unterscheide, sei es auch nur durch äußere Schnörkelei oder Verzierung. Reiche Moskowiter haben, von ihren Reisen heimkehrend, nachahmungsweise venetianische und florentinische Paläste, gothische Bauwerke und Schweizerhäuser nach Moskau versetzt. Andere haben sich darin gefallen, Häuser in chinesischem Geschmack anzulegen und ihnen eine entsprechende Einfassung zu geben. Die vielen eingewanderten Armenier, Georgier, Griechen, Tataren und Perser haben in Moskau nicht nur ihre volksthümlichen Tempel, sondern sind auch, soweit es das Klima gestattet, in ihren häuslichen Einrichtungen den heimatlichen Erinnerungen treu geblieben.

Denkt man sich unter diese vielgestaltige, im Einzelnen oft komische und barocke, im großen Ganzen aber malerische Masse der Privathäuser die zahlreichen, durchgängig kolossalen öffentlichen Gebäude (das große Findelhaus allein umschließt 26,000 Menschen!) vertheilt, so hat man einen ungefähren

Begriff von dem gewaltigen Eindruck, welchen ein Rundblick vom Iwan Weliki auf die hügelgetragene Mosquastadt erzeugt, aus welcher sechs hundert Kirchen ihre Tausende von Thürmen und schimmernden Kuppeln emporstrecken. Genießt man vollends eines solchen Rundblicks bei großen Illuminationen, wo Millionen buntfarbiger Lämpchen wie glänzende Perlenschnüre die Stadt in allen Richtungen umziehen und durchschimmern, so ist der Eindruck ein überwältigender, unauslöschlicher.

Nur das ewige Rom, wo sich Alles in reineren Umrissen zeichnet und durch größere Erinnerungen verklärt wird, — und das meerbespülte Konstantinopel, wo statt schwerfälliger Glockenthürme schlanke Minarets in blendender Weiße aufsteigen und die leuchtenden Kuppeln die Form des Himmels tragen, der sich über ihnen wölbt, vermögen einen noch großartigeren und schöneren Gesammtblick zu bieten. Die übrigen mir bekannten Städte Europa's stehen in malerischer Wirkung weit hinter Moskau zurück.

Zweites Kapitel.

Von Moskau bis zu den Steppen des Don.

In keinem andern Lande habe ich solche Anhänglichkeit, solche Liebe des Volkes zu seiner Hauptstadt gefunden, wie der Russe sie bei jeder Gelegenheit, oft in rührender Weise an den Tag legt. Nur der Schmerz des Abschiedes vom Vaterhause, oder die Freude über die Rückkehr in dasselbe nach langer Trennung, läßt sich den wehmüthigen oder freudigen Gefühlen des ächten Russen vergleichen, der sein geliebtes Moskau verläßt oder wiedersieht.

Dem gläubigen Bewohner des Innern ist ein Besuch der Zarenstadt eine eben so heilige Angelegenheit, als dem gläubigen Türken eine Pilgerfahrt nach Mekka und Medina. Er nennt Moskau nur sein »Mütterchen«, und verschwendet in der Sehnsucht danach, wie in der Erinnerung daran, die zärtlichsten Ausdrücke.

»Wott Mosquà!« (da ist Moskau!) ruft mit freudigem Stolze der Kutscher dem Reisenden zu, wenn die goldenen Kuppeln der Stadt vor ihm aufsteigen. »Proschtschai mätjuschka Mosquà!« (lebwohl Mütterchen Moskau!) ruft er wehmüthig, wenn er die geliebte Stadt wieder meiden muß. Dann treibt er sein Dreigespann, wovon gewöhnlich zwei Pferde auf der Wildbahn laufen, zu größerer Eile an, daß dem Reisenden in dem kleinen, offenen, unbequemen Kastenwagen alle Glieder knacken, und er sich nur mit Mühe vor dem Hinausstürzen wahrt, während die Telega trotz der schlechten, holprigen Wege unaufhaltsam über Stock und Stein dahinrollt und der Kutscher durch Pfeifen, Schnalzen, Fluchen, oder durch seltsame, dem Pferde geltende Zurufe seine Brust erleichtert, bis er in die richtige Stimmung kommt, zum Klange des Glöckchens von Waldai ein klagendes Lied anzustimmen.

Dieses Glöckchen (beigenannt nach dem Städtchen Waldai, welches das ganze Reich damit versorgt), an dem hohen Bogen hängend, welcher über dem Kopfe des Deichselpferdes der Troika aufsteigt, bildet die wesentlich poetische Beigabe jeden russischen Dreigespanns. Sein melancholisches Gebimmel spielt in der Geschichte des russischen Herzens und der russischen Poesie eine noch größere Rolle, als bei uns die Klänge des Posthorns. Unter den hunderten von Liedern, zu denen das Geklingel des Glöckchens von Waldai Anlaß gegeben, verdient besonders Eines erwähnt zu werden, welches nicht blos tagtäglich von allen Kutschern und Fuhrleuten des weiten Zarenreichs gesungen wird, sondern überhaupt im Munde des ganzen Volkes lebt und seine Wirkung auf Ohren und Herzen der Zuhörer niemals verfehlt. Obgleich es diese Wirkung hauptsächlich seiner volksthümlichen Weise und den dadurch geweckten Anklängen und Erinnerungen zu verdanken hat und deshalb von Ausländern nie ganz verstanden und empfunden werden kann, will ich doch versuchen, durch Verdeutschung des Liedes Euch einen Begriff davon zu geben:

Die Troika, oder das Dreigespann.

Das Licht war flackernd im Verglimmen,
Das Feuer im Kamin verglüht —
Da klang's in mir wie fremde Stimmen,
Ein Traum bezaubert mein Gemüth.

Fern kommt ein Dreigespann geflogen,
Stürmt auf dem Heerweg laut herbei;
Doch trüb und klagend unterm Bogen
Erklingt das Glöckchen von Waldai.

Früh hat's den Fuhrmann fortgetrieben,
So schwül ward's ihm um Mitternacht —
Er sang ein Lied von seiner Lieben,
Von ihrer blauen Augen Pracht:

Ach, blaue Augen, warum brennt ihr
So tief in meine Seele mir!
Ach, böse Menschen, warum trennt ihr
Zwei Herzen die so Eins wie wir!

Leb Moskau wohl, so lieb und theuer!
Leb wohl, leb wohl, Du süße Maid!
Ich sterbe wie ein rauchend Feuer
Vergessen in der Einsamkeit!

* * *

Nur in wenigen Umrissen schildere ich Euch die Bewohner und Zustände jener einförmigen Landstriche und unabsehbaren Steppen, welche wir zu durchwandern haben, bevor wir hinaufsteigen zu der majestätischen Gebirgswelt des Kaukasus.

Noch ist der September nicht zu Ende, und schon trägt die Landschaft um uns her ein winterliches Gepräge.

Der Himmel ist grau umwölkt und mitten am Tage durchdunkelt's die Luft wie beim Hereinbrechen der abendlichen Dämmerung; auf den kahlen Zweigen der Bäume wiegen sich Schwärme von Krähen und Raben; schaurig pfeift der Herbstwind über die schneebedeckten Felder hin, durch welche der Fahrweg sich windet wie ein riesiger schwarzer Streifen; denn noch liegt das Eis zu dünn und der Schnee zu locker, um den Hufen der Pferde und den einschneidenden Wagenrädern zu widerstehen, und jedes Mal beim Durchbrechen der leichten

Winterdecke quillt's aus dem schlammigen Boden hervor schwarz wie Theerquellen.

Trotz des fetten, fruchtbaren Bodens, welcher die Gouvernements von Tula und Woronesch so vortheilhaft auszeichnet, finden wir hier in den elenden Dörfern eine arme, verkümmerte Bevölkerung.

Diese betrübende Erscheinung hat namentlich darin ihren Grund, daß diese beiden Gouvernements größtentheils in kleine Gutsherrschaften zerfallen; je kleiner aber die Anzahl Leibeigener eines Edelmanns ist, desto größer sind die Opfer, die er von ihnen fordert.

Es giebt Familien, die in Petersburg und Moskau ein Haus machen, ohne andere Einkünfte zu haben als die Abgaben, welche sie von vier- bis sechshundert Leibeigenen ziehen.

Was Wunder, daß die armen Bauern keinen höheren Lebenszweck kennen, als sich abzumühen für ihren Gutsherrn, ohne an Verschönerung ihres eigenen kummervollen Daseins zu denken. (Diese Bemerkungen wurden im Jahre 1843 gemacht. Durch die Aufhebung der Leibeigenschaft ist seit dem ein großer Umschwung zum Besseren eingetreten.)

Trotzdem findet man unter diesem zähen, fügsamen Geschlechte nicht selten wohlgebildete, kräftige Männergestalten, während eine schöne Frau hier, wie überall in Rußland, zu den größten Seltenheiten gehört. Die schweren Arbeiten, denen sie hier mehr als in allen anderen Ländern, von Jugend auf unterworfen sind, die ungesunde Luft in den dumpfen, unreinlichen Wohnungen, die geringe Pflege, welche sie auf sich verwenden und so manche andere drückende Umstände, treten der freien Körperentwickelung hemmend entgegen.

In den Städten, durch welche der Weg uns führt, von Moskau bis hinaus über Woronesch, wo die kräuterreiche Steppe der Kosaken beginnt, fällt uns vor Allem die Einförmigkeit in der Bauart der Häuser auf.

Wer Moskau gesehen, kennt alle anderen russischen Städte.

Sehen wir ab von dem völlig modernen Petersburg, so offenbart sich eigentlich nur in Moskau eine große, wenn auch rohe Mannigfaltigkeit architektonischer Gestaltungen; fast nur hier hat man den Eindruck einer wirklichen Stadt, einer dauernden Ansiedlung gewerbfleißiger Menschen.

Die meisten übrigen Städte dieses Landes, mit ihren schnurgeraden Straßen, ihren kasernenartig gebauten, gelb oder weiß übertünchten Häusern, erscheinen wie großartige Karawanserei's, und die Menschen darin wie unstäte Pilger.

Denn der Russe kennt keine Heimat in unserem Sinne des Wortes. Er kann die ihm angeerbte Nomadennatur des großen Wandervolks, dem er entsprossen, nicht verläugnen.

Auch machen noch heute die Verhältnisse des Landes ein gesichertes Stillleben unmöglich.

Der lebhafte Binnenhandel, der Krieg im Kaukasus, die weitverzweigte Verwaltung, der häufige Beamtenwechsel, und hundert andere Umstände bedingen ein stetes Hin- und Herziehen in dem sich über drei Welttheile ausdehnenden Riesenreiche.

Der Arzt, welcher heute in Moskau sein Examen gemacht, kurirt vielleicht in wenigen Wochen schon die Gallenfieber an den Küsten des schwarzen Meeres; — der neuvermählte Beamte, welcher sich eben in Petersburg häuslich niedergelassen, erhält plötzlich Beschäftigung in einer Kanzlei an der Grenze von China; — der Gardeoffizier, welcher am Abend seine Geliebte besuchen will, wird unverhofft Nachmittags als Kourier nach dem Kaukasus entsendet. In ähnlicher Weise geht's durch alle Klassen der Gesellschaft.

Und weil der Russe sich nirgends dauernd heimisch fühlt, fühlt man sich auch nirgends dauernd heimisch mit ihm.

Ihn beherrscht nicht die süße Macht der Gewohnheit und der Zauber der Erinnerung. Er wurzelt nicht in der

Vergangenheit und denkt nicht an die Zukunft. Dieser ächt orientalische Charakterzug des Russen, nur für den Augenblick zu leben und nur die Gegenwart zu genießen, spricht sich auch in seiner Wohnung aus.

Er baut sein Haus nur für sich und seine eigenen Bedürfnisse, ohne seiner Nachkommen dabei zu gedenken. Und weil er weder Erfindungsgeist hat, noch Geschmack an schönen Bauwerken, noch Geduld lange zu warten, läßt er sein Haus bauen nach dem Muster der umstehenden Häuser, und gewöhnlich mit einer Eile, daß die Gebäude oft nach wenigen Jahren schon aussehen, wie übertünchte Ruinen.

Daher die kalte Einförmigkeit der russischen Städte, und die eigenthümliche Erscheinung, daß man es keinem Hause ansieht, ob es vor einem, vor zehn oder vor hundert Jahren gebaut wurde — im Gegensatz zu den alten Städten Deutschlands, Italiens und anderer Länder, wo die Gebäude gleichsam lebendige Blätter der Geschichte sind, belehrende Vermittler zwischen Vergangenheit und Gegenwart.

Das einzig Bemerkenswerthe der russischen Städte sind ihre schmuckreichen Kirchen und großartigen Basars.

Wie in der Architektur, sind die Russen auch in der Bildhauerkunst und Malerei weit hinter allen Völkern Europa's zurückgeblieben.

Der Einwand, daß der Druck der Leibeigenschaft, welcher auf der großen Masse des Volkes lastete, jede freie Geistesthätigkeit, jeden höheren Aufschwung unmöglich gemacht, — wird entkräftet durch das Beispiel der Völker des Alterthums, wo unter ähnlichen Zuständen die Kunst ihre höchste Ausbildung erreichte, und der Genius des Volkes ebenfalls auf Kosten der gedrückten Massen sich seine ewigen Denkmäler schuf.

Zudem datirt die Einführung der Leibeigenschaft in Rußland bekanntlich erst aus den letzten Jahrhunderten, wo die

Russen schon in lebhafterem Verkehr mit dem Auslande standen. Aber weder der fremde Einfluß, noch der Schutz und die Begünstigung, welche die Zaren den Künsten angedeihen ließen, vermochte die Neigung dafür unter den Russen zu fördern, eben weil ihr unsteter Sinn, ihr Hang zum Nomadenleben sie den an die Scholle fesselnden Beschäftigungen entfremdete.

In den wenigen Ueberresten bildlicher Darstellungen der Russen (wie der Slaven überhaupt), die aus früherer Zeit auf uns gekommen, offenbaren sich nur die rohesten Anfänge der Kunst.

Die Chroniken erzählen von Bildsäulen der alten Slavengottheiten: Perun's, des Donnergottes;Ußlad's, des Gottes der Freude; Woloß', des Gottes der Heerden; Stribog's, des Gottes der Winde; Lada's, der Göttin der Liebe und Schönheit;[6]) — doch ist leider davon nichts bis auf die Gegenwart gekommen. Man kann annehmen, daß sie auf gleicher Stufe standen mit jenen ungeschlachten Steinbildern, welche man noch hin und wieder in den weiten, vom Don und vom Kuban durchströmten Kosakensteppen findet.

Im Gegensatz zu der Vernachlässigung, welche die bildenden Künste in Rußland fanden, und zwar aus denselben Ursachen, welche diese Vernachlässigung bewirkten, erreichte die Sprache hier schon sehr früh einen hohen Grad der Ausbildung.

Sie wurde die alleinige Trägerin alles geistigen und sittlichen Inhalts des Volkes; in ihr konnte der Russe Monumente schaffen, die ihn auf seinen Wanderungen begleiteten; ihr hauchte er all sein Denken und Sinnen, all sein Leid und Wehe ein, und ihre biegsamen, klangreichen Formen schmiegten sich leicht allen Bedürfnissen an.

2*

Daher die erstaunliche Ausbildung, der überraschende Formen- und Wortreichthum, welche wir in der russischen Sprache finden, und daher auch die hohe Bedeutung, welche das Volkslied hier für den denkenden Geschichtsfreund hat.

Die Geschichte, das innere und äußere Leben, alle Weisheit und Thorheit, alle Tugenden und Gebrechen des Volks spiegeln sich mit wunderbarer Treue in diesen Liedern ab.

Und es liegt darin eine Kraft des Ausdrucks, ein Reichthum von Bildern und Anschauungen, daß der Forscher nicht blos historische Belehrung, sondern auch hohen Genuß in diesen alten Denkmälern findet, welche nur von den epischen Erzeugnissen der neueren Kunstpoeten Rußlands an Bedeutung übertroffen werden.

Seltsamer Weise haben diese Dichter den wohlverdienten Ruhm, welchen sie in und außerhalb Rußland gefunden, mehr ihren poetischen Verirrungen als ihren wesentlichen Vorzügen zu verdanken.

Nur da, wo sie aus dem alten Sagen- und Liederquell ihres Landes und den Eigenthümlichkeiten des vielgestaltigen Volkslebens schöpften, erscheinen sie wahrhaft groß, während ihre übrigen Werke blos mehr oder weniger gelungene Nachahmungen ausländischer Vorbilder sind.

Die Aufklärung und Ueberfeinerung der höheren Stände, denen die bedeutendsten der modernen russischen Dichter angehören, und das Elend und die traurige Unwissenheit der großen Masse des Volks bilden schwer zu vermittelnde Gegensätze.

Der unnatürliche Genuß, die Blasirtheit, der Ekel der Gegenwart, die Weltmüdigkeit, bieten keinen Stoff für die Poesie, und der Dichter, der seine Helden unter den Trägern dieser Gebrechen sucht, kann nur Zerrbilder daraus erzeugen. Es ist zu bedauern, daß diese Poesie der Unnatur selbst unter den begabtesten Geistern Rußlands ihre Vertreter gefunden.

Hier ist nicht der Ort, die obigen Andeutungen weiter auszuführen. Ich verweise diejenigen Leser, welche sich über den Gegenstand genauer unterrichten wollen, auf meine die russische Literatur speziell behandelnden Schriften.[7])

Drittes Kapitel.

Die Donische Steppe.

„Ich schwamm hinaus auf die Fläche des trockenen Oceans. Der Wagen versinkt in Grün und schwankt wie ein Nachen durch die Wogen der rauschenden Wiesen hin. Ueberschwemmt von Blumen umschiffe ich die korallenen Eilande des Steppengrases. Schon sinkt die Dämmerung herab; kein Weg noch Hügel zeigt sich dem spähenden Blicke. Ich schaue zum Himmel empor und suche die Sterne, die Leiter des Nachens . . ."

So begrüßte einst Mickiewicz das Steppenland, das er wahrscheinlich zu einer günstigeren Jahreszeit besuchte, als ich.

Wohl glich jetzt die Steppe mit ihrem eintönigen, leicht aufsteigenden, weit verschwimmenden Hügelland einem trockenen Ocean; aber verdorrt lag das Gras und geknickt von den kalten Herbststürmen, oder zerstampft durch Kosakenrosse; und von dem reichen Pflanzenwuchs des Frühsommers, welcher besonders durch die Millionen hoch aus den Graswogen aufschießenden Synantheren sein eigenthümliches Gepräge erhält, zeigten sich nur noch kümmerliche Reste.

Der Eintritt in die Steppenlande des Don hat für den von Moskau kommenden Reisenden nichts Plötzliches, Ueberraschendes; wie überhaupt rasche, unvermittelte Uebergänge zu den seltenen Ausnahmen in Rußland gehören, wo man in verschiedenen Gegenden hunderte von Meilen in gerader Richtung fortreisen kann, ohne daß die geognostische Beschaffenheit des Bodens, oder die Thier- und Pflanzenwelt sich merklich änderte.

Um ein Maß für die Anschauung dieser großartigen, mit keinem andern Lande Europa's vergleichbaren Einförmigkeit und ihrer allmähligen, unmerkbaren Uebergänge zu geben, führe ich hier die Behauptung eines landeskundigen deutschen Naturforschers an: »daß am Nordrande des Harzes auf einer Strecke von weniger als einer deutschen Meile mehr geognostische Verschiedenheit zu beobachten ist, als auf dem Wege vom weißen bis zum schwarzen Meere, und daß auf einer Entfernung von kaum mehr als einer Meile vom Fuße des Harzes bis zur Höhe des Brockens die Vegetation größere Gegensätze zeugt, als zwischen der Grenze der Steppen und der Eisküste.« [5])

Durch die weiten, nur von einzelnen Birken- und Eichenwaldungen und kaum merkbaren Hügelreihen durchzogenen Ebenen der Nara, Oka und Upa wird man hinlänglich vorbereitet auf die großartige Einförmigkeit der Bodengestaltung, welche noch erhöht durch den gänzlichen Mangel an Baumwuchs, den vorwiegenden Charakter der Steppe bildet.

Tausende von Wersten weit kommen hier eigentliche Waldungen gar nicht, und einzelne Baumgruppen nur in verkümmerter Gestalt vor: theils in Folge der Natur des Bodens; hauptsächlich aber weil die Bäume zu ihrem Gedeihen einer geschützteren Lage bedürfen, als die endlos flache, allen Winden und Wettern offene Steppe sie bieten kann.

* * *

Die Winterlandschaft, welche uns von Moskau aus durch das rasch aufgeblühte Städtchen Podolsk, — das schon in der letzten Hälfte des vierzehnten Jahrhunderts erbaute, wiederholt von den Tataren zerstörte Serpuchoff, — und die durch ihre Gewehrfabrik, Silber- und Stahlarbeiten berühmte Gouvernementsstadt Tula begleitet hatte, war bei dem malerisch gelegenen Jeletz, (in der Mitte des Weges zwischen Tula und Woronesch) plötzlich verschwunden.

Von Jeletz, bis zu dem hart am Don gelegenen und danach benannten Sadonsk, bildete ein unergründlicher Schmutz den Uebergang zu erfreulicheren Bildern. Die Wege wurden besser, die Luft milder, der Himmel klärte sich wieder auf und einige prachtvoll gebaute, inmitten großer Gärten anmuthig gelegene Landhäuser verschönerten die Gegend.

In Woronesch machte sich schon eine bedeutende Veränderung des Klima's fühlbar. Das Thermometer zeigte 16° R. Wärme, während es bei meiner Abreise aus Moskau um dieselbe Tageszeit auf dem Gefrierpunkt stand.

Nirgends in der Welt habe ich eine so große Menge Windmühlen gesehen, wie in dieser getreidereichen Provinz. Aus allen Dörfern ragen sie hervor, alle Hügel sind damit überdeckt. Und die seltsame Bauart dieser Windmühlen überrascht fast noch mehr als ihre große Anzahl. Ihre Flügel bilden ein vollständiges Viereck, zusammengehalten und getragen von vier kolossalen Speichen.

Auch die vielen kreideähnlichen Kalkhügel, welche das Land in allen Richtungen durchziehen und von Weitem im Glanz der Sonne wie kleine Gletscher schimmern, gewähren einen eigenthümlichen Anblick.

Bei Kasanskoja überschreiten wir auf einer Fährte den Don und gelangen in das Land der nach dem Strome benannten Kosaken.

Die Einförmigkeit dieses dünnbevölkerten Landes spiegelt sich wieder in den ärmlichen Wohnungen, die alle nach Einem Muster gebaut sind, und deren jede nur knappen

Raum für eine kleine Familie und die nothwendigsten Geräthschaften bietet.

Die meisten dieser vereinzelt in den Stanitzen (Kosakendörfern) stehenden Häuser sind mit kleinen Gärten umgeben, wo außer den gewöhnlichen Küchengewächsen besonders Wein und Melonen trefflich gedeihen.

Jede Stanitza, und sei sie noch so unbedeutend, hat ihren kleinen Basar, wo alle Erzeugnisse des Landes, so wie die wesentlichsten Bedürfnisse der Bewohner, bescheiden vertreten sind.

Unter den donischen Weinen zeichnet sich besonders der Rasboroff'sche weiße, und der Zymljänski'sche rothe (den feurigen italienischen Weinen ähnliche) vortheilhaft aus. Beide werden in großen Partien ausgeführt und aus Ersterem wird der durch ganz Rußland berühmte und beliebte donische Champagner bereitet.[9])

Nach Pallas, welcher diese Länder zu wiederholten Malen unter der Regierung der großen Katharina und Kaiser Pauls besuchte, datirt der Aufschwung des Weinbaues am Don erst aus der letzten Hälfte des vorigen Jahrhunderts.[10]) Der berühmte Reisende ist auf die Kosaken jener Zeit nicht gut zu sprechen: »Beständiges Wohlleben, — sagt er — Müßiggang und Völlerei, Folgen des Ueberflusses den die vortrefflichen Besitzungen dieser freien Miliz hervorbringen, haben die Sitten auf das Aeußerste verderbt, und Luxus hat auch hier die alte Einfalt genugsam verdrängt. Die Hauptstadt wird hier, wie anderwärts, der Sauerteig, welcher nach und nach die ganze Volksmasse verdirbt. Das Einzige was die Reichen unter den donischen Kosaken wirklich verbessert haben, ist der Weinbau, der nicht nur seit zwanzig Jahren sehr vermehrt, sondern auch auf einen bessern Fuß gebracht worden ist, weil er ihren Lüsten schmeichelt.« (T. I. p. 448.)

Dieses Urtheil paßt nur noch theilweise auf die heutigen Anwohner des Don, von deren Luxus, beständigem Wohlleben und Ueberfluß nicht viel zu rühmen ist, wogegen sie in ihrem Hange zum Trinken und zum Müßiggange ihren Vätern allerdings nicht weit nachstehen mögen. Die Ursachen dieser Erscheinung möchte ich aber weniger in den schädlichen Einflüssen der Hauptstadt, als in der Geschichte und dem durch dieselbe bedingten Charakter des merkwürdigen Reitervolks suchen, dessen Name schon auf ein unstätes, den Künsten des Friedens abholdes Leben hinweist.

Der Krieg ist eben des Kosaken einzige Beschäftigung und das Schlachtfeld das einzige Feld seiner Thätigkeit, sowie die Beute die einzige Quelle seines Reichthums. Alle Haus- und Feldarbeit bleibt den Frauen überlassen, die durchgehends von derbem, kräftigem Schlage sind, und Axt, Spaten und Kochlöffel mit gleicher Geschicklichkeit handhaben. Der dadurch in Haus, Garten und Feld erzeugte Gewinn reicht aber nicht über die Befriedigung der nothwendigsten Bedürfnisse eines höchst einfachen Lebens hinaus. Und mit der vom Kosaken heimgebrachten Beute geht es wie das Volkslied singt:

„Ohne Nutzen, ohne Segen
Schwindet des Kosaken Beute,
Was er gestern schwer errungen,
Leichten Sinn's vertrinkt er's heute."

Wäre dem anders, gewöhnte er sich an eine nützliche Beschäftigung, lernte er den Boden bebauen oder ein Handwerk treiben, so würde er eben aufhören Kosak zu sein, welche Benennung ausdrücklich einen bewaffneten Herumstreicher bezeichnet, im Gegensatz zu dem gewerbthätigen Bürger und dem an der Scholle klebenden Landmann . . .

Die ersten Anfänge der großen Kosakenverbrüderungen bildeten sich aus Räuberbanden, welche zu Land und zu Wasser ihr Unwesen trieben, hauptsächlich aber die Wolga und den Don, die Oka und den Ural zum Schauplatze ihrer Thaten machten. Ihre zum großen Theil noch heute im Munde des Volks fortlebenden Lieder erzählen von zwölfrudrigen, goldgeschmückten, buntbemalten Fahrzeugen, womit sie Kauffartheischiffe kaperten, alles Werthvolle fortschleppten und in entlegenen Schlupfwinkeln aufstapelten. Die Kaufleute wurden zu Gefangenen gemacht und nach Umständen niedergemetzelt, oder gegen ein ansehnliches Lösegeld entlassen. Kurz, diese Banden, welche in ältester Zeit unter den Namen Burlaki[1]) und Brodniki (Räuber und Landstreicher) vorkommen, unterschieden sich von unsern Wegelagerern und Raubrittern der guten alten Zeit nur durch festeres Zusammenhalten und größere Gemeinsamkeit. Ihre Macht wuchs mit ihren Erfolgen. Die zerstreuten Schlupfwinkel wurden nach und nach zu befestigten Wohnplätzen, in welchen sie sich stark genug fühlten, den Streitkräften zu trotzen, welche die Regierung zu ihrer Unterdrückung aufbot. Mußten sie die bewohnteren Theile Rußlands meiden, so bot ihnen die endlose Steppe zwischen Dnjepr und Don einen um so unbegrenzteren Schauplatz der Thätigkeit. Auf den schnellen Pferden der Steppe wagten sie die kühnsten Abenteuer, plünderten Karawanen, überfielen oft ganze Ortschaften und suchten unter den schmucksten Töchtern des Landes ihre Frauen aus. Erst im dreizehnten Jahrhundert kommen diese Räuberbanden unter dem gemeinsamen Namen Kosaken vor.

Mit der Unterjochung der russischen Fürstenthümer durch die Tataren hörte die Feindschaft zwischen Russen und Kosaken auf, da beide in den fremden Eindringlingen einen gemeinsamen Feind fanden. Die Macht der Kosaken wurde durch die jahrhundertlangen Kämpfe mit den Tataren nicht gebrochen, sondern gestählt. Nach der Vertreibung der goldenen Horde finden wir die Kosaken als ein selbstständiges, zahlreiches und gefürchtetes Reitervolk wieder, dessen Ursprung über seine Macht und ritterlichen Thaten vergessen war.

An den Ufern des Don und hinter den Wasserfällen des Dnjepr setzten sich zwei große Stämme fest, wovon der erstere vorzugsweise aus Großrussen, der letztere vorzugsweise aus Kleinrussen (Ukrainern) und Polen bestand, obgleich es unter ihnen auch an versprengten Tscherkessen, Polowzen und Kalmüken nicht fehlte.

Von diesen beiden Hauptstämmen der donischen und der ukrainischen Kosaken gingen alle späteren Verzweigungen aus. Das durch Eintracht starke Gemeindeleben entwickelte sich bei ihnen unter gleichen Umständen auf gleiche Weise. Erst war der Gedanke des Schutzes und der Vertheidigung, dann der Gedanke der Rache, des Ruhmes und der Unabhängigkeit vorherrschend. In ihrem Aeußeren unterschieden sich die Kosaken der Ukraine durch feinern Anstrich, reichere Kleidung und durch ihr, bis auf den wohlgepflegten Schnurrbart, glattrasirtes Gesicht, von den einfachern, langbärtigen Kosaken des Don.

Zu Ende des funfzehnten Jahrhunderts nehmen die kriegerischen Republiken der Kosaken schon reifere sociale Formen an und treten in Verbindung mit den benachbarten Staaten.

Ihre Kämpfe mit den Türken, Litthauern, Polen und Russen, denen sie nach dreihundertjähriger Unabhängigkeit endlich unterliegen mußten, sind bekannt aus der Geschichte. Die Zeit von der Thronbesteigung Peters I. bis zum Tode Katharina II. umfaßt die Periode ihres politischen Untergangs.

Wenngleich das Leben der Kosaken durch die russische Herrschaft ein ganz anderes geworden, und weniger poetische Momente bietet als das ihrer freien Vorfahren, so fortbesteht unter ihnen doch eine gewisse traditionelle Poesie, welche die Vergangenheit des Volks, seine Leidenschaften, Sitten und

die wesentlichsten Momente seiner Entwickelung in treuen Zügen
wiederspiegelt, und dadurch auch für den Geschichtsforscher von
größter Bedeutung ist. Ohne diese reiche und belebende Quelle
würde die Geschichte des Volks in eine trockene Aufzählung
seiner kriegerischen Erfolge und Unfälle zusammenschrumpfen
und uns über die wesentlichsten Triebfedern seiner Kraftäuße-
rung ganz im Dunkeln lassen.

Als solche Triebfedern hebe ich besonders hervor den
unerschütterlichen Glauben des Volks an die Satzungen seiner
Kirche, verbunden mit einer unbegrenzten Sucht nach Ruhm
und Auszeichnung. Jener Glaube umschlang die buntgewür-
felten Reiterhorden nicht nur mit einem gemeinsamen, festen
Bande, sondern ließ sie auch die Bekämpfung der Ungläubigen (wozu bekanntlich nach der orthodoxen Kirche nicht blos
die Tataren gehören) als ein gottgefälliges, heiliges Werk
erscheinen. Ihre Ruhmsucht — der ein weites Feld der Befriedigung offen stand, denn jeder Kosak konnte Hetmann
werden — trieb sie in Kampf und Gefahr, und sie gingen
dem Tode mit fatalistischem Gleichmuthe entgegen, weil sie
fest darauf rechneten, im Himmel für ihre Tapferkeit belohnt
zu werden. Zu gleicher Zeit waren sie nicht unempfänglich
für einen guten Nachruhm auf Erden; der Gedanke, verherrlicht zu werden im Liede, fortzuleben im Munde des Volks,
war ihnen ein Sporn zu den kühnsten Thaten und Wagnissen.

„Der junge Kosak mußte untergehn
Wie die Blume der Steppe in Sturmeswehn;
Doch sein Ruhm starb nicht mit ihm — noch in später Zeit
Singen, preisen die Kosaken seine Tapferkeit."

Dieser Schluß des Liedes, welches die Thaten Iwan
Konowtschenko's rühmt, findet in vielen ähnlichen Liedern
des Landes seinen Wiederklang.

„Mir, Mütterchen, macht es nicht Ehre noch Vergnügen,
Einem Bauersmann gleich das Feld zu pflügen,
Meine gelben Stiefel im Koth zu beschmutzen,
Meine kostbaren Kleider am Pflug abzunutzen:
Mich treibt es nach Tahin, der Stadt, von hinnen,
Dort ritterlichen Ruhm und Ehre zu gewinnen!"

So ruft der junge Kosak seiner Mutter zu, die ihn abhalten will dem Aufgebote des Hetmann Chwilonenko zu folgen.

Um auch durch eins unter vielen Beispielen das religiöse Element zu veranschaulichen, welches einen Grundton in den Kosakenliedern bildet, führe ich die Stelle aus der berühmten Duma: »Der Sturm auf dem Schwarzen Meere« an, in welcher der Hetmann den drohenden Untergang seiner Flotte sich nicht anders erklären kann, als daß einer der Kosaken den Zorn Gottes durch ein Verbrechen auf sich gezogen haben müsse. Er ruft den Kosaken zu:

„Naht Euch allesammt, sagt Eure Sünden her,
Und der Schuldige soll sterben im Schwarzen Meer!"
Und in Schweigen stand der Kosaken Schaar,
Denn es wußte Keiner wer schuldig war ...

Da tritt einer herzu, ein Priestersohn, der sich erbietet zur Rettung der Andern zu sterben. Aber die Kosaken wollen das nicht zugeben, weil sie behaupten, er sei besser und klüger denn sie Alle. Darauf beichtet der Priestersohn seine Sünden, wobei er unter andern auch bekennt:

„Ich pflegte die Kirchen vorbei zu jagen
Ohne mein Haupt zu entblößen und das Kreuz zu schlagen —
Für meine Sünden, Brüder, muß ich jetzt untergehn!"

Aber:

„Als noch Alexis, Sohn des Priesters, seine Beichte sprach,
Ließ der Sturm auf dem Schwarzen Meere nach;
Die Flotte ward gerettet durch des Höchsten Hand,
Und kam glücklich bei der Insel von Tentra an's Land."

Diese wunderbare Rettung veranlaßte den Priestersohn den Kosaken die weise Lehre zu geben:

„Treu sollen wir Liebe zum Nächsten üben,
Nie durch böse That Vater und Mutter betrüben;
Den Menschen, die gerecht vor dem Herren stehn,
Wird es wohl auf Erden und im Himmel gehn!
Des Mörders Schwert bringt ihnen nicht den Tod,
Der Eltern Gebet führt sie aus Sturm und Noth,
Macht von Todsünden ihre Seele rein,
Wird ihr Schutz zu Meer und zu Lande sein!"

Der Tod ist dem Kosaken nur schrecklich, wenn er ihn durch Sünde herbeigeführt hat, oder wenn er ihn fern von der Heimat erleiden muß:

„O, wohl wußte der Kosak, er würde doppelt leiden,
Ohne seine treuen Gefährten vom Leben zu scheiden!"

Denn fern von seinen Brüdern findet er nicht die ehrenvolle Bestattung die dem Tode erst die rechte Weihe giebt. Da wird kein Trauermahl gehalten, wird kein Kreuz auf sein Grab gepflanzt und kein Segen darüber gesprochen.

Worin die Begräbnißfeierlichkeiten bei den Kosaken bestanden, wird uns, wie in vielen andern Liedern, so auch in dem vorhin erwähnten Liede zu Ehren Konowtschenko's ausführlich geschildert:

„Mit ihren Schwertern gruben die Kosaken sein Grab,
Mit den Mützen trugen sie die Erde ab,
Senkten die Leiche hinein und bestatteten so
Der Wittwe Sohn Iwan Konowtschenko!
Darauf ließen sie aus Pfeifen, sieben Spannen lang,
Und aus Kriegeshörnern mit dumpfem Klang
Eine klagende Trauermusik erschallen,
Zum Ruhme des Kosaken der im Felde gefallen."

Die Mutter des Gefallenen aber bereitet ein großes Trauermahl, wozu alle Kosaken eingeladen werden:

„Dem Führer schenkt sie des Sohnes Roß,
Und dem Aelt'sten des Heeres sein Schwert und Geschoß."

Auffallend ist der tief melancholische Zug, welcher durch die meisten, um nicht zu sagen alle Lieder der Kosaken, sowie überhaupt durch die Volkslieder der Slaven geht. Bei dem Volke mag dieser Zug seine Erklärung finden durch den schweren Druck der auf ihm lastete und der es nie zu rechtem Lebensgenusse kommen ließ, — den Kosaken mochte einestheils die drückende Leere und Einförmigkeit des Lebens, welche jedesmal den wilden Aufregungen des Krieges folgt, andererseits die häufige und lange Trennung von der ihnen über Alles theuern Heimat Stoff genug zu traurigen Betrachtungen bieten. In der That scheint das Heimweh des Kosaken zu seinem Steppenlande noch stärker gewesen zu sein als dasjenige des Schweizers nach seinen Bergen. Er konnte nicht scheiden von der Heimat ohne eine Handvoll Erde mitzunehmen, die er neben seinem Heiligenbilde auf der Brust trug, die sein Trost war in der Ferne, und die er küßte, wenn er sterben mußte unter Feindeshand. Ein eben so hervorragender Zug wie ihre Liebe zur Heimat, war die fromme Anhänglichkeit der Kosaken an Vater und Mutter. Unglücklich derjenige, dem die Eltern früh gestorben waren, oder der sie vielleicht niemals gekannt. Das Leben drückte ihn wie eine schwere Bürde; nichts gelang ihm nach Wunsch, weil ihm zu Allem der elterliche Segen fehlte. Er möchte sich ertränken im Wasser seines heimatlichen Stromes, aber die Religion, sein letzter Trost spricht zu ihm: »Ertränke Dich nicht, Kosak, denn Du verlierst Deine Seele!«

»Mutter, Mutter, ach vergebens
Gabst Du Deinem Sohn das Leben,
Ohne ihm am Glück des Lebens
Seinen Antheil auch zu geben!

Ungetauft mußt' ich verderben,
Half mir keine Christenhand;
Vater, Mutter mußten sterben,
Und dazu mein Vaterland.

Fühlt kein Herz mit mir gemeinsam,
Todt sind alle meine Lieben;
Ach! warum verwaist und einsam
Bin ich hier zurückgeblieben!

Wüßt' ich doch ein einzig Wesen,
Das sich meinem Herzen einte,
Das, wie ich, zum Gram erlesen,
Mit mir litte, mit mir weinte.

Dem das Auge thränt', wie meines,
Wie der Thau vom Baume fällt —
Aber ach! ich finde keines
Auf der weiten Gotteswelt!"

Lassen solche Lieder nicht tiefere Blicke in das Herz des Volkes thun, gewähren sie nicht reichere Belehrung und erwecken sie nicht ein menschlicheres Interesse als die Aufzählung wüster Kämpfe und Raubzüge? Es ist eine fruchtbare Aufgabe für den Denker, die Widersprüche zu lösen, welche zwischen dem äußeren und inneren Leben dieses Volkes liegen, dessen selbstständige Rolle jetzt ausgespielt ist, welches aber als ein mächtiges Werkzeug in der Hand eines Mächtigen unzweifelhaft noch Thaten vollbringen wird, womit verglichen alle seine früheren Thaten in Nichts verschwinden...

Zum Schluß dieser poetischen Abschweifung möge hier noch ein älteres Lied seine Stelle finden, welches mir in Gehalt und Gestalt am besten geeignet scheint, die Eigenthümlichkeiten der donischen Volkspoesie zu veranschaulichen:

„Grüß' Dich, Väterchen! herrlicher, stiller Don!
Unser Ernährer Du, Don Iwanowitsch!
Gehen zu Deinem Ruhm bei uns Sagen viel',
Gehen Sagen viel', Dich zu verherrlichen.
Wie vor Zeiten sich wild Deine Flut ergoß,
Wie sie wild sich ergoß, und doch klar und rein; —
Aber jetzt, mein Ernährer! so trüb fließest Du,
Hast getrübt Dich von oben bis unten hin! —

> Sprach zur Antwort der herrliche, stille Don:
> Aber wie soll ich nicht trübe, nicht finster sein!
> Hab' ich zieh'n lassen meine hellen Falken all',
> Meine hellen Falken, die Kosaken vom Don!
> Spült sich ab ohne sie mein Uferland,
> Streut hinab ohne sie viel gelben Sand..."

Angeregt durch solche Erzeugnisse der alten Zeit, so wie durch sein wechselvolles Leben, fühlt der Kosak auch noch heute das Bedürfniß, seinen Gefühlen in Versen Luft zu machen, bei der Trennung von der Geliebten, beim Abschiede von der Heimat und ähnlichen trübstimmenden Gelegenheiten.

Der Eine singt ein Lied, der Andere verbessert es, der Dritte fügt ein paar Verse hinzu, und so gestaltet sich zuletzt ein abgerundetes Ganzes daraus.¹)

* * *

Die Lebensweise der Kosaken ist so rauh und einfach, daß ein verwöhnter Reisender es nicht lange bei ihnen aushält. Fische aus dem Don gehören zu den Leckerbissen; Krautsuppen, Grütze mit Oel zubereitet, Melonen und grobes Brod bilden die gewöhnliche Nahrung.

Ehe ich Nowo-Tscherkask erreichte, hatte ich ein schreckliches Abenteuer zu bestehen, welches sich nimmer aus meiner Erinnerung verwischen wird.

Ich war die ganze Nacht durchgefahren, hatte den folgenden Tag nichts gegessen als ein Stück Schwarzbrod, und müde und hungrig kam ich mit anbrechendem Abend in einer Staniza an, deren Aeußeres nichts weniger als einladend war.

Inmitten schöner Gegenden kann der Reisende oft Tage lang Essen und Trinken vergessen bei der steten Abwechselung der Bilder, die sich vor seinem Auge entrollen. Es ist, als ob die frische Bergluft und der Duft von Wiesen- und

Waldesgrün etwas Sättigendes habe, oder als ob der Magen durch das Auge mitgenösse.

In öden, flachen Gegenden aber, wie in den endlosen Steppen am Don, machen sich die Bedürfnisse unseres sterblichen Theiles doppelt fühlbar. Man hört nichts, als das Rasseln des Wagens und Pferdegestampf; man sieht nichts, als weite, wüste Flächen. Kommt dazu noch schlechtes Wetter und schlechte Wege, wie ich's den ganzen Tag hindurch gefunden hatte, so möchte man umkommen vor Ekel und Unmuth.

In einem solchen Gemüthszustande kam ich in der Stanitza an. Der Wagen hielt in der Mitte des Dorfes still, und ich schickte meinen Diener auf Kundschaft aus, um ein Obdach und warmes Essen aufzutreiben.

»Hier im Dorfe ist kein Wirthshaus, und Sie werden schwerlich etwas zu essen finden,« rief mir eine freundliche Frau von mittleren Jahren durch das offen stehende Fenster ihrer Hütte zu, »wenn Sie aber mit unserer schlechten Kost vorlieb nehmen wollen, so sollen Sie uns willkommen sein; wir sind gerade beim Abendessen.«

Sie sagte mir dies in so einladend freundlichem Ton, und ihr Gesicht hatte einen so frommen, gemüthlichen Ausdruck, daß ich unwillkürlich bei mir dachte: das kann unmöglich eine gewöhnliche Kosakin sein! Es fehlt ihr ganz jener trotzige, determinirte Ausdruck, welcher den Weibern der Kosaken vom Don eigen ist.

Und ihrer Einladung folgend, trat ich in's Haus. Da saßen an einem weißen tannenen Tische drei Mädchen, von denen das älteste etwa zwölf Jahre zählen mochte, und ein Knabe von ungefähr vierzehn Jahren. Sie standen alle auf, als ich in die Stube trat, grüßten mich freundlich bescheiden, und wollten sich nicht wieder setzen, bis ich selbst unter ihnen Platz genommen hatte.

Auf dem Tische dampfte einladend das Abendessen, bestehend aus einer Krautsuppe mit Grütze.

Die Wohnstube, das Haus- und Tischgeräth, alles zeugte von großer Armuth, war aber so rein und sauber gehalten, daß das Auge gern darauf weilte. Decke und Wände waren blendend weiß angestrichen, Thür und Fenster sauber gewaschen. Auf einem kleinen, alten Schränkchen stand das ärmliche, blankgescheuerte Küchengeräth, und in der Ecke hing ein Heiligenbild mit einem brennenden Lämpchen davor.

Die Art und Weise, wie die gute Frau mir ihr frugales Abendessen anbot, und meinen Teller füllte, hatte etwas so Gefälliges, Ungezwungenes, wie man es sonst nicht bei Frauen dieses Standes zu sehen gewohnt ist. Man sah es ihren Augen an, daß sie gern gab, was sie hatte, und sie schien mit Wohlgefallen zu bemerken, daß ich mir die Suppe nach Herzenslust schmecken ließ.

Während des Essens und nach Tische unterhielt ich mich, so gut ich konnte, mit meiner freundlichen Wirthin und wußte bald ihre ganze Lebensgeschichte.

Sie war aus dem Gouvernement Poltawa gebürtig, hatte aber schon in früher Kindheit mit ihrem Vater, einem Offizier von bekannter Familie, nach Sibirien wandern müssen. Ihr Vater starb in der Verbannung, und eine wohlthätige Frau nahm sich des verwaisten Mädchens an. Sie blieb eine Reihe von Jahren im Hause dieser guten Frau, erhielt hier eine Art Erziehung und Unterricht, und heirathete später einen Chorundschi*), dem sie in ihrem zwanzigsten Jahre in sein donisches Heimatland folgte.

Eine geraume Zeit lebte sie hier glücklich und zufrieden, bis auch der Gatte ihr durch den Tod entrissen wurde. Seitdem hatte sie immer mit Noth und Unglück zu kämpfen gehabt,

---

*) Der unterste Offiziersrang bei den Kosaken.

und ihren einzigen Trost in ihren Kindern gefunden, deren Unterhalt und Erziehung all' ihre Kräfte gewidmet waren.

»Die Kinder lesen schon recht hübsch, — sagte sie, — ich habe nur immer so wenig Zeit, mich mit ihnen zu beschäftigen. Sascha,*) hol' einmal Dein Buch her und lies dem fremden Herrn etwas vor.«

Ich besah das Buch, und war nicht wenig erstaunt, eine russische Uebersetzung des zweiten Bandes der Campe'schen Jugendschriften vor Augen zu haben.

Die Kinder lasen mir alle nach der Reihe etwas vor, und es ging wirklich recht hübsch, wie ihre Mutter gesagt hatte. Doch die Pferde waren schon seit einer Stunde angespannt, die Zeit drängte, ich mußte davon.

Ich küßte freundlich die Kinder und nahm Abschied von der Mutter mit einem herzlichen Händedruck, bei welcher Gelegenheit ich ihr ein Geldstück in die Hand schlüpfen ließ.

Aber ohne zu sehen, was es war, reichte sie mir das Geld zurück mit den Worten: »Ihr Geld mag ich nicht!« und dabei sah sie mich an mit einem Blicke, der mir durch die Seele ging.

Ich begriff im Nu, welchen Mißgriff ich gethan, wie sehr ich durch mein Geldanbieten die gute Frau beleidigt hatte, und wandte all' meine Beredsamkeit auf, den Fehler wieder gut zu machen; aber Fehler dieser Art lassen sich leider nicht wieder gut machen. Das ist der Fluch der Armuth, daß all' ihre Handlungen, mögen sie noch so uneigennützig sein, niedrigem Interesse zugeschrieben werden.

»O Gott,« sagte die gute Frau, »kann ich denn nicht einmal mein Stück Brot mit einem Fremden theilen, ohne glauben zu machen, ich thue es für Geld? Ich habe mich so gefreut, Sie bei mir zu sehen, und nun muß es so kommen!« —

---

*) Diminutivum von Alexander.

Nowo-Tscherkask, die Hauptstaniza des Landes der Kosaken vom Don, breitet sich malerisch über die grünen Abhänge eines hochaufgeschwellten Hügelzuges aus.

Ich nenne den Ort, trotz seines bedeutenden Umfanges, eine Staniza, weil das Ganze ein zu dorfähnliches Ansehen hat, um den Namen einer Stadt zu verdienen.

Die krummen, ungepflasterten Straßen, die kleinen, bunt zusammengewürfelten Häuser, die malerischen Trachten der Einwohner, geben dem Orte ein ganz orientalisches Gepräge, welches nur hin und wieder durch einige, in europäischem Geschmack erbaute Kronsgebäude und Paläste unterbrochen wird.

Die Hauptvorzüge von Nowo-Tscherkask sind der gute, billige Wein und die hübschen Frauen, die man hier findet. So viele schlank gebaute Mädchen, mit leichtem Gange und feinem Gesichte, wie hier, habe ich in keiner russischen Stadt gesehen.

Doch, wir dürfen nicht lange weilen in der hügelgetragenen Staniza, und müssen wieder hinabsteigen in die Ebene, denn noch weit ist der Weg, den wir zu pilgern haben, bis zu Georgiens blühenden Fluren . . .

Der Himmel drohte auf's Neue mit Regen, und ich gab den Jämschtschiks doppelte Trinkgelder, um so schnell als möglich Stawropol, die ciskaukasische Hauptstadt zu erreichen.

Die im Sommer hier zwischen dem Don und dem Bolschoi Osero*) nomadisirenden Kalmüken hatten schon ihre Zelte niedergeschlagen, und ihre Winterbehausungen in Ciskaukasien bezogen.

Ich ließ in einem Kalmükendorfe anhalten, um zu frühstücken, verlor aber allen Appetit, noch ehe ich eine dieser

---

*) Zu deutsch: der große See. Dieser See wird nach dem Flusse Manytsch auch Osero Manytsch genannt.

dumpfen, roh aufgeworfenen Hütten betrat, wo die Menschen mit ihrem Vieh zusammen wohnen und sich von letzterm nur durch größeren Schmutz unterscheiden.

Trotzdem konnte ich nicht umhin, nachdem ich die Schwelle der Hütte einmal überschritten hatte, meine Selbstbeherrschung an dem Genusse eines mir dargebotenen Kruges Milch zu üben.

Ich gab dem Kalmüken, welcher mir den Krug gereicht hatte, einen Tschetwertak,*) den er augenscheinlich mit größerer Befriedigung betrachtete, als ich seine schmutzigen Hände. Er gab mir durch Zeichen und gebrochene russische Worte zu verstehen, ich möchte noch einen Augenblick in der Hütte verweilen; er werde gleich zurückkommen und mir etwas Besonderes mitbringen. Darauf ging er hastigen Schrittes davon.

„Was das schwarze Bilsenkraut, welches die Ufer des Don entlang wuchert, unter den Kräutern, das sind die Kalmüken unter den Bewohnern der Steppe." Solche und ähnliche Gedanken fuhren mir durch den Kopf, als nach kurzer Abwesenheit mein Wirth wieder eintrat, gefolgt von einem ältlichen, etwas sauberer aussehenden Manne, der ein sorgfältig zusammengeschlagenes Tuch vor mir ausbreitete, welches verschiedene kleine Bilder und Schnitzarbeiten enthielt. Es waren Thier- und Menschenfiguren, deren Anlage keinen besonderen Kunstsinn verrieth, deren Ausführung aber von einer Kunstfertigkeit zeugte, welche ich bei diesen Nomadenstämmen nimmer erwartet hätte. Die mit großer Sicherheit aus Holz geschnitzten Kühe hatte der alte Mann selbst verfertigt; die Bilder aber waren von seinem Bruder, der, wie ich belehrt wurde, die Farben dazu aus Nowo-Tscherkask holte.

Ich freute mich, unter dieser rohen Wanderhorde wenigstens eine Spur schaffender Geistesthätigkeit zu entdecken,

---

*) Ein Silberstück von 25 Kopeken.

kaufte für ein Billiges einige der Bilder, und begab mich dann wieder auf die Reise, um noch vor anbrechendem Abend die Staniza Donskaja zu erreichen.

Hier blieb ich zur Nacht, da der Posthalter sich weigerte, mir Pferde zur Weiterreise zu geben, weil, wie er sagte, die Wege durch die nächtlich in der Gegend umherstreifenden, räuberischen Nagaizen unsicher gemacht werden.

Die Gleichförmigkeit in Kleidung und Bewaffnung der kaukasischen Kosaken und der feindlichen Bergvölker macht, daß nur ein geübter Blick die Einen von den Andern zu unterscheiden vermag, und der Reisende, welcher zum Erstenmale dieses Weges zieht, glaubt schon mitten unter den Tscherkessen zu sein, wenn er die stattlichen Linienkosaken in ihrer Pelzmütze und dem kaukasischen Waffenrock an sich vorübersprengen sieht. —

Ich verließ Donskaja mit anbrechendem Morgen, und gelangte schon um Mittag nach Stawropol, der Hauptstadt der ciskaukasischen Länder.

Kleine, unansehnliche Häuser, krumme, schmutzige, ungepflasterte Straßen, belebt von russischen Grauröcken, friedlichen Tscherkessen, Kosaken, Persern und Tataren — dies ist Alles was mir von diesem Orte im Gedächtniß geblieben, der, früher ein elendes Dorf, im Jahre 1785 zu dem Range einer Stadt erhoben wurde, aber noch heute nichts davon hat als den Namen.

Hinter Stawropol nimmt das Land schon ein kriegerisches Gepräge an. Auf den Hügeln, welche sich zu beiden Seiten des Weges hinziehen, brennen Wachtfeuer, umlagert von Linienkosaken, welche sich in ihren Waffenröcken mit der zottigen Burka*) darüber, gar stattlich ausnehmen; Patrouillen

---

*) Burka — ein kurzer Pelzmantel mit der rauhen Seite nach Außen gekehrt.

durchziehen die Straßen, und hin und wieder erblickt man eine Wuischka, d. h. ein hohes, Taubenschlag ähnliches Gerüst, in welchem oben zwei Kosaken stehen, die mit Fernröhren bewaffnet, nach allen Seiten umherspähen, um bei feindlichen Ueberfällen gleich das Allarmzeichen zu geben.

Da man aber, trotz der schärfsten Augen und der besten Fernröhre, bei trübem Wetter selbst in geringer Entfernung keinen Linienkosaken von einem Tscherkessen unterscheiden kann, so wird den Reisenden, wenn sie nicht eine starke Eskorte mit sich haben, nur bei ganz heiterm Himmel das Weiterreisen gestattet. Aus diesem Grunde mußte ich zwei Tage in Stawropol bleiben, ehe ich die Erlaubniß zur Fortsetzung meiner Reise erhielt.

Es war ein heller, aber feuchtkalter Morgen, als ich der ciskaukasischen Hauptstadt Lebewohl sagte.

In den ersten Stunden begegneten wir einer Menge, theils einzeln, theils in kleinen Abtheilungen reitender Kosaken; aber je mehr der Tag hereinbrach, desto stiller wurde es auf der Straße. Unfern Staro-Marjéwska, etwa dreißig Werst hinter Stawropol, lagen vier Kosaken neben dem halb erloschenen Wachtfeuer auf ihren Burka's ausgestreckt, in tiefem Schlafe. Eine Patrouille ritt vorüber; die Reiter lachten beim Anblick ihrer schlafenden Kameraden, aber trabten weiter ohne sie zu wecken.

Hierauf verging über eine Stunde, ehe mir wieder eine Patrouille zu Gesicht kam.

Kaum ein Paar Minuten waren verflossen seit die Reiter hinter uns verschwanden, als fernes Glockengetön uns das Nahen einer Kuriertroika verkündete.

Das russischen Kutscherohren so lieblich klingende Gebimmel der Glöckchen von Waldai trieb auch meinen Jämschtschik zu größerer Eile an. Er brummte einen lustigen Fluch durch die Zähne und schnalzte den Pferden ermunternd zu.

Schon konnten wir das fern herbrausende Dreigespann deutlich sehen, und immer heller klang uns das Glockengeton entgegen. Plötzlich trifft ein lang gezogenes, laut gellendes Pfeifen unser Ohr; wir spähen umher: in der Mitte zwischen uns und der Troika taucht eine lange Gestalt auf, und wiederum erschallt, dieses Mal in drei kurzen Stößen, ein weithin gellendes Pfeifen.

Der Jämschtschik hält mit aller Kraft seine Pferde zurück, und richtet sich auf, um die Blicke umherschweifen zu lassen. Doch schnell setzt er sich wieder und treibt seine Pferde zur Umkehr an, denn wie aus der Erde gestampft erscheinen drei Reiter auf der Heerstraße und sprengen in gestrecktem Galopp der kaum noch funfzig Schritt entfernten Troika entgegen. — Ein Schuß fällt — der Kutscher stürzt vom Bocke; in demselben Augenblicke erscheinen noch zwei andere Reiter, jeder ein gesatteltes Pferd neben sich am Zügel führend. Mit Blitzesschnelle sind die beiden in der Telèga Sitzenden gebunden, auf's Pferd geworfen, und schnell wie der Sturm der die Steppe fegt, jagen die Reiter mit ihren Gefangenen davon, nach der Richtung des Kuban zu, woher sie gekommen waren.

Viertes Kapitel.

Ueber den Kaukasus nach Tiflis.

Ataschikoff, ein durch seine Tollkühnheit bekannter Kosaken-Offizier, hatte, von einer hohen Person beleidigt, geschworen an den Russen Rache zu nehmen. Das Jahr 1844 war zu einem Vernichtungsfeldzuge gegen die Bergvölker bestimmt. Ungeheure Streitkräfte wurden aus Rußland herbeigezogen, neue Befehlshaber ernannt, neue Verfügungen getroffen.

Ataschikoff wußte, daß Gleboff, einer der Adjutanten des Obergenerals von Neidhart, ausersehen war, den neuen Operationsplan von Tiflis nach Petersburg zu bringen.

Hieran knüpfte er sein Vorhaben, den Kurier mit seinen Depeschen aufzufangen und den Händen der Tscherkessen zu überliefern, wo er einer glänzenden Belohnung gewiß sein durfte.

Er reitet in's feindliche Lager, und es gelingt ihm bald, sich mit den Tscherkessenhäuptlingen zu verständigen. Sechs Reiter werden ihm mitgegeben, um seine Schritte zu überwachen, ihm bei seinem Unternehmen behülflich zu sein, oder im Fall eines Verraths ihn selbst niederzuschießen.

Wir haben gesehen wie sein Handstreich ihm glückte, dessen Ausführung absichtlich in eine Gegend verlegt war, welche sonst für eine der gefahrlosesten im Kaukasus gilt.

Erst nach mehreren Monaten schwerer Gefangenschaft wurde Gleboff sammt seinem Diener gegen ein Lösegeld von etwa zwei tausend Thaler wieder auf freien Fuß gesetzt. Ich lernte ihn später in Tiflis kennen und aus seinem eigenen Munde erfuhr ich die hier mitgetheilten Einzelnheiten.

Es ist dies derselbe Gleboff, der bei dem unglücklichen Duell im Kaukasus, in welchem Lermontoff erschossen wurde, sekundirte.

Er selbst fand, kaum einige zwanzig Jahre alt, seinen Tod bei der Erstürmung von Dargo, unter Fürst Woronzoff.

* * *

Hinter uns liegt die Steppe und vor uns auf steigt der Kaukasus.

Wie das Herz sich erhebt mit den Bergen, und wie das Auge klarer wird beim Anschauen ihrer leuchtenden Gipfel! Von dort, wo der vielgespaltene Kuban seine schlammigen Wogen in den tückischen Pontus wälzt, bis zu den Feuertempeln am kaspischen Meere, läuft wild gezackt und zerklüftet die hohe Gebirgsmauer, welche Asien von Europa trennt.

Aus der frischen, kräftigen Pflanzenwelt zu ihren Füßen, aus dem dunkeln Grün, das hier als breiter Gürtel ihre Flanken umkleidet, dort in launenhaft zerrissenen Grasmatten hoch hinaufkriecht an den ungethümen Felsmassen, steigen die Berge empor in nackter Schöne, bis wo der demantene Winterschleier in blendender Weiße von den himmelanstrebenden Kuppen auf ihre gewaltigen Schultern herabfällt.

Hoch hinaus über diesen, in wunderbarem Farbenspiel schimmernden Massen, zeichnen zur Linken der Kasbék, zur Rechten der Elborus, und in gleicher Entfernung von beiden der pyramidenförmige Paßhymtha ihre weißen Häupter am blauen Himmel ab.

Kein europäisches Gebirge gewährt in seiner Gesammtheit einen so überwältigend schönen Anblick, als der Kaukasus, wie er sich dem aus der Steppe kommenden Wanderer zeigt.

Hier ist kein vermittelnder Uebergang, kein störendes Vorgebirge, das den Anblick des großen Ganzen erschwert.

Entweder erscheint der Himmel grau umwölkt, dichte Nebel beschränken den spähenden Blick und man wähnt noch mitten in der Steppe zu sein — oder der Wolkenschleier zerreißt, der Nebel fällt, und das Gebirge steht da in seiner ganzen Glorie.

So sah ich es zum Erstenmale bei Jekaterinograd, der unter Katharina II. gegründeten, hart an der Kabardah gelegenen Kosakenstadt, wo der Weg, der uns aus Rußland hierhergeführt, sich in zwei Arme spaltet, davon der eine dem kaspischen Meere zuläuft, während der andere sich erst in schwindelnder Höhe mitten durch den Kaukasus windet und dann in's Herz von Georgien niedersteigt.

Wir folgen dem letzteren Wege, wie er dem Laufe des Terek entgegen, der hier die große von der kleinen Kabardah trennt, uns über Wladikawkas in mühsamen Krümmungen auf den Rücken der Gebirge führt.

Zwischen hochaufgethürmten Kalksteinmauern, wild zerrissenen Schieferfelsen, über schauerliche Abgründe hinweg, wo ungethüme Protogynmassen aus dem schwarzen Schieferagglomerat hervorbrechen, gelangen wir durch den altberühmten Engpaß von Darjel zum Dorfe Kasbék, nachdem wir in Lars zum letzten Male frische Pferde genommen. Bald wird uns der Weg versperrt durch gewaltige Schneemassen, bald durch losgebrochene Granitblöcke und Steingerölle, bald durch ein ungeschlachtes ossetisches Fuhrwerk, oder durch eine Karawane bedächtig einherschreitender Kameele, deren zähe Wüstennatur auch vor den eisigen Gebirgspfaden des Kaukasus nicht zurückbebt.

Das Dorf Kasbék (bei den Georgiern auch Stepan Tzminda genannt) liegt am Fuße des Bergesriesen, dessen Namen es trägt, und dessen Kuppe den zweithöchsten Punkt der vulkanischen Kette bildet, welche den Kaukasus von Nordost nach Südwest durchzieht.¹³)

Steif und zerschlagen von der mühsamen Reise, welche ich, der Schwierigkeit des Weges halber, von Lars bis Stepan Tzminde fast ganz zu Fuß gemacht hatte, kam ich Abends im Dorfe an.

Aber es duldete mich nicht lange in den dumpfen Zimmern. Nach kurzer Erholung eilte ich wieder hinaus in die frische Luft, und trotz der heftigen Kälte brachte ich die halbe Nacht unter freiem Himmel zu, verloren im Anschauen der großartigen Bilder, welche sich im klarsten Mondschein vor meinen Blicken entrollten.

Der plötzliche Uebergang von der Steppe zum Gebirge, die gewaltigen Eindrücke des Tages, die unwillkürlich auftauchenden historischen Erinnerungen; der Gedanke, jetzt mitten in dem altberühmten Kaukasus zu weilen, den die Einen die Wiege des Menschengeschlechts, Andere die Mauer nennen, daran die Völkerwogen sich brachen, welche aus Mittelasien einst über Europa herabstürzten — all' dieses hatte mich so mächtig aufgeregt, daß ich die neue Welt um mich her mit doppelter Lebendigkeit erfaßte.

Vor mir auf stieg in schauerlicher Schöne der gigantische Kasbék, der vielbesungene, sagengeheiligte Berg, von dessen Gipfeln periodisch alle sechs oder sieben Jahre die dort angehäuften Schnee- und Eismassen in furchtbaren Lawinen herabstürzen, Menschen und Dörfer in ihrem Falle begrabend.

Nach zwei Meeren streckt er seine Arme aus; auf zwei Welttheile schauen seine weithinleuchtenden Augen; derweilen die Länder der Osseten, der Kisti, der Galgai, zu seinen Füßen sich winden.

Ich finde die Eindrücke, die jene herrliche Nacht auf mich machte, in meinem Tagebuche in Reim und Vers verzeichnet, und glaube wenigstens Einiges davon hier wiedergeben zu müssen, als unmittelbaren Ausdruck der Empfindungen, welche die Gebirgswelt in mir erzeugte.

Der Kasbék.

Am Kasbék, dem mächt'gen, stand ich
Spät in mondenheller Nacht,
Und empor die Blicke wandt' ich
Zu des Berges hoher Pracht.

Sah den Wind die Wolken jagen
Von den Höh'n, den eisig nackten,
Sah die steilen Felsen ragen
Die des Berges Leib umzackten.

Sah des Terek's Fluten brausen
Unter wildem Schaumgeleck —
Und verwundert und voll Grausen
Sprach ich also zum Kasbék:

„Bergesgreis! hoch wie die Sterne
Schaut dein leuchtend Haupt gen Morgen,
Dem Geräusch der Erde ferne,
Ferne auch von ihren Sorgen.

Sieh, dich trifft der Sonne letzter
Und der Sonne erster Gruß,
Und auf deine Höhen setzt der
Adler nur den kühnen Fuß.

Schätze füllen deine Speicher,
Geister dienen deiner Macht;
Und so stehst du da in reicher
Angestaunter Wunderpracht!

Prangst in schimmerndem Geschmeide,
Von Demant ist deine Kron';
Schaust mit stolzer Vaterfreude
Terek, deinen wilden Sohn.

Der in's Thal fliegt, wellbefiedert,
Dir stets fern und doch stets nah —
Mit dem Meere dich verbrüdert,
Das du nie, das dich nie sah!

Deines Hauptes ein leises Schütteln
Dröhnt tief bis zur Erde Schoß,
Macht die starren Felsen rütteln,
Reißt die Schneelawine los;

Daß sie unter Sturmesrollen,
Selbst ein Berg, vom Berge springt,
Und auf ihrem schreckensvollen
Laufe Tod und Wehe bringt."

Und ich schwieg. Ein schaurig Bangen
Faßte mich im nächt'gen Graus;
Der Kasbek streckt seine langen
Schattenarme nach mir aus.

Geisterhaft im Schneegeglimme
Sich der Schein des Mondes brach...
Sieh, da klang's wie eine Stimme,
Die herab vom Berge sprach:

„Kleiner Mensch! mit deinen kleinen
Sorgen, und der großen Angst!
Der du staunst ob meinen Steinen,
Und vor meinem Schnee erbangst.

Wende ruhig heimwärts deine
Schritte in des Thales Schoß;
Glücklicher als du das meine,
Preise ich dein Erdenloos!

Unten freut Ihr Euch gemeinsam,
Tragt gemeinsam Leib und Weh —
Während ich hier kalt und einsam
Zwischen Erd' und Himmel steh.

Kalt und einsam muß ich stehen,
Mir und Andern zum Verderben;
Muß die Menschen sterben sehen,
Und ich selber kann nicht sterben!

Wohl zuerst, zuletzt mir kehret
Sich die Sonne zu, die heiße —
Doch nur mich nie wärmt und nähret
Ihre Strahlenmilch, die weiße!

Sehe gern das bunte Treiben
In der schönen Menschenwelt —
Aber fern muß ich ihr bleiben,
Denn mich flieht was mir gefällt!

Selbst der Strom, den ich gezeugt:
Sieh, wie er die Wellenschwingen
Rauschend hebt und mir entfleucht,
Um in's Thal hinabzuspringen!

Und zuweilen, unaufhaltsam
Faßt mich Zorn ob dem Geschicke,
Das mich festgebannt, gewaltsam
Einzwängt in die Eisesdicke.

Und dann rüttl' ich meine Glieder,
Reiße meinen Panzer los,
Schleud're Schnee und Felsen nieder
In des Thales grünen Schoß.

Krachend rollen die Lawinen
Ihren Schreckenspfad hinab,
Machen Häuser zu Ruinen,
Werden Tausenden zum Grab.

Aber ich, in froher Blöße,
Freue mich voll grimmer Lust,
Labe gierig meine Größe
An der heißen Himmelsbrust..."

Also sprach Kasbék, der mächt'ge,
Und ich stand in tiefem Sinnen;
Durch das öde Grau'n, das nächt'ge,
Hört' ich's, einem Strom' gleich, rinnen.

Immer dunkler von den Gletschern,
Von den hohen, rauscht' und schwoll es,
Und in immer lauterm Plätschern
Schäumend mir zu Füßen quoll es...

Seltsam wilde Regung fühlt ich,
Als ich stumm von dannen schlich —
Schöner Terek! nimmer hielt ich
Für ein Kind des Schmerzes dich!

* * *

Der Terek.

Wie ein großer Gedanke sich losreißt aus
Dem Haupte eines Genius,
Also springt aus des Kasbék steinernem Haus
Der brausende Terekfluß;
Reißt sich in sprudelnder Lust
Von der nährenden Bergesbrust;
Rauscht mit hellem Geplätscher
Ueber die eisigen Gletscher —
Und die Steine und Felsen die seinen Wellen
Sich, trotzig hemmend, entgegen stellen,
Und das Krüppelgewächs und die Klötze zumal:
Lachend überspringt er sie,
Oder stark zwingt er sie
Mit sich hinunter in's blühende Thal.
Was ihm widersteht, wird zerstoben,
Denn seine Gewalt kommt von Oben!

Die Geis, die wie er vom Felsen springt,
Sich labend, aus seiner Welle trinkt;
Der Wandrer, der lechzend am Berghang ruht,
Erquickt sich an seiner kühlen Flut.

Schwankende Büsche, uralte Bäume
Baden die Wurzeln im frischen Geschäume,
Es freu'n sich die duftigen Blumen, die bunten,
Ob der lauten, tanzenden Wellen tiefunten,
Und es lockt der stürmische Bergessohn
Durch Klagen, Murmeln und Schmeichelton,
Manch widerstrebend Blümelein
Zu sich in's Flutenbett herein...

Und nach Unten gewandt
Durchzieht er das Land
— Ein König im blitzenden Wellengeschmeide —
Den Fluren zum Segen, den Menschen zur Freude.
Und nichts hält seinen Lauf
Den stürmischen, auf.
Ohne Rast, ohne Ruh
Eilt er dem Meere zu —
Und das Meer, unter wildem Jubelgebraus
Nimmt ihn auf in seinem weiten Haus.

Doch wie er im Meer
Seine Wohnung genommen,
Weiß man nicht mehr
Von wo er gekommen;
Man erkennt ihn nicht wieder
Aus der Zahl seiner Brüder,
Die, wie er, aus der Ferne herbeigeschwommen.
Sein Name entschwebt
— Ein leerer Schall —
Er selbst aber lebt,
Ein Theil im All.

— Nach diesem poetischen Ergusse darf ich's meinen freundlichen Lesern nicht zumuthen, mich durch das Schneegestöber, den Schmutz, die Kälte, die Wärme, und alle die Drangsale und Gefahren zu begleiten, welche ich bei der Weiterreise durch den Kaukasus zu überstehen hatte.

Darum nur wenige Worte hier zum Schluß der Wanderung.

Wir verfolgen unsern mühsamen Weg nach Kobi; winden uns, hart an die steilen Felsenwände gedrückt, langsam über die furchtbaren Abgründe hinweg, die am Guda und Kreuzberg sich vor uns aufthun in schauerlicher Tiefe; steigen über Kaschaour nach Quischett in das lachende Thal der Aragua hinab, und noch vor Abend erreichen wir Duschett, die erste georgische Stadt am Fuße des Kaukasus . . .

Hinter uns liegt das Gebirge, in seiner eisigen Pracht, mit seinen Gletschern, Abgründen, Felswänden und Schluchten — und vor uns liegt ein blühendes Land, durchzogen von sanftgeschwellten, grünen Hügelreihen, und durchrauscht von der Aragua laut plätschernden Wellen.

Noch klebt der Schnee an den Stiefeln, womit wir die Blumen zertreten, die zu unsern Füßen blüh'n.

Leise säuselt der Wind durch das Laub der Akazien; in riesiger Dicke und Höhe schlingt sich der Weinstock empor; auf den Zweigen der Mandelbäume wiegen sich die Sänger des Waldes; — aus der starren Winterlandschaft sind wir in einen Garten getreten, wo es duftet und glüht von Blumen und Sonnenschein.

In Mzchethi, wo die Aragua ihre Wellen mit denen des Kyros mischt, machen wir zum letzten Male Halt, und wenige Stunden darauf erreichen wir Tiflis, die Hauptstadt Georgiens.

Fünftes Kapitel.

Mirza-Schaffy, der Weise von Gjändsha.

Einige Moskauer Freunde, welche dem neuen Statthalter nach Georgien gefolgt waren, hatten die Aufmerksamkeit, meine Ankunft in der alten Kyrosstadt durch ein heiteres Festmahl zu feiern. Und um mir gleich einen Vorgeschmack des georgischen Lebens zu geben, war bei der Tafel Alles nach asiatischem Brauche geordnet.

Junge Georgier in malerischen Gewändern trugen die Speisen auf; ein schlanker Armenier kredenzte in gigantischen, silbergezierten Büffelhörnern die feurigen, blutrothen Weine von Kachetos; ein persischer Sänger in blauem Talar und hochaufstrebender, pyramidenförmiger Mütze, mit einem feingeschnittenen, verschmitzten Gesichte und blaubemalten Fingerspitzen, spielte die Tschengjir*) und sang dazu die lieblichsten Oden von Hafis.

Wohin ich mein staunendes Auge schweifen ließ, entdeckte ich Ueberraschendes und Neues. Ich lebte in Wirklichkeit eines der Märchen der Tausend und Einen Nacht, wovon ich als Kind so oft gelesen und geträumt. In erquicklicher Abwechslung wurde gegessen, gelacht, erzählt, gespielt und gesungen, aber noch mehr — getrunken.

*) Ein Saiteninstrument.

In wunderbaren Weisen erschollen die liebestollen Töne der Lieder des Sängers von Schiras; immer heller strahlte der von Innen erzeugte Wiederschein des blutrothen kachetischen Weines in den Gesichtern der Gäste; auch bei mir blieb sein Feuer nicht ohne Wirkung, aber mein reisemüder Körper verlangte nach Ruhe. Seit vierzehn Tagen hatte ich kein Bett gesehen und die feuchten Nächte theils im Wagen, theils auf ärmlichem Teppich, in noch ärmlicheren Berghütten zugebracht. Ermüdet schlossen sich hin und wieder die Augen, und als ich dem Andrange des Schlafes nicht länger widerstehen konnte, verließ ich die Gesellschaft, um meine Wohnung aufzusuchen.

Erst als ich mich erhoben hatte, spürte ich die ganze gewaltige Wirkung des Weines, und in den Beinen noch viel mehr als im Kopfe, denn der kachetische Wein hat die Eigenschaft, daß er nie Kopfschmerz erzeugt, hingegen den untern Körper mit seltsamer Schwere belastet. Ich wäre sicherlich nicht nach Hause gelangt, hätten sich nicht einige der Herren meiner freundlich angenommen und mich durch die ungepflasterten, hundedurchheulten Straßen von Tiflis in meine schützende Wohnung geleitet.

Es war eine mondhelle, duftige Nacht — eine jener zauberischen Nächte, wie man sie nur unter Georgiens Himmel sieht, wo der Mond so hell leuchtet, als sei sein Glanz nur ein, durch einen geheimnißvollen, zartgewebten Schleier gemildertes Sonnenlicht.

Die lange Wanderung durch die nächtliche Kühle hatte mich wieder etwas aufgefrischt; gar zu lockend blinzelten die Sterne vom reinen Himmel her; in der Ferne ragten geisterhaft die halbmondförmigen Gipfel des Kasbek empor, tief unter mir lag die Stadt in märchenhafter Schöne und dazwischen rollte der Kyros seine glänzenden Wogen.

Es faßte mich ein starkes Gelüsten, mich der lieblichen Landschaft vor meinen Fenstern noch einen Augenblick zu erfreuen; eine Thür führte aus meinem Zimmer auf eine hohe, rings um das Haus laufende Gallerie. Ich hatte unbemerkt gelassen, daß die Gallerie, ein ganz neues Machwerk, erst theilweise vollendet war, während auf verschiedenen Seiten die Bretter ungefügt und unbefestigt, auf den das Gerüst bildenden Balken lagen. Unter großer Anstrengung öffnete ich die zur Gallerie führende Thüre — es summten mir eben die Verse von Puschkin im Kopfe:

> Auf Grusiens*) Hügeln nächt'ges Dunkel liegt,
> Vor mir Aragua's Wogen schäumen ꝛc.

Ich trat hinaus; das Brett, worauf ich getreten, wankte zu meinen Füßen — ein Schlag — ein Schrei, — und blutend und wimmernd lag ich unten im Hofe . . .

Ueber die nächsten Folgen dieses Falles, der mir nahezu das Leben gekostet hätte, schweige ich, denn ein Tagebuch seiner Leiden führen, heißt doppelt leiden. Genüge es Euch zu wissen, daß ich an mehreren Stellen des Körpers gefährlich verletzt war, und daß es einer schmerzlichen Kur und sorgsamen Pflege bedurfte, ehe ich wieder so weit hergestellt wurde, daß ich mich durch Lectüre und Studium zerstreuen konnte.

Vor Allem ließ ich es mir angelegen sein, einen Lehrer für das Tatarische zu nehmen, um diese in den Ländern des Kaukasus unumgänglich nothwendige Sprache in möglichster Eile zu erlernen.

Der Zufall begünstigte meine Wahl, denn mein schriftkundiger Lehrer Mirza-Schaffy, der Weise von Gjändsha**), wie er sich nennt, ist, nach seiner eigenen Meinung, zugleich der weiseste aller Menschen.

---

*) Grusien — so nennen die Russen Georgien.
**) Gjändsha — eine in der Provinz Karabagh gelegene Stadt.

Eigentlich nennt er sich in seiner landesthümlichen Bescheidenheit nur den ersten Weisen des Morgenlandes; da aber nach seinem Dafürhalten die Kinder des Abendlandes noch in Finsterniß und Unglauben leben, so versteht es sich für ihn gleichsam von selbst, daß er in seiner Weisheit und Erkenntniß uns Alle überflügelt. Er nährt übrigens die Hoffnung, daß, Dank seinen Bestrebungen, die Aufklärung und Weisheit des Morgenlandes auch bei uns im Laufe der Jahre wirksam um sich greifen werde. Ich sei nun schon sein fünfter Schüler — sagte er mir — der zu ihm gepilgert, um seines Unterrichts theilhaftig zu werden. Er folgert daraus, daß das Bedürfniß nach Tiflis zu wandern und Mirza-Schaffy's Sprüche der Weisheit zu hören, sich bei uns immer fühlbarer herausstelle. Meine vier Vorgänger — meint er ferner — würden bei ihrer Rückkehr ins Abendland doch auch nach Kräften dahin gewirkt haben, morgenländische Bildung unter ihren Stämmen zu verbreiten. Auf mich aber setzte er ganz besondere Hoffnungen, wahrscheinlich weil ich ihm einen Silberrubel für jede Lection zahlte, was — wie ich erfahren habe — für den Weisen von Gjändsha ein ungewöhnlich hoher Preis ist.

Am unbegreiflichsten war es ihm immer, wie auch wir uns Weise oder Gelehrte nennen können und mit diesen Titeln durch die Welt wandern, bevor wir noch die heiligen Sprachen verstehen. Uebrigens entschuldigte er bereitwillig diese Anmaßungen bei mir, da ich doch wenigstens eifrig bemüht war, die heiligen Sprachen zu erlernen, besonders aber, da ich den glücklichen Griff gethan, ihn zum Lehrer zu wählen.

Die Vortheile dieses glücklichen Griffes wußte er mir sehr anschaulich zu machen. »Ich, Mirza-Schaffy — sagte er — bin der erste Weise des Morgenlandes! folglich bist Du, als mein Jünger, der zweite Weise. Du mußt mich aber nicht mißverstehen; ich habe einen Freund, Omar-Effendi, einen sehr weisen Mann, der wahrhaftig nicht der

Dritte ist unter den Schriftgelehrten des Landes. Wenn ich nicht lebte, und Omar-Effendi Dein Lehrer wäre, so wäre er der erste, und Du, als sein Jünger, der zweite Weise!«

Nach solchem Ergusse pflegte dann Mirza-Schaffy immer schlauen Blickes mit dem Zeigefinger nach der Stirne zu deuten, worauf ich ihm regelmäßig im stummen Einverständniß mitwissendklug zunickte.

Daß der Weise von Gjändsha seine hohe Ueberlegenheit Jedem, der daran zweifeln sollte, auf das Handgreiflichste zu veranschaulichen weiß, bewies er mir einstmals durch ein schlagendes Beispiel.

Unter den vielen schriftgelehrten Nebenbuhlern, welche Mirza-Schaffy um seine Lectionen beneideten, war der hervorragendste Mirza-Juſſuf, der Weise von Bagdad. Er nannte sich nach dieser Stadt, weil er dort seine Studien im Arabischen gemacht hatte, woraus er folgerte, daß er viel gründlichere Kenntnisse besitzen müsse, als Mirza-Schaffy, den er mir als einen Jschekj, einen Esel unter den Trägern der Wissenschaft, bezeichnete. »Nicht einmal schreiben kann der Kerl ordentlich,« belehrte mich Juſſuf über meinen ehrwürdigen Mirza, »und singen kann er gar nicht! Nun frag' ich Dich: was ist Wissen ohne Schrift? Was ist Weisheit ohne Gesang? Was ist Mirza-Schaffy gegen mich?«

In dieser Weise perorirte er mit betäubender Redegewandtheit unaufhörlich fort, wobei er besonders die Schönheit seines Namens Juſſuf hervorhob, den schon Moses gerühmt und den die Dichter so lieblich besungen; er wandte all' seinen Scharfsinn auf, um mir zu beweisen, daß ein Name nicht ein leerer Schall sei, sondern daß die Bedeutung, welche sich an einen schönen oder großen Namen knüpft, auch mehr oder minder auf die spätern Träger dieses Namens sich forterbe. So sei er, Juſſuf, z. B. ganz das Ebenbild von dem Juſſuf im Egyptenland, der in Keuschheit gewandelt vor Potiphar, und in Weisheit vor dem Herrn.

Er war im Begriff mir noch neue Beweise für seine Vortrefflichkeit anzuführen, als ein gemessenes Pantoffelgeklapper im Vorzimmer mir meines ehrwürdigen Lehrers Ankunft verkündete. Er ließ die hohen Pantoffeln nach Landessitte an der Thüre zurück, und trat mit saubern, buntgewirkten Strümpfen in's Zimmer.

Er schien die Gründe der Anwesenheit meines Gastes zu errathen, denn er maß den plötzlich ganz schüchtern gewordenen Juffuf vom Kopf bis zum Fuß mit verächtlichem Blicke, und wollte eben seinen Gefühlen Ausdruck geben, als ich ihn mit den Worten unterbrach »Mirza-Schaffy, Weiser von Gjändsha! was haben meine Ohren vernommen! Du willst mich belehren und kannst weder schreiben noch singen; Du bist ein Jschekj unter den Trägern der Wissenschaft, — so spricht Mirza-Juffuf, der Weise von Bagdad!«

Der Unmuth in Mirza-Schaffy's Gesichte nahm nach und nach den Ausdruck eines vollkommenen Hohnes an; er klatschte in die Hände, auf welches Zeichen ihm mein Diener gewöhnlich eine frische Pfeife brachte; aber dieses Mal verlangte Mirza-Schaffy nach seinen dickbesohlten Pantoffeln. Er nahm einen und schlug damit so unbarmherzig auf den Weisen von Bagdad los, daß dieser sich umsonst durch die flehentlichsten Bewegungen und Worte der Strafe zu entwinden suchte. Mirza-Schaffy war unerbittlich. »Was, — Du willst weiser sein als ich? Ich kann nicht singen, meinst Du? Wart, ich will Dir Musik machen! Und schreiben kann ich auch nicht? Auf Dein Haupt komme es!« Und dem Worte folgte ein Schlag auf den Kopf. Winselnd und jammernd stolperte der Weise von Bagdad unter den Schlägen des Weisen von Gjändsha durch's Vorzimmer und die Treppe hinab . . .

Ruhiger als ich erwartet hatte, kehrte Mirza-Schaffy aus dem Kampfe der Weisheit zurück, den er so siegreich bestanden hatte. Er ermahnte mich, solchen falschen Lehrern wie Jussuf und Genossen kein Ohr zu leihen, sondern treu auszuharren unter seiner Leitung.

»Es werden ihrer noch viele kommen,« fuhr er fort, »aber Du mußt Dein Angesicht von ihnen wenden, denn Du bist weiser denn sie Alle. Was sagt der Dichter: Wer nicht lesen kann, will Großvezier werden! So geht's diesen Leuten, die nicht lesen noch singen können. Ihre Habsucht ist größer als ihre Weisheit; sie kommen nicht um Dich zu belehren, sondern um Dich zu berauben. Der Appetit steckt hinter den Zähnen!« Dabei zeigte er mir seine weißen Zähne und rückte seine hohe phrygische Mütze auf die Seite, was er gewöhnlich thut, wenn sein Kopf frisch rasirt ist, denn alsdann hält er sich für unwiderstehlich und glaubt bei allen Weibern Liebe zu erwecken und bei den Männern ein Wohlgefallen.

Ich kannte seine Schwäche, und jedesmal, wenn er mir sein frisch gesäubertes Haupt zeigte, rief ich ihm entgegen: Wie Du schön bist, Mirza-Schaffy!

An diesem Abend schien er, trotz des heftigen Pantoffelausfalls, besonders weich gestimmt zu sein, denn zum ersten Male seit unserer Bekanntschaft ließ er sich bewegen, Wein mit mir zu trinken, was er bis dahin immer sorgfältig vermieden hatte, nicht etwa aus übergroßer Gewissenhaftigkeit, sondern weil er fürchtete, ich würde es einst im Abendlande den Leuten erzählen, wodurch sein Ruf als Lehrer der Weisheit leicht gefährdet werden könnte. Aber im Drang der Gefühle konnte er der Versuchung nicht widerstehen; er trank ein Glas, und dann ein zweites und darauf ein drittes, und der Wein löste seine Zunge und er wurde so gesprächig und zutraulich wie ich ihn nie vorher gesehen. »Was sagt Hafis?« rief er mit schmunzelndem Blicke:

„Der Wein ist der Trank der Weisen,
Und aller Frömmigkeit Meister,
Denn um ihn wandeln und kreisen
Viele selige Geister!"

»Im Grunde« — fuhr er fort — »ist der Genuß des Weines nur für das dumme Volk ein Stein des Anstoßes. Wir, als Philosophen, was haben wir uns um den Koran zu scheren? Alle Weisen und Sänger unseres Volkes haben den Wein gepriesen — sollen wir ihre Worte zu Schanden machen?« Und um mir zu beweisen, daß seine Philosophie nicht von gestern datire, sang er mir ein Lied vor, welches er nach seiner Behauptung schon vor zehn Jahren einem frommthuenden Mullah in's Haus geschickt, der ihn wegen seiner Liebe zum Weine verhöhnt hatte:

„Mullah, rein ist der Wein,
Und Sünd' ist's, ihn zu schmäh'n —
Mögst Du tadeln mein Wort,
Mögst Du Wahrheit drin seh'n!

Nicht das Beten hat mich
Zur Moschee hingeführt:
Betrunken hab' ich
Mich vom Wege verirrt!"

Ein Glas folgte dem andern und ein Lied dem andern; aber plötzlich umdüsterten sich zu meinem Erstaunen die Blicke des Mirza, er wurde nachdenkend und starrte trüb vor sich hin. So saß er eine gute Weile und ich wagte nicht ihn zu stören in seiner stummen Betrachtung. Erst als er wieder den Mund öffnete und in klagendem Tone die Worte sang:

„Mich hat der Schmerz der Liebe gebeugt,
Fragt nicht: für wen?
Mir ward das Gift der Trennung gereicht,
Fragt nicht: durch wen?"

unterbrach ich ihn, theilnehmend fragend: »Bist Du verliebt, Mirza-Schaffy?«

Er sah mich, wehmüthig den Kopf schüttelnd, an, und dann begann er ein anderes Lied zu singen, ich glaube von Hafis:

„Betrittst Du den Pfad der Liebe, den trüb unendlichen,
Findest Du Trost nur im Tode, dem unabwendlichen!" ꝛc.

Er brummte das Lied zu Ende, dann wandte er sich zu mir und sprach: »Nein, ich bin nicht verliebt, aber ich war einmal verliebt, wie es nie ein Mensch gewesen!«

Ihr könnt Euch denken, daß ich mir alle Mühe gab, das Geheimniß der Liebe meines ehrwürdigen Mirza zu erforschen. Wir saßen zusammen bis tief in die Nacht hinein, und mit immer steigender Neugier hing mein Ohr an seinen Lippen.

Sechstes Kapitel.

Des Weisen von Gjändsha erste Liebe.

„Es sind jetzt eilf Jahre," begann Mirza-Schaffy seine Erzählung, „als ich zum ersten Male Zuleikha erblickte, die Tochter Ibrahims, des Chans von Gjändsha.

Was soll ich Dir sagen von ihrer Schönheit? Soll ich erzählen von ihren Augen, die, dunkler als die Nacht, dennoch heller leuchteten als alle Sterne des Himmels? Soll ich Dir sagen von der Anmuth ihrer Gestalt, von der Lieblichkeit ihrer Hände und Füße, von ihrem weichen Haar, das sich herabschlängelte lang wie die Ewigkeit, und von ihrem Munde, dessen Hauch süßer war als der Duft der Rosen von Schiras!

Was nutzt alles Reden, Du würdest mich doch nicht verstehen, denn der Mensch vermag nicht Uebermenschliches zu begreifen.

Ueber sechs Monate hatte ich sie täglich beobachtet, wenn sie um Mittag mit ihren Gespielinnen auf dem Dache des Hauses saß, oder Abends, wenn sie ihre Sklavinnen vor sich tanzen ließ im Scheine des Mondes. Noch hatte ich kein Wort mit ihr gesprochen, noch wußte ich nicht, ob sie mich je eines Blickes gewürdigt. Wie konnte ich es wagen, mich ihr zu nähern? Vermag auch der Mensch sich der Sonne zu nahen? Was kann er thun, als sich zu laben im Glanz ihres Angesichts?

Am Tage mußte ich mich immer mit großer Vorsicht
bewegen, denn hätte Ibrahim-Chan bemerkt, daß ich liebende
Blicke auf seine Tochter geworfen, es wäre mein Leben gefährdet gewesen. Aber Abends war ich sicherer in meinem
Verstecke, denn nach acht Uhr betrat Ibrahim-Chan nie mehr
die Schwelle oder das Dach seines Hauses. Dann schlugen
die Flammen meines Herzens in Liedern aus; bald sang ich
ein Ghasel von Hafis, und bald von Dshami:

> O, sanfter Wind! zum Ort hinwehe
> Der Dir bekannt —
> Und jenes süße Wort gestehe
> Das Dir bekannt!
>
> Die Antwort bleibe, bringt sie Wehe,
> Mir ungenannt —
> Doch, bringt sie Heil: komm und gestehe
> Was Dir bekannt!

Gewöhnlich aber sang ich meine eigenen Lieder. Was
braucht Mirza-Schaffy sich zu schmücken mit erborgtem
Schmuck? Wessen Stimme klingt heller als meine Stimme,
und wessen Lieder sind schöner als meine Lieder?

Auch gelang es mir endlich nach langem Harren, das
Auge der Herrin auf mich zu lenken. Ibrahim-Chan
war nach Tiflis gereist, um im Heere des Sarbaars
gegen die Feinde der Moskow zu kämpfen. Ich durfte mich
jetzt freier hören und sehen lassen, meine Stimme und meine
Gestalt konnten Zuleikha nicht länger unbemerkt bleiben.

Eines dunklen Abends, als ich vergeblich zwei lange
Stunden hindurch harrend und singend in meinem Versteck
gestanden hatte, ohne auf Ibrahim's Dache ein weibliches
Wesen zu erblicken, wollte ich eben mißmuthig in meine Behausung zurückschleichen, als leisen Schrittes eine weißverhüllte
Gestalt an mir vorüberwandelte und die Worte sprach: Folge
mir, Mirza-Schaffy und merke wohin ich gehe.

Mein Herz schlug hoch auf in zitternder Erwartung. Baschem üsta! Auf mein Haupt komme es! dacht' ich und folgte bedächtigen Schrittes der in einiger Entfernung mir vorschwebenden weißen Gestalt.

Rechts ab von der einsamen Gasse, durch welche wir schritten, führt ein Pfad ins Gebirge, umwachsen von Mispelsträuchen und Oleandergebüsch, und wegen seiner Enge unzugänglich für Lastthiere und Karawanen. Dorthin wandten wir uns. Ein bald aufgefundenes heimliches Plätzchen sicherte uns vor der Neugier der Menschen. Mein Herz ließ mich richtig errathen, von wem die Botin, die mich führte, gesandt war.«

»Ich glaubte schon,« unterbrach ich den Mirza, während er beschäftigt war, die Zunge wieder durch ein Glas Wein anzufrischen, »ich glaubte es sei Zuléikha selber gewesen.«

Er schien diese Bemerkung mit Unwillen zu hören. »Kann die Sonne,« entgegnete er, »niedersteigen zur Erde? Konnte Zuléikha allein sein mit mir, bevor sie mich zu sich heraufgezogen? Kann das Ende kommen vor dem Anfang, oder der Tag vor Sonnenaufgang?

Er schlürfte, sich beruhigend, wieder ein Glas hinunter und dann fuhr er fort in seiner Erzählung:

»Meine geheimnißvolle Gefährtin brach zuerst das Siegel des Schweigens. — »Ich bin Fatima,« sprach sie, »die Vertraute Zuléikha's. Meine Herrin blickt auf Dich mit dem Auge des Wohlgefallens. Der Klang Deiner Stimme hat ihr Ohr ergötzt und der Sinn Deiner Lieder ihr Herz gerührt. Ich bin zu Dir gekommen aus eigenem Antriebe, ohne Geheiß meiner Herrin, um Dich aufzurichten und Dich Hoffnung schöpfen zu lassen aus dem Quell meines Wortes, weil ich Dir gut bin und es mir weh thut, Dich leiden zu sehen aus Liebe zu ihr.«

"So hat Zuléikha ihr Ohr dem Flehen des ärmsten ihrer Sklaven nicht verschlossen?" rief ich freudeberauscht, taumelnd von Glückseligkeit, "und mein Herz wird nicht zerrissen werden vom Dorn des Mißfallens? Allah min! Allah bir! Der Gott der Tausende ist ein einiger Gott! Groß ist seine Güte, und wunderbar sind seine Wege! Was habe ich gethan, daß er den Strom seiner Gnade über mich ergießt durch die Hand Zuléikha's, daß er den Quell meiner Lieder geleitet hat zum Meere der Schönheit!" . . .

"Du thust wohl," sprach Fatima, "die Gnade Allah's zu preisen und die Anmuth meiner Gebieterin. Sie ist der Edelstein im Ringe der Schönheit, sie ist die Perle in der Muschel des Glückes. Schon längst hätte sie Dir ein Zeichen ihrer Gunst gegeben, wenn ihre Schamhaftigkeit und Unschuld nicht noch größer wäre als ihre Schönheit. Und sie fürchtet ihren Vater, der seine Tochter zärtlich liebt, aber nimmer zugeben würde, daß ein armer Mirza nach ihrer Minne trachte. Achmed-Chan von Awarien, der jetzt mit Ibrahim-Chan zum Heere der Moskow gezogen, wirbt um Zuléikha's Hand, und der Vater wird sie ihm geben, wenn er glücklich aus dem Feldzuge heimkehrt. Darum müssen wir trachten, daß Eure Liebe vor der Heimkehr Achmed-Chans zu erwünschtem Ziele komme. Wenn morgen Abend der Muezzin vom Minarete zum Gebete ruft, so zeige Dich an der Gartenseite des Hauses; ich werde die Blicke Zuléikha's auf Dich zu lenken suchen, und wenn Du ein Lied singst, das ihr wohlgefällt, so darfst Du der Knospe gewiß sein."

"So sprach Fatima, und noch viel mehr; ich habe Dir nur das Wichtigste davon wieder erzählt. Ich schenkte ihr Alles, was ich Kostbares bei mir hatte, meine Uhr und meine Börse und versprach ihr, einen Talisman zu schreiben zur Vertreibung eines schwarzen Fleckes auf ihrer linken Wange.

Wir schieden mit dem Versprechen uns wieder zu sehen zu weiterem Verständniß.«

Mirza-Schaffy unterbrach seine Erzählung durch einen langen Seufzer und griff wieder nach dem frisch gefüllten Glase. Ich benutzte die kurze Pause, um mir Aufklärung über einige dunkle Stellen seiner Geschichte zu verschaffen. »Was war der Sinn Deiner Worte,« fragte ich ihn, »als Du sprachest vom Dorn des Mißfallens, und welche Bedeutung knüpft sich an die Knospe, davon Dir Fatima sagte, Du dürftest ihrer gewiß sein?«

»Bist Du so unerfahren,« entgegnete er mitleidig, »daß Du nicht weißt, welchen Ausdruck die Liebe hat? Wie soll eine Jungfrau ihre Gefühle offenbaren, einem Manne gegenüber, mit dem sie nie ein Wort spricht, bevor er mit ihr vereint ist?«

Und nach seiner gewöhnlichen Weise, mir alle seine Lehren in Reimen zu geben, in deren Zusammenstellung mein Mirza eine fabelhafte Gewandtheit besitzt, hub er folgendermaßen zu singen an:

»Der Dorn ist Zeichen der Verneinung,
Des Mißgefallens und des Zornes, —
Drum, widerstrebt sie der Vereinung,
Reicht sie das Zeichen mir des Dornes.

Doch wirft die Knospe einer Rose
Die Jungfrau mir als Zeichen hin,
So heißt das: günstig steh'n die Loose,
Nur harre noch mit treuem Sinn!

Doch beut den Kelch der Rose offen
Die Jungfrau mir als Zeichen dar,
So ist erfüllt mein kühnstes Hoffen,
So ist die Liebe offenbar!«

»Ich verstehe,« sprach ich, »nun fahre fort in Deiner Geschichte.«

»Am folgenden Abend,« hub Mirza-Schaffy wieder an, »fand ich mich ein zur bezeichneten Stunde. Ich hatte den Tag über ein Minnelied geschrieben, dem kein weibliches Wesen widerstehen konnte. Wohl zwanzig Mal sang ich das Lied für mich allein, um meines Erfolges gewiß zu sein. Dann war ich ins Bad gegangen und hatte mir den Kopf so rein scheeren lassen, daß er an Weiße wetteifern konnte mit den Lilien im Thale der Senghi. Der Abend war ruhig und heiter. Von der Gartenseite aus, wo ich stand, konnte ich deutlich meine Zuléikha sehen; sie war mit Fatima auf dem Dache allein und hatte ihren Schleier etwas zurückgeschlagen, als ein Zeichen ihrer Gunst. Ich faßte Muth und schob die Mütze in den Nacken, um der spähenden Jungfrau meinen weißen, ganz frisch geschorenen Kopf zu zeigen. Du begreifst, welchen Eindruck das auf ein Weiberherz machen muß! Ach, damals war mein Kopf noch viel weißer als jetzt; das ist aber auch schon über zehn Jahre her!« sprach er wehmüthig und wollte in dieser Abschweifung fortfahren, als ich ihn mit den Worten unterbrach: »Dein Kopf ist immer noch weiß genug, um das jungfräulichste Herz zu bezaubern; doch Du hast mir noch nicht erzählt, wie Du Dein Minnelied gesungen und welchen Eindruck es auf Zuléikha gemacht.«

»Ich hatte das Lied,« sprach der Mirza, »um einen doppelten Mandelkern gewickelt und es aufs Dach geworfen, der Schönen zum Gedächtniß, noch ehe ich anhub es zu singen. Dann aber begann ich mit heller Stimme:

Was ist der Wuchs der Pinie, das Auge der Gazelle,
Wohl gegen Deinen schlanken Wuchs und Deines Auges Helle?
Was ist der Duft, den Schiras' Flur uns herhaucht mit den Winden,
Verglichen mit der Düfte Hauch, die Deinem Mund entschwinden?

Was sind die süßen Lieder all', die uns Hafis gesungen,
Wohl gegen Eines Wortes Ton, aus Deinem Mund entklungen?
Was ist der Rosen Blüthenkelch, d'ran Nachtigallen nippen,
Wohl gegen Deinen Rosenmund und Deine Rosenlippen?
Was ist die Sonne, was der Mond, was alle Himmels-Sterne?
Sie glühen, zittern nur für Dich, liebäugeln aus der Ferne!
Was bin ich selbst, was ist mein Herz, was meines Liedes Töne?
Als Sklaven Deiner Herrlichkeit, Lobsinger Deiner Schöne!

»Allah! wie schön!« rief ich. »Mirza-Schaffy, Deine Worte klingen süß wie die Lieder der Peris im Geisterlande! Was ist Hafis gegen Dich? Was ist ein Tropfen gegen den Ocean?«

»Das war blos der Anfang, die Vorbereitung,« sprach der Weise von Gjändsha, »die eigentlichen Minneverse kommen nachher:

„Mit züchtigem, mit treuem Sinn,
Nah' ich der Liebe Heiligthume,
Und werfe dieses Lied Dir hin,
Dies duft'ge Lied, als Frageblume!

Nimm es in Freude oder Zorn hin,
Gieb Tod dem Herzen oder Nahrung —
Wirf Knospe, Rose oder Dorn hin,
Ich harre Deiner Offenbarung!"

»Und was that Suleikha?«

»Sie warf mir lächelnd eine Knospe herunter, und zum Erstenmal schaute ich ihr Antlitz in seiner ganzen seligen Schöne!« . . .

»Was sagt Fisuli:

„Um zu Dir, mein Leben, zu kommen, hab' ich Leben gegeben;
Sei barmherzig, denn durch Dich erst kam ich zum Leben!"

»So war's auch mit mir. Seit ich wußte, daß Zuléikha mich liebte, hatte mein altes Scheinleben aufgehört, und ein neues, wirkliches Leben hub für mich an. Wer zählt die Stunden, die ich durchlebt im Vollgenuß des Bewußtseins ihrer Liebe; wer die Lieder, die ich gesungen zu ihrem Ruhme, wer die Schritte, die ich gethan um sie zu sehen! Die Sonne des Glücks schien für mich aufgegangen; alle frühern Hindernisse waren weggeräumt durch die Gunst des Schicksals. Zwar blieb meine Liebe in Gjändsha kein Geheimniß; aber alle meine Bekannten schienen sich verbunden zu haben, um mir zu dienen; die Einen aus Freundschaft für mich, die Andern aus Haß gegen Ibrahim-Chan.

Etwa sechs Wochen mochten seit dem seligen Tage verflossen sein, an welchem Zuléikha mir die Knospe geschenkt, als plötzlich eine drohende Wolke den Himmel meines Glückes umdüsterte.

Ibrahim-Chan kehrte zurück aus dem Feldlager, und mit ihm kam Achmed-Chan, der Freier seiner Tochter.

Die Nachricht erschreckte mich zugleich und belebte mich.

Aus dem Abgrunde des Entsetzens wurde ich wie auf Adlerflügeln getragen auf den Berg der Hoffnung. Ich fühlte, daß mein Schicksal seiner Entscheidung nahe war, und das gab mir Muth. Ich hatte ja nur Eines, was mich fesselte an's Leben; ging dies Eine mir verloren, so hatte die Welt dem armen Mirza nichts mehr zu bieten; darum mußte ich Alles daran setzen, um das Eine, mein Alles, zu gewinnen.

Schon hatte Achmed-Chan einen Reitertrupp nach Chunsag, der Hauptstadt von Awarien, entsendet, um den Käbin — das Brautgeschenk — zu holen und dann die Auserwählte mit sich fort zu führen in seine Heimat.

In Gjändsha wurden Kampfspiele und Festlichkeiten begangen zur Feier der Rückkehr der beiden ruhmbedeckten Chane. Auch ein Sängerfest sollte stattfinden auf Zuléikha's Wunsch.

Alle Sänger des Landes wurden dazu eingeladen und jeder mußte sich vorbereiten auf ein schönes Lied zum Ruhme der Herrin. Du weißt, daß der Sieger bei solchem Feste hochgepriesen wird und das Recht hat, das Saitenspiel aller übrigen Sänger zu zerschlagen.

Ich wußte im Voraus, daß ich sie Alle besiegen würde, denn wer von ihnen hatte die Quelle der Begeisterung, die ich hatte! Wie kann die Nachtigall singen, wo keine Rose blüht? Wie kann ein Lied gelingen, wo keine Liebe ist? Im sicheren Vorgefühl meiner Ueberlegenheit machte ich den Tag des Sängerfestes zum Gipfel und Wendepunkt meines Geschickes.

Ich hatte einen Armenier in mein Geheimniß gezogen; Du kennst die Schlauheit der Söhne von Haighk! Er hatte eine Karawane nach Schemacha zu führen im Lande Schirwan, und versprach ein Kameel zu bereiten für mich und meine Zuléikha, um uns mit sich zu führen heimlich und verkleidet, falls meine Pläne sich glücklich verwirklichten.

Mit Fatima war Alles verabredet; sie hatte die kostbarsten Sachen zusammengepackt und Sorge getragen, daß der Armenier zufrieden gestellt wurde, denn der Tag des Sängerfestes sollte auch der Tag unserer Flucht sein.

Um Mitternacht sollte ich mich einfinden auf dem einsamen Plätzchen, wohin ich zuerst mit Fatima geschlichen; von dort gedachten wir uns auf abgelegenen Fußpfaden der großen Straße zu nähern, um in sicherem Versteck das Vorüberziehen der Karawane zu erwarten.

Der verhängnißvolle Tag brach an. Schon seit einiger Zeit war ich mir vorgekommen wie ein Fremdling in meiner eigenen Wohnung. Bald starrte ich die weißen Wände an, mit den Nischen darin, zum Aufbewahren der Kleidungsstücke, — bald konnte ich stundenlang mit dem Blicke der Verwunderung auf den lehmgestampften, mattenbedeckten Fußboden

schauen, oder auf die geringelten Drahtgitter, die man bei uns
statt der Fenster hat, als ob ich alles das niemals gesehen.

Die Minuten kamen mir vor wie Tage und die Stunden wie Jahre. Ich wälzte mich auf dem Polster der Ungeduld und konnte die Zeit nicht erwarten der Entscheidung meines Schicksals.

Um Mittag langte eine freudige Botschaft an. Akim, der Armenier, kam, um mir zu melden, daß Ibrahim-Chan mit seinem Gaste hinausgeritten sei in's Freie, und daß die waffentragenden Männer des Orts sich rüsteten, ihnen zu folgen, um sich im Kampfspiel zu ergötzen, während die Weiber daheim sich die Zeit vertreiben ließen mit den Liedern der Sänger.

Hättest Du gesehen, wie die Dächer sich füllten mit Frauen und Mädchen, wie Alles schimmerte von dunklen Augen und bunten Gewändern, rund um den Platz her, wo das Sängerfest begangen wurde vor dem Hause Suleikha's.

Ein großer Teppich war ausgebreitet, darauf zu beiden Seiten ein Spieler der Saß und Tschengjir saß, zwischen welchen immer der Sänger, an dem die Reihe war, Platz nahm, um sein Lied zu singen zum Klange der Saiten.

Der schönste Knabe von Gjändsha war aufgestellt, um den silbernen Teller zu halten und ihn den Sängern zu reichen, wie sie der Reihe nach sich setzten und aufstanden.«

»Wozu brauchte er den Teller, o Mirza?«

»Was für Fragen Du thust! Wozu braucht der Sänger den Teller als um den Ausdruck seiner Gefühle zu verbergen? Oder kann er sein Antlitz zeigen vor dem Auge der Schönheit, wenn er singt, wie die Schmerzen der Liebe ihm das Herz zernagen und die Wangen bleichen? . . .

Zwanzig Sänger standen im Kreise umher, und einer nach dem andern trat auf vor mir, denn ich mußte der Letzte sein, weil ich der Jüngste war.

Und wenn Du mich fragst, was sie gesungen, ich könnt' es Dir nicht mehr erzählen. Ich weiß blos, daß Alles, was sie von sich sprüheten aus Auge und Mund, nur matte Funken waren im Vergleich mit dem Feuer meines Liedes und meiner Augen. Mir selber schwoll das Herz vor Entzücken beim Klange meiner Worte.

Vernimm was ich sang:

> Nicht mit Engeln im blauen Himmelszelt,
> Nicht mit Rosen auf duftigem Blumenfeld,
> Selbst mit der ewigen Sonne Licht
> Vergleich' ich Zuléikha, mein Mädchen, nicht!
>
> Denn der Engel Busen ist liebeleer,
> Unter Rosen brechen die Dornen her,
> Und die Sonne verhüllt des Nachts ihr Licht:
> Sie alle gleichen Zuléikha nicht!
>
> Nichts finden, so weit das Weltall reicht,
> Die Blicke, was meiner Zuléikha gleicht —
> Schön, dornlos, voll ewigem Liebesschein,
> Kann sie mit sich selbst nur verglichen sein!

Das Lied war zu Ende gesungen, und — zu meinen Füßen lag eine schwellende Rose!

Ich war der Sieger des Festes!... In der Freude meines Herzens dacht' ich an Nichts als an Zuléikha und mich. Ich lief nach Hause, um die Anstalten zur Abreise zu treffen, und vergaß darüber ganz, das Saitenspiel der besiegten Sänger zu zerschlagen — ich war ja so glücklich!«

Hier machte Mirza-Schaffy eine lange Pause, ließ sich eine frische Pfeife bringen und sah starr vor sich hin, sichtbar überwältigt von den unaufhaltsam sich ihm aufdrängenden Erinnerungen. So saß er wohl eine halbe Stunde trüb und schweigsam, den Dampf des Tschibuks in langen, vollen Zügen einschlürfend und ihn dann minutenlang wieder aus dem Munde hauchend, so daß sein ganzer Kopf von einer Rauchwolke umschwebt war, aus welcher die hohe phrygische Mütze hervorragte wie die Spitze eines Kirchthurms.

Endlich stand er auf, brummte einige unverständliche Verse vor sich hin und machte Anstalt zu gehen. Ich hatte große Mühe, ihn zurückzuhalten, um ihn weiter erzählen zu hören, aber nur durch Bitten und Fragen aller Art konnt' ich ihm bruchstückweise das Ende der Geschichte entlocken. Ich setze seine eigenen Worte her, so weit ich mich derselben entsinne.

»Um Mitternacht sollte die Abreise vor sich gehen. Die zur Flucht nöthigen Sachen befanden sich schon in der Obhut des Armeniers. Zuléikha theilte mit Fatima ihr Schlafgemach, welches durch ein zum Baden bestimmtes Zwischenzimmer von den Gemächern der übrigen Frauen getrennt war.

Fatima hatte es über sich genommen, mich zur bestimmten Stunde heimlich in das Gemach der Geliebten zu führen.

Welch wundersame Furcht überkam mich, wie schlug mir das Herz, wie zitterten alle Glieder an mir, als ich mich rüstete zu dem verhängnißvollen Gange! »Mirza-Schaffy,« sprach ich zu mir selbst, »wie konntest Du solch' kühnes Beginnen wagen? Wie konntest Du sündigen Schrittes die schneidende Brücke El-Sirat betreten, die Dich einführen soll in's Paradies? Was ist alle Weisheit der Erde gegen die Schönheit Zuléikha's!« So und noch mehr sprach ich für mich hin, bis ich an den Ort kam, wohin mich Fatima bestellt hatte.

»Auf, beeile Dich, Mirza,« sprach sie, »und folge mir; schon sitzt meine Herrin bräutlich angethan im Schlafgemache.«

Ich folgte der behenden Fatima schlotternden Schrittes.

Unbemerkt gelangten wir in die Muschel der Perle der Schönheit: in Zuléikha's Gemach.

Da saß sie, züchtig verschleiert und die jungen Glieder mit einer blendend weißen Tschadra*) umhüllt, anmuthig wie eine Peri aus dem Dschinnistan**). Das Wort stockte mir auf der Zunge, als ich anbetend stand vor der holdseligen Jungfrau.

»Jetzt ist's nicht Zeit zu staunen,« sprach die sinnige Fatima, »wir müssen eilen zu entkommen, um nicht überrascht zu werden von den Dienern des Hauses. Nimm die Hand der Gebieterin und bitte sie, Dir zu folgen, wohin Allah Deine Schritte lenkt.«

»Ich that, wie mir geheißen, aber mit einem lauten Schrei fuhr Zuléikha zurück, als ich ihre Hand erfaßte. Und wiederum fiel die kluge Fatima vermittelnd ein: »Wer zweifelt am Glanz der Sonne? Wer zweifelt am Duft der Rosen? Wer zweifelt an Deiner Jungfräulichkeit? Darum laß den Kampf der Liebe jetzt, süße Herrin, und folge ohne Wehklagen dem, den Dir Allah gesendet!« —

Hier muß ich, bevor ich Mirza-Schaffy fortfahren lasse in seiner Erzählung, zum richtigen Verständniß des Obigen, ein paar erläuternde Worte einschalten. Unter den Moslemin des Kaukasus ist es Sitte, daß die Braut, selbst wenn die Verbindung von den Eltern ausgeht, vom Bräutigam gewaltsam entführt wird. Je mehr sie sich dabei sträubt, ringt, schreit und wehklagt, für desto jungfräulicher und züchtiger gilt sie. Gewöhnlich finden sogar — nicht immer ungefährliche — Scheingefechte zwischen den Verwandten der Braut und den Freunden des Bräutigams bei der Entführung Statt.

*) Tschadra: ein den ganzen Körper verhüllendes weißes Obergewand.

**) Dschinnistan: das Geisterland.

Nach dieser nöthigen Abschweifung lassen wir Mirza-Schaffy die Geschichte seiner Flucht vollenden.

»Erst nach langem Flehen gelang es der klugen Fatima, meine Zuléikha zu beruhigen. Zitternd und zagend folgte sie mir, als ich sie auf dieselbe heimliche Weise, wie ich gekommen war, hinausführte in's Freie. Dort vertraute ich sie der Leitung Fatima's an und folgte in einiger Entfernung. Glücklich erreichten wir den Ort zunächst dem engen Fußpfad im Gebirge, wo ich meine erste Zusammenkunft mit Fatima gehabt hatte. Der Schmerz, den der Abschied von der Schwelle des Vaterhauses erzeugt, machte bald in der Brust der Geliebten andern Gefühlen Platz.... Wir waren sicher, wir waren selig! Und nie hat mir die Sonne im Leben so hell geschienen, als der erst spät aufgehende Mond in jener Nacht!«

* * *

Mit Tagesanbruch schlossen wir uns der vorüberziehenden Karawane an, nachdem uns auf dem Hinwege Fatima durch ein Geständniß ganz eigener Art überrascht hatte. Sie warf sich ihrer Herrin zu Füßen und gestand, daß sie Akim liebe! den Armenier, unsern Beschützer. Obgleich Zuléikha Anfangs in heftigen Zorn gerieth, daß eine Tochter Ali's einem Ungläubigen ihre Neigung zugewendet, so beruhigte sie sich doch bald, denn die Liebe verzeiht der Liebe gern, und dann war uns das Verhältniß Akim's mit Fatima auch ein Unterpfand für unsere eigene Sicherheit. Unsere Gefahr war nun seine Gefahr, darum mußte er Sorge tragen, uns zu schützen. Die beiden Frauen hatten sich so verhüllt in ihre Tschadras, daß sie Niemand erkennen konnte. Auch ich hatte mich in Gesicht und Kleidung unkenntlich gemacht und galt als ein Teppichhändler von Baku.

So zogen wir langsam die Straße entlang nach Kuraft-schaiskaja zu.

Für den ersten Tag hatte Akim die Vorsichtsmaßregel getroffen, getrennt von der Karawane mit den beiden Frauen auf einem waldversteckten Seitenpfade zu ziehen; Suleikha ritt auf einem Esel voran, und der Armenier mit Fatima folgte zu Fuß. Ohne diese Vorsichtsmaßregel wären wir gleich Anfangs verloren gewesen, denn schon nach wenigen Stunden kam ein Reitertrupp hinter uns hergesprengt, als dessen Anführer ich den tollkühnen Achmed-Chan erkannte. Zum Glück hatte er mich niemals in Gjändsha beachtet, und deßhalb durfte ich in meiner Verkleidung um so weniger fürchten, sein Mißtrauen rege zu machen. Er musterte die Karawane mit scharfspähendem Auge, da aber nirgends eine Weibergestalt zu entdecken war, so sprengte er nach kurzem Aufenthalt unter gräßlichen Flüchen mit seinem Gefolge weiter. . . .

Drückend ist die Armuth, — aber unerträglich wird sie, wenn wir an einem gefundenen und wieder verlorenen Schatze ihre ganze Tiefe ermessen lernen.

Was nützt es, durch die Gärten des Paradieses zu wandeln, wenn es blos ein Durchgang zur Hölle ist!«

»Du sprichst weise, o Mirza,« unterbrach ich ihn, »aber was sollen die Sprüche der Weisheit in der Erzählung der Liebe? Singt nicht Hafis: Der Verstand muß schweigen, wo die Liebe spricht!«

Doch meine Worte klangen ohne Erwiederung in seine Ohren, und durch nichts konnte ich den sonst so redseligen Mirza zum Schluß der Erzählung bewegen. »Laß mich,« sprach er, »was helfen alle Worte! Wen das Unglück treffen soll, auf dessen Haupt kommt es.«

„Mich hat der Schmerz der Liebe gebeugt,
Frag' nicht für wen?
Mir ward das Gift der Trennung gereicht,
Frag' nicht durch wen?"

So sang er in klagendem Tone, und ohne mir eine gute Nacht zu wünschen, verließ er das Zimmer. Ich aber darf mich, da ich einmal Euere Neugier rege gemacht habe, nicht so davonschleichen wie mein ehrwürdiger Lehrer, sondern muß Euch den Schluß der Geschichte erzählen, so viel mir aus spätern Mittheilungen darüber bekannt geworden ist. Mit wenigen Worten ist das Ganze vollendet.

Am dritten Tage überfiel die Reisenden ein entsetzliches Gewitter, gefolgt von starken, langanhaltenden Regengüssen. Zum Glück oder Unglück befand sich ein Dorf in der Nähe, und während die Lastthiere der Obhut der Kameeltreiber überlassen blieben, suchten Mirza-Schaffy und Akim Schutz für ihre Geliebten in einer Tatarenhütte.

Als die beiden eselberittenen Frauen in Begleitung ihrer Männer in's Dorf einzogen, fand in einem nah am Wege liegenden Hause folgendes Zwiegespräch Statt.

»Schau Selim, ist das nicht Akim, der Kaufmann von Baku? W'Allah! — Bei Gott — er ist es! Seit wann hat der angefangen, mit Weibern zu handeln, statt mit Teppichen? Schau, wie er da ein paar schlank gebaute Houris neben sich hertraben läßt.«

»Man sollte darauf schwören, es wäre Akim,« erwiederte der Gefragte, »aber er war doch nicht bei der Karawane, als wir vorbeiritten, und auch von den beiden Frauen war nichts zu sehen.«

»Du redest wie ein Kaswiner.*) Kann er der Karawane

---

*) Kaswin ist eine Stadt in Persien, deren Einwohner in der dortigen Redeweise dieselbe Rolle spielen, wie die Krähwinkler in Deutschland oder die Gascogner in Frankreich.

nicht auf Nebenwegen vorausgeritten oder gefolgt sein? Was sagt der Volksmund: Zwei Russen auf einen Perser, zwei Perser auf einen Armenier, so bleibt sich der Handel gleich. Allah hat mir Licht in den Kopf geblitzt, daß meine Augen sehen; ich errathe den ganzen Hergang. Jetzt laß uns eilen und zu Achmed-Chan gehen, und sein Zorn wird sich in Freude verwandeln."

Die Redenden waren zwei Nuker*) Achmed-Chan's, der auf der Heimkehr der bis dahin erfolglosen Entdeckungsreise begriffen, ebenfalls mit seinem Gefolge Schutz vor dem Regen gesucht hatte.

Eine halbe Stunde später waren Juléikha und Fatima schon in der Gewalt ihrer Verfolger. Ich übergehe die traurigen Scenen, welche sich an diesen Vorgang knüpfen. Nur Eines muß ich erwähnen, so weh es mir auch thut, es nicht verschweigen zu können. Die beiden Frauen wurden mit aller möglichen Zartheit behandelt, sie trugen ihr Weh blos im Herzen, während Mirza-Schaffy, der Weise von Gjändsha, der Sänger der Liebe, des Weines und der Rosen, außer dem nimmer heilenden Wehe im Herzen, auf Befehl des rohen Achmed-Chan noch ein anderes schimpfliches Wehe zu ertragen hatte.

Auf denselben Fußsohlen, die ihn emporgetragen in die Kammer Juléikha's, zum Gipfel des Glücks, erhielt er — die Bastonade. . . .

*) Nuker, bewaffnete Reitknechte.

Siebentes Kapitel.

Die Schule der Weisheit.

Seit Mirza-Schaffy mir das Geheimniß seiner Liebe erschlossen, lag sein Herz vor mir offen da, wie die Gärten von Tiflis. Er hatte fortan kein Geheimniß mehr vor seinem Jünger, und alles Angenommene, Uebertünchte seines Wesens streifte er ab im Umgange mit mir.

So gewiß ist es, daß eine einzige Stunde vertraulicher Mittheilung zwei fremde Menschen einander näher bringt, als ganze Jahre gewöhnlichen Beisammenlebens.

Ich ersparte dem Mirza jede demüthigende Erinnerung an das tiefschmerzliche Ende seiner Geschichte, und er wußte mir Dank für meine Zurückhaltung. Wohl schien er anfänglich in Zweifel zu sein, ob die Schattenseite der Erzählung, seiner Würde mir gegenüber nicht geschadet habe; aber bald überzeugte er sich, daß er durch den Gesammteindruck seiner Geschichte in meiner Achtung eher gewonnen als verloren hatte.

Die Sonne seines Lebens war untergegangen und nichts war ihm geblieben, als der Mondschein der Erinnerung. Sein ganzes Schicksal sprach sich in der Schlußstrophe eines seiner wehmüthigen Lieder aus:

> Und steigen auch in der Jahre Lauf,
> Wenn der Tag des Lebens vollbracht ist,
> Erinnerungen gleich Sternen auf:
> Sie zeigen nur, daß es Nacht ist!...

Ich wußte, daß es ihm wohl that, mir in traulichen Stunden von der Verlorenen zu erzählen, besonders in den unheimlichen Winterabenden, wenn es draußen stürmte und tobte und der Wind so schaurig vom Gebirge herheulte, als ob die ganze Menschheit ihren Schmerz auspreßte in einem einzigen langathmigen Klagelaut.

So suchte ich dann häufig das Gespräch auf Zuléikha zu lenken; hatte ihr Name doch auch für mich eine höhere Bedeutung gewonnen, denn die ihr geweihten Gesänge waren die Rosen im Liederkranze Mirza-Schaffy's.

Daß sie des Weisen von Gjändsha erste Liebe war, habe ich schon durch die Ueberschrift seiner Erzählung angedeutet. Auch war er, so viel man wußte, nie wieder mit einer Frau in ein näheres Verhältniß getreten, ohne übrigens einen Augenblick zu bezweifeln, daß alle weiblichen Wesen bei seinem bloßen Anblicke in ihn verliebt sein müßten. War doch Zuléikha, nach seinem Dafürhalten, der verkörperte Inbegriff aller weiblichen Schönheit, der jungfräuliche Mittelpunkt aller Anmuth und Hoheit auf Erden; und da ihn Diese geliebt, wie konnten die Andern ihn hassen!

Nach dieser bescheidenen Voraussetzung regelte er bisher sein Verhältniß zum weiblichen Geschlechte.

Alle Tugenden, alle Zauber des Weibes kamen auf Rechnung Zuléikha's — alle Schattenseiten hingegen auf Rechnung der übrigen Frauen der Welt. Lieben konnte er nicht mehr, gleichgiltig sein konnte er auch nicht — so entschloß er sich denn, alle andern Frauen büßen zu lassen für den Schmerz, den er durch den Verlust der Einen erlitten.

In seinen eleganten Gewohnheiten wurde nichts geändert; sein Kopf war immer so weiß wie frisch gefallener Schnee, sein Bart duftend und gekräuselt wie der Bart Salomo's, den er häufig citirte, und seine Nägel und Fingerspitzen waren so blau gefärbt, wie der Himmel Georgiens.

Seine pyramidenförmige Mütze war — so glaubte er wenigstens — ein wahres Fangnetz für verliebte Herzen geworden. Wo immer er auf dem Balkon oder der Terrasse eines Hauses ein weibliches Wesen erblickte, benutzte er jedes Mal die Gelegenheit, einen Theil seines weißen Kopfes zu zeigen und sieggewisse Blicke nach oben zu senden. Dann schob er die Mütze wieder keck zurecht und ging rachegesättigt weiter, in der stolzen Ueberzeugung, eine neue Eroberung gemacht zu haben.

Es kam ihm nicht darauf an, Nutzen aus solchen Eroberungen zu ziehen; er wollte nur Opfer machen, und zwar so viel wie möglich. Was kümmerte er sich darum, ob die Jungfrauen erröthten beim Anblicke seines Kopfes, oder ob die Herzen versengten vom Feuer seines Auges!

* * *

Im Laufe des Winters wurde Mirza-Schaffy um einen Jünger reicher. Zwei Reisende, K. und R. waren von Deutschland angekommen, der Erste, um naturhistorische, der Zweite, um linguistische und antiquarische Studien zu machen.

Gleiche Neigungen und Reisezwecke befreundeten mich bald mit R., der schon bedeutende Kenntnisse in den orientalischen Sprachen hatte. Wir studirten und durchwanderten Stadt und Umgegend gemeinschaftlich in den Morgenstunden, und Abends theilte er meine dreimal wöchentlich stattfindenden Lektionen oder »die Stunden der Weisheit,« wie Mirza-Schaffy seinen Unterricht nannte.

Hin und wieder kamen auch noch einige andere, der tatarischen und persischen Sprache mehr oder minder kundige Freunde zum Besuch, während der Stunden der Weisheit. Dann wurde unter Mirza-Schaffy's Leitung ein förmlicher Divan gebildet. Der Weise von Gjändsha nahm zuerst

das Wort und sang und erklärte uns ein Lied, welches, wenn
es sein eigenes Erzeugniß war, auch immer mit seiner eigenen
Verherrlichung begann oder endete. Z. B.:

  Sing' ich ein Lied, hüpft freudereich
Das Herz der jungen Mädchen;
Denn Perlen sind die Worte gleich,
Gereiht auf seid'nen Fädchen!

  Und Düfte steigen auf daraus,
Von Houris' Hauch getränkte —
Gleichwie aus jenem Blumenstrauß
Den mir Zuleikha schenkte.

  Erstaunt nicht, daß des Sängers Mund
So Herrliches vollbringe,
Und daß die Weisheit hier den Bund
Mit Jugendtollheit schlinge!

  Wißt Ihr, wer mir die Weisheit gab?
Sie kam vom rechten Orte,
Ich las sie ihren Augen ab
Und hüllte sie in Worte!

  Was Wunder, wenn so anmuthvoll
Euch meine Lieder tönen,
Ist doch, was meinem Mund entquoll,
Ein Abglanz nur der Schönen!

  Sie ist dem Becher Dshemschid*) gleich,
Ein Quell der Offenbarung,
Der mir erschließt ein Zauberreich
Der Weisheit und Erfahrung.

*) Der Becher Dshem oder Dshemschid, auf dessen Grunde
sich alle Geheimnisse der Erde offenbarten, hat seinen Namen von
dem alten persischen Könige Dshem.

Und sagt: erklingt nicht mein Gesang
Von wunderbaren Tönen?
Und ist nicht meines Liebes Gang
Leicht wie der Gang der Schönen?

Seine Lieder waren immer mit arabischen Wörtern gespickt, und kam uns, was häufig geschah, ein unverständlicher Ausdruck vor, so überließ er es unserem eigenen Scharfsinn, die Bedeutung zu errathen. »Ein feines Wort!« pflegte er dann ausweichend zu sagen; zu einer Erklärung aber ließ er sich nur selten herab.

War das Lied zu Ende gesungen, so mußte Jeder von uns, der Reihe nach, einen Spruch der Weisheit sagen, oder, wenn es an Gedanken fehlte, eine Geschichte erzählen.

Daß dabei in Bezug auf Originalität des Gedankens und Ausdrucks nicht mit übergroßer Gewissenhaftigkeit verfahren wurde, darf ich Euch im Vertrauen schon gestehen. Originell waren gemeiniglich nur die Fehler, welche wir machten. Mirza-Schaffy sagte bei jedem Spruche, ob er weise oder unweise sei. Entfuhr uns hin und wieder ein guter Gedankenblitz, so verfehlte er nicht, ihn in Reime zu bringen, was immer in wenigen Minuten geschehen war.

So bemerkte einst ein Verliebter in unserem Kreise: es sei doch sonderbar, wie das Menschenherz so lange in Nacht gehüllt bleibe und unbewußt die köstlichsten Schätze verberge, bis ein weibliches Auge als Fackel hineinleuchte, das Dunkel verscheuchend und das Verborgne an's Licht ziehend.

Alsobald hub Mirza-Schaffy zu singen an:

„Mein Herz schmückt sich mit Dir, wie sich
Der Himmel mit der Sonne schmückt —
Du giebst ihm Glanz, und ohne Dich
Bleibt es in dunkle Nacht entrückt.

Gleichwie die Welt all' ihre Pracht
Verhüllt, wenn Dunkel sie umfließt,
Und nur, wenn ihr die Sonne lacht,
Zeigt, was sie Schönes in sich schließt!«

»Aber Mirza-Schaffy,« sprach der Verliebte, »was Du singst ist Dein Lied! Ich habe keinen Theil daran als die Freude es zu hören.«

»Nein,« erwiderte der Weise von Gjändsha, der Tonkunstmächtige:

„Du bist der Erzeuger des Liedes,
Ich thue ihm blos das Gewand an —
Du lieferst den Marmor, den reinen,
Ich lege die bildende Hand an —

Du giebst den Geist, den Gedanken,
Bei mir kommt's blos auf Verstand an —
Selbst der mangelt oft, und mit Tollheit
Füll' ich das Maß bis zum Rand an!"

Der Verliebte, ein aus Persien heimkehrender junger Tourist, dessen Herz sich verloren hatte auf den dunklen Lockenpfaden einer schlanken Georgierin, war ganz entzückt über die Versgewandtheit des Weisen von Gjändsha.

»Mirza-Schaffy!« rief er, »was sind alle Sänger des Abendlandes gegen Dich! Was ist eine Nachtlampe gegen die Sonne, was ein Staubkorn gegen die Wüste!«

»Von ihnen gilt,« entgegnete der Weise, einverstanden mit dem Kopfe nickend, »von ihnen gilt was ich einstmals auf einer Reise durch Persien von den Vezieren des Schach gesungen."

— Und was sangst Du, o Mirza? —

„Zum Divan der Veziere mußt' ich kommen,
  So war des Schah's Befehl —
„Mirza! jetzt sag', ob dem, was Du vernommen,
  Dein Urtheil ohne Hehl!"

Ich sprach: ich will Dir sagen, was ich fühle,
  Ich mach' es Dir kein Hehl —
Ich höre das Geklapper einer Mühle,
  Doch sehe ich kein Mehl!"

Ich war begierig zu erfahren, wie weit es der hart urtheilende Weise in der Kenntniß des Abendlandes gebracht hatte, und durch Fragen aller Art suchte ich ihm sein Wissen darüber zu entlocken. Ich gebe hier kurz das Resultat meiner Forschungen:

Um in's Abendland zu gelangen, muß man über das schwarze Gewässer segeln, oder das Land der Moskow durchpilgern. Ob die Kinder des Abendlandes in Zelten oder Felshütten hausen, ferner, ob sie auf Kameelen, Elephanten, Pferden oder Eseln reiten, wußte der Mirza nicht genau zu bestimmen. Ganz genau aber wußte er, daß sie in drei große Stämme zerfallen: in den Stamm der Nemsche, Deutsche, — den Stamm der Inglis, Engländer — und den Stamm der Farsch, Franzosen.

Auf meine Frage, wodurch sich diese drei Stämme von einander unterscheiden, erhielt ich die Auskunft, daß die Nemsche aus lauter Mullahs und Dilbilirs — Sprachkundigen — bestehen, während die Inglis vortreffliches Tuch bereiten — der Mirza zeigte dabei auf seinen blauen Kaftan — und die besten Rasirmesser der Welt verfertigen. Von den Farsch wußte er nur, daß sie viel lachen und schwatzen und besonders gut riechen.

Die abendländische Völkerkunde des Weisen von Gjändsha war rein empirisch. Alle Deutschen seiner Bekanntschaft hatten bei ihm die heiligen Sprachen studirt; von den Franzosen war ihm kein anderes Specimen zu Augen gekommen, als ein Hofmeister und ein paar Perückenmacher, die ganz seiner Schilderung entsprachen; die Engländer hingegen kannte er nur aus ihren, über ganz Asien berühmten Fabrikaten, und er pries die Gnade Allah's, der auch solche Käuze geschaffen, damit es den Weisen des Morgenlandes nicht an feinen Gewändern fehle, ihre Glieder zu umhüllen, und nicht an scharfen Rasirmessern, ihre Köpfe zu säubern.

Von den englischen Rasirmessern besonders sprach der Mirza mit rührender Anerkennung; denn er selbst hatte einmal in schöneren Jahren ein Paar besessen, und die waren ihm durch die Vermittelung eines Kosaken — Schmutz auf sein Haupt! — abhanden gekommen.

Während der Weise von Gjändsha uns die Geschichte seiner Rasirmesser erzählte, schlich der verliebte Tourist, der Lockengefangene, der mit mir unter Einem Dache wohnte, in sein Zimmer, um dem Mirza eine Ueberraschung zu machen. Er kam zurück, ein Paar funkelneue, schön eingefaßte Rasirmesser in der Hand. Er hielt sie dem Weisen vor die Augen und fragte: »Wie gefallen Dir diese?«

»Tschok! — sehr — W'Allah!« — bei Gott. —

»So nimm sie, mir zum Gedächtniß. Und möge Dein Verstand immer scharf bleiben, wie die Schneide, und Dein Haupt immer glänzen, wie die Klingen dieser Messer!«

Mirza-Schaffy nahm das Geschenk mit einer Gemüthsruhe, welche errathen ließ, daß er in Freude wie in Leid immer das richtige Maß einzuhalten wisse.

Der Weise steckte die Messer zu sich, und machte Anstalt zu gehen; beim Abschied warf er noch einen Blick des Wohlgefallens auf eine vor mir liegende englische Scheere.

»Die Scheere gefällt mir auch!« bemerkte er.

»Das freut mich,« erwiderte ich und wünschte ihm gute Nacht. »Achschamminis chéir olssun! Möge Dein Abend schön sein!«

Achtes Kapitel.

Die Zungengeschichte und die Pest.

(Ein Zwischenspiel.)

Am folgenden Morgen saß ich mit einem befreundeten Arzte, demselben, der mich von meinen Wunden geheilt, gemüthlich in meinem Zimmer auf dem Sopha, den duftigen Tabak von Mingrelien rauchend und von Deutschland und heimatlichen Erinnerungen plaudernd. Dr. X. war, obgleich als Oberstabsarzt in russischen Diensten stehend, ein ehrlicher Deutscher, den das Schicksal vor fünfzehn Jahren aus der Heimat vertrieben hatte, in Folge einer freisinnigen Schrift, die heute vielleicht selbst in Wien gedruckt werden dürfte, ohne dem Verfasser große Verlegenheiten zu bereiten.

Unser Gespräch wurde unterbrochen durch ein Klopfen vor der Thüre. Ich öffnete und herein schlich ein schmächtiger, elastisch angelegter Tatarenjüngling.

Nachdem er den üblichen Landesgruß, mit der rechten Hand flüchtig Brust und Stirn zu berühren — was sagen soll: hier ist mein Herz, hier mein Verstand, beides leg' ich Dir zu Füßen! — wohl dreimal wiederholt hatte, verbeugte er sich fast bis zur Erde vor mir, und dann fragte er, mich schüchtern anblickend, ob ich der Alim von Fränkjistan, der junge Weise vom Abendlande sei? Er habe mir eine Botschaft zu bringe nvon Mirza-Schaffy, dem Weisen von Gjändsha.

»Möge Deinen Schritten Glück folgen,« erwiederte ich, »was ist des Weisen von Gjändsha Begehren?«

Er sah sich spähend im Zimmer um und dann zog er geheimnißvoll einen an mich adressirten Brief aus der Tasche. Ich eröffnete das seltsam gefaltete Schreiben und las', wie hier in wortgetreuer Uebersetzung folgt:

»Licht des Abendlandes! Säule der Weisheit!«

»Dein Freund, der liebende, lockengefangene, mir ein Paar englische Rasirmesser geschenkt habend, weil sie mir wohlgefielen: den Blick des Verlangens werfe ich auf Deine Scheere, weil sie englisch ist und mir wohlgefällt. Blumen vor Deine Füße!

Mirza-Schaffy.«

Ich übergab dem Burschen die Scheere, mit einem Gruße an Mirza-Schaffy, und dem Wunsche, daß Lilien aufsprießen möchten aus den Barthaaren und Mandelbäume aus den Nägeln, die er damit abschnitte.

Der Bursche verschwand, wie er gekommen war, biegsam wie eine aufgerichtete Schlange.

»Das ist noch ein Ueberbleibsel einer Landessitte der alten Zeit,« sagte der Doktor, »wo die bloße Aeußerung: das gefällt mir! immer gleich den Besitz des Gefallen erregenden Gegenstandes nach sich zog. Du wirst hier zu Lande,« fuhr er fort, »noch oft Augen und Ohren aufsperren müssen, über das was um Dich vorgeht, unter den Russen sowohl, wie unter den Eingebornen. Bist Du schon einmal in dem großen Militairhospitale von Tiflis gewesen?«

»Nein.«

»Nun so komm mit mir, ich habe ohnehin jetzt einige Krankenbesuche zu machen.«

Gern folgte ich der Einladung meines ärztlichen Freundes. Unterwegs erklärte er mir vorbereitend, welch' eine eigenthümliche Behandlung die russischen Soldaten erforderten; wie schwer es sei, sie über den Sitz und die Ursache ihrer Krankheit auszufragen und wie es fast ganz dem Scharfsinn des Arztes überlassen bleibe, dem Uebel auf den Grund zu kommen. »Ist einem solchen Kerl etwas im obern Theile des Körpers zugestoßen, gleichviel ob im Magen, im Rücken oder im Kopfe, so antwortet der Soldat regelmäßig auf die Frage, was ihm fehle: »Das Herz thut mir weh.« — sserze bolit. — Sitzt das Uebel im untern Körper, so lautet die Antwort: »Der Fuß thut mir weh.« — nog bolit. —

-Nach wenigen Minuten erreichten wir das ganz im europäischen Style erbaute und eingerichtete Hospital. Als wir in den ersten Saal traten, erhoben sich alle Kranken, welche aufrecht stehen konnten und stellten sich vor die Betten hin, so prall und ernstdumm, wie auf der Parade, wenn irgend eine hohe Person zugegen ist.

»Wie geht Dir's, Alter?« fragte der Doktor den Ersten.

»Das Herz thut mir weh!« lautete die schüchterne Antwort.

»Zeige mir Deine Zunge!«

Der Soldat that, wie ihm geheißen und brachte ein Stück Zungenfleisch zum Vorschein, das unmenschlich lang und breit aussah.

»Was fehlt Dir?« erging die Frage an den Zweiten.

»Das Herz thut mir weh!«

»Streck die Zunge heraus!«

Die Zunge verfehlte nicht zu erscheinen.

Dem Dritten that der Fuß weh, d. h. er hatte eine Wunde in der Lende; aber das half nichts, er mußte ebenfalls mit der Zunge herausrücken.

Als wir solchergestalt etwa ein Dutzend Zungen besichtigt hatten, klopfte mir plötzlich der Doktor auf die Schulter und rief: »Jetzt schau Dich um!«

Da standen die armen Bursche der Reihe nach mit offenem Maule und ausgestreckter Zunge, als ob sie dem jüngsten Tage entgegenleckten.

»Die Zunge zurück!« erscholl jetzt der Kommandoruf des Doktors, und die Zungen verschwanden.

»Aber wie kannst Du Dich so über die armen Leute lustig machen!« bemerkte ich meinem Begleiter.

»Du mußt die Regel nicht nach der Ausnahme beurtheilen,« entgegnete er, »ich wollte Dir blos durch ein Beispiel veranschaulichen, wie weit der »gute Geist des Heeres«, die Disciplin der Soldaten geht. Den Kranken hat der Scherz nichts geschadet. In diesem Saale sind lauter Rekonvaleszenten, welche ohnehin in wenigen Tagen entlassen werden, und durch das Zungenausstrecken in Gegenwart des Oberarztes glauben sie sicherlich ihre Heilung um ein Bedeutendes gefördert zu haben.«

*   *   *

Als wir das Hospital verließen, begegnete uns Oberst Y., ein alter Bekannter aus den Ostseeprovinzen.

Mein ärztlicher Freund empfahl sich, um noch einige Besuche zu machen.

»Ein prächtiger Kerl — sagte der Oberst, dem Doktor nachsehend — ein prächtiger Kerl, aber zu ehrlich für unsere Verhältnisse! Der wird es nie zu was Rechtem bringen in Rußland. Ueberhaupt ist die goldene Zeit der Aerzte am Kaukasus vorüber, seit es mit dem Pestmachen nicht mehr geht.«

— Pestmachen? — Was wollen Sie damit sagen? —

»Sie leben schon seit Monaten am Kaukasus, und wissen nicht was Pestmachen ist?« fragte der Oberst, zweifelhaft lächelnd.

Der Ausdruck war mir allerdings bekannt, aber ich wollte mich gern etwas genauer darüber unterrichten, und verneinte deshalb die Frage.

»Pestmachen — fuhr der Oberst fort — ist eine Spekulation wie jede andere. Irgend ein im Innern des Landes wohnender Arzt sprengt bei dem ersten besten gefährlichen Krankheitsfall aus, es sei die Pest im Dorfe. Nun kennen aber die Einwohner aus Erfahrung sehr wohl alle Uebel, welche die Pest in ihrem Gefolge hat; da wird abgesperrt, versengt, verbrannt, geräuchert und der Himmel weiß was noch alles. Um sich diesen unvermeidlichen Uebeln nicht aussetzen zu müssen, quälen die armen Leute den Arzt, doch die Pest bald wieder zu vertreiben, und versprechen ihm dafür Geld und Geschenke so viel sie auftreiben können. Findet er die Bedingungen annehmbar, so verschwindet die Pest wie sie gekommen; im entgegengesetzten Fall wird offizielle Anzeige davon gemacht, alle Vorsichtsmaßregeln werden in Ausführung gebracht, bis der Bericht einläuft, es sei keine Gefahr mehr vorhanden.

Der Arzt erhält dann für die Geschicklichkeit, mit welcher er dem Uebel abgeholfen, einen Orden, Rangerhöhung oder eine Belohnung anderer Art. In jedem Fall läuft die Spekulation zu seinem Vortheil aus.

Ich habe mehrere Pestärzte gekannt, die auf diese Weise ihr Glück gemacht haben, und dabei zu Rang und Orden gekommen sind. Doch die Zeiten sind jetzt vorüber; auch waren die Deutschen in der Regel zu ehrlich und zu plump für diese Künste, wie überhaupt für alle Posten, wo man ein Auge zu und eine Hand aufthun muß, um sein Schäflein zu scheeren. Machen Sie einen Polen oder Russen zum Oberarzt eines Hospitals, er wird Alles in der schönsten Ordnung halten, und in wenigen Jahren ein reicher Mann sein: nehmen Sie einen Deutschen zu solcher Stelle, Alles wird in Unordnung gerathen und er wird noch obendrein Schulden machen.«

Das versteh' ich nicht recht.

»Und ist doch nichts leichter zu verstehen. Die ganze Kunst besteht darin, sich gut zu stellen mit dem Verwalter des Hospitals, d. h. man muß leben und leben lassen. Das kann aber ein Deutscher bei seinen wunderlichen Begriffen von Ehrlichkeit nicht. Z. B. der Verwalter kommt und sagt: Herr Doktor, es sind Hemden nöthig für die Kranken. — »Wie viele?« — Zweihundert Stück. — Das Geld wird ausbezahlt und die Hemden werden gemacht. Nach vierzehn Tagen erscheint der Verwalter wieder und sagt: Herr Doktor, es sind Hemden nöthig für die Kranken. — »Wie viele?« — Zweihundert Stück. — »Wie ist das möglich? Wir haben ja erst vor vierzehn Tagen zweihundert neue Hemden gekauft.« — Die sind alle wieder verdorben. Ist's Ihnen gefällig selbst nachzusehen? — Der Arzt ist gewissenhaft, sieht selbst nach und findet richtig zweihundert verdorbene Hemden. So geht es fort von Monat zu Monat. Der Verwalter wird reich dabei, der Arzt merkt den Betrug wohl, kann jedoch nichts dagegen machen, hat auch nicht immer Zeit und Lust in die ekelhaften Details einzugehen. Ist er hingegen klug genug, sich mit dem Verwalter zu verständigen, so geht Alles im besten Einklang, der Gewinn wird redlich getheilt, die Hemden sind immer ganz, die Kleidung der Kranken reinlich und ordentlich; kurz alle Unannehmlichkeiten sind beseitigt. So läßt sich, trotz des geringen Gehaltes, Alles bei uns vortheilhaft einrichten, man muß sich nur ein bischen in die Verhältnisse zu schicken wissen. In Moskau auf dem Polizeibüreau kannte ich einen Herrn, der bei achthundert Rubel jährlicher Einnahme zwanzigtausend Rubel jährlicher Ausgaben hatte, und der Segen

Gottes ruhte sichtbarlich auf ihm, denn er hatte niemals Schulden und wurde rund und dick dabei.«

Aber erfährt die Regierung so etwas nicht?

»Die Regierung weiß das sehr gut, aber es liegt in ihrem Vortheil, die Sache scheinbar zu ignoriren. Denken Sie nur, welche ungeheure Summen dem Staate jährlich auf diese Weise erspart werden.«

Neuntes Kapitel.

Die Schule der Weisheit.

(Fortsetzung.)

„Mirza-Schaffy! — hub ich an, als wir wieder versammelt saßen im Divan der Weisheit — was wirst Du sagen, wenn ich Dir erzähle, daß die Weisen des Abendlandes Euch für eben so dumm halten, als Ihr sie!"

»Was kann ich thun, als staunen ob ihrer Thorheit! — entgegnete er — Was kann ich Neues lernen aus ihrem Urtheil, wenn sie mein eigenes wiederholen?«

Er ließ sich einen frischen Tschibuq bringen, dampfte eine Weile nachdenkend vor sich hin, bat uns, das Kalemdan (das Schreibzeug) zu bereiten, und dann begann er zu singen:

> Soll ich lachen, soll ich klagen,
> Daß die Menschen meist so dumm sind,
> Stets nur Fremdes wiedersagen,
> Und in Selbstgedachtem stumm sind!
>
> Nein, den Schöpfer will ich preisen,
> Daß die Welt so voll von Thoren!
> Denn sonst ginge ja der Weisen
> Klugheit unbemerkt verloren!

»Mirza-Schaffy! — unterbrach ich ihn wieder — wäre es nicht ein kluges Beginnen, Deine Sprüche der

Weisheit in das Gewand des Abendlandes zu kleiden, auf daß sie uns werden ein Spiegel für die Thoren, eine Richtschnur für die Irrenden, und eine Quelle hohen Genusses für unsere Weiber und Jungfrauen, deren Anmuth groß ist wie ihr Hang zur Weisheit!«

»Die Frauen sind überall klug, — entgegnete mein ehrwürdiger Lehrer — und ihre Macht ist größer als die Thoren wähnen. Ihre Augen sind der Ursitz aller wahren Andacht und Weisheit, und wer aus ihnen schöpft, der braucht nicht auf den Tod zu warten, um einzugehen in die Freuden des Paradieses. Der kleinste Weiberfinger stößt das größte Gebäude des Glaubens um, und das jüngste Mädchen macht die ältesten Satzungen der Kirche zu Schanden!«

»Aber Du hast mir noch nicht Antwort gegeben auf meine Frage, o Mirza!«

»Du sprachest weise. Die Saat meiner Worte hat Keime gewonnen in Deinem Geiste. Schreib', ich werde singen!«

Und nun sang er mir eine Menge wundersamer Lieder vor, von welchen ich einen Theil hier in deutschem Gewande folgen lasse.

Das Glaubensbekenntniß des Mirza-Schaffy.

Mein Lehrer ist Hafis, mein Bethaus ist die Schenke,
Ich liebe gute Menschen und stärkende Getränke,
Drum bin ich wohlgelitten in den Kreisen
Der Zecher, und sie nennen mich den Weisen.
Komm' ich — da kommt der Weise! sagen sie;
Geh' ich — schon geht der Weise! klagen sie;
Fehl' ich — wo steckt der Weise? fragen sie;
Bleib' ich — in lust'ger Weise schlagen sie
Laut Glas an Glas. Drum bitt' ich Gott den Herrn,
Daß er stets Herz und Fuß die rechten Pfade lenke,
Weitab von der Moschee und allen Bonzen fern
Mein Herz zur Liebe führe und meinen Fuß zur Schenke,

Daß ich dem Wahn der Menschen und ihrer Dummheit ferne,
Das Räthsel meines Daseins im Becher Weins ergründe,
Am Wuchse der Geliebten das All umfassen lerne,
An ihrer Augen Glut zur Andacht mich entzünde.
O wonniges Empfinden! o Andacht ohne Namen!
Wenn Kolchis Feuerwein mir Mark und Blut durchdrungen,
Ich die Geliebte halte und sie hält mich umschlungen,
Beseligt und beseligend — so möcht' ich sterben! Amen.

* * *

Mirza-Schaffy giebt sein Urtheil über den Schach von Persien.

Ein Schriftgelehrter kam zu mir und sprach:
„Mirza-Schaffy, was denkst Du von dem Schach?
Ist ihm die Weisheit wirklich angeboren,
Und ist sein Blick so groß wie seine Ohren?"

— Er ist so weise, wie sie Alle sind,
Die Träger des Talars und der Kaputze;
Er weiß, wie ehrfurchtsdumm das Volk und blind,
Und diese Dummheit macht er sich zu Nutze! —

* * *

Mirza-Schaffy rühmt die Anmuth Zuléikha's.

Seh' ich Deine zarten Füßchen an,
So begreif' ich nicht, Du süßes Mädchen,
Wie sie so viel Schönheit tragen können!

Seh' ich Deine kleinen Händchen an,
So begreif' ich nicht, Du süßes Mädchen,
Wie sie solche Wunden schlagen können!

Seh' ich Deine rosgen Lippen an,
So begreif' ich nicht, Du süßes Mädchen,
Wie sie einen Kuß versagen können!

Seh' ich Deine klugen Augen an,
So begreif' ich nicht, Du süßes Mädchen,
Wie sie nach mehr Liebe fragen können

Als ich fühle. — Sieh mich gnädig an!
Wärmer als mein Herz, Du süßes Mädchen,
Wird kein Menschenherz Dir schlagen können!

Hör' dies wonnevolle Liebchen an!
Schöner als mein Mund, Du süßes Mädchen,
Wird kein Mund Dir Liebe klagen können!

* * *

Mirza-Schaffy feiert einen Gedächtnißtag.

Jenem Tage zum Gedächtniß
Sei ein langer Trunk gemacht,
Wo vom Bethaus in die Schenke
Ich den ersten Sprung gemacht!

War verdummt in blinder Demuth,
War gealtert wie ein Greis —
Aber Wein, Gesang und Liebe
Hat mich wieder jung gemacht!

Trink, Mirza-Schaffy! berausche
Dich in Liebe, Sang und Wein!
Nur im Rausch sind Deine Lieder
So voll Glut und Schwung gemacht.

* * *

Mirza-Schaffy wird gläubig aus Liebe.

Kind, was thust Du so erschrocken,
Was hebt schüchtern sich Dein Fuß?
Faß' ich tändelnd Deine Locken,
Naht mein Mund sich Dir zum Kuß —
    Was ich biete, was ich suche,
    Laß Dich's, Mädchen, nicht betrüben:
    Denn so steht's im Schicksalsbuche
    Mir urzeitlich vorgeschrieben!

Ja, voll hohem Glauben bin ich,
Glaub' an Allah und Koran!
Glaube, daß ich Dich herzinnig
Lieben muß und lieben kann!
    Andern ward ihr Loos zum Fluche —
    Mir zum Segen und zum Lieben:
    Denn so steht's im Schicksalsbuche
    Mir urzeitlich vorgeschrieben!

Beut die Liebe Dir Bedrängniß?
Scheuche lächelnd Angst und Pein!
Denn erfüllt muß das Verhängniß
Meines stolzen Herzens sein!
    Ob ich sinne, ob ich suche,
    Keine Andre kann ich lieben:
    Denn so steht's im Schicksalsbuche
    Mir urzeitlich vorgeschrieben.

Hoffst Du einst dort auf Belohnung
Nach vollbrachter Erdenbahn,
Nimm Dich selbst auch hier voll Schonung
Meines armen Herzens an!
    Keines Andern Minne suche!
    Füge, zwing Dich, mich zu lieben:
    Denn so steht's im Schicksalsbuche
    Dir urzeitlich vorgeschrieben!

Nimm dies duft'ge Lied und lies es,
Lausche seinem Zauberton —
Es verheißt des Paradieses
Seligkeit auf Erden schon!
 Andres Glück dort oben suche,
 Doch hienieden laß uns lieben:
 Denn so steht's im Schicksalsbuche
 Uns urzeitlich vorgeschrieben!

Wie vom Hauch des Morgenwindes
Sich der Kelch der Rose regt,
Sei das Herz des lieben Kindes
Von des Liedes Hauch bewegt!
 Sie gewähre, was ich suche,
 Was mich toll zu ihr getrieben:
 Denn so steht's im Schicksalsbuche
 Ihr urzeitlich vorgeschrieben!

  * *

Mirza-Schaffy rühmt sein eigenes Glück.

Ich Glücklichster der Glücklichen! Derweil
Die Welt sich um sich selbst in Dummheit dreht,
Und Jeglicher auf seine Art dem Heil,
Das offenbar liegt, aus dem Wege geht;
Derweil der Mönch den eignen Leib kasteit,
Und wähnt, daß ihn der Himmel einst entschädigt
Für die auf Erden wundgerieb'nen Knie —
Derweil der Pfaff vom Jenseits prophezeit,
In frommer Wuth den Leuten Dinge predigt,
Von denen er so wenig weiß wie sie:
Knie' ich zu meines Mädchens Füßen nieder,
Und schreibe meine wonnevollen Lieder
Aus ihren Augen ab. Es perlt der Wein
Zuneben mir im funkelnden Pokale;
Ich schlürfe ihn in vollen Zügen ein,
Und denk': es ist in diesem Erdenthale
Bei Lieb' und Wein ein paradiesisch Sein!

  * *

»Mirza-Schaffy! — sagte ich, als der Weise einen Augenblick innehielt, um ein Glas Wein zu trinken und einen frischen Tschibuq anzurauchen, — die Herzen der Jungfrauen werden hochaufschlagen durch die süße Gewalt Deiner Lieder, aber die Weisen unseres Volks werden sprechen in ihrer Eifersucht: es fehle Dir an Mannigfaltigkeit der Anschauungen und Gedanken. Hast Du nicht auch Lieder über andere Dinge geschrieben, als über Wein, Liebe und Rosen?«

Ohne mich gleich einer Antwort zu würdigen, oder auch nur aufzublicken, blies der Mirza eine Weile dicke Dampfwolken vor sich hin, schlürfte ruhig noch ein paar Gläser Wein herunter, und dann hub er folgendes Lied an zu singen:

> Euch mißfällt mein Dichten, weil ich
>   Immer nur das Eine singe?
> Nur von Rosen, Lenz und Liebe,
>   Nachtigall und Weine singe?
>
> Was ist schöner: daß der Sänger
>   Irrlicht, Nacht und Lampe preist —
> Oder daß er von der Einen
>   Sonne ew'gem Scheine singe?
>
> Und wie eine Sonne gieß' ich
>   Meine Liederstrahlen aus,
> Weil ich immer nur das Schöne,
>   Niemals das Gemeine singe.
>
> Mögen andre Lieder rühmen
>   Kampf, Moschee und Fürstenglanz —
> Nur von Rosen, Wein und Liebe
>   Sollen immer meine singen!
>
> O, Mirza-Schaffy! wie lieblich
>   Duftet's aus den Versen her!
> Denn so schön wie Deine Lieder
>   Kann ein Andrer keine singen!

Zehntes Kapitel.

Die Schule der Weisheit.

(Fortsetzung.)

Unter den vielen Schriftgelehrten des Landes, deren Bekanntschaft ich machte während der Zeit, daß Mirza-Schaffy mich in der Weisheit unterrichtete, war der Hervorragendste durch Rang und Wissen: Abbas-Kuli-Chan, ein Sprößling des alten Herrscherhauses von Baku.

Er unterschied sich wesentlich von den Ulémas seines Stammes durch eine größere Kenntniß der Sitten, Gebräuche und Zustände des Abendlandes, sowie durch eine gewisse Hinneigung zum Russenthume.

Er hatte sich durch längeren Aufenthalt in Petersburg und Moskau die russische Sprache vollkommen angeeignet, war bei Hofe wohlgelitten und bekleidete sogar Obersten-Rang in der russischen Armee.

Bei den Ulémas stand er in großem Ansehen durch seine tiefe Kenntniß morgenländischer Sprachen, seine kunstvollen Gedichte und eine lange, mit viel Sachkenntniß, aber ohne Kritik geschriebene Geschichte der Völker des Daghestan, während das gemeine Volk ihn aus angestammter Treue für das hohe Herrscherhaus von Baku verehrte.

Abbas-Kuli-Chan war eine jener begabten Zwitternaturen, welche, ohne Vertrauen einzuflößen, doch überall zu imponiren wissen, weil sie als erste Klugheitsregel den Satz festhalten: es mit Niemandem zu verderben.

So geschah es denn, daß selbst Mirza-Schaffy, bestochen durch die großen Lobeserhebungen, welche der Chan von Baku ihm machte, als er uns einmal im Divan der Weisheit überraschte, ihn für einen großen Weisen erklärte.

Das in überschwenglicher Fülle gegenseitig gespendete Lob versetzte Beide in sehr heitere Laune. Der Eine wies dem Andern aus dem Koran, aus Sadi, Hafis und Fisuli nach, daß er der wandelnde Inbegriff aller Weisheit auf Erden sei.

Es fand zwischen Beiden ein förmlicher Wettgesang von fremden und eigenen Liedern Statt, denn jede Schmeichelei wurde mit einem gesungenen Citat belegt. Leider floß aber die Unterhaltung zu schnell, als daß. ich etwas Zusammenhängendes daraus hätte nachschreiben können.

Um jedoch die lange Sitzung nicht ganz ohne Gewinn für mich vorüber gehen zu lassen, ersuchte ich den Chan, mir eines seiner kunstvollen Lieder aufzuschreiben zur Erinnerung. Er nickte mir zu mit dem Blick der Gewährung und versprach mir, das schönste Lied zu schreiben, das je eines Menschen Mund gesungen: ein Lied zum Preise seiner Fatima beim Saitenspiel.

Während Mirza-Schaffy den Blick des Zweifels erhob beim Anhören des Selbstlobes, welches der Chan sich spendete, nahm dieser den Kalem (die Rohrfeder) und schrieb, was folgt:

Fatima beim Saitenspiel.

Deine Finger rühren die Saiten
Und die Saiten mein Herz,
Dich gerührt zu begleiten
Erdenab, himmelwärts.

Auf bringt es,
Dich umschwingt es,
Sich um Dein Herz zu ranken —
Dich preist es,
Dich umkreist es
In lusttrunkenem Schwanken,
Du Gedanke meines Geistes!
Geist meiner Gedanken!
Wirr, geblendet da steh' ich
Vor Dir, Deinem Glanze —
Und es ist mir, als seh' ich
Das Weltall, das ganze,
Als ob's uns umtanze
In trunkener Weise,
Rund um uns im Kreise;
Ich taumle um Dich her,
Und das Weltall um mich her —
So Erde und Himmel
In buntem Gewimmel
Durch den Klang Deiner Kehle
Umtaumeln uns beide —
Du Freude meiner Seele,
Du Seele meiner Freude!

Mirza-Schaffy pries laut die Schönheit des Liedes und sagte, es müsse dem Dichter eine Pauke erhabenen Ruhmes dafür geschlagen werden.

Abbas-Kuli-Chan aber stand auf, um sich zu entfernen, mit dem Versprechen, mich am folgenden Tage wieder zu besuchen und mir eine von ihm verfaßte persische Grammatik mitzubringen.

Der gelehrte Chan war nur auf wenige Wochen nach Tiflis gekommen, um eine russische Uebersetzung seiner in persischer Sprache geschriebenen Geschichte des Daghestan zu veranstalten. Das Werk ist vor neunzehn Jahren (1846) gedruckt erschienen und liefert ein reiches, aber ungesichtetes Material zur Kenntniß der Länder am Kaspischen Meere.

* * *

Kaum hatte Abbas-Kuli-Chan das Zimmer verlassen, als Mirza-Schaffy nach der auf dem Tische stehenden Flasche griff und hastig einen Becher Wein herunterstürzte.

»Warum trankest Du nicht in Gegenwart des Chanes, o Mirza?« fragte ich.

— Weil er zu den Frommen gehört und keinen Wein trinkt, wenigstens nicht vor den Leuten. —

»Wie kann Dich's vom Trinken abhalten, daß er zu den Frommen gehört?«

— Er ist älter und mächtiger als ich; durch mein Trinken hätte ich ihn beleidigt, und ich mußte ihn ehren, da er Dein Gast war. Wie sprach Saal zum Helden Rustem, seinem Sohne? »Schätze keinen Feind, er sei, wer er wolle, zu geringe oder ohnmächtig; man hat wohl eher gesehen, daß ein Strom, der aus einer kleinen Quelle entsprungen, sich weiter ergossen und ein mit Lasten beladenes Kameel davon geführt.« *) —

»Hattest Du weiter keinen Grund der Enthaltsamkeit, o Mirza?«

— Wozu die Frage? — sagte er, sich wieder einschenkend — komm' und trink' mit mir!

Der beste Grund ist
Der goldne Grund des Bechers!
Der beste Mund ist
Der kluge Mund des Zechers! —

*) Sadi: Gjülistan.

»Du redest weise, — entgegnete ich — und ich werde mit Dir trinken und singen, wie immer; aber noch eine Frage mußt Du mir zuvor beantworten. Du rühmst täglich in Deinen Liedern die Tugenden des Weines, und ich glaube daran (es ist mein Schicksal!); aber wie geht es zu, daß die Georgier und die Russen, welche hier zu Lande mehr Wein trinken, als die Kameele Wasser, doch nicht weiser werden davon?«

— Die Russen sind nicht so ganz dumm, sonst würd' es ihnen nicht gelungen sein, alle anderen Völker zu peinigen mit den Fäusten der Gewalt; und die Georgier . . . doch schreib', ich werde Dir singen! —

Aus dem Feuerquell des Weines,
Aus dem Zaubergrund des Bechers
Sprudelt Gift und süße Labung,
Sprudelt Schönes und — Gemeines:
Nach dem eig'nen Werth des Zechers,
Nach des Trinkenden Begabung!

In Gemeinheit tief versunken
Liegt der Thor vom Rausch bemeistert;
Wenn er trinkt — wird er betrunken,
Trinken wir — sind wir begeistert!
Sprühen hohe Witzesfunken,
Reden wie mit Engelzungen,
Und von Glut sind wir durchdrungen,
Und von Schönheit sind wir trunken!

Denn es gleicht der Wein dem Regen,
Der im Schmutze selbst zu Schmutz wird —
Doch auf gutem Acker Segen
Bringt und Jedermann zu Nutz' wird!

* * *

Hat nicht schon Sadi gesungen: »Der Regen, ob er sich auch in seiner Natur niemals ändert, wird im Garten Anemonen und allerhand schöne Blumen, in salzigen und unfruchtbaren Orten aber nur Disteln hervorbringen!«

Eilftes Kapitel.

Wanderungen, Fernsichten und Wunder.

Meine Wohnung lag am Fuße des heiligen Davidsberges, der auf einem steilen Vorsprunge in der Mitte seiner Höhe eine uralte Kirche trägt, deren Schutzheiliger dem Berge seinen Namen gegeben.

Seit Alters ist die Kirche des heiligen David berühmt durch ihre wunderthätigen Kräfte.

Welcher Frau oder Jungfrau es gelingt, bei dreimaligem Umwandeln der Kirche jedesmal einen Stein an die äußere Mauer zu kleben, solchergestalt, daß der Stein hängen bleibt, ohne befestigt zu sein durch Kitt oder Mörtel: der wird jeglicher Wunsch erfüllt, den sie auf dem Herzen trägt, wenn ihre Gedanken nicht befleckt sind durch sündliches Begehren.

So aber eine Jungfrau ist, die für einen Mann glüht in reiner Minne, oder eine Frau, so da trachtet nach Leibesfrucht, deren Gebete werden erhört, wenn der heilige David nicht besondere Ursache hat, sie den Ohren des Allmächtigen vorzuenthalten.

So erzählt die Legende von vielen Jungfrauen, die geglaubt an die wunderthätigen Kräfte der Kirche und wirklich einen Mann gefunden haben, und von Frauen, die gesegnet wurden mit Leibesfrucht.

Besonders am Donnerstage, dem Geburts- oder Sterbetage des großen Heiligen, äußert sich sein wunderbares Walten am wunderbarsten.

Denn an diesem Tage finden sich im Umkreise des Tempels eine Menge Steine, die alle kleben bleiben an den äußern Mauern, ohne befestigt zu werden durch Kitt oder Mörtel.

Damit aber diese Steine nicht in ungeweihte Hände fallen, werden sie sorgfältig aufgesammelt von den Dienern der Kirche und den Gläubigen verabreicht gegen ein Entgeld, welches klein erscheint im Verhältniß zu dem großen Segen des heiligen David.

Darum wallfahrten alldonnerstäglich die Frauen und Jungfrauen von Tiflis im festlichen Gewande zum heiligen Davidsberg; und wer die schlanken Töchter Georgia's, die Blüthe der Schönheit, hier in solcher Fülle versammelt sieht, und nicht an Wunder glaubt auf Erden, dem wäre besser, daß eine alte Negerin gehängt werde an seinen Hals, und er hinunterrolle in das Thal Didubeh, wo es am tiefsten ist!

Selbst Mirza-Schaffy, der unchristliche Weise von Gjändsha, pries die Wunderkraft des heiligen David, der noch im Tode so viele anmuthige Weiber in Bewegung setzt zu lebendigstem Streben!

»Wo in aller Welt — rief der Mirza oft begeistert aus, wenn wir, die Pfeife der Betrachtung rauchend, auf dem Balkon oder dem Dache des Hauses saßen und die frommen Pilgerinnen an uns vorüberziehen sahen mit dem Blick des Wohlgefallens — wo in aller Welt erspäht das Auge solche Fülle der lieblichsten Waden? und wo wandelt die Schönheit nackten Fußes wie hier?«

Es ist nämlich ein alter, frommer Brauch, — welcher besonders von den Inhaberinnen schöner Füße mit großer

Gewissenhaftigkeit aufrecht erhalten wird — daß die Beterinnen vor Beginn der Wallfahrt Schuhe und Strümpfe abthun, und barfuß hinaufklimmen zur Kirche des heiligen David.

Gar lieblich kontrastiren die kleinen Füßchen — gleichviel ob nackt oder strumpfbekleidet — mit den weiten, faltenreichen, roth- oder blauseidenen Pantalons, welche unter einem elegantgeformten, am Busen zwiefach rund ausgeschnittenen Sarafan, von meist schwerem Stoffe, hervorquillen. Den Kopf ziert ein kronenähnlicher Schmuck, von welchem nach hinten ein weißer Schleier über das lange, flechtengeschlungene Haar herabflattert.

Die meisten Georgierinnen aus dem Volke tragen noch die Tschadra, einen schneeweißen, den ganzen Körper verhüllenden Ueberwurf, welchen die Schönen aber so geschickt zu halten wissen, daß sich die ganze Gestalt darin abzeichnet.

Während der Wallfahrtszeit schlingt sich der Weg, welcher zur Kapelle führt, wirklich wie ein Gürtel der Schönheit um den Leib des Berges.

Und wenn das Auge, noch trunken vom Anblick des üppigen Gliederbaues der schlanken Töchter von Tiflis, hinabschweift in das wellenförmige Thal, so eröffnet sich weder eine Aussicht, die den lieblichsten auf Erden vergleichbar.

Uns zu Füßen liegt die Stadt mit ihren Palästen, Kuppeln, Thürmen und halb unterirdischen Sakli's (Erdhütten), durchschlungen von schattenreichen Gärten, wo alle bei uns heimischen Obstarten, sowie der Pfirsich, die Feige, die Granate, der Lotus, die Maulbeere, Rebe, Quitte und Mispel in üppiger Fülle gedeihen. In weiter Ferne verliert sich der die Stadt durchströmende Kyros (Kur) auf seinem Schlangenlaufe hinter grün bekleidetem Hügelland, und hoch über uns wölbt sich der tiefblaue Himmel Georgiens. . . .

Wir steigen hinab vom Davidsberge, betrachten aufmerksam die zu seinen Füßen terrassenförmig übereinander gebauten Sakli's, kleine, unansehnliche, aus rohen Steinen aufgeworfene Häuser ohne Fenster und jegliche äußere noch innere Verzierung, und verwundert fragen wir: sind dieses die Muscheln, worin Georgia seine Perlen der Schönheit birgt?

Das Licht fällt in diese Sakli's von oben durch eine Oeffnung des platten Daches, welche zugleich als Schornstein dient, und bei schlechtem Wetter, wenn die Oeffnung geschlossen werden muß, herrscht im Innern nächtliche Dämmerung.

Nachdem wir mühsam einige Sakli's überstiegen, angebellt von ungethümen Hunden, und unter steter Gefahr, bei einem Fehltritte irgend einer georgischen Familie uneingeladen von oben in's Haus zu fallen, gelangen wir in eine, nichts weniger als reinliche Gasse, die uns wiederum auf einen freien Platz führt, wo das Gymnasium von Tiflis vor uns aufsteigt und uns daran erinnert, daß unter den Troglodyten des Landes auch Europäer hausen.

Dieses kolossale, ganz im modernen Kasernengeschmack errichtete Gebäude, wo die Söhne des Gebirges zu treuen Unterthanen des rechtgläubigen Kaisers herangebildet werden, beherrscht von seiner Höhe herab den mehrere Klafter tiefer sich eröffnenden Alexanderplatz, den die vorüberführende, hügelig abfallende Straße fast eben so hoch umsäumt, als die den Hintergrund und die Flügel des Platzes bildenden Häuser. Die hervorragendsten Gebäude an diesem, durch seine tiefe Lage allseitig scharf abgegrenzten weiten Platze, sind die Wohnung des Vice-Gouverneurs im Hintergrunde und der Sitz des Generalstabs in der linken Häuserreihe.

Die oben bezeichnete, den tiefgelegenen Alexanderplatz von dem hochgelegenen Gymnasiumsplatze stufenartig scheidende Straße ist als die Hauptstraße von Tiflis zu betrachten. Links nach dem Thore zu, durch welches man — von Gori kommend — seinen Einzug hält, eröffnet sie die Aussicht auf die schönsten, gallerieumwundenen Häuser von Tiflis. Rechts führt sie uns in das Innere der Stadt. Hier zieht, in geringer Entfernung von dem schräg gegenüberliegenden Gymnasium zur Linken die altersgraue Zionskirche unsere Aufmerksamkeit auf sich, und uns zur Rechten liegt der sich nach hinten terrassenförmig abstufende, prachtvolle Palast der Statthalter vom Kaukasus, mit seinem herrlichen, von asiatischer Ueppigkeit strotzenden, aber von europäischer Hand geregelten Garten. Dieser Palast wurde erbaut auf den Trümmern der alten, von Rostom gegründeten Burg der georgischen Könige.

Wir gehen ein paar Schritte weiter und gelangen auf den Eriwan'schen Platz, den eigentlichen Mittelpunkt der vornehmen Welt von Tiflis. Hier reichen sich Europa und Asien die Hand.

Gegenüber den großen, ganz modernen Kronsgebäuden der Russen ziehen sich die wohnlichen, plattabgedachten, gallerieumwundenen Häuser der Armenier hin, welche gleichsam den Uebergang zu den rohen, halb unterirdischen Sakli's der Georgier, Perser und Tataren bilden.

Neben der Tschadra-verhüllten Georgierin wandelt die russische Beamtenfrau; neben dem wilden Kurden vom Ararat reitet der donische Kosak; zur Seite der moskowitischen Grauröcke drängen sich die zerlumpten Muschat (Lastträger) aus Imerethi, Ossethi und Lesghistan.

Wir überschreiten den Markt und winden uns durch die langen, krummen, ungepflasterten Straßen, wo die Schwertfeger, die Gewehrmacher, die Schmiede, die Schneider — kurz, die Vertreter aller Gewerbe ihre Thätigkeit in offenen Werkstätten entfalten, d. h. in Werkstätten, welche zugleich Magazine bilden, und — ähnlich unseren deutschen Meßbuden — nach der Straße zu offen stehen. Hier kauft man um ein Billiges die berühmten kaukasischen Dolche (Kinshal's), Degen (Schaschka's), Pulverhörner, Gürtel, Tuche, Tscherkesken und Schabracken.

Diese immer belebten Straßen führen uns zu dem armenischen Bazar, und von dort über den geräuschvollsten Markt von Tiflis zu dem hohen umfangreichen Karawanserai, welches mit seinen vielen Zellen, Magazinen, Gallerien und Gewölben eine kleine Stadt für sich bildet, und zu den prachtvollsten Gebäuden dieser Art im Orient gehört. Hier liegen die kostbarsten Erzeugnisse des Morgenlandes: Shawls, Seidenstoffe, Teppiche u. s. w. aufgehäuft, und es herrscht in diesen weiten Räumen vom Morgen bis zum Abend ein Menschengewühl, ein Sprachengewirr, eine Mannigfaltigkeit der Physiognomien und Trachten, wie man selbst zur Meßzeit in den lebhaftesten Städten Deutschlands nichts Aehnliches sieht.

Unter den Männern finden wir eine Menge hochgewachsene, kräftige, schöne Gestalten, während die georgischen und armenischen Frauen, denen wir im Bazar und dem Karawanserai begegnen, ihrer Mehrzahl nach einen häßlichen Gegensatz bilden zu den schönen Pilgerinnen, welche wir auf der Wallfahrt zum heiligen Davidsberge kennen gelernt haben. Denn auf den Märkten und Bazars lassen sich meistens nur alte Frauen sehen, (in Tiflis gilt eine Frau schon für alt, wenn sie das dreißigste Lebensjahr überschritten), und so sehr die Georgierinnen in ihrer Jugend anmuthig erscheinen und hohen Preises werth, so abschreckend ist ihre Häßlichkeit im Alter.

Und diese schnelle Umwandlung wird hier nicht ausgeglichen durch jene aus höherer Bildung entspringenden Eigenschaften, welche bei uns auch häßliche und alte Frauen oft so liebenswürdig und angenehm im Umgange machen.

Ueberhaupt gehört eine solche Häßlichkeit, wie man sie gewöhnlich bei den älteren Georgierinnen findet, bei uns zu den seltensten Ausnahmen . . .

Wir verlassen das große Karawanserai, wenden, behutsam einer Karawane waarenbepackter Kameele ausweichend, unsere Schritte der Brücke zu, welche die beiden, durch den Kyros getrennten Stadthälften verbindet, und indem wir auf »den Sand« gelangen (so heißt ein Viertel der Neustadt Awlabar), befinden wir uns mitten unter einer — deutschen Bevölkerung!

Hier wohnen die eingewanderten Schwaben, hier ist die deutsche Kolonie von Tiflis, durch den Kyros getrennt von der übrigen Stadt.

Aus dem Gewühl des armenischen Bazars und des persischen Karawanserai, aus den Speichern der Schätze des Orients, belebt von Menschen mit feinen, sonnverbrannten Gesichtern und langen, faltenreichen Gewändern, und umlagert von lasttragenden Kameelen und Dromedaren, — sind wir urplötzlich in eine neue Welt versetzt und sehen vor uns ein rechtschaffen Stück Schwabenleben, mit allem Zubehör von Sprache, Behausung, Stummelpfeife und bloßen Hemdsärmeln.

Bei diesen breitschultrigen, faustkräftigen Argonauten des Neckars, die durch den Hellespont geschwommen, durch den Bosporus und das Schwarze Meer, die am Phasis gelandet und die Wälder von Kolchis durchzogen, um hier an den fruchtreichen Ufern des Kyros zu leben in Weingärten und Gottesfurcht, lassen wir uns nieder auf ein Stündchen, zu kurzer Erholung nach der langen Wanderung des Tages.

Hier zur Rechten in dem kleinen, wunderlich aufgestülpten Hause, dessen Dach eine etwas stärkere Hinneigung zur Erde verräth, als der Baumeister ursprünglich beabsichtigte, wohnt der ehrliche Salzmann, der Sandwirth von Tiflis.

Tretet ein, aber bückt Euch ein wenig, um den Kopf nicht an der niedrigen Thüröffnung zu zerschlagen.

Rechts ist das Billardzimmer; dort wird gespielt und gelärmt von russischen Offizieren; aber hier zur Linken ist ein

kleines, ruhiges, blauangestrichenes Gemach, das Herr Salz=
mann allezeit für seine deutschen Landsleute bereitet hält, und
das allen russischen und asiatischen Fußtritten unzugänglich
bleibt. Dorthin wenden wir uns.

Ein kleiner, steifer Bursche, der allem Anderen eher
ähnlich sieht, als einem »garçon d'hôtel,« tritt uns
entgegen.

»Grüß Gott, alter Bursche! Was macht Herr Salz=
mann?«

— Ischt ni daheim! —

»So ruf' die Frau Salzmann her, und bring' uns
Wein, Kachetiner Abendröthe!«

Das war der Name, den wir dem blutrothen Weine von
Kachetos in feierlicher Taufe gegeben, weil uns bei seinem
Anblick immer ein heiliger Schauer überkam, wie beim Anblick
der untergehenden Sonne . . .

Frau Salzmann, die kindergesegnete Gattin des Gast=
wirthes, erscheint, wischt sich nach wirthschaftlichem Brauch
erst in der weißen Schürze die küchenbeschäftigte Hand ab,
und reicht sie uns darauf zu freundlichem Willkommen.

Frau Salzmann besitzt unter andern trefflichen Eigen=
schaften auch die: den besten deutschen Eierkuchen in Tiflis zu
backen. Sie hat dadurch nicht blos in der Nachbarschaft,
sondern bei allen deutschen Kaukasus=Reisenden eine gewisse
Berühmtheit erlangt. In jedem Reisewerk wird ihrer Erwäh=
nung gethan. Sie weiß das und hält darauf, daß die Eier=
kuchen immer hübsch locker gerathen, damit ihr guter Leumund
nicht zu Schanden werde vor den Augen der Welt.

In dem blauen Zimmer steht ein blaugedeckter Tisch;
dort halten wir unsere Tafelrunde. Dem billigen Kachetiner
folgt der theure Champagner; denn es gehört einmal zur
europäischen Sitte in Tiflis, das Mahl durch Champagner
zu beschließen, und dieser Sitte muß sich hier Jedermann

fügen, der für anständig gelten will, wie bei uns der Sitte des Fracktragens und der weißen und gelben Glacéhandschuhe.

Welcher deutsche Reisende, der in Tiflis gewesen, hätte nicht bei Salzmann auf dem Sande an der Tafelrunde gesessen, und sich so begeistert am Kachetiner und Champagner, daß ihm beim Nachhausegehen in der mondhellen Nacht der ganze Himmel vorgekommen wie ein riesiges Tischlaken, und der Mond wie ein leuchtender Eierkuchen, und die Sterne wie funkelnde Gläser!

So erging es auch uns an jenem Abend, als wir, nach begeisternder Erholung von unserer Wallfahrt zum Davidsberge, den »Sand« verließen, um in's Innere der Stadt zurückzukehren.

Kein Wölkchen trübte den lichtblauen Himmel, aber es lag in der Luft eine Wärme, als ob der fast sonnenhelle Mond Georgiens auch das Feuer der Sonne hätte.

Die Straßen waren beinahe ganz menschenleer, der Bazar und alle Werkstätten geschlossen. Nur hin und wieder taumelte ein betrunkener Soldat, schwebte eine tief in die blendendweiße Tschadra verhüllte Georgierin an uns vorüber.

Wir ließen die Straße links liegen, welche zu den kuppelbedeckten, heißen Schwefelbädern führt, denen Tiflis sein Entstehen und seinen Namen verdankt, und wandten uns in kürzester Richtung dem Eriwan'schen Platze zu.

Hier und da waren die Dächer von luftigen, weiblichen Gestalten belebt, die vom Mondschein umflossen, in ihren malerischen Gewändern einen feenhaften Anblick gewährten.

Balalaikatöne erschollen durch die Nacht, abwechselnd mit dem Rundgesange georgischer Schönen.

Doch wir durften nicht lange weilen bei den lieblichen Bildern, denn wo immer wir stehen blieben und die Mädchen uns bemerkten, da verschwanden sie schnell vor unseren spähenden Blicken.

Aber einmal mußte ich stehen bleiben und lauschen, ich konnte nicht fort, es fesselte meine Füße gewaltsam. Der Klang einer Männerstimme traf mein Ohr, und die Töne schienen mir so vertraut ... ich erkannte die Stimme — ich erkannte das Lied — ich erkannte Dich, Mirza-Schaffy, o Weiser von Gjändsha!

Noch sehe ich die gelben Koschi (Pantoffeln), die rothen Nepkawi (Pantalons), den sammtnen Kaftan und den durchsichtigen Schleier Deiner Schönen, als sie schüchtern auf dem Dache des grauen Häuschens stand und Deinen flehenden Tönen lauschte.

Du glaubtest Dich versteckt und unbemerkt im Schatten des Hauses in der einsamen Gasse. Aber nimmer vergesse ich Dein Bild, o Weiser! wie Du die Hände bald an's Herz preßtest, und bald halbmondförmig an die Ohren hieltest, gleichwie zum Gebete vor dem holdseligen Wesen über Dir!

Wo blieb Zuléikha, und wo Deine Treue für sie?

Es waren der Wunder noch nicht genug für den schönen Abend.

Als ich mich auf dem Eriwan'schen Platze trennen wollte von meinen Begleitern, bat mich einer derselben, ihm noch auf ein Stündchen in seiner neuen Wohnung Gesellschaft zu leisten.

»Ich habe die Wohnung genommen — sagte er vertraulich — weil gerade gegenüber die Fürstin O...., ein wunderliebliches Wesen wohnt, ein Meisterstückchen der Schöpfung! Schon seit drei Monaten folge ich ihr regelmäßig auf all' ihren Wallfahrten zum heiligen Davidsberge. Die landesungewöhnliche Beständigkeit meiner Neigung scheint ihr Herz gerührt zu haben, denn sie hat vor mir schon einen großen Theil ihrer georgischen Schüchternheit abgestreift. Sie zeigt sich mir unverschleiert auf dem Dache, empfängt Blumensträuße, die ich ihr Abends heimlich zuwerfe, und scheint zwei ihrer Freundinnen in ihr Geheimniß eingeweiht zu haben, denn alle drei sitzen oft Stundenlang oben im traulichen Gespräche, ohne sich durch meine bei offenem Fenster angestellten Betrachtungen verscheuchen zu lassen."

Das Glück folgte unsern Schritten, denn die junge Fürstin saß wirklich noch auf dem Dache mit ihren beiden Freundinnen, als wir eintraten in die Wohnung meines Bekannten.

Wir zündeten kein Licht an im Zimmer, um desto besser sehen zu können, ohne gesehen zu werden.

Wie ein Heiligenschimmer umfloß das Mondlicht die drei lieblichen Gestalten, wie sie da saßen mit gekreuzten Beinen. Die zwei Fremden waren in die weiße Tschadra gehüllt, unter welcher die faltenreichen Nepkawi feuerroth hervorquollen. Die junge Fürstin aber trug blauseidene Hosen, hell wie der Abendhimmel im Mondschein, und ein dunkler Sarafan umschlang ihre jugendlichen Glieder.

Ueber eine Stunde hatten wir gesessen, verloren im Anschauen des schönen Bildes vor uns, als plötzlich alle drei Frauen aufsprangen und schäkernd auf dem Dache umherwandelten.

Da — Eine bleibt stehen! sie scheint uns zu bemerken, denn nachdem sie eine Weile spähende Blicke herübergeworfen, wendet sie sich um, wahrscheinlich um ihren Begleiterinnen einen Wink zu geben; aber siehe! fast in demselben Augenblicke ist die junge Fürstin ebenfalls stehen geblieben, nicht um nach uns zu suchen, nein, sie bückt sich, und lüftet ... und tastet ...

Trotz des kleinen Gegenstandes, um den es sich handelt, bin ich in großer Verlegenheit, wie ich die Zeichnung vollenden soll, ohne einerseits den poetischen Anstand, und andererseits die prosaische Wahrheit zu verletzen. Ich bemerke nur, daß mir beim Nachhausegehen unwillkürlich die Verse Göthe's in den Ohren summten:

<blockquote>
Es war einmal ein König,
Der u. s. w.
</blockquote>

Zwölftes Kapitel.

Die Schule der Weisheit.

(Fortsetzung.)

„Mirza-Schaffy! — sprach ich, als wir wieder versammelt saßen im Divan der Weisheit — was sagt Hafis, wo er von der Untreue der Frauen spricht?"

Der Mirza stellte seinen ausgerauchten Tschibuq bei Seite, schlürfte ein Glas Wein herunter und hub an zu singen:

„Wahrlich würd' ich an den Schönen
Gar nichts auszusetzen wissen,
Als daß insgemein die Schönen
Nichts von Treu' und Liebe wissen."

Wenn der Weise einmal in's Singen kam, so war kein Aufhören; kaum hatte er die oben angeführten Verse beendet, als er gleich wieder ein anderes Lied von Hafis anstimmte:

„Seh' ich Dich an, trag' ich die Spur von
Deiner Wangen Wiederschein!
Sieh': die Sonne zittert nur von
Deiner Wangen Wiederschein?"

»Laß das jetzt! — unterbrach ich ihn — ich wünsche, daß Du mich heute über andere Dinge belehrst. Sag' mir, o Mirza! hat Hafis nicht auch von der Untreue der Männer gesungen?«

— Deine Frage ist unweise! Wie sollte Hafis auf den Gedanken kommen, von der Untreue der Männer zu singen? Darüber zu klagen, konnt' er den Frauen überlassen; wer wird sich selber ein Feind sein? —

Er klatschte in die Hände, ließ sich eine frische Pfeife bringen, warf mir einen forschenden Blick zu, den ich mit großer Seelenruhe erwiederte, und also fuhr er fort in seiner Belehrung:

— Wie läßt sich die Untreue des Mannes mit der einer Frau vergleichen? Eine Blume kann man nur Einmal brechen; sie welkt, und ihr Duft ist dahin! Aber der Wind, der die zarte Rose zerknickt, braust an dem starken Baume fast spurlos vorüber. —

»Wehen nicht auch Winde durch's Blumenbeet, bei deren Hauch die Rosen nur frischer blühen, statt zu welken?«

— Du redest weise, o Jünger! Du näherst Dich meinen Gedanken. Sieh', wie der Epheu, das Sinnbild des Weibes, sich lieblich emporrankt an dem starken Lorbeerbaume, ihm und sich selber zum Schmucke! Nimm der Epheuranke den stützenden Baum, — und sie sinkt zur Erde und wird zertreten von den Füßen der Menschen, wenn sich nicht eine andere Stütze ihr bietet, daran sie sich aufrichtet und weiter grünt. —

»Rede ohne Bilder, o Mirza! und laß die Umschweife, damit der Sinn Deiner Worte mir deutlicher werde«

— Was ist eine Rede ohne gute Bilder? Was ist die Tugend ohne gute Werke? —

»Du hast Recht; fahre fort in Deiner Belehrung!«

— Ich will Dir eine Frage vorlegen, um Dich zu prüfen in der Erkenntniß der Wahrheit. Was ist seltener: Dummheit bei den Frauen, oder Weisheit bei den Männern? —

»Ich glaube, das Letztere.«

Der Mirza nickte bejahend, und nachdem er ein frisches Glas getrunken, fragte er weiter:

— Was ist besser: es mit den Klugen zu halten, oder mit den Thoren? —

»Ich glaube, das Erstere.«

— Unsere Wege führen zusammen. Du wirst nunmehr im Stande sein, den Blick der Aufklärung zu werfen in die Geheimnisse der Untreue, wie bei Männern so bei Frauen! Wenn das Herz ganz voll ist von Einer Liebe, wo bleibt da Platz für eine andere? —

»Ich würde Dich bitten, o Mirza, mir ein Beispiel aus Deinem 'eigenen Leben zu geben, wenn Du nicht eine Ausnahme bildetest von der Regel, in Deiner Weisheit.«

Wiederum warf der Weise mir einen forschenden Blick zu, den ich eben so ruhig ertrug wie das Erstemal.

— Wohl bin ich eine Ausnahme! — entgegnete er nach kurzer Pause — denn so wie ich, hat nie ein Mann geliebt! Meine Sonne ist untergegangen, aber die Glut, welche sie in mir zurückgelassen, ist immer noch mehr werth, als das Stroh feuer der gewöhnlichen Menschen. Was sagt Hafis:

„Kauf' mein zertrümmertes Herz, in tausend Stücke zerschlagen
Ist es so viel als tausend der anderen werth!"

Die Frauen wissen das und lieben mich. Einst mußte Eine mir Alle ersetzen — jetzt ersetzen Alle mir die Eine nicht! Aber soll ich, weil der Tag entschwunden, mich der Sterne nicht freuen, welche die Nacht meines Lebens durchschimmern? Soll ich die Frauen hassen, weil sie mich lieben? Ist es meine Schuld, daß die Sprache nur Ein Wort hat für Gefühle so verschiedener Art, wie die Frauen verschieden sind, die sie einflößen! Lange war ich ein Thor und lebte ohne

allen Verkehr mit den Weibern; aber Zuleikha hat nichts
dabei gewonnen und ich habe viel dadurch verloren. —

»Jetzt bist Du weiser, o Mirza?«

Er nickte bejahend und bedeutete mich, das Kalemdan
(Schreibzeug) zu bereiten.

Er sang, und ich schrieb:

„Mirza-Schaffy, leichtsinnig Flatterherz!
Du wechselst Deine Liebe wie die Lieder."

— Es lieben mich die Frauen allerwärts,
Und da, wo ich geliebt bin, lieb' ich wieder! —

*   *   *

Ich konnte dem Drange nicht widerstehen, zu erforschen,
wie der Weise von Gjändsha mit seiner allzeit fertigen Dialektik
die Fragen beantworten würde:

„Worüber so manche Häupter gegrübelt,
Häupter in Hieroglyphenmützen,
Häupter in Turban und schwarzem Barett,
Perückenhäupter und tausend andere
Arme schwitzende Menschenhäupter."
(Heine.)

Aber er fertigte mich kürzer ab, als ich erwartet hatte.

— Es ist eine Thorheit — sagte er — über solche
Dinge die Zeit zu verlieren! Zu groß ist der Sprung vom
Nichts zum Etwas. Hier liegt eine Kluft, welche alle Weis-
heit der Weisen nimmer ausfüllen wird. Solche Grübeleien
haben noch keinen Thoren weiser, wohl aber viele Weisen zu
Thoren gemacht. Was sagt Sadi: »Wenn auch die Wolken
Wasser des Lebens regneten und das Land am fruchtbarsten
machten, würdest Du doch keine Frucht von Weidenbäumen

sammeln!« Scheint uns die Sonne weniger schön, weil wir ihr Wesen nicht zu ergründen vermögen? Duftet die Rose minder lieblich, weil sie in der schmutzigsten Erde am besten gedeiht?

Wahrlich, jenes spielende Kind mit den frischen Wangen ist weiser in seiner Einfalt, als der hohlwangige Hadshi, der augenverdrehende Frömmler.

Das Leben ist ein Kampf zwischen Licht und Finsterniß, zwischen Gutem und Schlechtem, zwischen Schönem und Gemeinem; und der Weiseste ist, wer am meisten Schönes herausfindet aus dem Schlamme der Welt.

Es ist eine und dieselbe Glut, welche durch unsern Geist, durch die Sonne, durch die Wange der Schönheit, durch das Blatt der Rose leuchtet.

Vor dieser Glut bete an! —

Dreizehntes Kapitel.

Ein Ausflug nach Armenien.

Nun folgt mir in jene gesegneten Lande, wohin die Sage das Paradies versetzt, und wohin auch ich es versetzte, bis ich erfuhr, daß es in Deinen Augen liegt, Du meine Edlitam!

Folgt mir an die blumenreichen, sagengeheiligten Ufer der Senghi und des Araxes, wo ich Ruhe suchte nach langem Irrsal sorgenvollen Wanderlebens in fremdem Land, bis ich erfuhr, daß Ruhe nirgends zu finden als in der eigenen Brust; folgt mir in die Gärten, wo Noah zuerst den Weinstock gepflanzt, zu seiner eigenen Lust und Ergötzlichkeit und zur Freude aller nachwachsenden durstigen Menschengeschlechter; folgt mir durch die steilen, gletscherüberhangenen Gebirgspfade zu den dürren Hochebenen des Ararat, wo der wilde, blutroth gekleidete Kurde auf leichtschenkeligem Rosse einhersprengt, mit blitzendem Auge und sonngebräuntem Gesichte, im breiten Gürtel den scharfen Dolch und die langen Pistolen von Damaskus, und in der kampfgeübten Hand die schwanke, todschleudernde Lanze von Bagdad — wo der Nomade sein schwarzes Zelt aufschlägt und mit Weib und Kind an dem die Thiere der Wildniß verscheuchenden Feuer kauert — wo Karawanen von Kameelen und Dromedaren ziehen, beladen mit den Stoffen des Morgenlandes und geleitet von wachsamen Führern in weiten, buntfarbigen Gewändern — wo der raublüsterne Tatar in versteckten Felshütten, oder in halb unterirdischen, roh ausgehöhlten Wohnungen haust; folgt mir in die fruchtbaren Thäler, wo die Söhne von Haïghk*), wie die Kinder von Israel fern vom Verderben der Städte, noch in urväterlicher Einfalt leben, ihre Aecker pflügen und ihre Heerden weiden, und die Gastfreundschaft in biblischer Reinheit üben; folgt mir zum Ararat, der auf seinem königlichen Greisenhaupte noch die sündflutgerettete Arche trägt — folgt mir in's Hochland von Armenien!

Im Paradiese wollen wir selig sein und unsere Blicke laben an den schönen Töchtern des Landes; und am Grabe Noah's wollen wir niedersitzen, das Trinkhorn in der Hand, ein Lied auf den Lippen und freudige Zuversicht im Herzen; denn der Gott, welcher einst, als die ganze Welt den Strang verdient hatte, die Menschheit zum Wassertode begnadigte, und blos Noah am Leben ließ, weil dieser den Wein kultivirt und Freude hatte am Lieben und Trinken, wird auch uns, die wir gleiche Gelüste hegen, so gnädig sein wie dem Vater der nachsündflutlichen Menschen.

* * *

Die Troika, das russische Dreigespann, welches uns davonführen soll bis zum Gebirge, wo die Wege aufhören fahrbar zu sein, wartet schon vor der Thüre. Hinter dem Wagen halten zwei donische Kosaken als Eskorte, und während Luka, unser dienender Begleiter, beschäftigt ist, das Gepäck in dem unbequemen Fuhrwerk so zurecht zu legen, daß wir ohne zu große Anstrengung darauf sitzen können, haben

---

*) Der alte und eigentliche Name der Armenier und ihres Landes.

wir — R. und ich — mit unserm ehrwürdigen Lehrer Mirza-Schaffy eine rührende Abschiedsscene.

Im Orient ist es Sitte, daß man dem scheidenden Freunde einen durch den Zufall bestimmten Geleitspruch mit auf den Weg giebt. Man bedient sich zu diesem Zwecke gewöhnlich des Koran, des Sadi oder Hafis. Das Buch wird auf's Gerathewohl aufgeschlagen, und der erste Vers, den das Auge trifft, wird als Geleitspruch erkoren.

Der Weise von Gjändsha nahm den Gjülistan von Sadi, eröffnete das Buch und seine Augen fielen auf die Stelle, wo geschrieben steht

»Ein Wort ohne That, ist wie eine Wolke ohne Regen, oder ein Bogen ohne Sehne.«

Nachdem er uns eine doppelte Abschrift des Spruches gegeben hatte, begleitete er uns hinunter zum Wagen.

Der Weise war sichtbar bewegt, von seinen Jüngern — wenn auch nur auf ein paar Monate — scheiden zu müssen. Doch suchte er seine Wehmuth durch erkünstelten Scherz zu verhüllen. »Was sagt Togrul Ben Arslan! Gestern entzückte mich die Gegenwart meiner Freunde, und heute verlassen sie mich!«

Allah ssisin illah! — Gott mit Euch! — rief er uns scheidend zu; Pascholl! — Vorwärts! — scholl der Kommandoruf Luka's; der bärtige Kutscher schnalzte mit der Zunge, die klugen Pferde spitzten verständnißflink die Ohren, und mit fabelhafter Schnelligkeit rollte das holprige Fuhrwerk davon, während die lanzenschwingenden Kosaken in kurzem Galopp hinterher ritten.

Bald hatten wir hinter uns den weiten Bergkessel, in welchem Tiflis liegt mit seinen Bädern und Gärten, mit seinem Wirrwarr von Häusern und Menschen, Sitten, Trachten und Sprachen. Die Berge, welche diese Stadt umschließen, sind dürr, wie zusammengewehte Sandhaufen, kahl wie das Haupt eines Muselmanns.

Einst sollen sie gestrotzt haben von den üppigsten Gestaltungen der Pflanzenwelt; in schattigen Lorbeerhainen standen die Tempel der schönen Anahid, der befruchtenden Göttin — unter anmuthig gewölbten Pinienbächern brannte das Feuer auf den Altären des Tleps, des gewaltigen Donnergottes.

Aber frevelnde Hände — so geht die Sage — entweihten die heiligen Stätten und erweckten den Zorn der rächenden Götter. Anahid entzog den Höhen ihren belebenden Odem und waltete fortan nur in ihrem Lieblingslande Armenien, wo ihr noch Opfer gebracht und Blumenfeste gefeiert werden bis auf den heutigen Tag — der grimmige Tleps aber brach durch seine Donner die Stämme der Bäume und ließ Feuer springen aus den Eingeweiden der Berge, daß alle Wurzeln verbrannten, alle Pflanzen verdorrten, und vernichtet wurde was blühend war. Dann floh er zu seinen Lieblingssöhnen, den kriegerischen Stämmen der Abighé, die am Ostgestade des Pontus hausen. Seit jener Zeit wächst hier kein Baum mehr und nur mageres Gras, vereinzelte Blumen und Pflanzen fristen ein kümmerliches Dasein auf den dürren Bergen von Tiflis.

Aber je weiter wir uns von der Kyrosstadt entfernen und dem armenischen Hochlande zueilen, desto reicher und mannigfaltiger in ihren Erzeugnissen begrüßt uns traulich eine bekannte, heimatliche Pflanzenwelt.

Wir finden hier fast ganz dieselbe Vegetation, wie in den Gebirgen von Steiermark, so daß ich Euch mit der Beschreibung der Einzelheiten nicht lange aufzuhalten brauche, sondern Euch — nachdem wir das naphtareiche Dorf Soganlug passirt haben — gleich zu der berühmten »rothen Brücke« (bei den Georgiern Gathe-chili-chibi genannt) führen kann, welche die beiden Ufer des Chram, oder der Debeda, mit einander verbindet.

Diese uralte Brücke ist eines der großartigsten Denkmäler georgischer Baukunst. Sie hatte ursprünglich vier Bogen, getragen von gigantischen Pfeilern, in deren Höhlungen Zimmer mit Kaminen, Vorplätzen und allen landesüblichen Bequemlichkeiten eingerichtet waren. In den Gemächern des Mittelpfeilers, welche zwei hohe Balkons über den Fluß ausstreckten, befand sich sogar ein Duchan (eine Schenkwirthschaft). Die Balkons sind eingestürzt, die Zimmer unwohnbar geworden, aber die stark aus rothen Backsteinen gebaute Brücke selbst trotzt den Verwüstungen der Zeit.

Schon in Muhanly, einige Stunden bevor wir die »rothe Brücke« erreichten, haben wir den unbequemen Wagen zurückgelassen und Tatarenpferde bestiegen, auf welchen wir, trotz der Gebirge, elf deutsche Meilen, oder siebenundsiebenzig Werst in einem Tage zurücklegen.

Wenige Werste diesseits Pipis, der nächsten Station hinter Arslanbeglu, machen wir wieder Halt im Becken der Dshogas, wo die Natur einen ihrer bizarrsten Gedanken in Stein ausgeprägt und zu einem merkwürdigen, pyramidenförmigen Felsenthurme gestaltet hat.

Aus einer weiten, malerischen Einfassung zersetzter Porphyrhügel steigt hier in einer Höhe von funfzehnhundert Fuß der Gewardzin-Dasch empor, in seiner wunderlichen Gestalt — bis zur Spitze — einem riesigen Kaktus vergleichbar. Auf dem vielfach gewundenen Gebirgswege schien uns während eines Rittes von zwei Stunden der Gewardzin-Dasch immer in gleicher Nähe zu sein. Der durch Natur und Kunst ausgehöhlte Fels war von jeher ein bequemer und sicherer Aufenthalt für Wegelagerer, und es knüpfen sich daran die schauerlichsten Sagen und Räubergeschichten des Landes.

Wie wir weiter reiten, erzählt uns unser Führer, ein redseliger Bursche, von einem Mordanfalle, der vor wenigen Wochen (im Frühjahr 1844) hier an dem russischen General Röhrberg und seinem Gefolge verübt wurde.

Der General, auf der Rückkehr von einer Inspektionsreise durch Armenien begriffen, gedachte nach einer mühsamen Tagereise in einem tatarischen Dorfe zu übernachten. Er schickte zu diesem Ende einen Diener voraus, um ein erträgliches Quartier ausfindig zu machen, während er selbst mit einem Gefolge von etwa vierzehn Kosaken noch eine benachbarte Ortschaft besuchte. Wie alle dienenden Geister sich gern mit der hohen Stellung ihrer Herren brüsten, so that auch unser quartiersuchende Abgesandte, bei dessen Ankunft im Dorfe sich gleich eine Menge pudelmütziger Tataren versammelt hatten.

»Also Dein Herr ist ein großer Mann im Staate?« fragte ein hoher, breitschultriger Tatar mit narbenverunstaltetem Gesichte.

»»Nach dem Sardaar — Statthalter — ist er der Erste!««

»Da reist er auch wohl mit einem großen Gefolge?«

»»Er hat vierzehn Kosaken bei sich und zwei Diener.««

»Und wann wird er hier eintreffen?«

»»In etwa einer Stunde muß er hier sein.««

»Nun, da werden wir schon Zeit haben, ihm ein passendes Quartier zu bereiten.«

Der Tatar hatte nach jeder Frage und Antwort bedeutungsvolle Blicke mit den Umstehenden gewechselt, und während er den Diener der Obhut zweier Kerle übergab, angeblich um ihn die zu räumende Wohnung selbst in Augenschein nehmen zu lassen, bereiteten sich die russenfeindlichen Tataren schon zu einem Ausfalle vor. Sie hätten's freilich leichter gehabt, den General mit seinem Gefolge ruhig zu erwarten und den

Mordplan im eigenen Dorfe auszuführen, aber das wäre gegen Sitte und Brauch der Moslemin gewesen. Wer den Fuß über die Schwelle des Hauses gesetzt, ist heilig und unverletzlich an Leben und Eigenthum; die Gesetze der Gastfreundschaft wird selbst der blutdürstigste Räuber nicht übertreten. So lange der Feind im Schutze des Hauses weilt, wird ihm kein Haar gekrümmt; erst wenn der Hausherr ihn auf Schußweite vom Orte weiß, wird er ihn verfolgen und im offenen Felde angreifen.

Zwanzig wohlbewaffnete Tataren, den narbenverunstalteten Kundschafter an der Spitze, ritten auf sichern Pferden dem General und seinem Gefolge entgegen.

Unter wildem Geschrei stürzten sie aus einem Hinterhalt auf den Zug los. Der Kampf war kurz aber blutig. Von den Kosaken und Dienern kam keiner lebendig davon. Nur der General blieb wie durch ein Wunder am Leben. Er hatte sich bis auf's Aeußerste vertheidigt, bis er, zu gleicher Zeit von einem Säbelhieb auf den Kopf und von einer Kugel in den Unterleib getroffen, bewußtlos zu Boden sank.

Die Tataren waren noch beschäftigt, ihre Opfer zu plündern und bis auf's Hemde auszuziehen, als in der Ferne eine Karawane mit starker Bedeckung sichtbar wurde. Die Räuber begnügten sich mit der im Fluge gemachten Beute, und sprengten vereinzelt auf Umwegen davon.

Ich war erstaunt, später aus dem Munde eines andern russischen Generals eine Apologie der mörderischen Raubgesellen zu hören.

»Diese Kerle, — sagte er, — erinnern sich wohl noch aus ihrer Jugend, daß man ihre Väter russischerseits wie das liebe Vieh hinschlachten ließ, um die Kinder durch Blut an »gesetzlichen Gehorsam« zu gewöhnen; wie kann man's ihnen da verdenken, daß sie jede Gelegenheit benützen, um Vergeltungsrecht zu üben. Wenn in früherer Zeit hier ein Diebstahl vorkam — der immer von einem Morde begleitet ist, denn es steht geschrieben: »Du sollst keinen Lebendigen berauben!« — so mußten die dem Schauplatz der Unthat zunächst liegenden Dörfer den Schuldigen ausliefern, oder die Einwohner wurden decimirt, d. h. jeder zehnte Mann von ihnen wurde aufgehängt. Bei diesem summarischen Verfahren konnte es natürlich nicht ausbleiben, daß hin und wieder ein paar Dutzend Tataren ganz unschuldig zum Strange kamen; der Sterbende aber wälzt die Blutrache auf die Seele seiner Verwandten und Freunde, und die Blutrache ist den Männern des Gebirges heilig.«

Dies zur nöthigen Ergänzung der oben erzählten Geschichte. Wir sind inzwischen bis zu der zwischen Pipis und Istibulach gelegenen schönen Fontäne gekommen, wo die Karawanen, die hier vorüber nach Eriwan ziehen, Halt machen, um ihre Thiere zu tränken.

Auch wir gönnen uns hier eine Stunde Rast, und suchen die Inschrift des weißen, einfach gemeißelten Steines zu entziffern, welcher Namen, Geburtsort und Geschlechtsregister des wohlthätigen Gründers enthält. Irgend ein Sänger des Landes hat folgende Verse darunter geschrieben:

> Im Baumesschatten fließt die Fontäne,
> Des Berges ewige Freudenthräne...
>   Plätschernd hell
>   Springt der Quell,
> Unter duftender Blüthe —
> Aus dem Berge, dem steinigen —
> Wie ein Strom der Güte
> Allah's des Einigen...
> Wanderer, den er erquickt,
> Danke dem, der ihn geschickt!

In einiger Entfernung hat ein anderer Reitertrupp Halt gemacht, und ich sehe unsern Luka in eifrigem Gespräch mit dem Herrn des Zuges begriffen.

»Da ist der Fürst T . . . von Eriwan, — berichtete uns Luka, als er zurückkehrte, — der auch von Tiflis kommt mit seinem Gefolge. Er wünscht sehr Ihre Bekanntschaft zu machen und bietet Ihnen Gastfreundschaft und Geleit an. Darf ich ihn zu Ihnen führen?«

Ich besann mich eine Minute ehe ich Ja sagte, denn ich bemerkte unter dem blauen Talar des Fürsten einen russischen Uniformrock, und ich hatte schon lange genug im Kaukasus gelebt, um ein gegründetes Mißtrauen gegen alle die Georgier und Armenier zu hegen, welche sich unter das schimmernde Joch russischer Epauletten geschmiegt haben. Ich empfahl R. große Vorsicht im Verkehr mit unserm neuen Gastfreunde, und dann sagte ich zu Luka: Es werde uns angenehm sein, des Fürsten Bekanntschaft zu machen. Wir standen auf und gingen ihm ein paar Schritte entgegen. Auf uns zu kam ein hochgewachsener, kräftig gebauter Mann, im Anfange der Vierziger. Er trug die bekannte armenische Pelzmütze; seinem vollen, frischen Gesichte, dessen Regelmäßigkeit nur durch die starke, weingeröthete Nase etwas gestört wurde, stand der dichte, pechschwarze Schnurrbart sehr gut. Dem ebenfalls etwas zur Stärke neigenden Leibe wurde durch die breite, hochgewölbte Brust das Gleichgewicht gehalten.

Ehe ich Euch nun mit unserm neuen Reisegefährten bekannt mache, muß ich einleitend bemerken, daß Ihr Euch unter einem armenischen Fürsten gewöhnlichen Gelichters nicht eine so durchlauchtige, reiche, tadellos behandschuhte und gestriegelte Person denken müßt, wie man sich hier zu Lande die Fürsten wohl vorzustellen pflegt.

Doch bei der höheren Aristokratie kommt es ja bekanntlich weniger auf Geld und Gut, als auf einen recht weit zurückreichenden Stammbaum an; es handelt sich nicht darum, ob der Mann Etwas ist, sondern ob seine ältesten Vorfahren Etwas gewesen, und in dieser Beziehung konnte es Fürst T... mit den durchlauchtigsten Fürstenhäusern Europa's aufnehmen, denn er leitet seinen Stamm vom König Aram ab, der bekanntlich schon zu Abrahams Zeiten lebte, und der, wie die Sage erzählt, auch dem heiligen Berge Ararat seinen Namen gegeben hat.

Ob der Fürst von wirklichem Vollblut war, weiß ich nicht; daß er vollblütig war, weiß ich. Doch Ihr werdet ihn im Verlauf unserer Reise schon näher kennen lernen, und müßt Euch einstweilen mit den obigen Andeutungen begnügen.

Nachdem wir den üblichen Friedensgruß: Szalem Aléchem — Aléchem Szalem! gewechselt, der von allen Kindern des Morgenlandes verstanden wird, gleichviel, ob sie im deutschen Ghetto, im tscherkessischen Aoule oder im persischen Schahpalaste hausen — fragte der Fürst: ob wir die beiden Fremdlinge aus dem Abendlande wären, welche die Gebirge durchpilgerten, um die Tugenden der Kräuter und die Sprachen der Völker zu erforschen?

Eine bejahende Antwort auf diese Frage veranlaßte ihn zu einem endlosen Ergusse schmeichelhafter Phrasen ob unserer forschenden Bestrebungen und unserer fabelhaften Weisheit, die er uns an den Augen abzusehen behauptete. Besonders machte das jugendliche Aussehen R.'s, der damals kaum zweiundzwanzig Jahre zählte, des Fürsten Erstaunen rege.

»Noch so jung, und schon so weise!« rief er nach jeder Bemerkung meines jungen Freundes, und dann winkte er immer seinen Begleitern zu, welche, ohne von dem Gesagten etwas zu verstehen, doch ihrem Herrn zu Gefallen thun mußten, als ob sie hinschmelzen wollten vor Staunen und Bewunderung.

Im Grunde schien dem Fürsten an unserer Weisheit und
Beredtsamkeit wenig gelegen, denn er haschte sichtbar nach
jedem Anlaß, um seiner eigenen Zunge freien Spielraum gewähren zu können. Und rühmend muß ich's ihm nachsagen,
er bewegte seine Zunge mit einer Geläufigkeit, daß mir noch
heute die Ohren gellen, wenn ich daran denke. Vor Allem
hatte er es darauf abgesehen, uns eine möglichst hohe Idee
von seinem Einflusse im Lande, seiner Stellung und seiner
Bildung zu geben.

Kam er sich selber im Fluß seiner Rede etwas zu aus-
schweifend vor, oder glaubte er, daß wir Zweifel bei seinen
Worten hegen könnten, so packte er einen seiner Begleiter
am Arm und fragte gebieterisch: »Nicht wahr, Du!« worauf
dann regelmäßig ein »W'Allah éiladirr!« Bei Gott, so
ist es! erfolgte.

»Da leben, — sagte er, — die meisten meiner Landsleute in den Tag hinein, ohne sich um Bildung und Fort-
schritt zu kümmern. Sie rauchen ihren Tschibuq, treiben ihre
Geschäfte, gehen in's Bad, essen und trinken, heirathen, zeugen
Kinder und sterben. Was thu' ich? Ich reite nach Tiflis; —
schon zum dritten Male bin ich jetzt dort gewesen! — be-
trachte die Häuser und Menschen, beachte wie man lebt in
der großen Welt, mache dem Sardaar meine Aufwartung,
sehe mir die Stühle und Tische an in den großen Sälen,
merke auf Alles, verkehre mit den Russen ... Glorioses Volk
das, die Russen!« — unterbrach er sich hier in der Aufzählung der Elemente seiner Bildungsstudien, mit einem Blicke,
der mehr als zweideutig war, und mit einer Wortbetonung,
die man nach Belieben für ironisch, fragend, oder bewundernd
halten konnte.

Diese auf Alles gefaßte Schlauheit des Ausdrucks in
Blick und Wort habe ich nirgends in solcher Vollendung gefunden, als bei den Armeniern, welche durch Handel oder

russischen Bildungsfirniß ihrer landesthümlichen Sitteneinfalt entfremdet wurden.

Wir ließen den, diesem geschmeidigen Zwittergeschlechte angehörenden Fürsten I...., bezüglich unserer Ansicht über die gloriosen Russen in Zweifel, und ohne lange Unterbrechung fuhr er fort in seinen Kulturschilderungen:

»Es ist unglaublich, wie schwer die Bildung unter dem Volke Wurzeln schlägt! Und doch haben wir täglich das Beispiel der Russen vor uns! Wohnen nicht russische Offiziere in Eriwan? Giebt's nicht auch verheirathete darunter? Da geht der Mann mit der Frau spazieren, und die Frau, so schön sie auch sein mag, zeigt ihr Gesicht Jedem der es sehen will, oder wenn sie den Schleier über die Augen schlägt, so thut sie das nur um sich vor der Sonne zu schützen, oder vor Wind und Wetter. Glaubt Ihr, daß es unsern Weibern — möge sie Gott erleuchten! — einfällt, es den russischen Frauen nachzumachen? Lieber würden sie in's Wasser springen, als mit unverhülltem Gesichte über die Straße gehen. Nicht einmal meine eigene Frau kann ich dazu bringen! Die müßt Ihr kennen lernen; wenn sie auch Schwierigkeiten macht, wir wollen sie schon locken. Ein liebes Geschöpf! Ueberhaupt ein schmuckes Völkchen, die Weiber, wenn sie hübsch sind und jung — was meint Ihr?«

Wir nickten beifällig mit dem Kopfe, und er war sichtbar erfreut, daß in diesem Punkte unsere Neigungen zusammentrafen.

»Kaitmas! Komm her, Bursche! sing' uns ein Liebeslied« — rief der Fürst einem seiner Begleiter zu.

Kaitmas, ein junger Mann von hübschem Aeußeren, war, wie ich erfuhr, seines Handwerks ein Schuster, der aber durch seine schöne Stimme und Liederfertigkeit des Fürsten Gunst in hohem Grade auf sich gezogen hatte, und ihn überall auf seinen Fahrten begleiten mußte. Er war sein Grillenvertreiber und Minnesänger.

Während ich im Stillen Betrachtungen anstellte über die wundersamen Launen des Schicksals, das fast in allen Ländern Pech und Poesie so nahe zusammengeworfen, trat Kaitmas vor in etwas affektirter Weise, verbeugte sich tief, schlug sein weites blaues Gewand zurück, und dann hub er mit heller Stimme zu singen an:

„Mit Geschenken beladen kehr ich von Gjirbschistan,*)
Kehre heim zur Geliebten nach Eriwan;
Lange harrt sie mein, doch fern ist's ihrem Sinn,
Daß ich längst auf dem Wege der Heimkehr bin —
Wie die Aehren des Feldes im Hauche des Windes
Wogt hoffend der Busen des lieblichen Kindes!
Heller Edelstein im Ringe meines Lebens,
Anfang Du und Ende meines Strebens
Warte treu — Du wartest nicht vergebens!"

Er hielt einen Augenblick inne und sah uns beifallforschend an. Wir zollten ihm lautes Lob für die schönen Verse, und neu belebt fuhr er fort:

„Habt Ihr mein Mädchen geseh'n, wie es voll Schönheit blüht?
Doch Keiner hat's geseh'n — Wehe dem, der es sieht!
Nur für mich hebt sich der hüllende Schleier,
Funkelt der Augen zündendes Feuer!
Nur für mich lächelt der Mund meiner jungen Maid,
Schlingt sich ihr Haar lang wie die Ewigkeit!"

Nach diesem kühnen Gleichnisse hielt ich es für gut abzubrechen, um mit der Zeit nicht zu kurz zu kommen. Doch ehe wir aufbrachen, ließ der Fürst noch einen Weinschlauch,

---

*) Gjirbschistan = Georgien.

womit sein Saumthier belastet war, öffnen. Das gefüllte Trinkhorn ging im Kreise rund, und nachdem wir die Gastfreundschaft durch die Taufe des Weines geheiligt hatten, kam die Reihe an das Gefolge und die Kosaken. Dann schwangen wir uns auf unsere Rosse und trabten in stattlichem Zuge davon.

Voraus ritten die wegkundigen Kosaken, dann kamen wir mit dem Fürsten zwischen uns, und Kaitmas ritt an der Spitze des Gefolges.

Das Bergland mit seinen mannigfachen Reizen bietet dem Auge erquickliche Abwechslung; die Sonne scheint frühlingswarm, in den Bäumen zwitschern die Vögel; uns zur Linken rauscht die schmale aber reißende Aztafa, die dem vor uns aufsteigenden, schneebedeckten Gebirgskamme entrinnt, der die Ufer der Sewanga, bekannter unter dem Namen des Gjoktschai-Sees, zackig umsäumt.

Wir reiten durch das höchst anmuthig gelegene, armenische Dorf Delishan, und erreichen noch vor Anbruch der Dunkelheit den schwer zu überklimmenden Gebirgskamm, wo wir von schwindelnder Höhe herab den mehr als fünftausend Fuß über der Meeresfläche liegenden Gjoktschai-See sich in seiner ganzen Schöne tief unter uns ausbreiten sehen. Fünf und dreißig, von den hohen Porphyrgipfeln herabstürzender Flüsse und Bäche, nimmt der, neun Meilen lange und vier und eine halbe Meile breite Sewanga in seinem Schooße auf. Am nordwestlichen Ende des Sees liegt eine kleine, wunderliebliche Insel, und darauf steht ein uraltes Kloster, von armenischen Mönchen bewohnt, die neben ihren Kasteiungen zur Abwechslung Hafisische Philosophie treiben, und rund und roth dabei werden. Doch davon ein anderes Mal. Wir müssen uns beeilen nach Eriwan zu kommen, und darum übergehe ich blindlings alle die kleinen und großen Abenteuer des Weges und führe Euch gleich über Tschubugli und Nishe-Achti nach Ailar, der letzten Station vor der Hauptstadt Armeniens.

Dort wird noch einmal Halt gemacht. Der Fürst entsendet zwei Reiter, um in Eriwan unsere Ankunft zu verkünden und Vorbereitungen zu unserem Empfange treffen zu lassen. Dann wendet er sich zu uns und sagt in ernsterm Tone als ihm gewöhnlich ist: »Wenn Ihr nun Euren Einzug haltet in die Stadt, so wird der Kommandant gleich zu Euch schicken und Euch bitten lassen, bei ihm im Schlosse zu wohnen. Aber ich hoffe, Ihr werdet meiner Thür nicht den Rücken zeigen, und mir nicht vorüber gehen! Mein Haus ist Euer Haus, Euer Wille ist mein Wille! Was würde das Volk sagen, wenn es hörte, daß Ihr verschmähtet, meine Gäste zu sein, nachdem ich Euch bis hieher geleitet! Was ich Euch bieten kann an Bequemlichkeiten, sollt Ihr haben. Ich habe ein Zimmer in meiner Wohnung, ganz nach europäischer Weise eingerichtet, wie beim Kommandanten, mit Stühlen, mit Tischen und hölzernem Fußboden!« So schwatzte er in einem fort mit der Aufzählung der Herrlichkeiten seines Hauses, bis wir ihn vollkommen darüber beruhigt hatten, daß wir auf jeden Fall seine Gastfreundschaft in Anspruch nehmen würden, und daß uns weniger daran gelegen sei, in Eriwan europäische Tische und Stühle zu sehen, als armenische Sitte und Lebensweise kennen zu lernen.

Nach kurzem Aufenthalt in Ailar stiegen wir wieder zu Pferde, und ritten langsam der Hauptstadt Armeniens entgegen.

Vor dem Thore hatte sich eine Menge Volks versammelt, um die beiden jungen Pilger aus dem Abendlande zu sehen. Wir mußten neuerdings absteigen, um die uns erzeigten Höflichkeiten zu erwiedern, und von dem Weine und den Südfrüchten zu kosten, welche man uns entgegenbrachte, denn nichts ist im Orient beleidigender, als Angebotenes auszuschlagen . . .

Der erste Eindruck, welchen Eriwan auf den Europäer macht, ist kein sehr günstiger. Die Straßen sind ungepflastert und schmutzig, die Häuser sind klein und niedrig, und noch obendrein hinter zaunartigen, lehmfarbigen Mauern versteckt, so, daß die größte Straße in der armenischen Hauptstadt mit der kleinsten Gasse in irgend einem deutschen Krähwinkel den Vergleich nicht aushalten kann. Ueberhaupt herrschen bei uns über orientalische Pracht und Herrlichkeit die fabelhaftesten Vorstellungen; vielleicht weil es selten ein Reisender der Mühe werth hält, das Gewöhnliche zu schildern, und die Meisten sich damit begnügen, das ausnahmsweise Pomphafte hervorzuheben.

Wir hatten eine gute Strecke zu reiten, ehe wir das Haus unseres Gastfreundes erreichten, und fanden wir die Häuser, auf welche unsere Augen fielen, häßlich, so kam uns Wuchs, Gang und Kleidung der jungen Armenierinnen, welche hin und wieder dicht verschleiert vorüberschlüpften, desto anmuthiger vor. Fürst T... bemerkte mit stolzer Freude, daß wir Wohlgefallen fanden an den Töchtern des Landes.

»Meine Frau müßt Ihr kennen lernen, und heute noch — sagte er — ich werde schon sehen, was sich thun läßt.«

Es war kurz vor Sonnenuntergang, als wir das einfache, mit einigen kleinen Nebengebäuden versehene Haus unseres Gastfreundes erreichten. Wir wurden in ein geräumiges, teppichbelegtes Zimmer geführt, und waren ganz glücklich, in Ruhe den Staub von unseren Füßen zu schütteln, und einmal eine Stunde ungestört über die seltsamen Erlebnisse der Reise lachen und plaudern zu können.

* * *

»Wissen Sie — sagte Luka, der in's Zimmer trat, um uns anzuzeigen, daß man uns in einer Viertelstunde zum

Abendessen erwarte — wissen Sie, warum dem Fürsten so
sehr darum zu thun war, Sie in seinem Hause zu haben?
Er bekleidet eine Stelle in der Landesregierung, und steht im
Rufe ein großer Wsjatschnik*) zu sein, weswegen der Kom-
mandant und der Landeschef, beide ausnahmsweise ehrliche
Männer, nicht mit ihm umgehen, wodurch sein Ansehen beim
Volke sehr leidet. Nun denkt er ganz richtig: wenn Sie den
Kommandanten und die andern Herrschaften besuchen, so
werden Ihnen diese einen Gegenbesuch machen, wobei er dann
Gelegenheit hat, durch Ihre Vermittelung ein engeres Ver-
hältniß anzuknüpfen.«

»»Und woher weißt Du Alles so genau?««

»Daß er mehr Geld ausgiebt als er sollte, und die
Hand nur zudrückt, wenn was darin ist, weiß man im ganzen
Lande. Nur kann man ihm nicht recht auf die Spur kommen,
weil er zu schlau ist, und dann darf man auch nicht zu
strenge mit ihm verfahren, weil er großen Einfluß im Lande
hat. Uebrigens soll er der beste Mensch von der Welt sein,
und wenn er nicht Alles rechtschaffen erwirbt, was er braucht,
so theilt er es wenigstens rechtschaffen wieder aus. In seinem
Hause wird Jahraus, Jahrein ein lustiges Leben geführt, und
an seinem Tische ist Jeder willkommen, wer Witz hat und
einen guten Magen.«

Luka wurde in seinem Berichte unterbrochen durch den
Eintritt des Fürsten, der sein Erstaunen nicht verbergen konnte,
uns von Kopf bis zu Fuß umgekleidet zu finden.

»»Warum habt Ihr Euch am späten Abend noch so
schmuck gemacht, Aga's?«« fragte er lächelnd.

»Weil Du uns bedeutet hast, uns heute noch der Herrin
des Hauses vorzustellen,« antwortete ich.

»»Mit der ist heute nichts anzufangen,«« sagte er ent-

---

*) Wsjatschnik, ein der Bestechung zugänglicher Beamter.

schuldigend, »sie ist gar zu furchtsam. Doch sehen sollt Ihr sie. Wir müssen sie einmal abfangen, wenn sie frisch geputzt aus dem Bade kommt. Es wird sich schon eine Gelegenheit finden. Jetzt kommt zu Tische und laßt uns lustig sein. Kaitmas ist auch da, um uns etwas vorzusingen, und noch ein paar Musikanten hab' ich bestellt, flotte Bursche, die Euch gefallen werden!««

An Appetit fehlte es uns nicht nach den Anstrengungen der langen Tagereise, und willig folgten wir der Einladung unseres lustigen Wirthes.

Wir traten in den Speisesaal, ein weißes Gemach ohne alle Möbel, außer einem niedrigen, tischähnlichen Gestelle, mit so viel Schemeln umpflanzt, als für die Mitessenden zum Sitzen nöthig war.

Die Stelle des Tischtuches vertrat ein großes Stück dünnes, elastisches Gebäck, nach Art der jüdischen Matzen zubereitet, und bei den Tataren und Armeniern Tschoräki genannt. Der süße Landeswein wurde aus einem silberbeschlagenen Büffelhorn getrunken. Schmackhafte Fische aus dem Gjoktschai-See bildeten den Hauptbestandtheil des Essens, denn es war Fastenzeit, kurz vor Ostern, und die armenischen Christen halten streng ihre kirchlichen Satzungen.

Eine Menge Leute waren beschäftigt, uns zu bedienen; der Eine füllte das alle Augenblick geleerte Trinkhorn an, der Andere wechselte die Teller, ein Dritter hielt den Verkehr mit der Küche aufrecht ic., und dabei wurde so geschrieen, gelacht und gescherzt, daß von einer ordentlichen Unterhaltung nicht die Rede sein konnte. Diejenigen Diener, welche gerade nichts zu thun hatten, ließen sich's mit uns wohlschmecken. Alle aßen mit uns aus derselben Schüssel, Alle tranken mit uns aus demselben Trinkhorn, denn die strenge Absonderung zwischen Herrn und Diener, wie sie in Europa herrscht, ist in Armenien, wie in den Ländern des Kaukasus, vollkommen unbekannt.

Die Speisen wurden sämmtlich ohne Hülfe von Gabel und Messer zum Munde befördert. Man riß ein Stück von dem tischtucherseßenden Brote ab, griff damit in die Schüssel und verschlang das solchergestalt Erhaschte ohne viel Federlesen.

Mit wahrhaftem Staunen bemerkten wir die Virtuosität, welche unser Wirth im Weintrinken entwickelte, wie er sich denn überhaupt eine unverwüstliche Heiterkeit zum Grundsatze gemacht zu haben schien.

»Kaitmas!« rief er dem Schuster-Minnesänger zu, als die Speisen weggeräumt und nur die Weinkrüge zurückgeblieben waren, »Kaitmas! alter Bursche, sing' uns ein Lied zum Preise des Trinkens!«

Ehe Kaitmas der Weisung des Fürsten folgte, versuchte er erst, die beiden Musikanten zur Ruhe zu bringen, die in einer Ecke des Zimmers kauerten und einen furchtbaren Lärm unterhielten, indem der Eine eine Art Dudelsack, und der Andere ein jammervolles Saiteninstrument handhabte, was dem Fürsten — der übrigens den fruchtlosen Bestrebungen des Sängers, die Kerle zur Ruhe zu bringen, fördernd zu Hülfe kam — besonderen Appetit zu machen schien.

Darauf hub Kaitmas zu singen an:

»Füllt mir das Trinkhorn!
  Reicht es herum!
Trinken macht weise,
  Fasten macht bumm!

Was ist das Athmen?
  Ein Trinken von Luft —
Was ist das Riechen?
  Ein Trinken von Duft!

Was ist ein Kuß, als
  Ein doppelter Trank!
Trinken macht selig,
  Fasten macht krank!

Was ist das Sehen?
  Ein Trinken des Scheins —
Klingt's auch verschieden,
  Bleibt es doch Eins!

Füllt mir das Trinkhorn!
  Reicht es herum!
Trinken macht weise,
  Fasten macht dumm!"

Und das Trinkhorn ging im Kreise herum, bis wir uns selbst nicht mehr im Kreise umdrehen konnten und unbewußt der kreisenden Welt ihr Geschäft allein überließen. Der Wein stieg uns zu Kopfe und wir stiegen zu Bette, so gut es gehen wollte.

* * *

»Weißt Du« — sagte ich zu R., als wir am folgenden Morgen beim Kaffee saßen und unseren Tschibuq rauchten — »ich hatte diese Nacht einen seltsamen Traum.«

»»Ist Dir vielleicht im Traume die Fürstin erschienen?««

»Nein, mir erschien mein alter Nachbar, ein ehrwürdiger Kauz, der, als ich noch ein kleiner, wilder Junge war und in die Schule ging, jedesmal, wann er mich sah, mir eine alte weise Lehre wiederholte. »Fritz!« — pflegte er zu sagen — »Du mußt Dich vor Allem in der Welt hüten, wovor das Wörtchen »zu« steht: zu viel, zu reich, zu groß, zu dumm ꝛc. Der gute Alte! Ich habe niemals Gelegenheit gehabt, seine Lehre zu befolgen, da das Schicksal immer meine Gouvernante gespielt, und mich vor dem zu viel, zu reich, zu groß u. s. w. in Gnaden bewahrt hat; aber vorige Nacht, als mir der Alte erschien, war mir ganz wunderlich zu Muthe: er trug in der Hand ein Trinkhorn, und . . .«

»»Werde nur nicht sentimental,«« unterbrach mich R., »»sonst komme ich nicht zu Worte, und ich muß Dir auch einen Traum erzählen. Mir träumte, ich wäre wieder in Stambul und säße mit meinem alten türkischen Lehrer am Ufer des Bosporus. Hoch über uns wölbte sich ein wunderbarer Regenbogen, und mein alter Lehrer benutzte den Anlaß, mir zu erklären, warum die Türken den Regenbogen »Gürtel Allah's« nennen. »Die Sonne,« sagte er, »ist das Auge Gottes, und der Himmel ist sein Leib. Da schaut nun Allah den ganzen Tag herab auf das tolle Treiben der Menschen auf Erden; er sieht, wie die Frommen sich des Weines enthalten in dem Wahne Ihm zu gefallen, wie die Heiligen sich kasteien in dem Wahne Ihm zu dienen, Ihm, der Alles so schön gemacht hienieden zu unserer Freude — aber Allah ist zu klug, als sich sein ewiges Leben zu verleiden durch Verdruß und Aerger; er lacht über Alles, und zuweilen, wenn er es nicht mehr aushalten kann, schnallt er sich den siebenfarbigen Gürtel um seinen Leib, um nicht zu bersten vor Lachen über die Dummheiten der Menschen.««

Wir lachten Beide so herzlich, daß wir fast auch eines siebenfarbigen Gürtels bedurft hätten, um nicht zu bersten vor Lachen.

Fürst T., welcher bald darauf in's Zimmer trat, war hocherfreut, uns schon am frühen Morgen in so rosiger Laune zu finden. Er begann ebenfalls eine lustige Geschichte zu erzählen, aber plötzlich unterbrach er sich selbst mit den Worten: »Halt! da kommt meine Frau über den Hof gegangen, auf's Haus zu; jetzt werd' ich Euch vorstellen — macht schnell und folgt mir!«

»»Aber wir sind ja noch im Schlafrocke,«« erwiederte ich entschuldigend, »»wie können wir uns so vor der Fürstin sehen lassen?««

»Was schadet das! macht nur schnell und folgt mir, sonst wird es zu spät!«

Er stellte uns hinter der Hausthür auf, wo die Fürstin hereinkommen mußte, und gab uns die Weisung, schnell vorzuspringen und die durchlauchtige Dame aufzuhalten, sobald sie ihre Erscheinung machte.

Er selbst hatte sich's zur Aufgabe gemacht, ihr den Rückweg abzuschneiden.

Ein paar Sekunden verflossen, und das galante Manöver war glücklich ausgeführt. Die junge Fürstin stand mitten zwischen uns, zitternd mit niedergeschlagenen Augen. Eine schlanke, zarte Gestalt mit üppigem schwarzen Haar, aber sonst unbedeutend. Sie trug gelbe Pantöffelchen, weite himmelblaue Pantalons, einen elegant geschnittenen, bis an die Knie reichenden Sarafan und ein persisches Morgenkäppchen.

Der Fürst versuchte, die Vorstellungs-Ceremonie auf europäische Weise durchzumachen.

»Meine Frau!« sagte er auf sie hindeutend, »die jungen Weisen aus dem Abendlande!« auf uns hindeutend.

Es that mir leid, das zarte Geschöpf in dieser peinlichen Lage zu sehen — ich trat einen Schritt zurück, und sie warf mir dafür einen dankenden Blick zu, der uns besser miteinander verständigte, als die längste Vorstellung, und leichtfüßig wie ein aufgescheuchtes Reh sprang die durchlauchtige Dame davon.

* * *

»Nun kommt!« sagte der Fürst, »ich will Euch etwas herumführen, Ihr habt mein Hauswesen noch gar nicht gesehen.

Nachher steigen wir auf's Dach, von wo wir den Ararat sehen können und die schönste Aussicht auf Eriwan haben."

Nachdem er uns durch einige Zimmer geführt hatte, wovon eines dem andern glich, und worin nichts zu sehen war als weiße Wände und bunte Teppiche, gelangten wir in den von ihm so benannten »europäischen Saal,« wovon er uns schon während der Reise so viel erzählt hatte.

Ein großes, längliches Gemach mit weißer Decke, weißen Wänden und einfachem hölzernen Fußboden. Das europäische Element darin war angedeutet durch einen mit schreienden Farben bemalten Tisch und sechs Stühle, die sämmtlich in einer Ecke zusammengedrängt standen, gleich als ob sie sich schämten, einzeln vertheilt im Saale zu erscheinen.

»Ist das nicht ganz europäisch?« fragte der Fürst mit selbstzufriedenem Blicke.

Wir nickten bejahend.

»Seht diese Fenster,« fuhr er fort, »in ganz Eriwan findet Ihr solche Fenster nicht! Selbst nicht beim Kommandanten auf dem Schlosse, denn dort sind sie buntgefärbt und rund, nach persischer Weise zugeschnitten.

Dann machte er uns aufmerksam auf den hölzernen Fußboden. Mit besonderem Nachdruck aber hob er die messingenen Thürklinken hervor, die in armenischen Häusern etwas Unerhörters sind. An diese Thürklinken und Schlösser knüpft sich eine komische Geschichte.

Der Fürst hatte die Anwendung derselben in Tiflis kennen gelernt, ein Dutzend davon gekauft und einen Theil an den Thüren des »europäischen Saales« befestigen lassen.

Die Diener des Hauses, welche nicht wußten, was es mit den seltsamen Maschinen auf sich hatte, glaubten, der Fürst habe dieselben zu musikalischen Zwecken anbringen lassen; denn jedesmal, wenn daran gedreht wurde, erfolgte in dem weiten, leeren Gemache ein dröhnender Klang.

So geschah es denn, daß in Abwesenheit des Hausherrn von dem dienenden Personal verschiedene Concerte mit Hülfe der messingenen Thürklinken veranstaltet wurden. Ein alter blinder Tatar mußte dabei singen, und der Koch, der in solchen Dingen als Autorität galt, spielte die Thürklinke...

Der Fürst merkte die musikalischen Bestrebungen seiner Leute erst dann, als schon drei Schlösser und Klinken zerbrochen waren.

»So schwer ist es,« schloß er die mit großer Ausführlichkeit erzählte Geschichte, »so schwer ist es, hier zu Lande europäische Bildung einzuführen. Aber ich lasse mich dadurch nicht irre machen, und habe schon wieder ein halbes Dutzend neue Thürschlösser aus Tiflis mitgebracht. Ich will es noch dahin bringen, daß mein ganzes Haus nach russischer Weise eingerichtet werde. Aber jetzt ist es Zeit, daß wir uns anziehen. Heute ist Charfreitag, und ich muß in die Kirche gehen, um meinen Landsleuten kein Aergerniß zu geben. Wollt Ihr mit mir kommen, so macht Euch bereit.«

Wir hatten schon in Tiflis den armenischen Kultus hinlänglich kennen gelernt, und schlugen daher das Anerbieten des Fürsten entschuldigend aus, um die berühmte tatarische Moschee von Eriwan zu besuchen, was in den unter russischer Herrschaft stehenden Provinzen keine Schwierigkeiten hat, während man in freien islamitischen Ländern nur selten und schwer dazu kommt.

Wir waren außerdem mit einem Empfehlungsschreiben von Mirza-Schaffy an den ehrwürdigen Mullah versehen, und wurden von diesem als schriftgelehrte Pilgrimme sehr freundlich empfangen.

Seine Amtspflichten zwangen ihn, die Unterhaltung mit uns schon nach einer Viertelstunde abzubrechen, da mahnend vom nahen Minaret herab der Ruf des Muezzin zum Gebete erscholl.

Es war der Gedächtnißtag des Todes Ali's, und der Mullah hatte eine Predigt darüber zu halten. Er bat uns, ihm in die Moschee zu folgen, und befahl einem Diener, uns Pfeifen und ein Kohlenbecken nachzutragen.

»Aber ist's denn erlaubt, in der Moschee zu rauchen?« fragte ich erstaunt unsern ehrwürdigen Begleiter.

»Warum nicht? Was kümmert sich Allah um solche Kleinigkeiten; der Glaube ist ohnehin schon genug im Wanken, und wenn man's den Gläubigen gar zu sauer macht, kommen sie gar nicht mehr in die Moschee. Macht's Euch bequem, setzt Euch nieder auf den Teppich der Andacht und hört meine Predigt!«

Wir traten in eine hohe, schöngewölbte Halle. Die weißen Wände waren bemalt mit Sprüchen aus dem Koran; besonders fiel das künstlich geschlungene »Gott ist Gott und Muhammed ist sein Prophet,« uns überall in die Augen.

Wir ließen uns ganz im Hintergrunde nieder. Vor uns saßen zahlreich versammelt die gläubigen Schiiten, Perser und Tataren, in ihren blauen Talaren und schwarzen pyramidenförmigen Mützen. Ganz im Vordergrunde kauerten in abgesonderten Reihen eine Menge alte Weiber, von Kopf bis zu Fuß in weiße Tücher gehüllt. Junge Frauen können die Moschee nicht betreten, denn im Alkoran der Schönheit und Jugend dürfen die Gläubigen nur zu Hause studiren.

Rechts von uns wurde die Halle der Länge nach durch ein sich an die Wand lehnendes, offenes Gerüst getheilt, wo der Mullah seinen Sitz hatte. Von unseren Kanzeln unterschied sich dieses Gerüst dadurch, daß es die Gestalt des Predigers in keiner Weise verhüllte.

Eine feierliche Stille lag über der ganzen Versammlung; es war, als ob man das Perlen des Wassers in den Kalljan's*)

---

*) Kalljan: persische Wasserpfeife.

hören könnte, welche einige alte Tataren in ruhiger Andacht
rauchten. Der Mullah, ein schöner, kräftiger Mann, begann
seine Predigt mit weithintönender Stimme und der Ruhe
eines Redners, der seines Erfolges gewiß ist. Er erzählte
das Schicksal der Kinder Ali's, eine Geschichte, die ich als
bekannt voraussetzen darf und deshalb nicht zu wiederholen
brauche.

Erst schilderte er den qualvollen Tod Ali's, des Feindes
Moavie's, des Hauptes der Ommejaden, wie er fiel durch
erkauften Meuchelmord.

»Schmutz,« rief er, »Fluch und Verderben auf die
Häupter der Sunniten, die ihn verfolgt und getödtet!
Muhammed, der Prophet sprach: Ali ist für mich, und ich
bin für Ali! Ali ist gleich mir, gleichwie Aaron gleich dem
Mose war. Ich bin die Stadt, in welcher alle Wissenschaft
ihren Sitz hat, und Ali ist das Thor dazu! So sprach der
Prophet; aber sie hörten auf seine Worte nicht und haben
Ali, seinen Liebling, getödtet! Weinet, Ihr Gläubigen! heulet
und wehklagt, daß es alle sieben Himmel erschüttert . . .«

Und der Ermahnung des Mullah folgte ein Geheul, wie
mir seitdem nie wieder zu Ohren gekommen. »Hei! hei! hei!«
erscholl es in jammervollen Tönen von allen Seiten her, und
wir brüllten mit nach Herzenskräften.

»Lauter!« schrie der Mullah, der in Feuer gerieth und
seine Worte mit den lebendigsten Bewegungen begleitete,
»lauter! daß die Seligen im Paradiese es hören, wo sie
wandeln in wasserreichen Gärten, angelächelt von sonnenäugi-
gen Houris!«

Und immer lauter und klagender erscholl das schauervolle
hei! hei! hei! durch der Moschee geheiligte Räume.

Aber dem Mullah schien das entsetzliche Geheul noch
immer nicht zu genügen. Sein ganzer Körper war in so
großer Aufregung, daß der ihn verhüllende Talar förmlich

flatterte, wie die Gewänder an den Statuen des barocken, aber grandiosen Bernini.

»Hier drang der mordende Stahl ein!« rief er, mit der rechten Hand auf die Brust weisend, »und da kam er blutig wieder zum Vorschein!« fügte er gedehnt hinzu, mit der linken Hand auf den Rücken deutend. »Jammert und fleht, daß Allah gnädig auf uns, und zürnend auf unsere Feinde herabsehe! daß er sie vertilge mit dem Blick seines Auges!« Und wiederum brach ein Jammersturm aus, so klagend und ohrenzerreißend, als ob alle Schakale, Wölfe und Winde des Kaukasus um die Wette heulten.

Die Weiber schlugen sich knirschend in's Gesicht, die alten Tataren schoben gröhlend ihre Kalljan's bei Seite und das hei! hei! hei! scholl in Einem fort.

Der Mullah schien befriedigt und in etwas ruhigerem Tone setzte er seine Geschichte fort und schloß mit der Schilderung des Todes Hussein's, des Sohnes Ali's, wie er mit seinem ganzen Anhange und all' seinen Kindern fiel durch die List des grausen Obeidballah, des Freundes Jessid's, aus dem Geschlechte der Ommejaden . . .

Nach geendetem Vortrage kam er auf uns zu und fragte, wie uns die Predigt gefallen habe.

»Nie,« sagte R., »hab' ich Aehnliches gehört! Ich habe geschrieen wie ein Kind vor Staunen und Wehmuth!«

»Was sollen wir sagen zu Deinem Lobe?« fügte ich hinzu. »Lobt auch der Schüler den Meister, oder das Kind den Vater? Was ist aller Ausdruck gegen den Eindruck, den Du auf uns gemacht!«

Der Mullah hörte die Aeußerungen unseres Lobes mit großem Wohlgefallen, und ehe er schied, mußten wir versprechen, ihn bald wieder zu besuchen.

Wir besahen noch im Fluge die umfangreichen Gebäude der herrlichen Moschee, welche zugleich die Schulen der Schriftgelehrten sammt den Zellen der Schüler in sich schließt. Gegenüber der großen, am Eingange offenen Halle, in welcher der Gottesdienst gehalten wurde, erhebt sich eine andere von gleicher Ausdehnung. Von diesen hochgewölbten Räumen aus läuft zu beiden Seiten arkadenartig eine Reihe von Zellen. In der Mitte des davon umschlossenen großen Platzes erhebt sich ein dicker, uralter Nußbaum, darunter eine Fontäne springt, in dessen Schatten über hundert Menschen Schutz finden können.

Unbeschreiblich ist die prachtvolle Bauart dieser großen Moschee sowohl, als auch derjenigen, welche sich innerhalb der Festungsmauern befinden, und wovon die eine jetzt in eine russische Kirche, und die andere in ein Arsenal umgewandelt ist. Die großen Kuppeln sind ganz emaillirt und mit den geschmackvollsten Arabesken verziert; ebenso ist die Façade mosaikartig aus emaillirten Backsteinen zusammengesetzt, durchschlungen von schöngezeichneten Blumengewinden und Versen aus dem Koran.

Wir besuchten die nach dem Hofraume zu offenstehenden Schulen und Zellen der Schriftgelehrten und ihrer Jünger, und hatten uns überall einer zuvorkommenden Aufnahme zu erfreuen, wobei es an komischen Scenen nicht fehlte.

Seid Ihr neugierig, das Innere einer morgenländischen Schule kennen zu lernen, so versetzt Euch in den oben beschriebenen Hofraum der Moschee, und denkt, Ihr sähet vor Euch ein kleines Theater ohne Koulissen und Vorhang.

In der Mitte kauert mit gekreuzten Beinen ein in ein weites Gewand gehüllter, langbärtiger Schriftgelehrter. Neben ihm steht der hohe, perlende Kaltjan, welchem er in langen Pausen geläuterte Dampfwolken entlockt, und rundum sitzen, ebenfalls mit untergeschlagenen Beinen, die gelehrigen Schüler, Burschen von vierzehn bis zwanzig Jahren, die sich in derselben Weise die liebevollen, wonnigen Gesänge Hafisens kommentiren lassen, wie die Jünger protestantischer Orthodoxisten das Hohelied Salomonis.

* * *

Nachdem wir uns zu Hause durch ein mäßiges Frühstück gestärkt hatten, suchten wir Obowian auf, den bekannten Begleiter Parrot's bei der Ersteigung des Ararat. Obowian ist ein talentvoller Armenier, der in Dorpat eine Art gelehrter Erziehung erhalten, und eine gründliche Kenntniß der deutschen und französischen Sprache mit in die Heimat gebracht hat, wo er mit erstaunlichem Eifer zur Bildung seiner Landsleute wirkt. Er hält fortwährend zwanzig bis dreißig Kinder bei sich versammelt, mit welchen er größtentheils deutsch spricht, und seine Schüler hatten in der That so gute Fortschritte gemacht, daß wir uns ganz geläufig in unserer Muttersprache mit ihnen unterhalten konnten. In Obowian fanden wir einen freundlichen Führer zur schnellen Beseitigung der vielen Pflichtbesuche, welche wir in der Stadt zu machen hatten.

Herzliche Aufnahme wurde uns beim Oberst von Kiel, Kommandanten von Eriwan, einem Deutschen aus den baltischen Provinzen. Er machte uns Vorwürfe, daß wir nicht bei ihm im Schlosse unsere Wohnung aufgeschlagen. »Ich komme hier so selten dazu — sagte er — die heimatlichen Laute aus deutschem Munde zu vernehmen!« Wir erzählten ihm kurz, wie wir Gastfreundschaft beim Fürsten T.... gefunden, und hörten durch ihn so ziemlich bestätigt, was uns Luka über unsern Hausherrn berichtet.

»Aber heute müßt Ihr bei mir bleiben, Kinder! — sagte der Oberst — ich lasse Euch nicht wieder fort. Auch könnt Ihr wirklich bei dem herrlichen Wetter keinen bessern Ort finden, um den Tag zu genießen. Wir sind hier im Palaste der alten Sardaare von Armenien, dem höchstgelegenen

Punkte der Stadt. In diesen selben Räumen hauste vor nicht langer Zeit der mächtige Hussein-Sardaar von Eriwan, der durch Feth-Ali-Schah zum Bettler geworden, in Persien in einem Pferdestalle sein wechselvolles Leben endete. Erst laufen wir uns müde, um Alles zu sehen, und dann wollen wir im Speisesaale des grimmigen Hussein eine deutsche Suppe essen."

Kriegskundige Reisende haben oft und mit Recht ihr Staunen ausgedrückt, daß gerade die Eroberung von Eriwan den Kaiser veranlaßte, den Eroberer Paskjewitsch Eriwansky zu nennen. Ein leichteres Heldenstück, als die Einnahme dieser Stadt, ist wohl selten vollbracht worden. Die Lage Eriwan's im Allgemeinen, und die der elenden Festung insbesondere, bietet so wenig strategische Schwierigkeiten, daß, bei der sprichwörtlichen Feigheit der Einwohner, die Eroberung der Stadt zu den leichtesten militärischen Aufgaben gehört.

Wir besahen das baumumpflanzte, einst fontänenumsprudelte Harem der alten Sardaare; die Russen haben's in ein Lazareth umgewandelt. Wo früher die schönsten Odalisken Georgiens und Persiens sich auf üppigen Polstern wälzten, und Hafisens Lieder sangen, da ließen jetzt sieche Kranke auf hartem Lager ihre Klagetöne erschallen. Die vielen Zimmer im Palaste fanden wir unbedeutend und klein für fürstliche Bewohner. Nur ein großer, gewölbter Saal, dessen Wände, Decke, Gesimse u. s. w. ganz mit Spiegelglas belegt sind, fesselte länger unsere Aufmerksamkeit. Wir fanden hier, außer vielen persischen Gemälden, welche berühmte Schah's und Heerführer, sowie Bilder aus der persischen Mythologie und Geschichte darstellen, auch ein Porträt von Katharina II. und ihrem unglücklichen Sohne, Kaiser Paul. Die persischen Gemälde blenden bloß durch ihre wundervollen Farben. In der Malerei selbst offenbaren sich nur die rohen Anfänge der

Kunst. Bemerkenswerth im Saale sind noch die schön mit Bildern nach orientalischer Weise bemalten Wände. In der Mitte des lustigen Gemachs, das nach dem Hofe zu theatralisch nur durch einen rothseidenen Vorhang verhüllt ist, springt eine Fontäne; runde, farbige Glasscheiben gewähren eine herrliche Aussicht nach der andern Seite.

Der schöne Schloßhof ist mit Alleen durchzogen, zwischen welchen Fontänen ihren Silberstaub aufwerfen.

Doch genug von diesen Monumenten unreifer Menschenkunst! Folgt mir auf den Balkon des Palastes, ich werde Euch von dort aus ein Monument zeigen, eines der schönsten, die Gott sich selber auf Erden gesetzt.

In der Ferne steigt vor uns auf die Gebirgskette des Ararat. Zwei Berge, die alle andern überragen, heben sich gewaltig daraus empor. Der zur Linken, rein konisch geformte, ist der zwölf tausend Fuß hohe kleine Ararat — der zur Rechten, dreifach gezackte, ist der majestätische Noahberg, der sechszehn tausend Fuß hohe, große Ararat. Ein in wunderbaren Farben schimmernder Eispanzer umzwängt seine breiten Schultern, und er hebt sein Haupt so hoch empor, daß man nicht weiß, ob er mehr dem Himmel oder der Erde angehört.

Von den Vorgebirgen her schlängeln sich sanft geschwellte Hügelreihen, auslaufend in weiten, üppig überwachsenen Gefilden; eben zieht eine lange Karawane von Dromedaren darüber hin; in weiter Ferne fließt, dem spähenden Auge kaum sichtbar, der Arazes; in den Lüften wiegen sich raubspähende Geier und Adler; dicht vor uns liegt der herrliche Park, durchduftet von den ersten Blumen des Frühlings, und zwischen dem Park und den Mauern des Palastes rauschen die klaren Wellen der Senghi.

Es überkam uns eine wundersame Andacht beim Anschauen dieses erhabenen Bildes. Worte vermögen solch ein

* *

»Nun, Ihr habt mir einen schönen Streich gespielt! — rief der Fürst T... uns entgegen, als wir am späten Abend nach Hause zurückkehrten — die halbe Stadt ist hier gewesen, um Euch zu sehen; der Landeshauptmann, russische Offiziere und alle Mullah's und Schriftgelehrten von Eriwan. Nicht wahr, Du?«

»W'Allah ćiladirr!« Bei Gott, so ist es! — rief der unvermeidliche Diener, dessen sich der Leser noch von der Fontäne her entsinnen wird.

Wir erzählten unserm Hausherrn, daß wir nicht umhin gekonnt hätten, den Tag beim Kommandanten zuzubringen.

»Wißt Ihr was! — entgegnete er — Ihr seid heute beim Kommandanten gewesen, ladet morgen den Kommandanten zu Euch ein! An Essen und Trinken soll es nicht fehlen; mein ganzes Haus steht Euch zu Gebote. Euer Wille ist mein Wille, was Ihr befehlt, soll geschehen! Und am besten wär' es, wenn Ihr dem Landeshauptmanne auch gleich eine Einladung schicktet; da wir doch einmal ein Festessen veranstalten, macht's nicht viel Unterschied, ob ein Gast mehr oder weniger kommt.«

Wir merkten, wo er hinaus wollte, aber versprachen seinem Wunsche Folge zu leisten. Das Trinkhorn ging wieder fröhlich im Kreise herum und wir blieben noch bis spät in die Nacht hinein beisammen.

Ich müßte ein ganzes Buch schreiben, wollte ich Euch all' unsere Erlebnisse in Eriwan auch nur skizzenweise vor die Augen führen. Doch der beschränkte Raum gebietet mir Kürze

und ich werde deshalb, ehe wir unsere Wanderung nach
Etschmiadsin, dem Sitze des Patriarchen von Armenien,
antreten, Euch nur noch von einem Besuche erzählen, welchen
wir bei Suleiman-Chan, dem vornehmsten islamitischen
Fürsten des Landes, machten. Suleiman-Chan, der
Herrscher eines großen Tatarenstammes, hatte sich, die Unmöglichkeit einsehend, dem russischen Koloß auf die Dauer
zu widerstehen, vor Kurzem freiwillig dem weißen Zar unterworfen und seit der Zeit seinen Wohnsitz in Eriwan aufgeschlagen.

Er stand hier in dem Rufe eines streng auf die Gebräuche seiner Religion haltenden, sonst aber sehr freisinnigen
und gebildeten Mannes, und die Art und Weise, wie er uns
empfing und die Unterhaltung führte, entsprach ganz unserer
vorgefaßten günstigen Meinung.

Der große, das alterthümliche Gebäude der Länge nach
durchschneidende Empfangssaal war durch einen seidenen Vorhang von dem Vorzimmer getrennt, wo die Umgebung des
Fürsten — bestehend aus etwa zwanzig schmuck gekleideten
Persern und Tataren — sich aufhielt. Das lange Gemach
hatte keine andere Verzierung, als die buntfarbigen Ringel-
fenster, welche nach zwei Seiten hin eine heitere Aussicht gewährten, und die kostbaren persischen Teppiche, womit der
ganze Fußboden überlegt war. Rund um die Wand her lief
ein prachtvoller Divan, auf welchem wir uns niederließen,
während der Fürst selbst auf einem thronartigen Sessel saß,
natürlich mit untergeschlagenen Beinen.

Suleiman-Chan, ein bildschöner Mann, damals etwa
fünfundzwanzig Jahre alt, bewegte sich mit einer fast weiblichen Anmuth und Leichtigkeit. Ich übergehe die Einzelnheiten unserer Unterhaltung, und bemerke nur, daß wir ihm
vor dem Abschiede einige Verse zum Andenken aufschreiben
mußten. Er schenkte dafür Jedem von uns ein von seiner

Hand geschriebenes Gedicht an seine Geliebte, welches mir
hübsch genug scheint, um hier eine Stelle in der Uebersetzung
zu verdienen.

An Zarema.

Welche Sterne sind wohl schöner:
Die zur Nacht am Himmel funkeln?
Oder die wie Deine Augen
Selbst des Tages Glanz verdunkeln?

Sprich, was brachte mehr Gefahren:
Dieses Grübchen auf den Wangen?
Oder jenes Netz von Haaren,
Drin Du Schlaue mich gefangen?

Bülbül*) wußte nicht, von welchem
Duft Begeisterung zu nippen:
Ob aus Schiras' Rosenkelchen,
Ob von Deinen Rosenlippen!

Ich — ich weiß es; aber nimmer
Hab' ich Bülbül's Glück genossen!
Doch mein Sang wird bald und immer
Mir eröffnen, was verschlossen!

Staunst Du, daß so wunderbare
Töne meiner Brust entklungen?
Sieh, ich habe Deine Haare,
Mädchen, um mein Herz geschlungen!

Wo zu solchem Saitenspiele
Sich des Sängers Finger rühren,
Muß der Sang zu hohem Ziele,
Muß zur Gunst der Schönen führen!

*) Bülbül, die Nachtigall.

Sieh, Zarema! Dir zum Ruhme,
Und zum Lobe Deiner Schöne,
Duftet diese Liebesblume,
Schallen meiner Saiten Töne.

Keiner wagt es wohl, die Töne
Dieses duft'gen Liedes zu tadeln —
Lesen wird es meine Schöne,
Und ihr Auge wird es adeln!

Also wird Dein Blick ein Siegel,
Das des Liedes Werth besiegelt;
Und das Lied ist selbst ein Spiegel,
Der Dein Bild schön wiederspiegelt!

* * *

Als wir zurückkehrten von unserm Besuche bei Suleiman-Chan, fanden wir unsere Behausung von einem zahllosen Volkshaufen umdrängt. Perser, Tataren, Armenier, Zigeuner, Alles wogte durch einander und lärmte unter einem ohrenbetäubenden Wirrwarr der seltsamsten Kehl- und Zischlaute, woran die semitischen Sprachen so reich sind. Wir hatten Mühe, in das Innere des Hofes zu gelangen.

»Macht Platz!« rief plötzlich mit lauter Stimme ein hochgewachsener Kisilbaschi*) — »macht Platz! Da kommen die Hadshi's, die Pilgrimme von Fränkjistan!«

Alsogleich bildete sich vor uns ein breites Spalier. »Nimm Dich zusammen — flüsterte ich R. zu — hier müssen wir prinzliche Gesichter schneiden, um die Würde des Abendlandes gehörig zu vertreten.

---

*) Kisilbaschi, Rothköpfe, werden diejenigen Perser und Tataren genannt, welche die Gewohnheit haben, ihr Barthaar roth zu färben was als eine besondere Zierde gilt.

Gemessenen Schrittes und ernstes Antlitzes gingen wir auf das Haus zu, hin und wieder sehr gnädig zur Linken und zur Rechten nach morgenländischer Weise grüßend.

In unserm Zimmer fanden wir Luka, der uns lächelnd die erwünschten Aufschlüsse über das seltsame Schauspiel draußen gab.

»Der Fürst — sagte er — hat in ganz Eriwan bekannt machen lassen, daß heute der Kommandant und der Landeschef in seinem Hause speisen werden. Da dieses nun ein bisher unerhörter Fall ist, so hat sich das Volk versammelt, um sich mit eigenen Augen davon zu überzeugen. Viele benutzen auch solche Gelegenheiten, um Bittschriften, Beschwerden und dergleichen zu überreichen, die, auf gewöhnlichem Wege befördert, selten an den rechten Mann kommen, wenn der Weg nicht mit Gold gepflastert ist.«

Bald darauf langten unsere Gäste an, wurden aber nicht, wie das bei uns üblich, vom Volke mit lauten Zurufen, Lebehochs und dergleichen, sondern mit tiefem Stillschweigen empfangen.

Bei dem Gastmahle ging es ziemlich europäisch zu, weshalb ich Euch nicht viel davon zu erzählen brauche.

Der Kommandant, ein gesetzter Mann, der vor Allem eine gute Suppe liebte, hatte zur Vorsicht seinen Koch geschickt, da er wußte, daß eine Suppe nach europäischem Geschmack zu den Unmöglichkeiten der asiatischen Küche gehört.

Der Landeschef hatte, angeblich aus Rücksicht für uns, gleiche Vorsichtsmaßregeln beobachtet, wie sein tapferer Freund, und da die beiden entsendeten Speisekünstler bei der Revision des Tafelgeschirrs verschiedene Kleinigkeiten, wie Tischtücher, Servietten, Gabeln und dergleichen vermißten, so trugen sie Sorge, alles Fehlende aus dem Service ihrer Herren zu ersetzen. Auch Gläser zum Trinken der feineren Weine waren vom Schlosse herbeigeschafft, doch wurde die Unzulänglichkeit von Weingläsern bei einem armenischen Diner bald eingesehen, und das Trinkhorn brach sich siegreich wieder Bahn.

Da fällt mir ein, daß ich bei meinen früheren Tafelschilderungen vergessen habe, eines eigenthümlichen Brauches Erwähnung zu thun, der nicht allein in Armenien, sondern auch in Georgien jedes Trinkgelag charakterisirt.

»Allah werdy!« — Gott hat's gegeben! — ruft der Trinkende, bevor er das Horn an den Mund setzt; »Jachschi Jol!« — Einen guten Weg gehe es! — entgegnet der Nachbar.

Im gewöhnlichen Leben bilden diese Worte den stehenden Trinkspruch; will man aber bei festlichen Gelegenheiten noch etwas Besonderes sagen, so muß das Allah werdy! wenigstens als Einleitung dienen. Z. B.:

> Allah werdy! Gott gab den Wein
> Zur Labung unsrer Seele,
> Zur Stärkung unserm Magen!
> Und: Jachschi Jol! Gut fließ' er ein
> In Deine durst'ge Kehle
> Mög' er Dir wohlbehagen!

Oder: Allah werdy!

> Wie die Nachtigallen an den Rosen nippen,
> — Sie sind klug und wissen, daß es gut ist! —
> Netzen wir am Weine unsre losen Lippen,
> — Wir sind klug und wissen, daß es gut ist! —
>
> Wie die Meereswellen an den Felsenklippen
> — Wenn das sturmbewegte Meer in Wuth ist —
> Breche schäumend sich der Wein an unsern Lippen,
> — Wir sind klug und wissen, daß es gut ist! —

Wie ein Geisterkönig, ohne Fleisch und Rippen,
— Weil sein Wesen eitel Duft und Glut ist, —
Zieh' er siegreich ein durch's Rosenthor der Lippen,
— Wir sind klug und wissen, daß es gut ist! —

* * *

Doch, ich eile zum Schlusse und führe Euch weg von dem heitern Mahle nach dem nur wenige Meilen von der Stadt entfernten Kloster Etschmiadsin, auf der Hochebene des Ararat. Dort hat der Katholikos, der Patriach von Armenien, seinen Sitz mit seiner ganzen Synode, bestehend aus vier Erzbischöfen und acht Bischöfen. Von hier aus wird die ganze armenische Christenheit regiert; hier ist der armenische Vatikan, und viele wunderbare Sagen knüpfen sich an die heiligen Gemäuer, deren Gründung bis zum Jahre 300 nach Christus zurückreicht.

Etschmiadsin, auf den Ruinen von Wagharschabad, einer altberühmten armenischen Hauptstadt, erbaut, hat seine Gründung dem großen Apostel Armeniens, Gregorius dem Erleuchter, zu danken. Nach der Sage erschien an der Stelle, wo der Hauptaltar der Klosterkirche steht, Christus dem Gregor, und befahl ihm eine Kirche zu bauen zur Ehre des welterlösenden Glaubens. Daher der Name des Klosters: Etschmiadsin, d. i. »es stieg herab der Eingeborene.«[1]) Seit seiner Gründung ist das Kloster der Sitz eines Patriarchen gewesen, und seine Mauern umschließen die ganze Geschichte des Christenthums in Armenien. Die Hauptgebäude bestehen aus der eigentlichen Mönchswohnung, der Patriarchalkirche, dem Pilgerhause und dem Waarenhause. Eine von vier Thoren durchbrochene Mauer umschließt das Ganze.

Noch ist der Ararat wegen des eingetretenen Thauwetters unzugänglich, und wir müssen, ehe wir unsere Weiterreise antreten, Schutz suchen im Kloster Etschmiadsin. Doch um weilen zu dürfen in den heiligen Hallen, wo wir uns in der weltberühmten Sammlung von Büchern und Manuscripten reiche Ausbeute versprachen, ist es nöthig, zuvor Gastfreundschaft vom Erzbischof-Stellvertreter des Katholikos zu erflehen. Den Katholikos selbst, den fast achtzigjährigen Narses, hatte ich schon früher in Moskau kennen gelernt, wo er sich seit längerer Zeit aufhielt.

Mit einem glänzenden Reitergefolge, bestehend aus Kosaken, Kurden, Tataren und Armeniern, treffen wir ein vor den Mauern von Etschmiadsin.

Unser freundlicher Führer Obowian hat die Güte, unsere Ankunft zu verkünden.

Der ehrwürdige Erzbischof empfängt uns, umgeben von einigen Bischöfen und Mönchen. R. überläßt mir die Anrede.

Ich trete auf den stattlichen Greis zu, küsse seine Hand und sage: »Heiliger Vater! Der Vogel hat sein Nest und das Thier hat seine Höhle — aber der hilflose Mensch hat nicht wohin er sein Haupt lege!«

Der Erzbischof antwortete: »Fremdling! was sagt der Dichter: wenn ein Gast bei Dir einkehrt, so wasche seine Füße und breite Teppiche aus, daß er niedersitze und ausruhe an Deinem Herde. — Mein Haus ist Dein Haus!«

Ich nehme wieder das Wort und sage: »Ja, ehrwürdiger Vater! Gastfreundschaft macht die Wüste zum Rosengarten, aber Feindseligkeit macht den Rosengarten zur Wüste!«

Der Erzbischof drückt warm meine Hand und entgegnet: »Fremdling! Du sprichst schon sehr weise für Deine jungen Jahre!«

»Heiliger Vater! Meine Weisheit ist nur ein Abglanz von der Deinigen, denn Deine Worte fallen auf mich nieder süß wie auf die Kinder Israel das Mannah in der Wüste!«

11*

Der Alte wendet sich lächelnd zu den Umstehenden, flüstert einem Bischof etwas in's Ohr, ergreift abermals meine Hand und spricht: »Junger Pilgrim! Du streuest Blumen aus Deinem Munde!«

»Heiliger Vater! Was kann ich thun, als wandeln auf den Blumen, die Du vor mir herstreuest? Was bin ich gegen Dich? Was ist ein Tropfen gegen das Meer, was ein Staubkorn gegen die Wüste, was eine Nachtlampe gegen die Sonne! Dein' Wille ist mein Wille!«

* * *

Und ein fürstliches Gemach wurde uns bereitet im Kloster zu Etschmiadsin, dem Sitze des Patriarchen von Armenien, auf der Hochebene des Ararat.

Vierzehntes Kapitel.

Ein Blick auf Land, Volk und Kirche von Armenien.

Wie der Ararat, der majestätische Noahberg, einst der Ring war, daran sich die Schicksalsfäden des menschlichen Geschlechtes hingen, gleichsam der Vermittler zwischen Himmel und Erde, so war Etschmiadsin, das uralte Kloster zu seinen Füßen, die feste Burg, darin das Christenthum seit mehr als anderthalb Jahrtausenden Schutz und eine bleibende Stätte fand. Und wie am Ararat sich die Wellen der Sündflut brachen, also brachen sich an den Mauern von Etschmiadsin die Völkerwogen, welche, geleitet von der Fahne Muhammed's, einst diese Lande überschwemmten.

Das alte Armenien — von den Eingeborenen selbst Hajastan, d. i. Land der Haïghk, genannt — reichte von Westen nach Osten: vom Euphrat bis zu der persischen Provinz Aserbéidshan und zum Zusammenflusse des Kur mit dem Araxes; und von Süden nach Norden: von Mardin und Nisibis aus bis an das alte Chaldäa oder das heutige Paschalik Trapezunt, sammt Achalzich und dem Kurfluß. Später wurde auch das östliche Kappadozien, sowie Cilicien von Armeniern bevölkert und konnte als ein Theil von Hajastan betrachtet werden.

Als Stammvater der Armenier und Stifter ihres Reichs nennt die Sage den Haïghk — einen Urenkel Japhets — der um die Zeit des babylonischen Thurmbaues sich am Ararat niedergelassen haben soll. Von ihm leitet das Volk seinen Namen Haïghk her. Der Name Armenien, abgeleitet von dem Könige Aram (?), einem Nachkommen des Haïghk, war bis auf den heutigen Tag nur bei Ausländern gebräuchlich. Unter den Nachkommen des Aram machte sich besonders Tigranes I., ein Zeitgenosse des Cyrus, als weiser Gesetzgeber und als Erbauer von Digranakerdt (Tigranocerta) bemerkbar. So dauerte das Reich in theilweiser Abhängigkeit von Assyrern, Medern und Persern fort, bis der letzte König aus dem Geschlechte des Haïghk, 328 vor Christo, im Kampfe gegen den macedonischen Alexander um's Leben kam. Seit der Zeit herrschten Statthalter über Armenien, welche zuerst von Alexander, und dann von den Seleuciden, eingesetzt wurden, und nur dem Scheine nach unabhängig waren, bis es endlich dem Artasches, der den Hannibal bei sich aufnahm und nach dessen Plane Artaschad erbaute, gelang, sich gänzlich unabhängig zu machen. Doch dauerte diese Unabhängigkeit nicht lange, denn bald wurden die Parther von Balk aus so mächtig, daß Arschag II. auf seinem großen Eroberungszuge auch Armenien unterwarf, im Jahre 149 vor Christo, und seinen Bruder Wagharschag zum Könige über das Land einsetzte. Mit ihm begann die zweite Linie der armenischen Könige, die Dynastie der Arsaziden, eine Nebenlinie der persischen Arsaziden.

Die Herrschaft der ersten Könige aus dem Hause der Arsaziden bildet die eigentliche Glanzepoche Armeniens. Unter ihrem friedliebenden Szepter blühte das Land zu Wohlstand, Größe und Macht empor, bis Tigranes II. sich mit dem pontischen Könige Mithridates gegen die Römer verband und durch seine kriegerischen Gelüste Armenien zum Schauplatz der langen Kämpfe zwischen Römern und Parthern machte, wodurch es wieder in Armuth und Unglück versank.

Aus jener Zeit findet man noch heute Reste von Heerstraßen und Brücken, welche die Römer auf ihren Kriegszügen gegen die Parther in Armenien gebaut. So groß waren die Verwüstungen, welche das unglückliche Land zu erdulden hatte, und so schnell folgte hier ein Eroberer dem andern, daß man sagen könnte, Armenien glich einer Schneewüste, wo die Fußstapfen derer welche hindurchgewandert, die einzigen Anhaltpunkte zur Forschung waren.

Während jener Zeit der Verwirrung, in welche Nord-Armenien seit dem Jahre 34 vor Christo gestürzt war, gründete ein Bruder des Tigranes in den südlichen Provinzen ein kleines Reich, welches er seinem Sohne Abgar hinterließ. Es ist dies derselbe Abgar von Edessa, welcher durch seinen angeblichen Briefwechsel mit Christo in der Kirchengeschichte bekannt geworden ist. — Einem seiner Nachkommen, Artasches II., gelang es um das Jahr 78 nach Christo, mit persischer Hülfe das ganze Armenien wieder unter sich zu vereinigen und durch eine weise, friedliche Regierung das Land zu neuem Wohlstande zu erheben. Zu den wohlthätigen Einrichtungen, welche man ihm zu verdanken hat, gehört vor Allem die Gründung einer Menge Schulen, in welchen, in Ermangelung armenischer Buchstaben, persische und assyrische Schrift gebraucht wurde. Das Unglück wollte es, daß der neu aufblühende Volkswohlstand Armeniens anderthalb Jahrhunderte später wieder dynastischem Interesse geopfert werden sollte. Unter Chosrow geschah es im Jahre 226, daß Artaschir, Sohn des Sassan, die in Persien herrschende Linie der Arsaziden vom Throne verdrängte, wodurch die Dynastie der Sassaniden begann, die, als eine natürliche Feindin der armenischen Arsazidenlinie, Alles aufbot, diese zu stürzen und das Land dem persischen Scepter zu unterwerfen. Was Gewalt nicht vermochte, mußte heimtückische List vollbringen. Artaschir, von Chosrow besiegt, suchte sich seines

gefürchteten Gegners durch Meuchelmord zu entledigen, und
Anag, selbst ein Sprößling des Arsaziden-Stammes, war
es, der, gelockt durch die glänzenden Versprechungen Artaschir's, die schändliche That vollbrachte. So fiel Chosrow
im Jahre 256 auf Veranlassung seines überwundenen Gegners
durch Meuchelmord. Der Sohn des Gemordeten, Dertad
(Tiridates), entkam glücklich nach Rom, während Anag,
der Mörder, wieder gemordet wurde. Anag's neugeborenes
Söhnlein aber, Gregor, wurde durch seine Amme, welche
heimlich Christin war, nach Cäsarea in Kappadozien gerettet. Bald darauf fiel ganz Armenien wieder unter persische
Herrschaft.

Wir sind jetzt bei dem Zeitpunkte angelangt, wo die
Ausbreitung des Christenthums in Armenien beginnt, dessen
Apostel Gregor, der Sohn desselben Anag, welcher
Chosrow ermordete, zu werden berufen war. — Dertad
(Tiridates), genannt der Große, kehrte im Jahre 286,
also 30 Jahre nach seiner Flucht, in die Heimat zurück,
vertrieb mit römischer Hülfe die Perser, und unter seiner
kräftigen Regierung wuchs Armenien auf kurze Zeit zu neuem
Wohlstande empor. Er selbst nahm im Jahre 302 die christliche Religion an und zwang das ganze Volk, seinem Beispiele zu folgen.

Bevor wir jedoch die Einzelnheiten dieses plötzlichen,
nicht durch Ueberzeugung, sondern gewaltsam herbeigeführten
Glaubens-Umschwungs schildern, ist es nöthig; einen Blick
auf den alten, heimischen Glauben der Armenier zu werfen,
welcher durch das Christenthum verdrängt werden sollte. —
Schon im ersten Jahrhunderte nach der Geburt unseres Heilandes waren Versuche gemacht worden, der neuen Lehre Eingang in Armenien zu verschaffen; die Versuche wurden wiederholt im zweiten Jahrhunderte, aber die Apostel des Evange-
liums mußten das Land wieder verlassen, ohne daß es ihnen

gelungen wäre, die Einwohner von ihrem parsischen Feuerdienst abtrünnig zu machen. Dieses kann um so weniger Wunder nehmen, wenn man bedenkt, wie verunstaltet und verderbt die reine Lehre Jesu schon in den ersten Jahrhunderten durch die ungeschulten Priester wurde, welche auswanderten, sie in den Ländern des Kaukasus und Kleinasien zu verbreiten. Es bedurfte daher, wo die Macht der Ueberzeugung nicht ausreichte, roher Gewalt, um die Armenier ihrem alten, poetischen Sonnendienst zu entfremden und ihnen den neuen Kultus aufzudringen. Derselbe König Dertad (Tiridates), welcher diese rohe Gewalt ausübte und in den letzten Jahren seines Lebens dem Christenthum mit so glühender Begeisterung anhing, war früher der hartnäckigste Verfolger desselben gewesen. Man schreibt die Grausamkeit, mit welcher der große Eroberer in den ersten Jahren seiner Regierung die Christen verfolgte, dem Umstande zu, daß Gregor, der zuerst das Christenthum in Armenien predigte, ein Sohn Anag's gewesen, des Mörders seines Vaters Chosrow, und daß er, um den Tod seines Vaters an dem Sohne des Mörders zu rächen, Gregor in einen tiefen Brunnen werfen ließ, wo derselbe dreizehn Jahre hindurch bei elender Kost und unter unsäglichen Qualen zubrachte.

Die Religion, gegen welche das Christenthum, nicht zu seiner Einführung, sondern zu seiner Befestigung in Armenien, den hartnäckigsten Kampf zu bestehen hatte, war der Sonnen- oder Feuerdienst, in seiner ursprünglichen Reinheit die am meisten poetische aller Religionen, denn die Liebe aller Menschen bildet seine Grundlage, der endliche Sieg des Guten über das Böse auf Erden seine Hoffnung und die ewige Versöhnung im Tode seinen Trost. Zoroaster wollte, daß seine Jünger keinen anderen Haß nähren sollten, als gegen den Feind, den jeder Mensch mit sich trägt: die bösen Gelüste in der eigenen Brust.

Er wollte ferner, daß die Furcht vor ewiger Verdammniß den Menschen nicht zur Verzweiflung treibe. Darum war selbst dem ärgsten Sünder die Hoffnung auf einstige Seligkeit nicht ganz genommen. Und kann man bei dem allen Menschen innewohnenden Bedürfniß der Verehrung einer höheren Macht über uns, und bei dem ferneren Bedürfniß, einen auch dem äußeren, sinnlichen Auge sichtbaren Anhaltspunkt für diese Verehrung zu haben, ein schöneres Symbol der Gottheit finden, als das reine, Alles belebende und befruchtende Sonnenlicht? Darum hebt der Parse, wenn er betet, sein Antlitz zur Sonne empor, weil sie dem sinnlichen Auge das herrlichste Symbol der Herrlichkeit des Schöpfers ist. Aber sie ist nicht das Ziel der Anbetung des Parsen — sie ist nur der vermittelnde Anhaltspunkt der Verehrung Dessen, Der sie geschaffen. Darum müssen, wenn die Sonne untergegangen, oder durch Wolken dem Blicke entzogen wird, Mond und Sterne, oder künstlich erzeugtes Feuer ihre reine Glut ersetzen. Denn weil der Parse einen zu hohen Begriff von der Gottheit hat, um sich dieselbe unter menschlicher Gestalt zu denken, betrachtet er das Feuer, das anscheinend körperlose und doch dem Auge sichtbare, als Ausfluß des Geistes und der Kraft Gottes, als reinstes Symbol der unaufhörlich schaffenden, allwirkenden, belebenden Gottheit. — Dem Feuer selbst göttliche Ehre zu erweisen, wie es in der Verderbtheit des Parsismus geschah, war ganz gegen den Geist der Lehre Zoroaster's, nach welcher die ewige Gottheit in Ormusd als Schöpfer alles Guten verehrt wird, und diese Anbetung ist Anfang und Ende alles heiligen Dienstes.

Zoroaster's Lehre theilt die ganze Welt in zwei innerlich getrennte Sphären des Guten und des Bösen, des Lichtes und der Finsterniß, die in fortwährendem Kampfe mit einander begriffen sind. Von dieser wirklichen Welt bildet sie ein ideales, unsichtbares Urbild ab, wo sie dem Kampfe entrissen, in ewiger

Reinheit erscheint. Alles, was ist, war und sein wird, jeder Mensch und jedes andere Wesen, war von Urbeginn noch einmal geistig, dem sinnlichen Auge unsichtbar, vorhanden, als sein eigenes Urbild, als sein Genius, als sein Ferver. Diese Ferver oder Genien sind der eigentliche Uebergang von dem, was wir Substanz nennen, zum ursprünglichen Schöpfergedanken der Substanz. Etwa wie des Künstlers Gedanke der Verwirklichung des Kunstwerks oft Jahre lang vorhergeht, so sind die Ferver gleichsam die Urgedanken, die reinen, geistigen Abdrücke aller künftigen Wesen und Geschöpfe. Wie z. B. Ormusd's, des schaffenden Gottes Gedanke, Zoroaster's Ferver oder Genius schuf, so war dieser noch nicht Zoroaster, sondern enthielt nur das ganze geistige Bild von dem, was Zoroaster bestimmt war, dereinst zu werden. Alle Gedanken Ormusd's werden solchergestalt zu geistigen Individualitäten, und können Jahrtausende leben und wirken, ehe sie mit realen, irdischen Geschöpfen vereinigt werden. Daher kommt es, daß die alten Philosophen, die von der Weisheit des Orients geschöpft, den Geist lange vorher leben und wirken lassen, ehe er mit dem Körper verbunden wird, daß sie ihn göttlichen Ursprungs und Geschlechtes sein lassen und sagen, im Tode gehe er wieder dahin, von wo er gekommen.

Diese Ferver oder Genien der wirklichen Wesen sind aus Ahuramazdao's Lichtwesen hervorgegangen und stehen in einer ewigen Harmonie, gleichsam in einer himmlischen Hierarchie neben- und untergeordnet um Ahuramazdao, dessen Reich sie bilden. Hiernach ist also das Urfeuer oder das göttliche Feuer der Lichtwelt Ahuramazdao's, welches nach der Lehre der Parsen gleichsam als Keim zu aller Schöpfung in der unendlichen Gottheit seit Ewigkeit vorhanden gewesen, wohl zu unterscheiden von dem durch dieses Urfeuer entstandenen materiellen, sichtbaren Feuer, so wie von der allem Erschaffenen innewohnenden Glut, wie sich solche offenbart im Geiste des

Menschen, im Glanz der Sonne, im Glühen der Rose, im Auge der Schönheit. Weil aber das göttliche Feuer der Allschaffung und Allbelebung unsichtbar ist, so mußten Tempel zur Feuerverehrung, von den Parsen Dad-Gah's genannt, errichtet werden.

Da also den Parsen das Feuer so heilig sein sollte, so mußte der Gesetzgeber auf die Entweihung desselben harte Strafen setzen. Der bloße Hauch des Mundes verunreinigt es, denn Alles, was vom Menschen ausgeht, ist unrein; Wasser nimmt die äußere Unreinigkeit hinweg, nicht aber die innere. Wer mit dem Munde das Feuer ausbläst, ist des Todes schuldig. Die mannigfachen Läuterungsceremonien eines entweihten Feuers zeugen von dessen ausnehmender Heiligkeit bei den Parsen. — In allen Dingen sucht der Gesetzgeber die Natur in ihren Wirkungen nachzuahmen. Wenn ein Baum verunreinigt ist, so wird er durch sich selbst wieder rein, weil der Saft, der ihm Nahrung und Wachsthum giebt, ihn auch durch allmälige Verwandlung seiner Bestandtheile reinigt. Ein verunreinigtes Feuer aber muß durch andere hindurchgeführt werden, um jene stufenweise Umwandlung in den Pflanzen nachzubilden oder zu ersetzen.

Von den beiden innerlich getrennten Sphären, welche in äußerem Zusammenhange, nach der Lehre Zoroaster's, das Weltall bilden, ist die eine Ormusd, dem aus der Zeit ohne Ende hervorgegangenen Gotte der Lichtwelt, und die andere Ariman, dem Dämon des Bösen, unterthan. Die Welt des Ormusd zerfällt wieder in die himmlische und irdische, in Geist und Materie. In seinem Geisterreiche haben den höchsten Rang die 6 Amschaspands, oder Fürsten der reinen Geister, die seinen Thron umgeben. Ihnen folgen die Ised's, oder die guten Geister zweiter Ordnung, die Ormusd geschaffen hat zum Segen der Welt, zu Richtern, zu Schutzangen des reinen Volks.

Zu der Lichtwelt Ormusd's, des Schöpfers aller Dinge, bildet Ariman's Reich gleichsam den dunklen Gegensatz. Ormusd ist der Gott und Ariman der Teufel der Parsen. Der himmlischen Hierarchie des Ersten ist eine höllische Hierarchie des Anderen entgegengestellt. Wie Ormusd von 6 guten, so ist Ariman von 6 bösen Geistern (Darudsch) umgeben, und diese haben wiederum zahllose andere böse Geister geringerer Ordnung unter sich. Von ihnen kommt alles Unglück auf Erden; jeder ist eine Quelle besonderer Uebel. Jedes Laster, jede Thorheit, jede Plage, jede Krankheit hat ihren Dew oder bösen Geist, gleichwie jede Tugend, jedes Große und Schöne seinen Amschaspand oder Ised hat.

In diesem beständigen Kampfe guter und böser Geister, Menschen und Kräfte, liegt nun die Mischung des Guten und des Bösen, wie sie in der Welt sichtbar ist. Diese Welt der Uebel ist — nach Zoroaster's Lehre — unter gute und böse Elemente vertheilt, die einander bekämpfen, bis das Böse von dem Guten überwunden wird. Darum betrachtet sich jeder Parse als einen Krieger aus dem Volke des Ormusd, und darum kann er nicht sündigen, ohne alle guten Geister zu beleidigen, und kein Verbrechen begehen, ohne selbst ein Dewmensch, ein Glied in der Welt der Finsterniß des Ariman zu werden. Eben so machen auch die körperlichen Reinigungen einen wesentlichen Bestandtheil des Gesetzes aus, denn es steht geschrieben: nur in einem reinen Körper kann eine reine Seele wohnen. Wie das Licht das Wesen von Ormusd's Reiche ist, so soll auch der Parse sein wie dasselbe, Alles reinigend, wie sein Körper, das Feuer, damit die ganze Schöpfung Ormusd's wieder Licht werde.

Wo die wasserarmen, wildzerklüfteten, vielgegipfelten Höhenzüge des Kaukasus hinabsteigen in's kaspische Meer, hinter der Tatarenstadt Baku, auf der schnabelförmigen Halbinsel Apscheron, befindet sich das berühmte ewige Feuer, mit dessen Flammen noch heute die Gebete der letzten Jünger Zoroaster's in diesen Landen, zum Himmel auflodern. Den Mittelpunkt des hier stattfindenden Feuerdienstes bildet der innere Raum einer umfangreichen, blendend weißen Mauer, welche von vier thurmartigen Röhren überragt wird, aus deren Oeffnung die vier größten Flammen in wunderbarer Pracht hervorbrechen. Besonders zur Nachtzeit, wo diese Feuersäulen den irrenden Schiffern auf dem Meere zugleich als Leuchtthürme dienen, ist der erhabene Anblick, den sie gewähren, von unbeschreiblich bezaubernder Wirkung. Außer den vier Hauptflammen im Innern des Gemäuers springen rings um die Mauern her in weiter Ausdehnung noch eine Menge anderer Flämmchen, so daß zu Zeiten die ganze Gegend in ein Feuermeer umgewandelt erscheint. Aber die Menschen, welche beten an diesen Feuern, sind nur dem Namen nach noch Jünger Zoroaster's, dessen erhabene Lehre unter ihren Händen zu entwürdigendem Götzendienste herabgesunken ist. Die Religionen sind mit Strömen zu vergleichen, welche durchsichtig und klar an ihrer Quelle, immer trüber und schlammiger werden, je weiter sie sich von ihrem Ursprunge entfernen.

* * *

Aus dem Zusammenstoß des Feuerdienstes mit dem Christenthum und dem Judenthum in Armenien entsprangen verschiedene Sekten, als deren wichtigste die Manichäer und die Sekte des Masdak hier zu nennen sind.

So lange die armenische Kirche noch gegen die Sekten zu kämpfen hatte, die sich aus ihrem Schoße erzeugten, blieb Frische und Leben in ihr. Der später eintretende und bis jetzt fortdauernde innere Stillstand aber war ihr verderblich, als alle Verfolgungen und Eroberungszüge der Perser, Tataren und Türken.

Ueberhaupt bildet Armenien einen wundersamen Gegensatz zu jenen Ländern, wo mit der Einführung des Christenthums gleichsam eine neue Aera des Segens und der Civilisation beginnt.

Es stand geschrieben im Buche des Schicksals, daß in Armenien das Christenthum die Nation ihrem politischen Untergange entgegenführen sollte. Vor dem sanften Hauch der Lehre Jesu schien das kriegerische Feuer des alten Volks der Haïghk zu erlöschen, und einem großen Theil seiner Söhne blieb nur die Wahl, dem neuen Glauben oder ihrer alten Heimat untreu zu werden; sie konnten dem Einen nicht anhangen, ohne das Andere zu meiden. Wie die Kinder Israels vom Schicksale verfolgt und zerstreut wurden unter alle Völker der Erde, wie sie einheimisch wurden auf fremdem Boden und Fremdlinge in ihrer eigenen Heimat, weil sie Jesum verleugneten, so traf die Armenier ein gleicher Fluch, weil sie Jesum bekannten und ihm anhingen.

Diese massenhaften Auswanderungen begannen schon im fünften Jahrhunderte, nachdem das Volk durch seine Religionskämpfe bereits die schlimmsten Prüfungen zu bestehen gehabt hatte. Denn für die benachbarten Perserkönige war die Einführung des Christenthums in Armenien ein neuer Grund des Hasses und der Verfolgung und ist es geblieben bis auf den heutigen Tag. Dazu kam, daß im Lande selbst eine Menge mächtiger Fürstenfamilien, welche das Christenthum schon deshalb haßten, weil es ihnen gewaltsam aufgedrungen war, nach Tiridates Tode die Maske abwarfen und gemeinschaftliche Sache mit den Persern machten. So ward denn das unglückliche Land abermals zum Schauplatz unsäglicher Zerrüttung, die noch vermehrt wurde durch schlechte Könige. Endlich theilte Theodosius der Große das Reich mit den Persern, im

Jahre 387, und nach und nach unterlag es dem wachsenden Einfluß der Perser so sehr, daß der persische König Bahram V. den letzten König Artasches IV. ganz absetzte, und Armenien in eine persische Provinz verwandelte. Dieses geschah im Jahre 428, und mit dem Sturze Artasches IV. erlosch die Herrschaft der Arsaziden auf immer. Aber es genügte den Perserkönigen nicht, das Land unterworfen zu haben, sie wollten auch die christliche Religion ausrotten, und je größer der Widerstand des Volkes war, desto hartnäckiger und blutiger wurden ihre Verfolgungen. Die ausdauernde Treue, mit welcher die Armenier dem ihnen noch neuen Glauben anhingen, gegenüber den Leiden und Grenelscenen, die sie deshalb zu erdulden hatten, verdient unsere ganze Bewunderung, und bemerkenswerth ist, daß eben in jene Zeit der Kämpfe und wilden Bewegung die Glanzepoche und Blüte der armenischen Literatur fällt. Denn im fünften Jahrhundert lieferte Mesrop, der Erfinder des armenischen Alphabets, seine berühmte Bibel-Uebersetzung; im fünften Jahrhundert schrieben Moses von Chorene, Sahag und Wartabed Elisäus ihre unsterblichen Werke. Die Schüler Mesrop's und Sahag's,¹⁵) welche den Beinamen die heiligen Dolmetsche führen, legten durch ihre Uebersetzungen aus dem Griechischen den Grund zu der eigentlichen armenischen Literatur, denn bis zur Bibel-Uebersetzung des Mesrop hatte man sich des Assyrischen als Schriftsprache bedient.¹⁶)

Der heldenmüthige Widerstand, mit welchem die Armenier in den ersten Jahrhunderten ihren neuen Glauben vertheidigten, ist um so bemerkenswerther, wenn man erwägt, daß sie bis auf den heutigen Tag von dem Christenthum wenig mehr kennen gelernt haben, als die Aeußerlichkeiten und kirchlichen Formen.¹⁷) Freilich war es den Armeniern nicht, wie früher den römischen Katholiken, verboten, die Bibel zu lesen, aber die armenische Kirchensprache, in welcher Mesrop seine Bibel-

Uebersetzung geschrieben, ist nur den Gelehrten verständlich, und deren giebt es in Armenien sehr wenig, so daß man mit Recht sagen kann: die römischen Katholiken können die Bibel lesen, aber dürfen es nicht — und die armenischen Katholiken dürfen die Bibel lesen, aber können es nicht.[18])

Ein schwacher Hoffnungsstrahl fiel auf das unglückliche Land, als im Jahre 632 die persische Monarchie zusammenbrach. Bei den ihnen durch den christlichen Glauben verbundenen Griechen hofften sie Schutz und Sicherheit zu finden gegen die wachsende Macht der arabischen Chalifen. Allein das vielgeprüfte Armenien wurde wiederum zum Schauplatz der Kriege zwischen Arabern und Griechen. Bald hatte es griechische, bald arabische und bald einheimische Statthalter in fremdem Sold. Den karg zugemessenen Zeiten der Ruhe folgten wieder Stürme unsäglicher Verwüstungen und Zerstörungen, wie z. B. die des türkischen Sklaven Bugta, der um die Mitte des neunten Jahrhunderts an der Spitze eines arabischen Heeres in Armenien einzog und Tausende des Volkes und seiner Edlen mit gränzenloser Blutgier, blos ihres Glaubens wegen, hinschlachtete.

Unter all diesen Scenen des Elends erstarkte nach und nach eine Fürstenfamilie, jüdischen[19]) Ursprungs, die der Sage nach bei der babylonischen Gefangenschaft aus Judäa nach Armenien gekommen war — die Familie der Bagration. Aschod I. aus dem Hause der Bagratiden stieg so in Ansehen, daß der Chalif Motawakkel ihn zum »Fürst der Fürsten«, und Motamed im Jahre 885 ihn gar zum König krönen ließ. Auch die Griechen erkannten ihn an. Unter der Herrschaft der Bagratiden blühte Armenien auf kurze Zeit wieder auf, aber der Baum seiner Wohlfahrt sollte nur Früchte tragen, um sie, ehe sie zur Reife gediehen, wieder verdorren zu sehen. Im Jahre 1079 fiel der letzte König aus dem Hause der Bagratiden durch Meuchelmord, und seit der Zeit

knüpft sich die Geschichte des Landes wieder nur an die Schritte
der Eroberer, die das Land durchzogen.

Und leider begegnen wir, wenn wir vom Schlachtfelde
den Blick in die armenischen Kirchen und Patriarchensitze
schweifen lassen, hier keinen erfreulicheren Bildern, als dort.
Ein ehrwürdiger Missionär sagt in seinen Denkwürdigkeiten
über die Geschichte jener Zeit: »Die türkischen Häuptlinge
des Staats und die armenischen Häuptlinge der Kirche wetteifern mit einander in Rohheit und schlimmen Begierden; die
Paschas und die Veziere saugen die Patriarchen aus, und die
Patriarchen ihrerseits saugen das Volk aus, so daß es schwer
ist, zu entscheiden, was verächtlicher erscheint, ob die blinde
Grausamkeit der türkischen Gewalthaber, oder das heuchlerische
und habsüchtige Treiben der Priester von Etschmiadsin.«

Die christliche Lehre kam von den Griechen und Syrern
nach Armenien zu einer Zeit, wo der Geist der reinen Lehre
Jesu schon schwächer zu werden, und die Richtung einer falschen
Aszetik auf der einen Seite, und das Zufriedensein mit einem
äußeren Mundbekenntnisse auf der anderen Seite, in den
Kirchen Wurzeln zu schlagen begann. In dieser Weise nahm
auch Armenien gleich von vornherein den Sauerteig in sich
auf, der nach und nach die ganze Kirche durchdrang und
durch Menschensatzungen das reine Evangelium von der Versöhnung und Heiligung des Sünders gänzlich verdunkelte.[20])
Außerdem blieben die Armenier bis zum chalzedonischen Konzil
451 mit den Griechen in der innigsten Verbindung, und ihre
kirchlichen Gebete, Agenden und Gesänge bildeten sich meist
ganz nach denen der Griechen und Syrer. Im zwölften
Jahrhundert näherten sich aber auch die römischen Katholiken
und machten nicht nur Proselyten unter den Armeniern, sondern übersetzten auch viele Schriften und einzelne Systeme
ihrer scholastischen Theologie. Diese scholastische Lehrart aber,
wobei man eine spitzfindige Dialektik zur Bestimmungsregel

und zum Beweisgrunde biblischer Lehren erhob, hat unendlichen Schaden gestiftet, und auch unter den Armeniern die lebensvollsten Lehren des Christenthums zu einem todten Gewebe unfruchtbarer Syllogismen gemacht.

Die Armenier halten sich an das Nicäische Glaubensbekenntniß; aber bezüglich des großen und langen Streites über die **zwei** Naturen in Christo, erklärten die beiden angesehensten Kirchenlehrer, **Nerses Schnorhali** und **Nerses von Lambron**, daß die armenische Kirche nicht dem Eutyches folge, sondern sich gründe auf die Schriften des rechtgläubigen **Cyrill von Alexandrien**. Der Erste sagt: »Wir glauben, daß Gott das Wort, welches vor aller Ewigkeit vom Vater geboren, unsichtbar, alles Leidens unfähig und unsterblich ist, und unsere Natur vollkommentlich angenommen hat von der Jungfrau und vereinigt mit der göttlichen Natur ohne Vermischung und in unzertrennlicher Vereinigung — daß also der Unsichtbare nach der Gottheit, sichtbar ward nach der menschlichen Natur, und der Unberührbare berührbar. .... Und so bringen wir nicht, nach dem Eutyches und seinen Anhängern, (die zwei Naturen) in Eine Natur zusammen mit **Vermischung und Veränderung**.«

Der Andere sagt: »Wir sprechen nicht vom Fleisch-gewordenen Worte »Eine Natur« so, daß wir die Eigenschaften der Wesenheit verwischen, sondern nach der unaussprechlichen Vereinigung **Beider** zu Einer Persönlichkeit und Göttlichkeit. Wir sagen Eine Natur in Christo, nicht mit Vermischung nach dem Eutyches, sondern nach **Cyrill von Alexandrien** gegen den **Nestorius**, daß des Fleischgewordenen Wortes Natur Eine sei, wie auch die Väter gesagt haben.« ec.

Die von ihnen für die am wichtigsten gehaltenen Punkte, über welche die Armenier den römischen Katholiken Vorwürfe machen, sind:

1. daß der Papst das Haupt der Kirche sei,
2. daß der heilige Geist vom Vater und Sohn ausgehen solle,
3. daß sie die Taufe mit bloßen Besprengungen verrichten,
4. daß sie den Weibern die Nothtaufe zu verrichten erlauben,
5. daß sie viel Messen auf einmal in einer und derselben Kirche halten,
6. daß sie nicht ein, sondern viele Brode zum Abendmahl segnen,
7. daß sie Wasser in den Kelch mischen,
8. daß sie den Laien den Kelch entziehen,
9. daß sich der Papst die Füße küssen läßt,
10. daß man den Petrus über alle Apostel erhebt,
11. daß sie ein Fegefeuer annehmen 2c. 2c.

Der Unterschied der armenischen Kirche von der griechisch-russischen ist ein so unwesentlicher, daß es dem russischen Kaiser nicht schwer fallen wird, das eifrig begonnene Bekehrungswerk in den armenischen Provinzen seines Landes in kürzester Zeit zu vollenden.

Mit Mechitar,[1]) dem Gründer des berühmten Kollegiums der Mechitaristen, begann eine neue Epoche wissenschaftlicher Aufklärung unter den Armeniern. Die Mechitaristen waren die ersten, welche bessere Grammatiken der alten Sprachen und Kompendien der ganzen Philosophie lieferten, geschichtliche und naturhistorische Werke des Abendlandes übersetzten, und durch Wörterbücher und Grammatiken den Armeniern den Weg zur italienischen, französischen und englischen Sprache öffneten.

Das Oberhaupt der ganzen armenischen Christenheit ist der von einer aus 4 Erzbischöfen und 8 Bischöfen bestehenden Synode umgebene Katholikos von Etschmiadsin. Die Fäden seiner geistlichen Herrschaft laufen vom Hochlande des Ararat durch Persien bis nach Ostindien, und das kaspische Meer entlang durch die donische Steppe über Rußland und Polen hinaus — und über den Pontus Euxinus durch die Türkei nach Konstantinopel, bis hinunter nach Egypten und Palästina — kurz, über die ganze Erde sind die Armenier ausgebreitet, ein heimatloses Volk, dem in der Geschichte der Japhetiden dieselbe Leidensrolle zugefallen, wie den Juden in der Geschichte der Semiten.

Der Katholikos wird gewöhnlich aus den Erzbischöfen oder den Wartabeds[22]) (d. i. Doktoren der Theologie) gewählt. Zur Zeit der Perser und Türken war die Würde jedoch eine rein käufliche. Seit 1441 ward es Sitte, daß der Katholikos einen Stellvertreter zur Seite hatte, dessen Obhut die äußeren Angelegenheiten des Stuhles anvertraut waren.

Der Katholikos allein hat das Recht, das heilige Myron (eine unversiegbare Quelle des Reichthums für die ganze Geistlichkeit) zu weihen, welches aus allerlei wohlriechenden Kräutern am grünen Donnerstage oder zu Pfingsten bereitet und dann durch seine Vikare in alle Provinzen getragen und verkauft wird.

Außer dem Stuhle des Katholikos von Etschmiadsin bestehen noch andere Stühle zu Sis in Cilicien und zu Achtamar[23]) im Wan-See.

Ihnen zunächst in der Kirchenverwaltung stehen die Erzbischöfe, wovon die in Jerusalem, Adrianopel und Konstantinopel residirenden den Titel Patriarchen führen.

Bischöfe giebt es in Armenien nur dem Namen nach, da sie keine Sprengel haben, sondern nur eine vornehmere Mönchsklasse bilden. Ihnen folgen die Wartabeds, die eigentlichen gelehrten Geistlichen, obgleich ihre Gelehrsamkeit selten über das Verständniß der altarmenischen Bibelübersetzung hinausgeht.

Den Wartabeds schließen sich die Priester an, deren Wahl meistens von den Gemeinden ausgeht, wonach es dann nur noch der Bestätigung eines Bischofs bedarf. Der Priester muß verheirathet sein, aber nur einmal. Wenn seine Frau stirbt, so muß er Mönch werden und ins Kloster ziehen....

Von den verschiedenen Reisenden, welche Armenien besucht haben, sind über das Land selbst, wie über seine Bewohner, die widersprechendsten Ansichten in die Welt geschickt worden. — Während die Einen die weite Hochebene des Araxes, an deren Südgränze der große Ararat urplötzlich, ohne vermittelnde Vorberge, in seiner ganzen, gewaltigen Höhe vor dem Auge des staunenden Wanderers emporsteigt, das irdische Paradies nennen, und des Lobes voll sind über die üppige Bekleidung des fruchtbaren Bodens, finden Andere dieselbe Gegend einer öden Steppe vergleichbar. Die Wahrheit liegt in der Mitte, und das Urtheil wird immer verschieden sein nach der Jahreszeit, in welcher man das armenische Hochland besucht. Ich selbst war, als ich zu Ende März des Jahres 1844 in Etschmiadsin, am Fuße des Ararat ankam, entzückt über den wundervollen, frühlingsfrischen Anblick, welchen die ganze Umgegend gewährte, und 8 Tage später fand ich des Morgens beim Erwachen Alles, so weit das Auge reichte, in ein Schneefeld umgewandelt, gleich als hätte der große Ararat zerstiebende Lawinen nach allen Richtungen entsendet, um zu nichte zu machen, was blühend war, und mit seinem ewigen Winterschleier das ganze Land zu verhüllen. Eben so war ich erstaunt über den schnellen und großen Temperaturwechsel; von 16 Grad R. Wärme waren wir binnen 3 Tagen auf 6 Grad Kälte gekommen, eine Erscheinung, welche mir die Eingeborenen als eine keinesweges ungewöhnliche bezeichneten, und welche sich aus der südlichen, aber sehr hohen Lage des Landes leicht erklären läßt. Denn unter dem 40ſten Breitengrade gelegen, erhebt ſich Etſchmiadſin beinahe 3000 Fuß über den Meeresſpiegel.

Die beſte Geſammtſchilderung von Armenien findet man im 10ten Bande der großen Geographie unſeres ehrwürdigen Karl Ritter, welcher, obwohl er das Land nicht ſelbſt beſucht, doch bei der Zuſammenſtellung der verſchiedenen Reiſeberichte mit ſicherem Takte das Richtige herausgefunden hat. — Eben ſo abweichend wie über das Land, lauten die Urtheile der Reiſenden über das Volk der Armenier, und beſonders in Bezug auf das ſchöne Geſchlecht. Während die meiſten darin übereinſtimmen, daß die Männer hier einen durchgehends geſunden, kräftigen und wohlgeſtalteten Menſchenſchlag bilden, laſſen nur wenige den Frauen dieſelbe Gerechtigkeit widerfahren. Ergötzlich iſt in dieſer Beziehung das Urtheil eines alten Reiſenden aus dem 17. Jahrhundert, in deſſen ſonſt vortrefflichen Aufzeichnungen die Bevölkerung Armeniens folgendermaßen geſchildert wird:

»Die Mannsbilder allda ſeynd durchgehends ſtarke, friſche und geſunde Leuthe; eines gravitätiſchen Anſehens, und ſehr wohl gebildet; deſſen jedoch ungeachtet haben ſie dabei etwas Melancholiſches an ſich, ſo über die maſſen verdrießlich fället. Die Weibsperſonen aber ſeynd meiſtentheils übel geſtalet, haben lange Naſen, und findet man unter Tauſenden kaum Eine, die nur ein wenig ſchön wäre.« [24])

Die ſeltſame Erſcheinung, daß dieſer ehrenfeſte Autor gleich vielen ſeiner Nachfolger ein ſo irriges Urtheil über die armeniſchen Frauen fällt, welche an Wohlgeſtalt des Körpers den Männern keineswegs nachſtehen, läßt ſich nur daraus erklären, daß ſich unter den Frauen, welchen man insgemein auf den Straßen der armeniſchen Städte begegnet, allerdings wenig hübſche finden, da hier zu Lande das Spazierengehen ein vollſtändig unbekanntes Vergnügen iſt und das Geſchäft des Einkaufens auf dem Bazar lediglich den alten Frauen überlassen wird, deren früh einfallende Wangen und welkende Gesichtsfarbe selten durch die nur aus höherer Bildung entspringenden Reize ersetzt werden, welche bei uns oft auch die ältesten Frauen zu den angenehmsten Erscheinungen machen. — Zudem wird der alte morgenländische Satz: daß eine Frau in Kleidung und Geberde nur vor den Augen des eigenen Mannes schön, vor den Augen aller fremden Männer aber so häßlich als möglich erscheinen soll, in den Häusern der Armenier mit derselben Strenge aufrecht erhalten, wie in den Harems der Moslemin. Um in dem eigentlichen Armenien schöne Frauen zu sehen, muß man mit den Familien in längerem und nahem Verkehr stehen, da die Männer hier ihre schönen Frauen und Töchter mit noch größerer Eifersucht überwachen, als die benachbarten Perser und Türken. In Tiflis dagegen, in Konstantinopel, wie in allen fremden Städten, wo sich größere armenische Ansiedlungen befinden, zeigen die Frauen weniger Zurückhaltung, und wer dieser anmuthigen Wesen bei feierlichen Gelegenheiten einmal ein paar Hundert beisammen gesehen hat, wie sie leichtfüßig einherschreiten in ihren zierlichen Maroquinpantoffeln, ihren weiten, himmelblauen oder blutrothen Pantalons, ihrem elegant geschnittenen kurzen Kaftan und dem kronenähnlichen Kopfputz — und dann noch an der Schönheit der Armenierinnen zweifelt, an dessen Geschmack zweifle ich.

———

Funfzehntes Kapitel.

Armenisches Allerlei.

Mein Aufenthalt in dem, beinahe 2900 Fuß über der Meeresfläche gelegenen Kloster Etschmiadsin, dessen Gründung in die ersten Jahre des vierten Jahrhunderts christlicher Zeitrechnung zurückreicht, gehört zu den angenehmsten Erinnerungen meines Lebens.

Ich kann nicht einstimmen in den Tadel, welchen frühere Reisende ausgesprochen haben über die Art und Weise, wie hier die Gastfreundschaft gegen Fremde geübt wird. Nur liebe und freundliche Bilder schweben an mir vorüber, wenn ich zurückdenke an jene Tage, die ich in den Ringmauern dieser uralten, gegen Persien und das Osmanenreich vorgeschobenen Veste des Christenthums verlebte.

Vielleicht hatten wir es wesentlich den zuvorkommenden Empfehlungen des Landeschefs und der freundschaftlichen Vermittlung Obowian's zu danken, daß uns eine Aufnahme und Bewirthung zu Theil wurde, welche alle unsere Erwartungen weit übertraf.

Seit einzelne Mitglieder des Kaiserhauses, und der in Rußland allmächtige Kriegsminister, Fürst Tschernitschew, Etschmiadsin besucht, hat ein Theil der früher klösterlich einfachen Räume einen halb europäischen Anstrich gewonnen. Irre ich mich nicht, war unser Schlafgemach sogar mit Tapeten ausgeschlagen. Man kennt bereits in Etschmiadsin den Gebrauch von Tischen und Stühlen, von Messer und Gabel, von weißen Tischtüchern und Servietten, und die sonst landesüblichen Trinkhörner und Krüge werden durch Flaschen und Gläser ersetzt.

Die Tafel, an welcher wir mit einigen Erzbischöfen und Bischöfen speisten, war so geschmackvoll eingerichtet, wie ich's in den elegantesten Restaurants von Paris nicht besser gefunden, weshalb jede Schilderung der Einzelheiten hier überflüssig erscheinen dürfte. Nur dies Eine sei bemerkt, daß die häufig gehörte Begrüßung: »Blumen vor Eure Füße!« keine leere Phrase blieb, indem wir jeden Morgen auf unserm Zimmer, und jeden Mittag auf unserm Teller ein duftendes Blumensträußchen fanden.

Unsere täglichen Besuche der berühmten Bibliothek des Klosters waren in Folge verschiedener Umstände leider immer nur von kurzer Dauer.

Brosset der Jüngere, in der Gelehrtenwelt bekannt durch seine Werke über georgische Literatur, hat in französischer Sprache einen Katalog dieser Bibliothek herausgegeben, und der Umstand, daß die sehr unvollständige Arbeit noch keine Ergänzung gefunden, scheint ein Beweis zu sein, daß die Benutzung der literarischen Schätze von Etschmiadsin mit steten Schwierigkeiten verbunden ist.

Die armenische Literatur, reich an theologischen Schriften und besonders an Uebersetzungen aus alten und neuen Sprachen, ist für uns nur von Werth und Bedeutung durch ihre älteren historischen Werke, welche vorzugsweise die Geschichte des Landes zum Gegenstande haben. Hier seien nur einige der berühmtesten Namen genannt: Mac-Jbas-Cabina, der älteste Geschichtsschreiber Armeniens, lebte um die Mitte des zweiten Jahrhunderts vor Christi Geburt. Er war der Erste, welcher die zerstreuten Annalen des Landes zu einem großen Ganzen vereinigte. — Agatangelos, welcher in der ersten Hälfte des vierten Jahrhunderts lebte, war Geheimschreiber des armenischen Königs Tiridates. Er schrieb eine Geschichte seiner Zeit, worin sich ein reiches Material über den Feuerdienst, über die Tempel, Bildsäulen und Gottheiten der Perser, so wie über die Einführung des Christenthums in Armenien findet. — Die Lebenszeit des bedeutendsten Geschichtschreibers des Landes, Moses von Chorene, beigenannt »der Grammatiker«, fällt in das fünfte Jahrhundert, welches zugleich die verhängnißvollste Periode der armenischen Geschichte bezeichnet. — Eine ausführliche Schilderung der furchtbaren Kämpfe dieses Jahrhunderts, welche den Untergang des Parsismus oder des Feuerdienstes und die dauernde Befestigung des Christenthums in Armenien zur Folge hatten, finden wir in dem trefflichen Werke, welches der Wartabed Elisäus, ein Zeitgenosse des Moses von Chorene, auf den Wunsch Davids, des Mamigoniers, geschrieben. Von den spätern Schriftstellern seien hier noch flüchtig Gregorius, Nerses und Tschamtschan genannt, denen wir ein reiches Material zur Geschichte des Christenthums in Armenien zu verdanken haben.

Die einzigen Spuren altarmenischer Poesie finden wir in ein paar unbedeutenden Fragmenten, welche Moses von Chorene (sprich Churrni) in seiner berühmten Geschichte des Landes aufbewahrt hat, wozu er das Material, nach seiner eigenen Angabe, hauptsächlich aus alten Volksliedern und Epopöen schöpfte. Das eine beschreibt die Geburt des großen Helden Wahag'n, des armenischen Herkules, des Sohnes Tigran I.; und das andere besingt den tapferen König Artasches II., wie er in den Krieg zieht gegen die Alanen und der Krieg durch seine Vermählung mit der alanischen Königstochter ein Ende nimmt . . .

Es war mir von landeskundigen Freunden Hoffnung gemacht, für meine Sammlungen von Volksliedern, sowohl unter den Armeniern, wie unter den Kurden und Tataren, reiche Ausbeute zu finden.

Ich habe es hauptsächlich den eifrigen Bemühungen des trefflichen Obowian zu verdanken, daß diese Hoffnung nicht ganz unerfüllt geblieben, denn bei meiner Unbekanntschaft mit der vulgär-armenischen Sprache hätte ich mich auf das Niederschreiben der wenigen kurdischen und tatarischen Lieder beschränken müssen, welche der Zufall mir entgegen warf, wenn Obowian es nicht auf sich genommen hätte, mir eine Sammlung aller im Sardariat von Eriwan aufzutreibenden Volkslieder zu liefern. Das erste, von seiner eigenen Hand geschriebene, und mit einem vollständigen deutschen Kommentar versehene Heft dieser Sammlung erhielt ich noch vor meiner Rückkehr nach Europa, mit dem Versprechen, daß bald mehrere ähnliche Hefte nachfolgen würden.

Meinem gelehrten Freunde, Herrn Professor Petermann in Berlin, ist es gelungen, die in korrumpirtem Vulgär-armenisch geschriebenen Lieder bis auf Ein Wort zu entziffern.

Noch ist die Sammlung zu klein, um eine besondere Herausgabe zu rechtfertigen, und wiederum zu groß, um hier ganz Platz finden zu können. Ich beschränke mich daher auf die Mittheilung desjenigen Liedes, welches mir unter den in meinem Besitz befindlichen am werthvollsten scheint.

Armenisches Grablied.

Zu Deinem Grabe bin ich gegangen,
Mein Auge wandt' ich dem Grabsteine zu —
O, daß es sich aufthue, mich zu empfangen
An Deiner Seite zur ewigen Ruh'!

Daß ich mein welkendes Haupt der Erde
Hingebe, und meine Seele Dir!
Daß ich verwese, zu Asche werde,
Um Ruhe zu finden, Ruhe bei Dir!

Geh' ich in's Haus, da seh' ich die Wände,
Tret' ich hinaus, die Berge steh'n —
Glühend zittert's durch Kopf und Hände,
Kalt aber fühl' ich's mein Herz durchweh'n.

Erloschen ist meiner Augen Feuer,
Der Tag meines Lebens verdunkelt mir —
Was glaubtest Du mir auf Erden noch theuer,
Daß Du mich hierließest — nicht mitnahmst zu Dir!

Ein Schatten, schwank' ich umher — zerschlagen
Ist meine Kraft und der männliche Muth;
Mir blieb nur die Stimme, mein Unglück zu klagen,
Und das Auge zu bitterer Tränenflut.

Laß mich, o laß mich der Erde entfliehen!
Es schlottert mein Knie, meine Wange ist bleich;
Wohin auch die dunklen Gewalten mich ziehen,
Ich finde Dich wieder im Schattenreich!

Dir Weihrauch und Licht hab' ich angezündet,
Sieh betend auf Deinem Grabe mich knie'n —
O, könnte dem Dampf gleich, der wirbelnd entschwindet,
Auch meine Seele nach oben zieh'n!

Was hab' ich noch Augen, mein Unglück zu sehen,
Was eine Stimme, die jammernd Dich ruft —
Kannst Du doch nimmer meine Klagen verstehen,
Hörst nicht den Laut in der schaurigen Gruft!

* * *

Man erkennt gleich, daß diese Mimosa sensitiva unter den Blumen morgenländischer Dichtung, auf christlichem Boden gewachsen . . .

Ich übergehe die Schilderung der Ausflüge, welche wir von Etschmiadsin aus in's Innere des Landes machten, sowie der Reliquien und Wunderdinge, welche das Kloster in seinen vielbeschriebenen Räumen birgt. Mit Ausnahme eines Stückes von der Arche Noah, hatte ich alle übrigen hier gezeigten Heiligthümer, als da sind: Nägel und Holzstücke vom Kreuz Christi, Arme und Kleidungsstücke von Aposteln u. s. w., schon früher in solcher Menge gesehen, daß man eine neue Arche Noah daraus hätte bauen können.

Bei der Fülle des zu bewältigenden Stoffes durfte ich nur das Wichtigste hervorheben; wo scheinbar Unbedeutendes in die Darstellung aufgenommen wurde, geschah dies lediglich zur nothwendigen Vervollständigung der vorgeführten Bilder.

Vor Allem mußte mein Streben darauf gerichtet sein, Wiederholungen zu vermeiden; über Manches, was hier nur kurz angedeutet wurde, wird der wißbegierige Leser in meinen früheren Schriften über die Völker Südrußlands und des Kaukasus ausführlichere Mittheilungen finden.

Es liegt in dem Plane dieses Buches, für sich ein abgerundetes Ganzes zu bilden, und doch eine poetische und belebende Ergänzung jener Schriften zu sein, deren Inhalt wesentlich die ethnographischen, statistischen, kultur- und kriegsgeschichtlichen Verhältnisse der Länder zwischen dem Kaspischen und Schwarzen Meere umfaßt.

Wie dort, so hier, habe ich mich einer möglichst objektiven Darstellung befleißigt, und persönliche Bemerkungen und Erlebnisse nur da eingeflochten, wo es zur Vermittelung oder Ergänzung nothwendig erschien.

Eben so sind die Naturschilderungen nur als Hintergrund und Rahmen der vorgeführten lebenden Bilder zu betrachten.

* * *

Bei heiterm Himmel und dem wärmsten Sonnenschein, unter Blumenduft und dem Gezwitscher der Sänger des Frühlings hatten wir unsern Einzug gehalten in Etschmiadsin, und als wir zu Ende März über Eriwan unsere Rückreise nach Tiflis antraten, herrschte auf der Hälfte des Weges eine Kälte, daß wir am zweiten Tage buchstäblich dem Tode des Erfrierens nahe waren. Die Senghi war so stark zugefroren, daß man Schlittschuhe darauf hätte laufen können; eine über zwei Fuß hohe Schneeschicht bedeckte die ganze Araxes-Ebene, und die Obstbäume in den Gärten, welche schon bei unserer Ankunft in voller Blüte standen, hatten ihren Frühlingsschmuck wieder von sich geschüttelt und ließen traurig ihre Häupter hängen in tiefwinterlicher Umhüllung.

Obgleich plötzliche Wetterveränderungen im armenischen Hochlande nichts Seltenes sind, so konnten sich doch die ältesten Väter des Klosters nicht entsinnen, eine so entsetzliche Kälte um diese Jahreszeit erlebt zu haben.

Nach einer rührenden Abschiedsscene im gastlichen Kloster von Etschmiadsin, wobei durch liebliche Redeblumen die verschneiten Blumen des Feldes ersetzt wurden, kamen wir halb erfroren nach Eriwan zurück und stiegen wieder ab im Hause unseres armenischen Gastfreundes. Die immer steigende Kälte und das entsetzliche Schneegestöber zwangen uns, ein paar Tage länger in der Hauptstadt Armeniens zu verweilen, als unsere Absicht war.

Wir empfingen Besuche von der ganzen christlichen und islamitischen Geistlichkeit der Stadt, und unsere Mappe wurde durch manches werthvolle Andenken bereichert. Dem Mangel an Oefen in seinem Hause suchte Fürst T. durch feurige Weine abzuhelfen, und Obowian erfreute uns, soweit es seine Verhältnisse erlaubten, nach wie vor durch seine für uns so lehrreiche Gegenwart.

Es war den Armeniern eine große Genugthuung, aus unserm Munde das Lob des Lehrers ihrer Kinder zu vernehmen, und noch mehr freute es sie, zu hören, wie die jungen Leute selbst sich ganz geläufig deutsch mit uns unterhielten.

Unsere Bekanntschaften mehrten sich von Stunde zu Stunde, und fast jedes Gespräch gab uns neue Aufschlüsse über die Zustände und Sitten des Landes.

»Wie gefällt Euch unser Kreishauptmann?« fragte mich ein alter armenischer Kaufmann mit schlauem Blicke.

»Sehr gut,« erwiederte ich, »ich höre ihn überall nur loben.«

»O das ist ein prächtiger Herr! — fing der Alte wieder an — wollte Gott, daß überall solche Menschen wären! Strenge, sage ich Ihnen, wie der Teufel, aber ehrlich dabei, wie ich nie Aehnliches im Leben gesehen; er nimmt Nichts, Sie mögen's ihm aufdrängen, wie Sie wollen; er nimmt Nichts!«

Der Alte strömte völlig über vom Lobe des Eriwan'schen Kreishauptmanns, und alle Augenblick unterbrach er sich selbst durch die ausdrucksvollen Worte: »er nimmt Nichts!«

Ich war begierig, mir einen Kommentar zu dieser seltsamen Lobeserhebung zu verschaffen, und der Alte erzählte mir mit großer Ausführlichkeit, wie er einen langen Prozeß um eine bedeutende Summe mit einem andern Kaufmann geführt, und wie er schon nahe daran gewesen, den Prozeß zu verlieren; aber da habe er sich, im Gefühl der Gerechtigkeit seiner Sache, geradezu an den Kreishauptmann gewendet, und der habe die Sache streng untersuchen lassen, und ihm Recht gegeben.

»Ich wußte nicht — fuhr der geschwätzige Alte fort — wie ich dem braven Herrn meinen Dank zu erkennen geben sollte. Ich nahm eine Rolle von zwanzig Dukaten und wollte ihm die als ein kleines Andenken in die Hand drücken; es ist nicht viel, sagte ich, aber Euer Hochwohlgeboren können immer auf mich rechnen!«

»Nun — fragte ich neugierig — und was sagte der Kreishauptmann?«

»Was er sagte? »»Hundesohn!«« sagte er, »»hältst Du mich für einen Wsjätschnik? (bestechlichen Menschen). Ich werde Dich einstecken lassen, wenn Du Dich nicht gleich zur Thür hinauspackst!«« Und dabei gab er mir einen Stoß in den Rücken, daß ich mit dem Kopf gegen die Wand schlug, und dann faßt' er mich beim Arm und warf mich zu Thür hinaus mit den Worten: »»Wart', Du Rasboinik (Räuber), ich werde Dich lehren, Dein Geld an den Mann zu bringen!«« »Prächtiger Herr!« rief der Alte in Eins fort — »so etwas haben wir sonst nie gesehen hier zu Lande.«

Alle Nachbarn fielen bestätigend ein, und des Lobes über dieses russische Beamtenwunder war kein Ende.

Bei Tisch mußte uns ein Märchenerzähler durch Lieder und Geschichten ergötzen. Er drückte sich, um allen verständlich zu sein, in tatarischer Sprache aus, die den Armeniern eben so geläufig ist wie ihre Muttersprache. Ja, die meisten Volkslieder dieses Landes sind in tatarischer Sprache gedichtet.

Von den vorgetragenen Märchen ließ ich mir dasjenige, welches den meisten Beifall hervorrief, noch einmal erzählen, und brachte es dann kurz zu Papier, wie folgt:

Armenisches Märchen.

Vor Zeiten lebte in Artaxata ein alter armenischer König, der eine wunderschöne junge Frau hatte.

Zwölf große Truhen voll der kostbarsten Gewänder und Sachen hatte sie ihrem Ehgemahl als Mitgift gebracht; die Zahl ihrer Sklavinnen aber war hundert und zwölf.

Und die Königin hatte eine Nichte, die noch viel jünger als sie selber, und unmaßen schön war, also daß die Königin sie beneidete.

Die Nichte hieß Horoschan; die Königin aber hieß Ripsime.

Und dieselbe Horoschan war Schlüsselbewahrerin im Königspalaste zu Artazata. Eilf Schlüssel hatte sie in ihrer Obhut von den Truhen der Königin, den zwölften Schlüssel aber, und den größten von allen, bewahrte die Königin selber, und verbarg ihn vor den Augen der Menschen.

Und es faßte Horoschan ein starkes Verlangen, zu wissen, was Ripsime in der zwölften Truhe verborgen hielt; denn alle übrigen Truhen standen frei umher in den Gemächern des Palastes, die zwölfte Truhe aber stand in einem heimlichen Gemache, und Wächter waren ausgestellt, und Niemand durfte hinzu bei Todesstrafe, wenn die Königin darinnen war, wohl zu dreien Malen des Tages.

Und es begab sich eines Tages, als die Königin mit ihren Sklavinnen im Bade war, um ihren Leib salben zu lassen und zu schmücken für das heilige Blumenfest Anahid's, der befruchtenden Göttin, daß Horoschan dem Drange nicht widerstehen konnte, die Gemächer der Königin zu durchsuchen, um den zwölften Schlüssel aufzufinden und zu sehen, was in der geheimnißvollen Truhe verborgen war.

Und siehe, es gelang ihr, den großen Schlüssel zu finden nach langem Suchen; im Schlafgemache des alten Königs Ardaschir fand sie ihn, also versteckt, daß der König selbst nicht darum wußte. Der alte König aber war in starker Liebe entbrannt für die schöne Ripsime, und verschmähte alle anderen Frauen.

Und Horoschan eilte, mit dem Schlüssel die Truhe zu öffnen; aber wie groß war ihr Schrecken, als plötzlich ein hübscher junger Neger daraus hervorstieg, mit Gliedern, glatt wie Elfenbein, und schwarz wie die Zelte der Wanderstämme am Ararat. An den Ohren aber trug er goldene Ringe, und sein Haar war kraus wie die Wolle der Schaafheerden ihres Vaters, und seine Zähne weiß wie die Lilien am Araxes. Und es duftete sein Leib von Narden und Wohlgerüchen.

Horoschan wollte entfliehen; aber der junge Neger hielt sie fest mit seinen starken Armen; sie wollte schreien — aber sie fürchtete, daß der König und die Weiber im Palaste es hörten. Und sie schwieg still dazu . . .

Der junge Neger aber entbrannte für sie in starker Minne, denn sie war unmaßen schön und ihre Gestalt gar lieblich anzusehen, und sie war noch jünger als die Königin.

Es geschah aber zu derselbigen Zeit, daß durch ein Versehen der Sklavinnen die Schalwari (Beinkleider) der Königin ins Wasser gefallen waren, und Ripsime erzürnte darob, und entsandte der Sklavinnen zwei, ein paar frische Schalwari zu holen.

Und die Sklavinnen suchten umher in den Gemächern des Palastes, um Horoschan aufzufinden, die Hüterin der Schlüssel; denn es befanden sich die Gewänder der Königin in den Truhen, die Schlüssel zu den Truhen aber befanden sich bei Horoschan; Horoschan aber befand sich mit dem jungen Neger im heimlichen Gemache der Königin. Und die Sklavinnen suchten, und fanden sie nicht.

Und es faßte Ripsime der Zorn der Ungeduld, und sie begann die abwesenden Sklavinnen zu schmähen mit bitterer Rede, und entsandte zween andere, um die ersten zu suchen und sie zu führen vor der Königin Angesicht.

Aber Horoschan war nirgends zu finden, obgleich die Sklavinnen zuletzt alle ausgeschickt waren, sie zu suchen.

Da entglomm in der Königin schlimmer Argwohn, und sie that selbst ihre Gewänder an, und ohne Schalwari eilte sie in das Schlafgemach ihres Ehgemahls, um nach dem zwölften Schlüssel zu suchen, — aber sie fand ihn nicht. Und der Zorn färbte ihre Wangen mit dunkler Röthe, und sie eilte in das heimliche Gemach, wo die große Truhe stand . . .

eben war Horoschan beschäftigt, die Truhe mit dem großen Schlüssel wieder sorgsam zu schließen.

Horoschan erschrak, aber schnell faßte sie sich wieder, und mit dem Blicke jungfräulicher Entrüstung trat sie keck ihrer zürnenden Tante entgegen, stemmte die Arme in die Seite, und, o! wer schildert die bitteren Worte, die ihrem süßen Munde entströmten.

»Ist das die hohe Tugend meiner königlichen Tante, davon die Menschen singen und sagen in den Landen am Massis-Sar (Ararat), und die Ufer des Araxes und Euphrat entlang! O, ich Unglückliche! daß ich Obdach suchen mußte in diesem Hause, wo Scham und Sitte mit Füßen getreten, und der Schnee der Keuschheit verdunkelt wird von der Gestalt eines schwarzen Negers! Armer Ardaschir, treuer Gatte Deiner unwürdigen Gattin! Die schönsten Jungfrauen des Landes warben um Deine Minne, aber ihre Blicke rührten Dich nicht, und kalt wandtest Du Dich hinweg von den Töchtern des Gebirges, um solchen Lohn zu empfangen für Deine Liebe! O, daß ich's erleben mußte, das Haus Ardaschir's entweiht zu sehen von meiner Königin, die ich bis jetzt wie die Tugend selbst verehrt!«

Also klagte sie in Einem fort, daß die Königin gar nicht zu Worte kommen konnte. Die Rache des Königs fürchtend, falls er von ihrer Untreue in Kenntniß gesetzt würde, bot Ripsime Alles auf, ihre Nichte zum Schweigen zu bewegen; insgeheim aber traf sie Anstalt, Horoschan aus dem Wege zu schaffen.

Der Mordplan mißlang und eine unschuldige Sklavin fiel als Opfer für die Nichte der Königin.

Horoschan, für ihr Leben fürchtend, entfloh in einen fernen Gebirgswald, nachdem sie aus Rache zuvor den König von der Untreue seiner Gattin unterrichtet hatte.

Ardaschir, von hoher Liebe für die junge Königin

beseelt, glaubte nicht eher an ihre Untreue, bis er sich mit
eigenen Augen davon überzeugt hatte. Aber eines Tages
überraschte er sie in dem heimlichen Gemache, wie sie eben
ihre Arme um den Hals des Negers schlang und zärtlich
ausrief: Möge Dein Haupt nimmer von meinem Haupte
getrennt werden!

Der König zog racheglühend sein Schwert, und das
Haupt des Negers rollte blutend vor seine Füße. In der
ersten Aufwallung wollte er auch Ripsime umbringen, aber
so groß war seine Liebe zu ihr, daß er das Schwert nicht
gegen sie zu führen vermochte.

»Dein Wunsch sei Dir gewährt, Du Treulose! — rief
er — das Haupt des Negers soll nimmer von dem Deinen
getrennt werden!« Und er ließ den Schädel des Erschlagenen
in Gold fassen, und einen Kopfschmuck daraus bereiten für seine
Königin. Das sollte die Strafe sein für ihre Missethat.

Inzwischen irrte Horoschan einsam in den Wäldern
umher, jammernd ob ihres unglücklichen Schicksals. Es war
mitten im Winter, und Schnee und Eis bedeckten das Land.
Aber, o Wunder! wo Horoschan hintrat, da sprangen
Blumen aus der Erde hervor, und wo sie hinblickte, da
schmolz die Winterdecke hinweg wie vor den Strahlen der
Frühlingssonne, und wo ihr Odem wehte, da schüttelten die
Bäume den Schnee von sich, und Blüthen und Blätter
sproßten aus den Zweigen hervor. So groß war die belebende
Macht ihrer Schönheit. Selbst die wilden Thiere des Waldes
stutzten und sprangen hoch auf vor Freude bei ihrem Anblick.

Aber ihr eigenes Herz war der Freude fremd geworden;
sie fühlte bittere Reue ob ihrer Vergangenheit und flehte die
Götter an ihr den Tod zu geben. So verlebte sie lange
Zeit unter Jammer und Wehklagen, ohne andere Gesellschaft,
als die Bäume und Thiere des Waldes, ihr Lager war die
feuchte Erde, und ihre Decke das blaue Himmelszelt.

Und sie genas eines Knaben unter wildem Schmerz; Schakale und Geier sangen sein Wiegenlied. Es war aber der Knabe eine Mißgestalt und eine stete Quelle des Kummers für seine Mutter.

Dennoch pflegte sie ihn mit der zärtlichsten Sorgfalt und Liebe; denn das Unglück hatte alles Schlimme aus ihr hinweggeschmolzen, und sie war gütig und liebevoll geworden wie ein Engel. Sie wünschte den Tod nicht mehr, denn ihr Kind fesselte sie an's Leben. Jahre verflossen, und das Kind wuchs heran, und mit ihm wuchs der Schmerz seiner Mutter.

Noch aber hatte das Schicksal nicht alle seine Schreckenspfeile gegen Horoschan abgeschnellt; das Schlimmste stand ihr bevor: sie sollte auch ihr **Kind**, das Einzige, was sie fesselte an's Leben, verlieren. Nach langem Krankenlager starb der Knabe, und der Schmerz der Mutter drohete zur Verzweiflung zu werden.

Sie wollte gewaltsam ihrem Leben ein Ende machen, und war eben im Begriff, sich von einem hohen Felsen herabzustürzen, als sie erschreckt zurückbebte beim Anblick einer plötzlich vor ihr auftauchenden Lichtgestalt.

Und die Lichtgestalt sprach zu ihr: »Fürchte Dich nicht, o **Horoschan**! ich bin Anahid, die Göttin der Liebe. Du hast meinen Tempel entweiht und hast gebüßt dafür, aber die Stunde der Erlösung ist nahe. Nicht länger soll die Erde Dir eine Hölle sein. Die Schuld der Vergangenheit nehme ich von Dir, wie ich sie genommen habe von Ripsime, der Königin. Steig' hinab in's Thal, und Du wirst hinfort in einem neuen Leben wandeln.« Und also sprechend, verschwand die Lichtgestalt, wie sie gekommen war.

Horoschan aber stieg hinab in's Thal, festen Schrittes. Und siehe, ein fürstlicher Jägersmann der auf der Hand einen Falken trug, sprengte ihr entgegen, und sein Auge wurde geblendet von der Anmuth des holdseligen Weibes...

Was soll ich Euch lange erzählen, wie es kam, genug — die Beiden wurden Mann und Frau, und lebten kindergesegnet und glücklich bis in ihr spätestes Alter.

Und auch Ripsime, die Königin, sah noch viele glückliche Tage. Sieben Jahre hatte sie gebüßt für ihre Sünden, da erschloß sich das Herz des Königs Ardaschir wieder in alter Liebe, und er nahm von dem Haupte Ripsime's den goldeingefaßten Schädel des Negers, und begrub ihn tief in die Erde und sprach: So soll auch aller Haß zwischen uns begraben werden!

Und als die zwei Frauen nach langer Trennung sich wiedersahen; wußten sie beide ihr Glück nicht genug zu rühmen.

Das Schicksal hatte den Garten ihres Herzens gesäubert von jeglichem Unkraut, und nur die Blumen des Glückes darin zurückgelassen.

*   *   *

Nun sagen wir der Hauptstadt und den hohen Bergen Armeniens, den beiden Ararat und dem Allagés Lebewohl, und kehren nach Tiflis zurück, in die Schule der Weisheit.

Kaum eine Stunde vor unserer Abreise von Eriwan kamen noch zwei Mullah's angeritten, — Jeder von einem Kalljan- und Kohlenbecken-tragenden Adam (Menschen, Diener) gefolgt, — um uns Briefe an Mirza-Schaffy mitzugeben, der bei den Schriftgelehrten dieses Landes in hohem Ansehen zu stehen schien.

Der Geleitspruch, den wir dieses Mal mit auf den Weg bekamen, war wiederum dem Gjülistan von Sadi entnommen, und lautete:

„Es wird sich Niemand in der Eulen Schutz begeben,
Ob auch schon in der Welt kein Adler sollte leben."

So schieden wir. Aber war schon unsere Herreise beschwerlich gewesen, so wurde unsere Rückreise noch unendlich beschwerlicher. Besonders waren wir beim Uebergange der Gebirge des inzwischen stark zugefrorenen Gjoktschai-Sees mehr als einmal nahe daran, vor Kälte umzukommen oder in den unergründlichen, von den Gebirgen herabgerollten Schneemassen stecken zu bleiben, wie kurz vor uns eine ganze Karawane Kameele, die sammt ihren Führern unter dem Schnee begraben wurde. Entsetzten Auges sahen wir noch die Spuren dieser grausenvollen Begebenheit.

Doch wenden wir unsere Blicke hinweg von solchen Bildern des Schreckens; statt Euch theilnehmen zu lassen an den Beschwerlichkeiten der Wanderfahrt, will ich lieber noch etwas von den Eigenthümlichkeiten des Landes erzählen, dem wir von den Höhen des Jschekj-Meidan (Eselsplatz; hier: Eselsrücken) unser letztes Lebewohl zurufen:

Folgt mir in ein armenisches Dorf. Wir sehen hier dieselben schmutzigen, roh aufgeworfenen, halb unterirdischen Häuser, die wir in Georgien kennen gelernt haben. Vor jedem Hause steht ein sorgfältig aufgeschichteter, kegelförmiger Thurm von zwölf bis zwanzig Fuß Höhe. Dieser Thurm, zusammengebacken aus verdorbenem Stroh und allem Unrath des Hauses und Stalles, bildet das gewöhnliche Brennmaterial der Familie. Wo dieser Kisljak (die tatarische Benennung dafür) vom Winde und von der Sonne getrocknet und zu einer torfähnlichen Masse gediehen ist, wird der tägliche Hausbedarf geschöpft, und die dadurch entstandene Lücke gleich wieder ausgefüllt.

Ist es schon ein wenig appetitlicher Anblick, solch unreinliches Brennmaterial zur Bereitung des Brotes und zum Kochen verwendet zu sehen, so machte es mir doch einen viel unangenehmeren Eindruck, zu erfahren, daß hauptsächlich den

Frauen der Armenier das Aufbauen und die Unterhaltung der Kisljak-Pyramiden obliegt.

Man denke sich diese, im Vergleich zu ihrer dürftigen Behausung, sehr schmuck gekleideten Landbewohnerinnen, mit gelben Schuhen, rothen Pantalons, kurzem Rocke und langem Schleier, wie sie an den Kisljak-Pyramiden beschäftigt sind! Und dieses Schauspiel wurde uns jedes Mal, wenn wir ein armenisches Dorf passirten. Ein Glück, daß das Handküssen hier zu Lande nicht Sitte ist.

Kriechen wir nun in das Innere einer armenischen Dorfwohnung, so glauben wir uns ganz in die Zeiten Abrahams zurückversetzt. Bei wohlhabenden Leuten findet man ein besonderes Gemach für den weiblichen Theil der Familie; bei den Aermeren, welche die große Mehrzahl bilden, besteht die Hütte nur aus Einem großen Raume, wo die Menschen von ihrem Hausvieh blos durch Querbalken getrennt sind. Von Fenstern, Tischen, Stühlen u. s. w. ist natürlich keine Spur zu finden. Das Licht fällt durch eine Oeffnung des Daches; der lehmgestampfte Fußboden ist mit Stroh bedeckt, und die darüber ausgebreiteten Matten (bei den Wohlhabenden Teppiche) ersetzen zugleich Stühle, Betten und Sophas.

In der Mitte des Frauengemaches befindet sich gewöhnlich eine mit Steinen ausgemauerte Oeffnung, wo das Brot (Tschoräkj, Lawasche) gebacken wird.

Mögen diese kurzen Andeutungen zur Schilderung eines armenischen Dorfhausstandes genügen. Der Leser würde wenig Vergnügen finden, mir durch alle übrigen unerquicklichen Einzelheiten zu folgen.

Ich schließe dieses Kapitel mit Anführung einiger an Ort und Stelle geschöpften Beispiele des unter der christlichen und islamitischen Bevölkerung Armeniens herrschenden Aberglaubens.

1. Aberglaube der Armenier.

Hält Dir Jemand die Hand in die Tasche, so wird Deine Frau Dir untreu.

Setzt eine Frau, und sei es auch nur zum Scherze, die Kopfbedeckung eines fremden Mannes auf, so gehen ihr alle Haare aus.

Das Zimmer eines Kranken ist immer von Engeln bewohnt. Deßhalb muß jeder Eintretende, bevor er sich niederläßt, der am Krankenlager stehenden Tschengjir (oder dreisaitigen Balalaika) einige Töne entlocken, um die Engel zu ergötzen. Ferner muß das Zimmer mit Shawls und kostbaren Stoffen geschmückt sein, darauf die Engel sich niederlassen können. Auch ist es eine Gott wohlgefällige Sitte, den Engeln von Zeit zu Zeit Erfrischungen zu bieten, sei es auch nur, um den guten Willen zu zeigen; denn da die unsichtbaren Engel irdischer Genüsse nicht bedürfen, so genügt es, einen Teller mit Zucker, süßem Backwerk und Früchten herumzureichen, sich in jeder Ecke des Zimmers tief zu verbeugen und dann selbst etwas von den Früchten zu kosten.

2. Aberglaube der Perser und Tataren.

Findest Du ein Pferd mit zwei weißen Füßen, so schone selbst Deines Feindes, und gieb es ihm nicht! Findest Du aber ein Pferd mit vier weißen Füßen, so schenke es Deinem Freunde; eines mit drei weißen Füßen gieb Deinem Sohne; findest Du aber ein Pferd mit einem weißen Fuße, oder ganz ohne Abzeichen an den Füßen, so behalte es für Dich selbst!

Sechzehntes Kapitel.

Die Schule der Weisheit.

(Schluß der ersten Abtheilung.)

Wir sind wieder in Tiflis, und sitzen versammelt um Mirza-Schaffy, im Divan der Weisheit.

Wie hatte der Weise geseufzt nach unserer Rückkehr aus dem Lande der Haïghk! (Armenier) und wie erfreut war er, uns wieder zu sehen nach langer Trennung!

Mehrere Wochen vergingen, ehe der Unterricht wieder seinen gewöhnlichen Gang nahm; so viel gab es zu fragen, zu erzählen und zu erklären.

Wir entzifferten gemeinschaftlich die auf der Reise gesammelten Inschriften, sowie die tatarischen Lieder des blinden Barden Keschisch-Oglu, wovon mir Obowian eine kleine Sammlung verschafft hatte.

Einige kleine Geschenke, welche wir dem Mirza vom Bazar zu Eriwan mitgebracht hatten, wurden erwiedert durch ein von seiner eigenen Hand geschriebenes Heft, betitelt: »Der Schlüssel der Weisheit,« und unsers Lehrers ganze Weltanschauung, theils in kurzen Kernsprüchen, theils in längern Abhandlungen, enthaltend.

Bevor wir begannen, dieses Heft unter seiner Anleitung zu lesen, mußten wir ihm eine kurze Beschreibung unserer Reise liefern. Außerordentlich ergötzten ihn die Stellen, wo wir der lustigen Trinkgelage in Eriwan und der Jugenden des armenischen Weines (der etwa dem Monte Pulciano, wie man ihn in Rom trinkt, vergleichbar) rühmend gedachten.

»Was sagt Hafis?« rief er —

„Labe Dich der freudenreiche
Wein, der Kuß der jungen Maid —
Manche wunderliche Streiche
Ziemen wohl der Jugendzeit!"

Bei der Stelle, wo wir von den unreinlichen Beschäftigungen der armenischen Dorfbewohnerinnen, vom Bau der Kisljak-Pyramiden, sprachen, verfinsterte sich sein Gesicht, und er meinte, diese Pyramiden seien Denkmäler der Schande für die Männer, die ihre Frauen zu solcher Arbeit herabwürdigten.

»Schmutz auf ihr Haupt!« schloß er seine lange Randglosse, worin er nachwies, daß man die Frauen niemals hoch genug stellen könne, und daß die Männer immer und überall an den Schwächen und Auswüchsen des schönen Geschlechts selbst Schuld seien.

»Wie kann die Rose gedeihen — rief er — ohne Sonnenschein! Wie kann das Veilchen blühen auf salzigem Boden! Siehe, wie Blumen sind die Frauen, die immer schöner und duftiger werden, je mehr man sie pflegt und hütet. Die Männer aber sollen Wärter sein im Garten der Schönheit; sie mögen sich erfreuen am Duft der Blumen, aber sie sollen sie nicht zerdrücken mit den Händen der Rohheit. Gleichwie man das Unkraut ausjätet vom Blumenbeet, also soll alles Schlechte und Gemeine entfernt werden aus der Nähe der Frauen!

»Tritt die Rose mit Füßen — und ihre Stacheln verwunden Dich; pflege sie mit Liebe und Sorgfalt — und sie wird blühen und duften, Dir und sich selbst eine Zierde!

»Mach' Dich freiwillig zum Sklaven einer Frau — und sie wird es nicht dulden, sondern sich selbst vor Dir beugen und in dankbarer Liebe zu Dir emporblicken als zu ihrem Herrn; mache die Frau gewaltsam zu Deiner Sklavin — und sie wird es noch weniger dulden, sondern durch List und Schlauheit die Herrschaft über Dich zu erringen suchen. Denn das Reich der Liebe ist das Reich der Widersprüche; der Weise aber merkt sich das und handelt danach!«

Er schlürfte ein Glas Wein herunter, ließ sich eine frische Pfeife bringen, und begann von andern Dingen zu sprechen. Ich aber unterbrach ihn und sprach: »Deine Worte klingen lieblich, o Mirza-Schaffy! auch ich lese gern im Koran der Schönheit; darum fahre fort in Deiner Belehrung über die Frauen!«

»Deine Bitte athmet Weisheit — erwiederte der Mirza — darum leih' ich Dir gern das Ohr der Gewährung. Denn je mehr man sich mit den Frauen beschäftigt, desto mehr lernt man sie kennen; und je mehr man sie kennen lernt, desto mehr lernt man sie lieben; und je mehr man sie liebt, desto mehr wird man wieder geliebt — denn jegliche wahre Liebe findet ihre Erwiederung, und die höchste Liebe ist die höchste Weisheit.

»Was giebt es Höheres in der Welt, als die Frauen? Was sind alle luftigen Träume von den Houris im Paradiese gegen diese schönen Wirklichkeiten auf Erden?

»Frage die Völker von Rumeli: was ist das Höchste in der Welt? und sie antworten: der Sultan! Richte dieselbe Frage an die Völker von Farsistan, und sie antworten: der Schach! Denn die Sunniten halten den Sultan, und die Schiiten halten den Schach für den Schatten Allah's auf Erden. Aber was ist der Schein gegen die Wirklichkeit? Was ist der Schatten gegen das Wesen? Und wahrlich, ich sage Dir: die Frauen sind das Wesen Allah's auf Erden!

Sie sind die Trägerinnen des Lebens, die Säulen der Anmuth, die Edelsteine in der Krone des Glücks. Wer es mit ihnen hält, der ist wohlberathen. Ein Kuß auf die Hand einer Schönen ist besseres Labsal als der Genuß der köstlichsten Speisen. . . .«

»Aber die Hand muß reinlicher sein als die Hände der schönen Dorfbewohnerinnen Armeniens, o Mirza!«

»Du redest unweise, o Jünger! denn das ist eben das Wunderbare in der Natur der Frauen, daß der kluge Mann Alles aus ihnen machen kann. Darum fließen alle Untugenden der Frauen nur aus der falschen Behandlung der Männer. Gewöhne eine Frau daran, ihr die Hand zu küssen, und ihre Hand wird immer sauber und rein sein; küß ihr den Fuß — und sie wird ihre Füße pflegen mit der weiblichsten Sorgfalt!«

So begeistert hatte ich den Weisen niemals gesehen, wie diesen Abend. Es war des Rühmens der Frauen kein Ende. Schon seit einiger Zeit war mir sein gänzlich verändertes Wesen aufgefallen. Der alte Trübsinn auf seinem Antlitz hatte einem wohlthuenden Ausdruck der Freude und Zufriedenheit Platz gemacht.

Meine Vermuthung, daß sein Herz sich auf's Neue der Liebe erschlossen, und daß hinter jener nächtlichen Mondscheinscene, wobei ich ihn überraschte, etwas mehr stecke als eine flüchtige Leidenschaft, bestätigte sich vollkommen.

Er war zerstreut, aber blieb immer bei guter Laune, wenn ich ihn aus seinen Träumereien weckte und zur Tagesordnung zurückrief. Jede Pause im Unterricht wurde durch Singen ausgefüllt; jeder Wunsch, jede Erklärung durch ein paar Verse ausgeschmückt.

Er griff nach der Flasche; die Flasche war leer. »Laß Wein kommen! — rief er — was sagt Hafis:

Mädchen, bring' Wein!
Denn es bricht herein
Uns die Zeit jetzt der Rosen!
Umgehen wir auf's Neue
Den Pfad der Reue
In der Mitte der Rosen..."

»Mirza-Schaffy! — unterbrach ich ihn — Du bist verliebt von Kopf bis zu Fuß; gesteh' es nur, ich merke es an Deinem ganzen Wesen!«

»Du hast Recht — entgegnete er lächelnd — die Welt erscheint mir wieder im rosigen Lichte! Was sagt Hafis:

Auf dem stürmischen Meer
Lange schifft' ich umher,
Trotzte Gefahr und Tod —
Doch die Gefahr ist verschwunden;
Seit ich die Perle gefunden,
Hab' ich des Meeres nicht Noth!«

Und wieder unterbrach ich ihn: »Warum singst Du nicht Deine eigenen Lieder, o Mirza? Hafisens wonnige Gesänge kann ich immer lesen, aber Deine Stimme kann ich nur hören, so lange ich bei Dir bin!«

Er nickte einverstanden, bat mich, das Kalemdan zu bereiten, und alsobald hub er zu singen an:

Nach einem hohen Ziele streben wir,
  So ich wie Du!
Uns in Gefangenschaft begeben wir,
  So ich wie Du!
In mein Herz sperr' ich Dich — Du mich in Deines;
Getrennt und doch vereint so leben wir,
  So ich wie Du!

Dich fing mein Witz — und mich Dein schönes Auge,
Und wie zwei Fisch' am Angel schweben wir,
So ich wie Du!
Und doch den Fischen ungleich — durch die Lüfte
Uns wie ein Adlerpaar erheben wir,
So ich wie Du!

»Du schreibst doch nicht?« unterbrach er sich plötzlich.
»Allerdings schreib ich; Du hast mir's ja gesagt!«
»Aber nicht solchen Unsinn sollst Du schreiben! Ich wollte mich nur erst ein wenig austoben; denn nichts ist schwieriger als vernünftige Verse zu machen, wenn man verliebt ist!«

»Aber wenn es gelingt, so wird es auch etwas Besonderes!«

»Nach der Natur des Bodens darauf es wächst! jetzt schreib', ich werde singen:

So singt Mirza-Schaffy: wir wollen sorglos
In der Gefahr sein —
Im Bund mit Wein, mit Rosen und mit Frauen
Des Kummers baar sein!

Mag Heuchelei mit Hochmuth sich verbünden,
Bosheit mit Dummheit —
Wir aber wollen eine geisterles'ne
Geweihte Schaar sein!

Vorläufer der Erlösung, Tempelstürmer
Des Aberglaubens —
Verkündiger der Wahrheit, die einst Allen
Wird offenbar sein!

Ein Schwert ist unser, schärfer als das schärfste
Schwert von Damaskus —
Und wo es trifft, da wird geheilt den Blinden
Der schwarze Staar sein!

Wir reißen Sonne, Mond und Sterne nieder,
    Es soll ihr Feuer
Im Liebe glüh'n und Opferflamme auf der
    Schönheit Altar sein!

So wandeln wir einher mit froher Botschaft,
    Und Nichts hinfort
Soll uns Verfängliches, als schöne Augen
    Und schönes Haar sein!"

*   *

Hier müssen wir einstweilen den Vorhang fallen lassen über Mirza-Schaffy, und die Schule der Weisheit schließen, um den vorgezeichneten Raum nicht zu überschreiten, und auch den übrigen Begegnungen unserer Wanderfahrt gerecht zu werden.

Wo eine Rundschau gehalten wird über so mannigfaltige und fremdartige Erscheinungen, wie dieses Buch dem Leser sie bieten soll, da kann jedes Bild nur auf einen kleinen Rahmen Anspruch machen.

Wir werden übrigens im Verlaufe dieser Blätter noch oft Gelegenheit nehmen, auf Mirza-Schaffy zurückzukommen, da seine Beziehungen zu mir auf alle meine späteren Erlebnisse im Orient von Einfluß waren, und uns überdies noch die Erzählung des wichtigsten Ereignisses seines Lebens in Aussicht steht.

Hier mögen zuvörderst noch ein paar kleine Lieder Platz finden, als Nachklänge aus der Schule der Weisheit, und als Uebergänge zu neuen Wanderungen.

1.

Gelb rollt mir zu Füßen der brausende Kur*)
    Im tanzenden Wellengetriebe;
Hell lächelt die Sonne, mein Herz und die Flur —
    O, wenn es doch immer so bliebe!

*) Kur = Kyros.

Roth funkelt im Glas der kachetische Wein,
Es füllt mir das Glas meine Liebe —
Und ich saug' mit dem Wein ihre Blicke ein —
    O, wenn es doch immer so bliebe!

Die Sonne geht unter, schon dunkelt die Nacht,
Doch mein Herz, gleich dem Sterne der Liebe,
Flammt im tiefsten Dunkel in hellster Pracht —
    O, wenn es doch immer so bliebe!

In das schwarze Meer Deiner Augen rauscht
Der reißende Strom meiner Liebe;
Komm, Mädchen! es dunkelt und Niemand lauscht —
    O, wenn es doch immer so bliebe!

2.

Die helle Sonne leuchtet
    Aufs weite Meer hernieder,
Und alle Wellen zittern
    Von ihrem Glanze wieder.

Du spiegelst Dich, wie die Sonne,
    Im Meere meiner Lieder;
Sie alle glüh'n und zittern
    Von Deinem Glanze wieder!

3.

Ich fühle Deinen Odem
    Mich überall umweh'n —
Wohin die Augen schweifen,
    Wähn' ich, Dein Bild zu seh'n!

Im Meere meiner Gedanken
    Kannst Du nur untergeh'n,
Um, wie die Sonne, Morgens
    Schön wieder aufzusteh'n!

Anmerkungen.

1) Siehe Karamsin's russische Geschichte, in der Originalausgabe T. IX. p. 186. Die erste Gemahlin Joann's war Anastaßia Sacharjin, Tochter einer Wittwe, deren Mann Hofbeamter gewesen war, und welche dem Zaren am 15. Februar 1547 (a. St.) vermählt wurde. Die Annalisten jener Zeit schreiben ihr alle Tugenden zu, welche die Sprache nur auszudrücken vermag, und sagen unter Anderm von ihr: „Die vortreffliche Anastaßia leitete ihren Gemal zu allem Guten." Diese Ehe dauerte dreizehn Jahre; am 7. August 1560 starb Anastaßia und mit ihr Joann's und Rußlands guter Genius. — Vergl. Karamsin T. VIII. p. 92 sqq. Ferner Georg Engelhardt's „Russische Miscellen zur genauen Kenntniß Rußlands und seiner Bewohner" (Petersburg, 1828). T. I. p. 162.

2) Siehe das „Lied von dem grausen Zaren Iwan Wassiljewitsch, von seinem jungen Leibwächter und dem kühnen Kaufherrn Kalaschnikoff" in meiner Uebersetzung von „Michail Lermontoff's poetischem Nachlaß" (Berlin bei Decker, 1852). 2 Bde.

3) Reisen im europäischen Rußland; 2 Bde. (Braunschweig bei Westermann). Vergl. ferner des verdienstvollen russischen Archäologen Snegirew „Denkmäler des Alterthums Moskau's, nebst einer Uebersicht der monumentalen Geschichte dieser Stadt." In zehn Lieferungen. (Moskau bei A. J. Semen.)

4) Eine ausführliche Beschreibung all dieser Merkwürdigkeiten findet man in Graf De Laveau's »Description de Moscou etc. etc.« Moskau bei Semen.)

5) Vergl. Engelhardt's russ. Misc. T. IV. p. 100 sqq.

6) Nach Nestor war der preußische Götze Perkun identisch mit dem russischen Perun, bei welchem bekanntlich Olëg den mit den Griechen geschlossenen Frieden beschwor, und welchen auch noch Wladimir vor seiner Bekehrung zum Christenthum verehrte. (Vergl.

Waissel, in der königsberger Ausgabe vom Jahre 1599, p. 18—23.) Bei beiden Völkern war Perun der Gott des Donners und des Blitzes; beide opferten ihm ein beständiges Feuer und bestraften die Priester mit dem Tode, wenn es durch ihre Nachlässigkeit erlosch. Von der Bildsäule Perun's, welche auf Wladimir's Befehl zu Kiew vor dem Teremnoj-Hofe*) auf einem hohen Hügel aufgestellt wurde, meldet Lomonossoff nach den Annalisten, daß sie von Holz verfertigt gewesen, einen silbernen Kopf und einen goldenen Knebelbart hatte, und daß zu ihren Füßen ein beständiges Feuer brannte. „Dieser Perun — fügt er hinzu — war der Zeus unserer alten Vorfahren." — Siehe Michail Lomonossoff's „Alte russische Geschichte von dem Ursprunge der russischen Nation bis auf den Tod des Großfürsten Jaroslaw's des Ersten oder bis auf das Jahr 1054." Deutsche Ausgabe von 1768 (Riga und Leipzig bei J. F. Hartknoch) p. 134. Das gründlichste und beste Werk über slavische Mythologie besitzen wir in Dr. Ignatz Johann Hanusch's „Die Wissenschaft des slavischen Mythus." (Lemberg bei Millikowski, 1842.)

7) Siehe „Die poetische Ukraine, eine Sammlung kleinrussischer Volkslieder 2c." (Stuttgart bei Cotta, 1845), sowie meine Uebersetzungen des Puschkin und Lermontoff (Berlin bei Decker).

8) Siehe das oben erwähnte Reisewerk von Professor Blasius, T. I. p. 32.

9) Die Staniten, welche am Don zuerst den Weinbau getrieben haben, sind: Besergenefskoi, Rasdori, Melechepkoi und Solotofskoi. Vergl. Pallas, in seinen „Bemerkungen auf einer Reise in die südlichen Statthalterschaften des russischen Reichs, in den Jahren 1793—1794." (Leipzig bei Martini, 1799.) T. I. p. 450.

10) Pallas in seinem oben erwähnten Werke T. I. p. 449.

*) Teremnoj: von Terem (теремъ), welches wörtlich übersetzt heißt: das Erkerzimmer, oder der obere Theil des Hauses. Dem Sinne nach aber entspricht es dem türkischen Harem, da der Terem der alten Russen der ausschließliche Aufenthalt der Frauen war. Bekanntlich hieß auch bei den byzantinischen Griechen das Frauengemach τέρεμνον.

11) Burlak (бурлакъ) heißt nach dem Wörterbuche: ein Arbeiter auf den Barken an der Wolga, am Don und anderen Flüssen; ferner: ein grober, zänkischer Kerl. Seine historische Bedeutung erhielt das Wort dadurch, daß aus solchen Arbeitern und Kerlen hier die ersten Raubritterverbindungen sich bildeten und den Grund zu der späteren Kosakenverbrüderung legten. Der alte russische Räuber liebte es nicht, sich beim rechten Namen (rasboinik) zu nennen.

12) Vergl. Kostomaroff: „Ueber die historische Bedeutung der russischen Volkspoesie." (Charkoff, Universitäts-Buchdruckerei.)

13) Der höchste Punkt des Gebirges ist der für unersteigbar geltende Elborus, dessen Höhe in runder Zahl auf 16,000 Fuß angegeben wird. Der Prager Naturforscher Professor Kolenati, hat im August 1844, noch zur Zeit meines Aufenthalts im Kaukasus, den zweithöchsten Punkt des Gebirges, den Kasbék, erstiegen, und über dieses Wagestück einen interessanten Bericht (der seitdem auch besonders abgedruckt erschienen ist) an die kaiserliche Akademie der Wissenschaften in Petersburg eingesandt. (Vergl. Mémoires de l'Académie Impériale des Sciences de St. Pétersbourg, T. IV.) Die Angaben über die Höhe des Kasbék differiren bedeutend. Parrot der Jüngere, welcher den Riesenberg zuerst erstiegen (1811), giebt seine Höhe auf 2400 Toisen (14,400 Fuß) an. Der Akademiker C. A. Meyer, welcher im September 1828 einen nur halb gelungenen Ersteigungsversuch machte, schätzt seine Höhe auf 2455 Toisen (14,730 Fuß). Nach der neuesten trigonometrischen Messung hat der Kasbék 15,500 Fuß absolute Höhe. Vergl. Koch: „Die kaukasische Militairstraße, der Kuban und die Halbinsel Taman. Erinnerungen aus einer Reise von Tiflis nach der Krim." (Leipzig, Fleischer, 1851.) p. 76.

14) In ähnlicher Weise lassen sich die meisten armenischen Orts- und Städtenamen erklären. So heißt z. B. Eriwan in der Uebersetzung „die Erscheinung", oder bildlich genommen: der Ort, wo Noah das Land zum Erstenmale nach der Sündflut erschien. Nachitschewan (der Hauptort eines gleichbenannten Distrikts) bedeutet „die erste Niederlassung", d. h. den Ort, wo Noah nach der Sündflut sich niederließ. Arguri oder Agorri, das vor mehreren Jahren durch einen Erdfall zerstörte Dorf am nördlichen Abhange des Ararat, ist verdolmetscht: er pflanzte die Rebe, d. h.

hier ist der Ort, wo Noah den Weinstock gepflanzt. Arnojoten, in der großen Arazesebene, bedeutet: zu den Füßen Noah's, d. h. der Ort, wo Noah begraben liegt.

15) Die berühmtesten Schüler Sahag's und Mesrop's waren, außer Moses von Chorene und Elisäus, Koriun und David der Philosoph.

16) Im Gegensatz zu der herrschenden Ansicht nimmt der verdienstvolle Berliner Akademiker, Professor Petermann, an, daß das jetzige armenische Alphabet schon lange vor Mesrop bestanden habe und daß es irrig sey, zu glauben, die Armenier hätten sich früher des Syrischen als Schriftsprache bedient. Es steht zu erwarten, daß mein gelehrter Freund seine mir mündlich mitgetheilte Ansicht gelegentlich in einer besonderen Abhandlung begründen und erörtern werde.

17) F. Martin erklärt das Fortbestehen des Christenthums in Armenien — trotz der Herrschaft der Moslem — dadurch, daß einer Satzung des Koran zufolge die Muhammedaner ihre Buhlerinnen und Sklavinnen nur unter den Feinden ihres Glaubens wählen durften, und daß es deshalb in ihrem Vortheil gelegen hätte, das ihnen unterworfene, durch seine schöne Frauen berühmte Armenien beim christlichen Glauben zu lassen, um ihre Harems desto bequemer versorgen zu können. (Siehe Recherches curieuses sur l'Histoire ancienne de l'Asie, par MM. J. M. Chahan de Cirbied et F. Martin. Paris 1806. préf. p. IV.) Die Abgeschmacktheit solcher Erklärung braucht wohl kaum nachgewiesen zu werden, denn bekanntlich haben die Türken, wie andere Muhammedaner, nie Skrupel gehabt, ihre Harems mit schönen Tscherkessinnen zu füllen, welche gleich ihnen den Islam bekennen. Zudem hätte es ja keines heldenmüthigen Widerstands seitens der Armenier zur Erhaltung ihres Glaubens bedurft, wenn dieser Glaube von den andersglaubenden Unterjochern des Landes nicht gefährdet gewesen wäre.

18) Als eine Merkwürdigkeit muß hier hervorgehoben werden, daß ein Deutscher — Dr. Dietrich — es war, der in neuerer Zeit eine Bibelübersetzung in vulgär-armenischer Sprache herausgegeben, wodurch er den Haß der ganzen armenischen Klerisei auf sich gezogen. Bibelübersetzungen in turko-tatarischer Sprache, welche den Armeniern ge.neiniglich fast eben so geläufig ist, wie ihre eigene, existirten schon früher. Der oben genannte Dr. Dietrich, ein durch seltene Gelehrsamkeit und musterhaften Lebenswandel gleich ausgezeichneter Mann,

war lange Jahre hindurch Missionär in Armenien und ist gegenwärtig Prediger an der deutschen Kirche in Moskau.

19) Schon lange vor der christlichen Zeitrechnung finden wir der Juden in Armenien, wie in den Ländern des Kaukasus, Erwähnung gethan, und die Annahme erscheint gerechtfertigt, daß viele von den Juden, welche wir noch heute auf der Hochebene des Ararat und im Paschalik Achalzich finden, ihre Wohnsitze seit mehr als zweitausend Jahren innegehabt haben, unverändert in Glauben und Sitte. Die Chroniken erzählen, daß Tigranes eine Menge Juden nach Armenien geführt und ihnen besonders in Wagharschab Wohnplätze angewiesen habe. Viele von den alteinsässigen Familien des Landes gelangten zu großer Macht und standen in hohem Ansehn bei den Armeniern. Hierher gehört vor Allen ein Sprößling des jüdischen Geschlechts der Bagratuni oder Bagration, welcher von dem Könige Waghartschag mit dem Fürstenrange belehnt und zum Takatir ernannt wurde, d. h. zu dem Beamten, der allein befugt war, dem Könige die Krone aufzusetzen. Dieser Fürst Bagration war der Stammvater des später auch über das nachbarliche Georgien verzweigten berühmten Königsgeschlechtes der Bagratiden, davon noch heute eine zahlreiche Nachkommenschaft lebt. (Als die Kaiserin Katharina II. im Jahre 1782 von dem unter ihrem Schutze stehenden Zaren von Karthli und Kacheti (Georgien) sich eine Liste der einheimischen Fürsten und Edelleute geben ließ, um denselben gleiche Rechte mit den russischen Fürsten und Edelleuten zu ertheilen, wurden die Bagration von Muchram auf der Liste als erste und vornehmste Familie des Landes aufgeführt.) (Siehe Jahrb. der kaiserl. Petersb. Akademie der Wissenschaften von 1783 p. 13—25; ferner: Bacmeister's russische Bibliothek ꝛc. T. IX. p. 4. Petersburg, Riga und Leipzig, 1784.) — Abraham Ben David erzählt von jüdischen Gemeinden bei den Dubani (Dido oder Lesghiern); Hammer-Purgstall erzählt in seiner Geschichte des osmanischen Reichs: im Jahre 1646 sei ein Spanier, Don Juan Menasser, nach Konstantinopel gekommen, um den Türken den Besitz einer ganz von Juden bewohnten armenischen Provinz anzubieten..... Mögen diese wenigen, aber leicht zu vermehrenden Andeutungen genügen als Beweis, daß zu allen Zeiten zahlreiche jüdische Ansiedelungen in Armenien vorhanden gewesen.

20) Siehe „Kurze historische Darstellung des gegenwärtigen Zustandes des armenischen Volks." (Petersburg, J. Brieff, 1831.)

21) Mechitar — geboren 1676 in Sebastia — setzte sich 1700 in Stambul fest, mußte zwei Jahre darauf nach Morea fliehen und ließ sich daselbst in Modon nieder. Hier legte er den Grund zu einer Klosterverbindung, die 1712 als eine Abtheilung des Benediktiner-Ordens vom Papste bestätigt wurde. Unter bedrängten Umständen mußte er auch Modon verlassen und mit seinen zwanzig Schülern nach Venedig ziehen. Hier errichtete er eine berühmt gewordene Schule für die philosophischen und theologischen Wissenschaften, veranstaltete eine neue Ausgabe der Bibel und gab eine Menge trefflicher Schriften heraus. Er starb 1749 in einem Alter von 74 Jahren.

22) In seiner eigentlichen Bedeutung entspricht das Wort Wartabed dem hebräischen Rabbi oder dem lateinischen Magister.

23) Im Jahre 1114 fiel ein Erzbischof David, auf der Insel Achtamar im Wan-See, vom allgemeinen Katholikos ab und ließ sich selbst zum Katholikos anrufen. Er und seine Nachkommen behaupteten sich auch, trotz der Flüche und Excommunikationen, welche in Kirchenversammlungen gegen sie geschleudert wurden.

24) Siehe „Wahrhafte und eigentliche Beschreibung des gegenwärtiger Zustandes deren Griechisch- und Armenischen Kirchen." (Frankfurt und Leipzig, Croniger und Göbel's Erben.) p. 80.

Friedrich Bodenstedt's

Gesammelte Schriften.

Zweiter Band.

Friedrich Bodenstedt's
Gesammelte Schriften.

Gesammt-Ausgabe

in

zwölf Bänden.

Zweiter Band.

Berlin. 1865.

Verlag der Königlichen Geheimen Ober-Hofbuchdruckerei
(R. v. Decker).

Gesammelte Schriften

Tausend und Ein Tag

im Orient.

Von

Friedrich Bodenstedt.

Zweiter Band.

Berlin 1865.

Verlag der Königlichen Geheimen Ober-Hofbuchdruckerei
(R. v. Decker).

Inhaltsverzeichniß.

Vorwort.

		Seite
17. Kapitel.	Wanderung durch das Paschalik Achalzich.	1
18. „	Der Weise von Abigion, das Dach der Wittwe, und der Wettkampf der Weisheit	30
19. „	Tiflis im Spätsommer. Rückkehr in die Schule der Weisheit	43
20. „	Eine neue Seite der Weisheit des Mirza-Jussuff, und seine Polemik mit Mirza-Schaffy	61
21. „	Hafis	70
22. „	Mirza-Schaffy als Kritiker	74
23. „	Lieder aus dem „Buche der Weisheit" des Mirza-Schaffy	79
24. „	Häuser und Straßenbilder. Eine tatarische Wohnung und eine armenische Hochzeit in Tiflis .	87
25. „	Sitzungen im Divan der Weisheit. Ein arabisches Gebet und ein tatarischer Lobgesang zur Verherrlichung des Hauses des „Padischah's der Russen, des Herrn der Welt, des Königs der Könige" . .	119

			Seite
26. Kapitel.	Mirza-Schaffy's eigenthümliche Ansichten über die Buchdruckerkunst, und seine Anweisungen zum Schönschreiben		130
27. "	Eine kurze Verstimmung		137
28. "	Des Weisen von Gjändsha zweite und letzte Liebe. Schluß der Lieder des Mirza-Schaffy		144
29. "	Die Frauen im Orient		168
30. "	Tiflis im Winter. Salon- und Volksleben		176
31. "	Abel-Chan, der letzte Utzmey von Kaitach (Fortsetzung)		192
Anmerkungen			215

Verzeichniß

der

im zweiten Bande vorkommenden Lieder.

	Seite
Den jungen Frembling aus dem Abendland.	34
Nie wirst Du den Juwel Deiner Wünsche erlangen	37
An Omar-Effendi	40
Welchen Werth, sprich, kann die Rose haben	42
Wer in Gesang und Melodie	46
Stets, Nechschebi! im Maß der Mitte bleibe	47
Woburch ist Schiras wohl, die Stadt	48
Komm, Jünger her! ich will Dich Weisheit lehren	49
Höre was der Volksmund spricht	50
Mag bei dem Reden der Wahrheit	50
Wo man fröhlich versammelt in traulicher Runde ist	51
Es sucht der ächte Weise	51
O selig, wem vom Urbeginn	51
Es hat die Rose sich beklagt	52
Woran erkennest Du die schönsten Blumen	52
Verbittre Dir das junge Leben nicht	53
Ich liebe die mich lieben	53
Im Garten klagt die Nachtigall	54
Im Winter trink' ich und singe Lieder	54
Hochauf fliegt mein Herz	55
Sie hielt mich auf der Straße an	55
Ein graues Auge	56
Ein Jegliches hat seine Zeit	56
Sänger giebt es, die ewig flennen	56

	Seite
Ich hasse das süßliche Reimgebimmel	57
Willst Du den Geist	57
Meide das süßliche Reimgeklingel	57
Wo sich der Dichter versteigt in's Unendliche	57
Wenn die Lieder gar zu moscheenduftig	57
Wer nicht vermag seine Lieder zu schöpfen	58
Wer in Bildern und Worten	58
Der kluge Mann	58
Es ist leicht, eine kluge Grimasse zu schneiden	58
Zu des Verstandes und Witzes Umgehung	58
Es ist ein Wahn zu glauben, daß	59
Es hat einmal ein Thor gesagt	60
Mirza-Juffuf	63
Mirza-Juffuf	64
Du weißt, daß Deine Blicke tödten	67
Auf ihrer seid'nen Ottomane	67
Mirza-Juffuf	68
Lieber Sterne ohne Strahlen	69
Wenn, schöne Maid von Schiras, Du	70
Der Rose Duft will mir nicht süß	72
Willst Du stets im Leben frei von	73
So geht es mit dem Glücke	73
Dies soll Euch jetzt als neuestes Gebot	79
Daß Du am Abend zu mir kommst	79
Trink Wein! das ist mein alter Spruch	80
Schlag die Tschabra zurück	80
Wenn im Tanz die jungen Schönen	81
Die Distel sprach zur Rose	82
Mirza-Schaffy! nun werde vernünftig	83
Wieder ist der Frühling in's Land gekommen	84
Ein schlimmres Unglück als der Tod	84
Es hat der Schach mit eig'ner Hand	85
Mirza-Schaffy, liebliche Biene	86
Wenn Mirza-Schaffy den Becher erhebt	101
Ist ein Witz Dir zur rechten Stunde gekommen	101
Tatarisches Loblied auf den Einzug der Russen in Eriwan	125
Frage und Antwort	126

Zweierlei laß Dir gesagt sein	128
Ich glaub' was der Prophet verhieß	128
Wie kann man den Duft der Blumen erkennen	128
Thu' nicht so spröde, schönes Kind	128
Niemand hört Dir gläubig zu	129
Nie kampflos wird Dir ganz	129
Sollen gut meine Lieder der Liebe gesungen werden	134
Als ich sang: seid fröhlich mit den Frohen	139
So sprach ich, als die Heuchler zu mir kamen	139
Als ich Schönheit, Lieb' und Wein besungen	139
Sie glauben mit frommen Habern	140
Wer glücklich ist, der ist auch gut	140
Fürcht' nicht, daß ich in das Gemeine	140
Wähne Niemand sich den Weisen	141
Gott hieß die Sonne glühen	142
Was Gott uns gab hienieden	142
Nachts kam im Traum zu mir ein Engel	143
O, wie mir schweren Dranges	144
Wenn die Winde, Mädchen	146
Um zu Dir, mein Leben	146
Neig', schöne Knospe, Dich zu mir	148
Ei, Du närrisches Herz	148
Wenn dermaleinst des Paradieses Pforten	152
Ein Blick des Augs hat mich erfreut	159
Georgisches Lied	186

Siebzehntes Kapitel.

Wanderung durch das Paschalik Achalzich.

Ein heftiges Gallenfieber, welches mich im Frühsommer auf's Krankenlager warf, und welches die Aerzte in dem trocken-heißen Tiflis für unheilbar erklärten, zwang mich, die Hauptstadt wieder auf längere Zeit zu verlassen, um in der stärkenden Gebirgsluft Heilung zu suchen.

Mirza-Schaffy, der die Verschlimmerung meiner Krankheit lediglich den gebrauchten Arzneimitteln zuschrieb, rieth mir, in seiner Gesellschaft den Kronsgarten am Berge Solalaki zu besuchen, und mir dort den Magen mit der Frucht des Maulbeerbaumes zu füllen, deren Genuß mein Uebel alsobald verscheuchen würde.

Der Berg Solalaki, einer der schönsten Punkte der Stadt, trägt auf seinem breiten Rücken die Ruinen der alten Veste Narikalé, welche durch eine lange Mauer mit dem ebenfalls in Trümmern liegenden Schlosse Schahi-tacht (Thron des Schah's) in Verbindung steht, und an die schlimmen Zeiten erinnert, wo Georgien noch unter der grausamen Herrschaft der Perserkönige zitterte.

Von den Höhen des Berges Solalaki erfreut man sich einer Aussicht, welche die vom Davidsberge noch an Großartigkeit übertrifft. Von hier übersieht man die große Ebene Didubeh; unten, zwischen dem Kyros und dem Bergrücken von Soganlug breiten sich die schönsten Gärten von Tiflis aus. Vor Allem aber

macht der von hohen Mauern beherrschte, terrassenförmig sich
abstufende Kronsgarten selbst, mit seiner üppigen Vegetation
einen zauberhaften Eindruck.

Ich hatte mich schon ganz eingelebt in Tiflis, und dennoch
erschien mir Alles, was ich sah, so vollständig fremdartig und
ungewohnt, als ich zum Erstenmale nach langer Zeit meine
Klause wieder verließ, um mit Mirza-Schaffy die Wallfahrt
anzutreten zu den Maulbeerbäumen im Garten des Solalaki.

Es war zwischen sechs und sieben Uhr Morgens. Die Straßen fingen an sich zu beleben, die Werkstätten und Magazine
öffneten sich; hier schrieen uns ein paar Droschkenführer, welche
mit tief verhüllten Frauen zu den Bädern fuhren, ihr lautes
Kabada! (Platz gemacht!) zu, dort wurde uns der Weg
versperrt durch lange, hagere Imerether, welche Lastthiere,
beladen mit großen, wassergefüllten Doppelschläuchen vor sich
hertrieben — endlich sahen wir die alte Veste Narikalé vor
uns aufsteigen, und als wir, um den Weg abzukürzen, eine Reihe
stufenförmig aneinanderhängender Häuser überkletterten, fanden
wir auf einigen Dächern noch die Bewohnerinnen im tiefen
Schlafe unter freiem Himmel, während von andern Dächern
eben das Bettzeug weggeräumt wurde.

Im Kronsgarten angekommen, ruhten wir ein wenig aus
im Schatten der hohen Nußbäume, denn schon waren die
Sonnenstrahlen von gewaltiger Kraft, — und darauf bestieg
ich unter Mirza-Schaffy's Hülfe und Anleitung einen
Maulbeerbaum, um Heilung zu suchen im Genuß seiner Früchte.

Das Klettern, wie das Hangen und Bangen in den schwan-
kenden Zweigen wurde meinem geschwächten Körper sehr sauer,
aber der Weise von Gjändsha bestand darauf, daß ich die
Früchte mit eigner Hand pflücken müsse, wenn sie Genesung
bringen sollten, und ich mußte mich seinem Willen fügen.

Aber trotz dieser Kur der Weisheit nahm meine Krankheit
einen immer schlimmeren Charakter an, und erst einige Wochen

später wurde ich vollständig hergestellt in der lieblichen Bergwildniß von Priutina, dem Sommeraufenthalte der kaukasischen Statthalter.

Den freundlichen Einladungen der Statthalterin, Frau von Neidhart, folgend, brachte ich die heißen Monate in Printina zu, unter anmuthigen Damen, Blumenduft, Bergluft und Waldesgrün, und neu gestärkt an Leib und Seele trat ich von hier aus über Manglis meine Wanderung in's Paschalik Achalzich an. Die Reise wurde, wie die Natur des Weges dies bedingte, zu Pferde gemacht, und meine Begleitung bestand dieses Mal aus Giorgi, meinem Diener, einem schlauen, mit Sprachen und Sitten der transkaukasischen Länder genau bekannten Armenier, und zwei donischen Kosaken als Eskorte.

Der Gebirgspfad, welcher von Priutina nach dem nur wenige Meilen enfernten Manglis führt, ist aller Reize voll. Burgentragende Felswände wechseln ab mit waldumschlungenen Bergen, grünen Schluchten und lieblichen Fernsichten.

Es war schon spät am Tage, als ich mit meinem lanzentragenden Gefolge in Manglis, dem Standquartiere des Tifliser Jägerregiments, ankam. In Abwesenheit des Kommandanten, Oberst Belgard, wurde ich von dem in russischen Diensten stehenden georgischen Fürsten Schalikow aufs freundlichste empfangen. Von dem langen Ritte ermüdet, verschob ich alle weitern Ausflüge bis auf den folgenden Tag, und brachte den Abend in traulicher Unterhaltung mit dem Fürsten und verschiedenen anderen Offizieren zu, welche sich unserer Gesellschaft angeschlossen hatten.

Mein erster Ausflug am folgenden Morgen war ein Ritt durch die sich ziemlich weit ausdehnende Militärkolonie von Manglis. Ich glaubte mich in ein Dorf der reichen Wolgaprovinzen versetzt, so schmuck und sauber sah Alles aus, was meinen Augen begegnete. Die ganz im russischen Geschmack erbauten, blendend weiß angestrichenen Häuser machten inmitten der dunkelbelaubten Berge, die sie von allen Seiten umragten, einen äußerst heitern Eindruck. Jedes Haus war von einem kleinen, zierlich eingezäunten Garten umgeben, auf deren Beeten, wie überall, wo Russenhand die Erde pflegt, der Kohl die erste Rolle spielt. Sehr gut wissend, wie äußerst wenig die russische Regierung im Allgemeinen zur Verpflegung ihrer Heere thut, konnte ich nicht umhin, meine Verwunderung über den Wohlstand, der sich ringsum zeigte, auszudrücken.

»Wenn die Soldaten nichts hätten, als ihren Sold, — antwortete ein mich begleitender Offizier auf meine in obigem Sinne gemachte Aeußerung — so würden die armen Teufel schwerlich so leben können, wie es hier und in den meisten andern Militärkolonien wirklich der Fall ist. Aber die Kolonisten sind sämmtlich verheirathet, und unter den Frauen giebt es, wie Sie sehen, viele frische, rüstige Wesen; da verdient sich denn Manches nebenbei. Eine lobenswerthe Eigenschaft dieser Weiber ist es, daß sie das also erworbene Geld nicht auf unnützen Flitterstaat, sondern zur Verbesserung ihrer Haushaltung anwenden.«

Wir fanden nach Besichtigung der Militärkolonie, der großen Kaserne und der übrigen Krongebäude noch Zeit, eine Exkursion nach den Ruinen des wenige Werst von dem neuen Manglis gelegenen alten Manglis zu machen. Wir ritten vom großen Wege ab, durch einen hohen, schattigen Tannenwald, und gelangten bald auf eine von wildem, üppigem Gesträuch umwachsene, und von hohen, trotzigen Felsen überragte enge Bergstraße, deren Passage so schwierig war, daß wir sammt unsern am Zügel nachgeführten Pferden, zu verschiedenen Malen beim Ueberklimmen der rauhen Felsblöcke, welche überall den Weg versperrten, stürzten, und leichte Verletzungen davon trugen. Doch wurden wir durch die großartigen Naturschauspiele, die auf jedem Schritte das Auge entzückten, überreichlich für das Ungemach des Weges entschädigt. Uns zur

Rechten rollte der reißende **Alghet** seine schäumenden Wogen, hier die Wurzeln schwankender Gebüsche, dort die moosüberwachsenen Steinmassen wellentrotzender Felsblöcke umrauschend. Bunt schimmerten und leuchteten die Wogen, zitternd das Bild der Mittagssonne und der blumigen Uferrahmen wiederspiegelnd.

Zu unserer Linken hochauf ragten, so weit das Auge spähte, gigantische, wunderlich gezackte Felsenmauern, und wo diese von der Natur aufgethürmten Riesenvesten Lücken gelassen, waren sie durch Menschenhand ausgefüllt. Denn nicht immer standen diese fruchtbaren, wasserreichen Thäler, diese schützenden Schluchten so verlassen da, wie heute. Ein mächtiges Geschlecht haus'te einst hier, dessen Thaten noch fortleben in den Sagen Georgiens. Noch stehen die Trümmer der felsaufgethürmten Mauern da, welche das untenwohnende Volk einst gegen die Einfälle der räuberischen **Lesghier** errichtete; noch hängen, wie riesige Adlernester, die Ruinen alter Burgen und Schlösser an den laubholzgekrönten Bergen. Den Felswänden selbst haben hier die Menschen mit staunenswerthem Fleiße Schutz und Wohnung abgetrotzt. Ganz kleine, hinter dichtem Gebüsch versteckte, unten unerspähbare Oeffnungen führen zu geräumigen, künstlich gemeißelten Höhlen und Gemächern, wovon einige sechs bis acht Fuß Höhe haben und dreißig bis vierzig Fuß tief in die Brust der Berge hineingehauen sind.

Wir kletterten unter unsäglicher Anstrengung die steile Bergwand hinauf, um einige von den wunderbar gezimmerten Wohnungen in der Nähe zu betrachten, bestiegen, als wir in die Schlucht des Alghet zurückgekehrt waren, unsere unten harrenden Rosse, setzten quer durch den reißenden Fluß, und gelangten ein halbes Stündchen später auf dem andern Ufer nach den Ruinen von **Manglis**, dem Ziele unserer Wanderung.

Von den vielen Gebäuden, welche einst hier gestanden haben sollen, wo zu **Wachtang-Gurgaslan's** Zeit der Sitz eines georgischen Bischofs war, fand ich nur noch Trümmer zerfallener Mauern, und eine ziemlich wohlerhaltene, ihres hohen Alters wegen merkwürdige Kirche, welche schon in der ersten Hälfte des vierten Jahrhunderts n. Chr. unter der Regierung des Königs Miriam II. erbaut sein soll. Die Kirche ist, wie die meisten alten Kirchen Georgiens, klein von Umfang, und innen und außen mit einer Menge Arabesken und Inschriften verziert. Bei meinem Eintritt in die geheiligten Räume brüllte mir eine wohlgenährte Heerde Kühe ein dröhnendes Willkommen entgegen. Auf solchen Empfang war ich nicht vorbereitet, und so tolerant ich sonst in Bezug auf kirchliche Angelegenheiten bin, so empörte es mich doch, das Haus des Herrn in einen Kuhstall umgewandelt zu sehen. Im Verfolg meiner Reisen hatte ich übrigens Gelegenheit mich zu überzeugen, daß solche Vorkommnisse unter russischer Herrschaft nicht Ausnahmen sind, sondern die Regel bilden. Die Russen, welche selbst nur bauen, um Ruinen zu machen, haben wenig Verehrung für die Denkmäler des Alterthums. Die Inschriften und Heiligenbilder waren rund umher von den gehörnten Vierfüßlern zernagt und abgerieben; nur eine Inschrift gelang es mir mit Hülfe des Fürsten Schalikow abzuzeichnen und zu entziffern. Sie befindet sich über dem Portal in Stein gehauen, ist in der alten georgischen Kirchensprache abgefaßt und lautet in der Uebersetzung wie folgt: »Herr, erbarme Dich des Gründers dieser Kirche, des Erzbischofs Arseni von Manglis: den 2. Februar des Jahres 360.« Diese Jahreszahl stimmt nicht überein mit der gewöhnlichen Angabe, daß die Kirche bereits zu König Miriam's Zeit erbaut sein soll, da dieser Fürst bekanntlich schon in der ersten Hälfte des vierten Jahrhunderts starb.

Nachdem ich eine genaue Zeichnung der malerischen Ruinen von Manglis entworfen hatte, wurde auf dem schwellenden Rasenteppich ein nach georgischer Weise zubereitetes Mittagsmahl eingenommen, wobei der im ganzen Orient so beliebte

Pillau (hier Plow genannt) und das Schaschelik (ein in
kleinen Stücken in seinem eigenen Fette gerösteter Hammelbraten),
so wie verschiedene Süßigkeiten, worunter ich besonders »einge-
machte Rosenblätter« hervorhebe, die Hauptrolle spielten; der
Wein wurde dabei aus den altherkömmlichen kaukasischen Trink-
gefäßen, d. h. aus großen, silberbeschlagenen Büffelhörnern
getrunken. Die Virtuosität der Georgier im Weintrinken habe
ich schon früher zu rühmen Gelegenheit genommen.

Ein ächt georgisches Diner wird immer mit Gesang
beschlossen, weshalb auch der freundliche Fürst zu meiner Ueberraschung Sorge getragen hatte, einen alten, blinden Sänger
zu bestellen, welcher unser ländliches Mahl durch tatarische
Liebeslieder würzte.

Auf einem kürzeren und bequemeren Wege als der, welchen
wir gekommen waren, nach den gastlichen Kasernen des neuen
Manglis zurückgekehrt, traf ich Anstalt, meine Reise am folgenden Morgen fortzusetzen.

Wenn man die hohe, Laub- und Nadelholzgekrönte Berg-
kette (von den dortigen Einwohnern die gelben Berge
genannt) überstiegen hat, über welche der Weg aus dem Thalkessel von Manglis nach Zalka führt, so nimmt die Vegetation
einen dürftigen und kälteren Charakter an, und das Land wird
immer öder und wüster, je weiter man sich von Manglis
entfernt.

Die Sonne war schon ihrem Untergange nahe, als wir
das von Armeniern und einigen Griechen bewohnte Dorf
Zalka, wo wir ein halbes Stündchen Rast gehalten hatten,
verließen, um die noch etwa zehn Werst entfernte, nach dem
Dorfe benannte Festung, von den Russen Nazalsky-Redut
geheißen, zu erreichen.

»Ist das eine Armenierin?« fragte ich meinen Diener,
die Blicke bewundernd auf eine allerliebste junge Frau werfend,
welche des Weges kam.

»Ich glaube, ja!« erwiederte Giorgi, »ihr Anzug spricht dafür, ihr Gesicht dagegen. Solche Schönheiten sind selten unter den Armeniern hier zu Lande ... Welch ein reizendes Wesen!« fuhr er schmunzelnd fort — »was für Augen! Solch ein Blick geht einem durch die Seele. — Bemerken Sie wohl, sie sieht sich noch einmal um. Beim heiligen David! das Weib sieht aus, wie ein Mädchen von Gurien.«

»Sind denn die Mädchen von Gurien so schön?« fragte ich lächelnd.

»Und das wissen Sie nicht, Effendim?« — rief mir der Kerl zu mit einem Blicke, welcher halb Erstaunen, halb Verachtung ob meiner Unwissenheit ausdrückte. — »Dann kennen Sie auch wohl nicht die Sage, welche die Ursache dieser Schönheit erklärt?«

»Nein,« erwiederte ich, »und wenn Du die Sage kennst, so kannst Du sie mir, während wir weiter reiten, erzählen.«

»Ob ich sie kenne? Aber wer kennt denn die nicht? Verzeihung, Effendim! ich werde gleich anfangen.«

Ich befahl den Kosaken voranzureiten, um uns in der Festung anzumelden und ein Lager für die Nacht zu bereiten, hielt mein unruhiges Pferd zurück, um mit dem sanften Thiere Giorgi's in gleichem Schritte zu bleiben, und Letzterer begann mit wichtigem Tone:

Die Sage von den vierzig Jungfrauen.

Einst wollte Allah zur Freude seiner Seligen das Paradies mit neuen Houris bevölkern, und befahl zu dem Ende einem Imam, sich umzuschauen unter den Töchtern der Menschen, und die vierzig schönsten Jungfrauen, die auf Erden zu finden, in den Himmel zu führen. Der heilige Vater verstand sich auf Schönheit und erfüllte gewissenhaft seines Gottes Befehle.

Er ging nach Fränkistan in das Land der Jnglis (England) und raubte die blühende Königstochter. Der König wollte den kühnen Entführer erschlagen, aber Allah blitzte ihm Dreck in den Kopf, das seine Augen verfinstert wurden.

Der Jmam schiffte übers große Wasser und kam nach dem Lande der Némtsche,*) wo viele Mädchen sich durch seine bunten Gewänder und süßen Worte verlocken ließen ihm zu folgen. Nach einem Jahre war die heilige Zahl voll, und er kehrte über das schwarze und weiße Gewässer zurück nach Osten

Er kam glücklich mit seiner jungfräulichen Schaar bis nach Gurien,**) aber dort trieb ihn der böse Feind, sich in eine der angehenden Houris zu verlieben, und sie durch die sündigen Folgen seiner Liebe für das Paradies untauglich zu machen.

Umsonst suchte er umher unter den Schönen des Landes, er fand keine, welche die entweihte Jungfrau ersetzen konnte, und es fehlte eine an der heiligen Zahl. Voll Reue und Verzweiflung durchbohrte sich der Osmanli mit dem Dolche, um dem Zorne Allah's zu entgehen; die schönen Mädchen aber blieben in Gurien, vermischten sich mit den Kindern des Landes, und erzeugten ein Geschlecht, schöner denn das alte.

* * *

Es war inzwischen stockfinster geworden, denn im Orient folgt die Nacht dem Tage ohne die süße Zwischenzeit der Dämmerung; ein schneidend kalter Wind wehte vom Gebirge her, wir zogen unser Baschalik***) tiefer über die Ohren, setzten

---

*) Némtsche, corrumpirt von dem russischen Njemetz (ein Deutscher).

**) Gurien, ein von Mingrelien, Jmerethi, Achalzich und der asiatischen Türkei begränztes blühendes Ländchen an der Ostküste des Schwarzen Meeres.

***) Baschalik — eine im Kaukasus gebräuchliche, warme Kopfbedeckung.

unsern Pferden die Fersen in die Weichen und jagten in gestrecktem Galopp durch die stürmische Nacht dahin.

Nach einer halben Stunde knarrte schon das Thor der Festung vor uns auf, ein Kosak leuchtete mit einer Fackel voran und führte mich in ein altes zerfallenes Gemach, das beste, welches in der Festung zu finden war.

* * *

Die Sonne drückte ihren Morgenkuß auf die weißen Wangen der Gletscher, daß sie erröthen in jungfräulicher Scham, als wir, diesmal von zwei Ural'schen Kosaken begleitet, der unheimlichen Festung Lebewohl sagten.

Schon vor vier Uhr war Giorgi in's Zimmer getreten, um mich zu wecken und mir meinen Kaffee zu bringen. Er brauchte mich nicht zu wecken, ich hatte die ganze Nacht vor Kälte und Ungeziefer kein Auge zuthun können.

Er klagte mir ebenfalls seine Noth und meinte, die Prussaki*) der Festung schienen den kriegerischen Geist der Kosaken eingeathmet zu haben; sie hätten, um seinen Schlummer zu stören, während der Nacht legionenweise förmlich regelmäßige Angriffe auf ihn gemacht. Die Kosaken, fuhr er fort, könnten sich ruhig in ihr Heimatland begeben, und die Prussaki als Besatzung in der Festung zurücklassen; kein Feind würde es sicherlich länger als einen Tag mit ihnen aushalten.

Wohl — dachte ich — wenn in diesem Lande, wo Ungeziefer aller Art so etwas Gewöhnliches ist, ein Mann von Giorgi's Gelichter sich hier besonders davon geplagt fühlt, so muß es wahrhaftig schlimm damit aussehen! —

---

*) Prussaki (Preußen) — so werden sonderbarer Weise in ganz Rußland die großen Wanzen genannt. Der komische Ausdruck hat sich bis Persien hin verbreitet.

In Folge eines mehrmaligen Aufenthalts, veranlaßt durch Zeichnen von Ruinen, welche ich unterwegs antraf, erreichten wir erst gegen Mittag das Kosakenlager von Tabis-zachur, dicht neben dem schönen See Toporowan (auch kurzweg Toprana genannt) gelegen. Die hier lagernden Kosaken hatten ihre Pferde ein paar Stunden weit auf die Weide getrieben, und es bot sich mir die unerfreuliche Aussicht dar, hier den Rest des Tages und die Nacht zuzubringen, denn vor Abend waren keine Pferde herbeizuschaffen, und in der Dunkelheit war es unmöglich, den Gebirgskamm bis Achalkalaki zu übersteigen.

In Erwartung eines entsprechenden Trinkgeldes, (in diesen öden, wenig bereisten Gegenden etwas sehr Seltenes für die armen Teufel) schlugen mir meine Begleiter vor, weiter zu reiten, ohne die Pferde zu wechseln. Ich nahm bereitwillig ihren Vorschlag an, ließ unsere ermüdeten Thiere ein paar Stunden verschnaufen, und nahm während der Zeit ein stärkendes Bad in dem kalten Wasser des See's Toporowan.

Dieser, das Sandshak von Achalkalaki begränzende See, nimmt an Umfang etwa dreißig Werst ein, hat süßes, gesundes Wasser und ist reich an Fischen und historischen Erinnerungen.

Unter letztern erwähne ich insonderheit die auf die Einführung des Christenthums in Georgien Bezug habende, in Wachtang's Chronik mitgetheilte Sage von der heiligen Nino. Diese gesegnete Jungfrau war, um den gräulichen Christenverfolgungen im römischen Reiche zu entgehen, zusammt der heiligen Ripsime und deren Wärterin Gajan nach Armenien geflohen, und rettete sich, nachdem ihr die beiden Freundinnen durch den Märtyrertod entrissen waren, an die Ufer des Sees Toporowan. Später kam sie nach Mtzchetha, der alten Hauptstadt Georgiens, wo sie eine Menge Wunder übte, Todte in's Leben zurückrief u. s. w. und die Einwohner zum Christenthum bekehrte....

Unter den Fischen des Sees verdienen besonders die schmackhaften Lachsforellen rühmende Erwähnung.

Nachdem ich eine Schale Kaffee geschlürft und einen Tschibuq geraucht hatte, ging die Reise wieder rüstig von dannen. Wir waren etwa eine halbe Stunde geritten, als uns ein auf einem Esel langsam daher trabender, georgischer Priester aufstieß. Ein junger, hochgewachsener Bursche lief zu Fuß neben her und hatte noch obendrein das ziemlich beträchtliche Reisebündel seines ehrwürdigen Gebieters zu tragen.

Ich rief dem geistlichen Herrn, einem stattlichen Manne von mittleren Jahren, mit regelmäßigen Gesichtszügen und dichtem, schwarzen Barte, einige freundliche Willkommensphrasen in georgischer Sprache zu, welche er eben so freundlich erwiederte, und zugleich höflich neugierige Fragen über meine Herkunft und den Zweck meiner Reise hinterhergleiten ließ. Ich gab ihm Auskunft so gut ich konnte, merkte jedoch bald, daß mein in Tiflis begonnenes Studium der georgischen Sprache noch bedeutender Ergänzungen bedürfe. Eben wollte sich Giorgi dolmetschend in's Mittel legen und fing an, mir den Redeschwall des Priesters in's Russische zu übersetzen, als ihn der geistliche Herr mit den an mich gerichteten Worten unterbrach: »Ah, wenn Sie russisch verstehen, so können wir uns ohne Dolmetsch unterhalten, ich habe auf einem russischen Seminar studirt und bin der Sprache so kundig wie ein Eingeborner.«

In allen dem Kaiser unterworfenen Ländern des Kaukasus gilt russische Sprache und Sitte, aus leicht erklärlichen Gründen, für das Höchste der Civilisation. »Meine Töchter haben alle eine russische Erziehung erhalten,« sagt, rühmend auf seine Kinder deutend, der georgische Fürst zum europäischen Reisenden, vor dessen Auge freilich die gepriesene moskowitische Bildung eben nicht als der größte Reiz der schlanken Georgierinnen erscheint. Wer jedoch den Preis dieser hohen Errungenschaft schmälern wollte, würde bei den gastfreien Landeskindern entweder für hochmüthig, oder selbst gar für ungebildet und urtheilsunfähig gelten, weshalb der Fremde wohl thut, in den allgemeinen Ton mit einzustimmen und davon abweichende Ansichten höchstens seinem Tagebuche anzuvertrauen. Der Leser wird sich demnach nicht wundern, daß ich meinem eselberittenen Reisegefährten rühmend meine Anerkennung ob seiner Kenntniß der russischen Sprache ausdrückte, und daß mir das Kompliment, mit orientalischem Schwulst unwickelt, zurückgegeben wurde.

Theils um seine Neugier weiter zu befriedigen, theils auch wohl um seine Kenntniß der verschiedenen konfessionellen Parteien an den Tag zu legen, fragte er mich mit pfiffiger Miene: ob ich zur römisch-katholischen Kirche gehöre, oder zu derjenigen Sekte, welche Luther als einzigen Heiligen anerkenne? Als ich, ohne weitere Erläuterungen in Bezug auf die Heiligkeit Luther's, den zweiten Theil der Frage bejaht hatte, konnte der geistliche Herr, nachdem er einige kräftige Flüche gegen die jetzt in Rußland in schlechtem Kredit stehende römisch-katholische Kirche geschleudert, nicht umhin, seine Verwunderung darüber zu äußern, daß ein anscheinend so verständiger Mann wie ich mehrere Jahre in Rußland habe leben können, ohne in den Schooß der allein seligmachenden griechischen Kirche überzutreten.

Er setzte mir die großen Vortheile eines solchen Uebertritts — wobei er vorzüglich die überwiegende, sich noch jährlich vermehrende Anzahl der Heiligen in Rußland, und der Wunder, welche hier täglich geschehen, während bei uns dergleichen niemals vorkommen, hervorhob — so weitschweifig auseinander, daß ich den Strom seiner Bekehrungsrede nur durch das Versprechen hemmen konnte, die Sache nächstens in ernste Erwägung zu ziehen.

Als ich darauf, um dem Gespräche eine andere Wendung zu geben, preisend der großartigen Naturschönheiten des Kaukasus gedachte, hatte ich nochmals Gelegenheit, die Früchte der moskowitischen Studien meines geistlichen Freundes zu bewundern.

»Ja,« sagte er mit kundigem Blicke, »außer dem Chimborasso in der Schweiz, findet man doch gewiß in der ganzen Welt keine so hohen Berge wie hier am Kaukasus!«

Ich nickte einverständlich mit dem Kopfe, wohl wissend, daß ich durch eine Berichtigung seines Irrthums meinem gelehrten Begleiter durchaus keinen Gefallen erzeigt haben würde.

Es wird meine freundlichen Leser vielleicht Wunder nehmen zu erfahren, daß mir in der bergeversetzenden Erklärung des geistlichen Herrn der Irrthum selbst weniger auffiel, als der Umstand, daß ein georgischer Priester vom Dasein einer Schweiz und eines Chimborasso überhaupt etwas wußte.

Um noch vor Anbruch der Dunkelheit nach Achalkalaki zu gelangen, machte ich gewaltsam unserm lehrreichen Gespräch ein Ende, und nahm freundlich Abschied von dem ehrwürdigen Verkünder des Wortes, von dem erfüllt wurde wie geschrieben steht: daß der Glaube sogar Berge versetzen kann.

Achalkalaki ist der Hauptort des Sandshaks gleiches Namens, dessen Gesammtzahl der Einwohner männlichen Geschlechts sich nach den russischen Statistiken auf 3200 beläuft, wovon 720 zum Islam, 200 zur griechisch-georgischen Kirche und die übrigen theils zur unirten, theils zur altarmenischen Kirche gehören.

Die einförmigen Häuser des obengenannten Städtchens sind nach asiatischer Weise niedrig, mit platten Dächern gebaut; die hier fehlenden Glasfenster sind durch Drahtgitter ersetzt. Achalkalaki besitzt einen ziemlich umfangreichen Markt und Bazar, und wird von einer, auf dem linken Ufer des Toparawan-Tschai gelegenen, den Rücken eines steilen Felsen krönenden Festung beherrscht, welche kurze Zeit nach der Eroberung des Landes durch die Türken erbaut sein soll, und deren

Entfernung von Tiflis 110 und von Achalzich 68 Werste beträgt. Inmitten der starken Ringmauern haben die Russen den Bau einer zweiten Festung begonnen, ein nach der Behauptung des mich begleitenden Ingenieur-Offiziers eben so thörichtes wie nutzloses Unternehmen, dessen Ausführung zu nichts weiter führen kann, als die Taschen der den Bau dirigirenden Beamten zu füllen.

Die größere Zahl der Einwohner besteht aus handeltreibenden Armeniern, welche noch von der Herrschaft der Osmanlis her ihre türkische Tracht beibehalten haben. Die Wohnungen sind, nach denjenigen zu schließen, welche ich in Gesellschaft meines Giorgi — der hier eine Menge von Verwandten und Bekannten hat — besuchte, auffallend reinlich und sauber gehalten. Die Frauen scheinen hier kein so zurückgezogenes Leben zu führen, wie man das sonst im Orient zu finden gewohnt ist; im Verlauf einer Stunde begegneten wir über zwanzig unverschleierten, jungen Frauenzimmern, meistens von sehr angenehmer Gesichtsbildung und schlankem Körperbau. Auffallend war es mir, während meines freilich nur kurzen Aufenthalts in Achalkalaki, kein einziges Pferd zu sehen; Alles scheint hier auf Eseln zu reiten. Auf meiner Wanderung durch die Straßen und den Bazar wurde ich alle Augenblick von naseweisen Militärs angehalten, welche mich um Rang, Namen und Reisezweck befragten. Die Erscheinung eines Reisenden muß hier etwas sehr Seltenes sein, da mich auch die rührigen Handelsleute auf dem Bazar mit abschreckender Neugier angafften.

Das Klima des Sandshaks, so wie überhaupt der ganzen Gegend von den Gebirgszügen bei Manglis an gerechnet, bis zu dem blühenden Thalkessel von Chertwis, unserm nächsten Aufenthaltspunkte, ist rauh, aber gesund. Die in den tiefer gelegenen Theilen Georgiens so gefährlichen und häufigen Fieber sind hier ganz unbekannt, und sonstige Krankheiten selten ....

Wenn man, dem Laufe des reißenden und fischreichen Toporawan-Tschai folgend, noch einige zwanzig Werst weit die kahle Hochebene überschreitet, welche sich in nordwestlicher Richtung hinter Achalkalaki ausdehnt, gelangt man an eine tiefgelegene weite Schlucht, von halb nackten, halb gesträuchbewachsenen Felsen umschlossen. Hier muß der Reiter sein Roß am Zügel führen und zu Fuß den steinigen, sich zwischen rauhen Felsblöcken hinschlängelnden Bergpfad hinabklimmen, welcher in's Thal zu dem tief unten liegenden Chertwis führt. Selten habe ich einen so halsbrechenden Bergweg wie diesen gefunden, aber selten auch wurde der Blick durch eine so lockende Aussicht belohnt, wie die blühenden Gärten des Thals, durchflossen vom Toporawan-Tschai, der seine Fluten hier mit denen des Kyros mischt, uns darboten. Die Füße jammerten, aber das Auge frohlockte, als wir, unsere guten Rosse am Zügel führend, über das rollende Gestein, die steilen Felswände entlang, behutsam zu dem tief unter uns liegenden Thale hinabstiegen.

Hochaufstrebende Epheuranken schlängelten sich jungfräulich schmiegsam um die schattigen Fruchtbäume, welche uns gastlich mit grünen Zweigarmen zu winken schienen, freudeschwankende Blumen nickten uns vertraulich zu, hell durch das dunkle Grün klang das Zwitschern der Sänger der Lüfte und dazwischen brausten die weißen Wellen der sich unten einenden Ströme wie lautschallendes Gelächter.

Man glaubt sich hier in die wasserreichen Gärten versetzt, die der Prophet seinen Gläubigen verheißen.

Chertwis, welches unter der Türkenherrschaft die Residenz eines Pascha's war, zählt heutigen Tages nur noch etwa 800 Einwohner, ein Gemisch von Armeniern und Türken. Die hochgelegene Festung der Stadt stammt nach dem allgemeinen Dafürhalten noch aus der Blüthezeit des georgischen Königreichs, d. h. aus der Regierungsperiode der vielgepriesenen Königin Tamar. Aus einer alten Inschrift jedoch, welche Dubois hier aufgefunden und Brosset der Jüngere in Petersburg theilweise entziffert hat, ergiebt sich, daß die Festung erst um die Mitte des vierzehnten Jahrhunderts, unter der Regierung des Attabeg Kanarkaré, Sohn des Sargis, eines Vasallen König David's VIII. erbaut wurde. Man findet hier eine kleine griechische Kirche mit alten georgischen Inschriften; außerdem umschließen die Mauern des Forts sechs Häuser, die in ihrem Innern noch deutliche Spuren des orientalischen Luxus tragen, mit welchem sie einst geschmückt waren. Besonders ist das merkwürdige, gut erhaltene Harem der Beachtung werth. Das Städtchen erfreut sich eines herrlichen Klima's. Die Gärten der Umgegend, der einzige Reichthum des Ortes, sind in ganz Georgien berühmt wegen der köstlichen Früchte, welche hier im Ueberfluß wachsen. Die Wohnungen bestehen, wie in allen ursprünglich georgischen Städten, aus Saklis, d. h. aus kleinen, von Steinen roh aufgeworfenen Häusern ohne Fenster und mit platten Dächern. Das Licht fällt durch ein im Dache angebrachtes Loch, welches zugleich als Rauchfang dient und bei schlechtem Wetter geschlossen wird.

Mein Giorgi hat mich wieder bei einem alten, ihm verwandten Armenier einquartiert; der Kerl muß eine Unzahl von Verwandten in diesem Lande besitzen: bis jetzt haben wir noch kein Dorf passirt, wo er mich nicht mit einem halben Dutzend Cousinen, Schwestern, Schwägerinnen und Frau Basen bekannt gemacht hätte. Ich werde hier mit wenigen Worten des Innern meines Absteigequartiers Erwähnung thun, da dasselbe gleichsam als Typus aller übrigen armenischen Häuser von Chertwis gelten kann. Das Haus meines Gastfreundes besteht aus zwei luftigen, geräumigen Gemächern, deren jedes ein Viereck von etwa fünfzehn Schritt im Durchmesser bildet; das letztere, oder Schlafgemach habe ich leider nicht genauer untersuchen können; das erstere ist zugleich Küche, Wohnstube und Gesellschaftszimmer. Zur rechten Hand von der Thüre befindet sich ein großer, gut gebauter Kamin, den die Engländer für eine Nachahmung der ihrigen ansehen würden, und welcher zugleich die Stelle des Herdes vertritt. An den beiden Seitenwänden hängen die Küchengeräthschaften in so schöner Ordnung und so blank gescheuert, als ob die Kessel, Kafferollen und Töpfe nicht zum täglichen Gebrauch, sondern zum Verkauf da wären. Außer diesen Geräthschaften gewahrt man keinen andern Schmuck als einen einfachen Teppich und einige kleine, niedrige Schemel; aber Alles ist so hübsch vertheilt und schmuck gehalten, daß meine Augen angenehm davon überrascht wurden.

Ich wollte meiner Wirthin ein Kompliment darüber machen, aber die gute Frau schien sich ungemein vor mir zu fürchten, denn sie wich immer zehn Schritt zurück, wenn ich einen Schritt gegen sie anrückte. Ich wandte alle mir zu Gebote stehende Beredsamkeit an, um ihr zu beweisen, daß gar kein Grund vorhanden sei, sich vor mir zu fürchten; ich sagte ihr, daß Frauen mir gar nichts Neues wären, daß ich sie sehr liebte, daß ich schon mit vielen Frauen in Berührung gekommen, daß meine eigene Mutter eine Frau wäre, daß .... doch ich hatte nicht nöthig, weiter fortzufahren, denn der letzte Punkt schien ihr alle Schüchternheit zu nehmen. Bald darauf wurde das sehr reinliche Mittagessen aufgetragen, dessen Hauptbestandtheile wieder Pillau, Schaschelik und Süßigkeiten bildeten.

Nach Tische machte ich in Gesellschaft meines Wirthes eine Wanderung durch die blühende Umgebung von Chertwis, bei welcher Gelegenheit ich Bekanntschaft mit mehreren Türken anknüpfte, welche mich einluden, auch ihre Gärten in Augenschein zu nehmen, und nachdem sie eine Stunde neben mir hergewatschelt und mir Alles gezeigt und erklärt hatten, mich freundlich mit Kaffee und der perlenden Wasserpfeife bewirtheten.

Nach der Schätzung Dubois', welcher im Jahre 1833 von Achalzich aus Chertwis besuchte, liegt das Fort etwa 4000 Fuß über dem Meeresspiegel. Die Häuser des Städtchens dehnen sich am Fuße des Forts links vor dem nach Süden zulaufenden Felsen aus. Die den Ort rings umragenden Berge haben nur zwei großen Schluchten Raum gelassen, wovon sich die eine in östlicher und die andere in südlicher Richtung öffnet; durch die erstere stürzt sich brausend der reißende Toporawan-Tschai dem nicht minder reißenden Kur zu, dessen Wellen die letztgenannte Schlucht durchrollen.

Chertwis ist nach Verhältniß der Größe das am meisten bevölkerte Sandshak des Paschaliks; die Zahl der Einwohner männlichen Geschlechts wird auf 4800 angeschlagen, worunter 2940 Armenier von der alten Kirche, 416 zu der unirten Kirche gehörige, 510 griechisch-katholische Georgier, 340 Muhammedaner und 58 Juden sind. Das Klima ist sehr gesund und das Land eben so wie Achalkalaki reich an Getreide.

Der Weg, welcher von Chertwis über Aspinsa nach Achalzich führt, ist weniger malerisch als beschwerlich. Um die etwa 45 Werst betragende Strecke zurückzulegen, brauchten wir trotz unserer trefflichen, wohlgenährten Pferde fast neun Stunden; man begegnet auf dem Wege einer Menge wenig bedeutender Ruinen.

Aspinsa, dessen Entfernung von Achalzich etwa dreißig Werst beträgt, ist der Hauptort des Sandshaks gleichen Namens; dieses Sandshak ist das kleinste und unbedeutendste des ganzen Paschaliks. Die Zahl der in zwölf kleinen Dörfern zerstreuten Bevölkerung wird auf 500 angeschlagen; die Einwohner sind fast durchgehends Muhammedaner. Von dem Klima und den Produkten des Landes gilt dasselbe, was über Chertwis gesagt wurde. Man findet in Aspinsa, welches früher die Residenz des aus den letzten Türkenkriegen bekannt gewordenen Mustapha-Achmed-Béy-Oglu war, ein in unregelmäßigem Viereck gebautes, altes türkisches Schloß von 140 Fuß Länge und 56 Fuß Breite, welches zu beiden Seiten von bewohnbaren Thürmen überragt wird.

Ich enthalte mich als Laie aller Bemerkungen über die äußerst interessanten, auf rein vulkanischen Ursprung deutenden Formationen, welche besonders von Chertwis an bis zu dem von Trappfelsen und Traßschichten eingeschlossenen Thale von Aspinsa das Auge in Erstaunen setzen, da wir in aller Wahrscheinlichkeit von dem gelehrten Naturforscher, Professor Abich, welcher wenige Monate nach mir diese Gegend besuchte, bald eine gründliche Abhandlung darüber erwarten dürfen.

Ganz ermüdet und zerschlagen von dem langen Ritte kam ich Nachmittags um sechs Uhr in Achalzich, der Hauptstadt des gleichbenannten Paschaliks, an, und machte gleich dem freundlichen Kommandanten der Festung, Oberst von Brevern, den ich schon früher in Armenien kennen gelernt hatte, meine Aufwartung. Die gastliche Einladung des Obersten, ein Appartement in den Festungsgebäuden zu beziehen, lehnte ich höflich ab, da mir Giorgi schon unterwegs eine Wohnung bei einem ihm verwandten armenischen Kaufmann in Aussicht gestellt hatte. Den Abend brachte ich in Gesellschaft der liebenswürdigen Familie des Herrn von Brevern zu, wo ich noch einen jungen deutschen Offizier aus den Ostseeprovinzen, den Ingenieur-Kapitän von Dahl, kennen lernte, in dessen Gesellschaft ich am folgenden Morgen meine Wanderungen durch die Stadt begann.

Die Eroberung von Achalzich durch Paskjewitsch ist ein noch zu neues Ereigniß, und seiner Zeit in den öffentlichen Blättern zu oft besprochen worden, als daß es nöthig wäre, durch eine weitläuftige Schilderung der Belagerung und Einnahme der Stadt die Kriegsbegebenheiten der Jahre 1828 und 1829 in dem Gedächtnisse des Lesers wieder aufzufrischen. Denjenigen, welche sich darüber genauer unterrichten wollen, empfehle ich das den Gegenstand ausführlich behandelnde, obwohl vom russischen Gesichtspunkte aus geschriebene Werk von Felix Fonton: La Russie dans l'Asie Mineure, ou Campagnes du Maréchal Paskévitsch en 1828 et 1829.

Achalzich liegt an einem von dem Potzchoflusse, dem Kaja-Dagh und den Ausläufern der Gebirgszüge von Persaat gebildeten Winkel, wo sich die unansehnlichen, eng zusammengebauten Häuser in einem Umfange von etwa drei Werst ausdehnen. Die Stadt zerfällt in drei Theile: die Festung, die Alt- und Neustadt, welche letzteren zwei durch den Potzcho von einander geschieden sind.

Fangen wir, um eine leichtere Uebersicht zu gewinnen, unsere Betrachtungen bei der Festung, als dem am höchsten gelegenen Punkte der Stadt an.

Die Gründung dieser Festung wird, wie alle großartigen Bauten des Landes, von dem Volke der Königin Tamar, der georgischen Semiramis, zugeschrieben. Die Türken nennen die Veste Achiszcha-Kalessi; die Georgier haben dafür den alten Namen Achale-Ziche (d. i. die neue Festung) beibehalten.

Die Befestigungswerke, welche aus drei Theilen bestehen, genannt die obere und die untere Festung und die Citadelle, bilden ein seltsames Gemisch von georgischer und türkischer Bauart. Der obere Theil nämlich und die Citadelle wurden von den Georgiern erbaut, und der untere Theil später von den Türken hinzugefügt. Die Mauern dehnen sich auf einem hohen, schwer zugänglichen Felsen aus, dessen Fuß der reißende Potzcho bespült.

Unter den im Innern der Festung befindlichen Gebäuden ist nur die schöne, leider jetzt auch halb in Trümmern dastehende Moschee näherer Beachtung werth. Die Gründung derselben wird dem türkischen Pascha Achmed, welcher zu Anfange des achtzehnten Jahrhunderts über Achalzich herrschte, zugeschrieben. Wie Fluge (in No. 4. der Zeitung von Tiflis des Jahres 1832) erzählt, verschrieb dieser Pascha zur Erbauung der Moschee einen europäischen Architekten aus Konstantinopel, ließ eine Menge christlicher Kirchen niederreißen und das so erbeutete Material zum Bau des prachtvollen, in großartigem Style ausgeführten Tempels verwenden, welcher jetzt bestimmt ist, wiederum in ein christliches Bethaus umgewandelt zu werden.

Die äußeren Mauern der Moschee sind einfach und schmucklos, aber von dauerhafter, geschmackvoller Arbeit. Vier hohe, steinerne Säulen von bläulicher Farbe, mit kupfernem Piedestal und durch schön geformte Bogen mit einander verbunden, bilden die Hauptfaçade des herrlichen Gebäudes. Der Raum zwischen diesen Säulen und der Moschee wurde von drei kleinen, mit vergoldeten Halbmonden geschmückten Kuppeln überragt. Die Hauptkuppel der Moschee, welche über sechzig Fuß im Durchmesser hat, ist aus Ziegelsteinen aufgeführt und mit gepreßtem Blei überkleidet. Das hoch durch die Lüfte ragende, schlanke Minaret gewährt zuneben dem umfangreichen Tempel einen besonders schönen Anblick.

Beide sich der Moschee anschließende Vorhöfe sind mit glatten Quadern von bläulicher Farbe gepflastert, welche in einem etwa zwei Stunden von Achalzich gelegenen Steinbruche gewonnen werden. In der Mitte des ersten Hofes sprang eine große, schön eingefaßte Fontaine, von einer mit dem goldenen Halbmond geschmückten Kuppel überragt, welche von acht zierlichen Säulen getragen wird. Dies ist ein Bild der Moschee, wie sie gewesen; die Fontaine springt jetzt nicht mehr, der goldene Halbmond ist verschwunden, die das Innere des Gebäudes zierenden Arabesken und Inschriften sind abgerieben oder übertüncht, und überhaupt sieht man heutzutage nur noch die Spuren der einstigen Pracht....

Die Sage erzählt, daß der grausame Achmed-Pascha

dem Architekten, als er das große Werk vollendet hatte, zum Dank den Kopf abhauen ließ, um ihn zu verhindern, anderswo ein ähnliches Gebäude zu errichten. Doch wurde der Pascha selbst vom Sultan mit dem Tode für seine Grausamkeit bestraft; sein Grabmal findet sich an der Ecke des Vorhofes der Moschee.

Steigen wir jetzt von der Festung hinab, um eine flüchtige Wanderung durch die Stadt zu machen, welche mit ihrer öden, aller Vegetation entbehrenden Umgebung, und ihren kleinen, eng zusammengeworfenen Häusern einen ziemlich traurigen Anblick gewährt.

Unter den durchgängig unansehnlichen Gebäuden thun wir nur der unfern der Festung gelegenen türkischen Bäder, so wie der Kirchen Erwähnung, deren man sechs in Achalzich findet: eine georgische, eine katholische, drei armenische und einen israelitischen Kahal nebst Synagoge. Der früher so berühmte Bazar von Achalzich trägt jetzt ein höchst ärmliches Gepräge. Von der ehemaligen Bevölkerung dieser einst so volkreichen Stadt ist seit der Besitznahme durch die Russen kaum eine Spur übrig geblieben; von den türkischen Einwohnern haben sich alle wohlhabenden nach der Türkei zurückgezogen, und die übrigen leben zerstreut in den Dörfern der angrenzenden Sandshaks.

Unfern Achalzich, am rechten Ufer des Potzcho, inmitten einer engen, wilden Schlucht, stehen die zerfallenen Mauern einer alten armenischen Kirche.

Die Ruinen, welche von dem Geschmacke und der Kunst des Baumeisters eben keine hohe Idee geben, verdienen nur in sofern Beachtung, als sie ihres Alterthums wegen von Armeniern und Georgiern in hohen Ehren gehalten werden, und ihnen als Zeugniß gelten, wie früh das Christenthum in diesem Lande schon einheimisch gewesen. Zudem knüpft sich eine noch heute unter dem Volke fortlebende Sage daran, welche erzählt, daß der heilige Magnessi nach seiner Vertreibung aus Persien sich in Trapezunt niedergelassen habe, jedoch auch von dort wieder schimpflich verjagt und mit dem Tode bedroht worden sei, weil er mehrere Muhammedaner zur armenischen Kirche bekehrt habe. Des Lebens in den großen Städten müde, und um den steten Verfolgungen der Türken zu entgehen, habe er sich in der Nähe von Achalzich angesiedelt, und dort eine christliche Gemeinde gebildet, von welcher die oben erwähnte Kirche herstammt. Nicht lange jedoch sollte er in seinem neuen Wohnorte sich der Ruhe erfreuen. Bei einem Verheerungszuge der Feinde durch Achalzich kam er um's Leben, und sein Leichnam wurde, von Wunden entstellt, am Eingange des Gotteshauses gefunden. Er war gestorben als ein Streiter Gottes, das Heiligthum des Herrn mit tapferer Hand vertheidigend.

Seit jener Zeit hat die Kirche immer leer und unbenutzt gestanden, und wird nur im Sommer, an hohen Festtagen, von den frommen Einwohnern der Umgegend besucht.

* * *

Mit dem gesellschaftlichen Leben sieht es in Achalzich traurig aus, da es hier an dem belebenden und veredelnden Element der Gesellschaft — an Damen, fehlt. Von den hier dienenden Offizieren und Beamten sind die meisten ohne Vermögen, und folglich auch unverheirathet, da ihre spärliche Besoldung zum Unterhalt einer Familie nicht ausreicht.

Frau von Brevern, die einzige gebildete Dame, die ich in Achalzich gefunden, hat sich vielfach aber vergebens bemüht, unter den vornehmeren Armenierinnen Geselligkeit, im europäischen Sinne des Worts, einzuführen. Die Verschiedenheit der Sprachen, Sitten und Kleidung, so wie die Eifersucht der armenischen Ehemänner, welche über die Sittlichkeit der russischen Offiziere ihre eigenen Ansichten haben, machten jedwede dauernde Annäherung unmöglich. Man begreift demnach leicht, daß eine Anstellung in Achalzich eben kein beneidenswerthes Loos ist, und gewöhnlich als eine Verbannung betrachtet wird. Die unverheiratheten Offiziere und Beamten, von denen die wenigsten Sinn für wissenschaftliche Bestrebungen haben, suchen sich für die vielen geistigen Entbehrungen, denen sie hier ausgesetzt sind, durch materielles Wohlleben zu entschädigen, und die peinigende Langeweile durch häufige und lustige Gelage zu verscheuchen. Ich wohnte zu verschiedenen Malen solchen Ergötzlichkeiten bei, glaube mir jedoch eine Schilderung derselben füglich ersparen zu können, da meine Leser wenig Neues daraus lernen würden.

* * *

Die Wohnungen der Armenier in Achalzich sind eben so anziehend und reinlich, wie die der Georgier und Juden abstoßend und schmutzig sind. Ich war wieder bei einem Verwandten meines Giorgi, einem ziemlich wohlhabenden Kaufmanne, einquartiert, in dessen Behausung es mir um so besser gefiel, als der Sohn des Hauses, der schwarzgelockte Jussuf, in der ganzen Stadt als liederreicher Sänger bekannt und gepriesen war. Wenn ich Abends von meinen Streifzügen nach Hause kam und ermüdet auf den Teppich niedersank, so wußte mir Jussuf immer noch mit seinem frischen Gesange ein Stündchen angenehm zu vertreiben, wobei er sich mit großer Fingerfertigkeit abwechselnd zur Saß und zur Tschengjir begleitete.

Ich suchte von dem reichhaltigen Liederschatze des Sohnes meines Wirthes so viel auszubeuten, wie meine kurze Zeit mir erlaubte, und verließ Achalzich nach achttägigem Aufenthalte, um weitere Ausflüge in das Innere des Landes zu unternehmen.

Der erste Ort, wo ich wieder Halt machte, war das seiner vielen merkwürdigen Ruinen, seiner Mineralquellen und geschichtlichen Erinnerungen wegen berühmte Thal von Bordshom, die alte Verbindungsstraße zwischen dem untern Karthli und Achalzich. Dubois de Montpéreux giebt uns in seinem trefflichen, nur etwas zu weitschweifigen Reisewerke, eine so ausführliche Schilderung des Thales von Bordshom, daß ich nichts Neues von Belang hinzuzufügen wüßte.

Auf der Rückreise gab mir ein mehrtägiger Aufenthalt in den Bädern von Abbas-Tuman Gelegenheit, mich über die Zustände der dort angesiedelten deutschen Einwanderer etwas genauer zu unterrichten. Sie bestehen nur aus zehn Familien, die ich sämmtlich in höchst armseligen Umständen fand; sie klagten mir jammernd ihre Noth, und wünschten nichts sehnlicher, als Mittel zu finden, auf ihre alten Wohnplätze in Taurien zurückzukehren.

Was ihre Lage noch verschlimmert, und das Mitleid ein wenig verstummen macht, ist die beklagenswerthe Uneinigkeit, in welcher sie selbst unter einander leben....

Die von üppig bekleideten, ruinentragenden Bergen und wunderlich gezackten Felsen eingeschlossene Schlucht von Abbas-Tuman, gehört zu den schönsten Plätzen des Paschaliks.

Die hier befindlichen Mineralquellen, welche erst seit wenigen Jahren unter ärztlicher Aufsicht benutzt werden, haben in verschiedenen Abstufungen von 28 bis 40° R. Man findet hier ein Hospital, wohin die kranken Soldaten aus der Umgegend geschickt werden. Außer diesen Soldaten, und einigen armenischen und georgischen Offizieren, war die Zahl der Badegäste so gering, daß ich buchstäblich mehr Häuser als Bewohner fand.

Wenn der schöne Badeort nicht gar zu fern von der

civilisirten Welt läge, so würde derselbe zweifelsohne bald
eben so besucht wie berühmt werden.

Mit Ausnahme meiner Wanderung nach Abigion, welcher
ein besonderes Kapitel gewidmet werden soll, weil sie einen
Besuch bei dem berühmten Weisen Omar-Effendi in sich
schließt, übergehe ich die Schilderung meiner weiteren Ausflüge
durch das Paschalik Achalzich, und fasse die daraus gewonnenen
Notizen in Folgendem übersichtlich zusammen.

* * *

Der Ackerbau steht im Paschalik Achalzich noch auf einer
sehr niedrigen Stufe, woran einerseits der nicht überall ergiebige
Boden, besonders aber die einem Europäer unbegreifliche
Trägheit der Einwohner Schuld ist. Am ungünstigsten ist
das Land in den Sandshaks Atzchwér und Aspinsa, doch
könnte, nach der Behauptung erfahrener Agronomen, bei
gehöriger Kultur, Bewässerung und Düngung des Bodens,
auch hier der bisherige Ertrag um das Zehnfache gesteigert
werden.

In den Sandshaks Chertwis und Achalkalaki ist der
Boden im Allgemeinen sehr fruchtbar, und wasserreich genug,
um künstliche Bewässerung entbehren zu können; das Düngen
ist hier jedoch mit großen Schwierigkeiten verknüpft, da wegen
des gänzlichen Mangels an Holz aller Mist getrocknet und
als Brennmaterial verbraucht wird, in derselben Weise, wie es
früher bei unserer Wanderung nach Eriwan beschrieben wurde.

Die Hauptprodukte, welche in den oben genannten Sandshaks gewonnen werden, sind: Waizen, Gerste, türkische Bohnen
und verschiedene Obstarten; in den höher gelegenen Gegenden
baut man besonders Susluk, das hiesige Winterkorn, d. i.
eine Mischung von Roggen und Waizen. Der Merkwürdigkeit

wegen muß ich der sonderbaren Art und Weise, wie man hier den Ackerbau betreibt, etwas umständlicher Erwähnung thun.

Zum Pflügen des harten Bodens bedient man sich eines auf Rädern ruhenden, äußerst schwerfälligen Pfluges, zu dessen Fortschaffung nach Umständen fünf bis zehn Paar Ochsen erfordert werden. Der Pflug enthält zwei kolossale Eisen; das erstere, vorn befestigte, ist ganz schmal und scharf, und dient gleichsam als Vorläufer des letzteren, indem es die Erde nur ein wenig aufreißt, während das breite, dreieckige, hinten befestigte Eisen tief einschneidend hinterher gleitet.

Das Eggen geschieht hier auf dieselbe drollige Weise, wie in Grusien (Georgien): man befestigt eine Menge Reiser auf einem etwa sieben Fuß langen, dünnen Balken; zwei oder drei Bursche setzen sich darauf, ein Zug Ochsen wird davor gespannt, und so geht es schreiend und knarrend vorwärts. Es bedarf kaum der Erwähnung, wie wenig zweckfördernd dieses Verfahren ist.

Noch möchte die eigenthümliche Weise des Dreschens hier zu Lande einer kurzen Schilderung werth sein. Statt der Dreschflegel, deren Handhabung den Leuten zu mühsam sein würde, bedient man sich hier eines etwa fünf Fuß langen und anderthalb Fuß breiten, vorn spitz zulaufenden und nach oben gebogenen Brettes, an dessen Untertheile glatte Steine in der Ordnung eines Schachbrettes befestigt sind. Ein paar Menschen setzen sich darauf, theils um das Gewicht zu vermehren, theils um die angespannten Ochsen zu lenken, und so wird der sonderbare Dreschflegel auf dem im Kreise ausgestreuten Getreide herumgefahren.

Die früher sehr bedeutende Viehzucht ist seit dem letzten Kriege ebenfalls außerordentlich gesunken. Die hiesigen Büffel, Schafe und besonders die zahlreichen Esel sind von ungewöhnlicher Größe. Die Schafe, deren Wolle sehr dicht und lang ist, werden jährlich zweimal geschoren, zu Anfang des Frühjahrs und zu Ende des Herbstes. Die Pferde des Landes sind kräftig, behende und ausdauernd, aber durchgehends klein.

Der Gartenbau ist außer dem Thale von Chertwis nur in den Sandshaks Atzchwer und Aspinsa von einiger Bedeutung. Die Früchte, welche hier besonders in großer Menge gewonnen werden, sind: Aepfel, Birnen, verschiedene Arten von Kirschen, Pflaumen und Nüsse. Der Maulbeerbaum, welcher hier vortrefflich gedeiht, wird nicht des Seidenbaues, sondern lediglich seiner Frucht wegen gezogen.

In den Gärten sowohl, wie in den Wäldern, welche die Berge von Atzchwer und Aspinsa überkleiden, findet man im Ueberfluß: die Berbisbeere (berberis dumetorum), Haselnüsse, Stachelbeeren, Himbeeren, Erdbeeren, Preißelbeeren, Hagebutten u. s. f.

Der Weinbau ist durchgehends noch außerordentlich vernachlässigt, obgleich in den tiefer gelegenen Thälern, bei besserer Kultur, die Rebe sehr wohl gedeihen würde. Der wenige Wein, welcher hier gewonnen wird, ist in Folge der schlechten Zubereitung fast ungenießbar.

Ich schließe dieses Kapitel mit der Bemerkung, daß, wenn ich mich hier mehr in Einzelnheiten eingelassen habe, als bei der Schilderung der übrigen Länder, dieses hauptsächlich deshalb geschah, weil das Paschalik Achalzich verhältnißmäßig weniger bekannt und besucht ist.

Achtzehntes Kapitel.

Der Weise von Abigion, das Dach der Wittwe, und der Wettkampf der Weisheit.

Nach der Eroberung des Paschaliks Achalzig durch Paskjéwitsch verließen fast alle türkischen Einwohner die Hauptstadt, und siedelten nach Anatolien über, um nicht unter russischer Botmäßigkeit zu stehen.

Die türkischen Auswanderer wurden zu einem großen Theile ersetzt durch armenische Einwanderer, welche als Christen die Herrschaft des weißen Zaren der des Statthalters Muhammeds vorzogen.

Unter den wenigen, in Achalzich zurückgebliebenen Türken, war der hervorragendste Omar-Effendi, ein Schriftgelehrter, den ein kleiner Grundbesitz in dem unweit der Hauptstadt gelegenen Dorfe Abigion, so wie besondere Gunstbezeugungen der russischen Regierung, an die Scholle fesselten.

Der aufmerksame Leser wird sich erinnern, daß Mirza-Schaffy, gleich im Beginn unserer Bekanntschaft, der Weisheit Omar-Effendi's rühmend gedachte, wie denn überhaupt die gute Meinung des ehrwürdigen Mirza über die andern Weisen des Morgenlandes sich bemessen ließ nach der Entfernung, in welcher sie von ihm wohnten, oder der Anerkennung, welche sie ihm zollten.

Es that seiner Schule der Weisheit keinen Eintrag, Abbas-Kuli-Chan zu rühmen, der in Baku, am Kaspischen Meere hauste, oder Omar-Effendi, der in der Wildniß von Abigion Nachtigallen und Rosen besang.

Die Schriftgelehrten von Tiflis aber mußten gedemüthigt werden, weil sie sich für weiser hielten als Mirza-Schaffy, und weil hier der Gedanke der Konkurrenz zu nahe lag.

Als ich den Weisen von Gjändsha einmal fragte, wie er es vereinbaren könne mit seinen Grundsätzen, in freundschaftlichen Beziehungen zu so vielen gläubigen Priestern und Schriftgelehrten zu stehen, wie von der Sekte der Sunniten, so von der Sekte der Schiiten, antwortete er:

»Wie Du unweise redest, o Jünger! was gehen mich die Sekten und Spaltungen der Kirche an? Jede Schafheerde will ihren Hirten haben, und jede Gemeinde ihren Prediger; ein Jeglicher treibt sein Geschäft auf seine Weise, denn der Mensch will leben. Die Weisen müssen sich mehr nach den Thoren richten, als die Thoren nach den Weisen, denn der Thoren sind viele, und der Weisen sind wenige. Der Kaufmann rühmt seine Waaren, und die Menschen kaufen davon nach ihrem Bedürfniß; der Mullah rühmt die wasserreichen Gärten des Paradieses, und die Menschen glauben daran nach ihrem Bedürfniß.

»Wenn aber der Kaufmann sagen wollte: meine Waare ist schlecht — so würde er zum Bettler werden und seine Kunden verlieren. Die Kunden aber würden nicht nackt gehen deshalb, sondern ihre Waaren von andern Kaufleuten nehmen.

»Und wenn der Mullah sagen wollte: meine Lehre ist falsch — so würden die Thoren ihn steinigen, und einen andern an seine Stelle setzen. Aber jemehr er sich ihrer Thorheit anbequemt, für desto weiser werden sie ihn halten. Nur nach und nach findet die Wahrheit Eingang bei den Menschen; nur nach und nach keimt das Saatkorn und treibt Frucht.

»Aber soll man kein Licht anzünden, weil die Sonne nicht scheint in der Nacht? Soll man den Verstand schelten, weil er auf Kosten des Unverstandes leben muß? Was sagt

Saadi: — „Soll man das schöne Himmelslicht anklagen, weil die Fledermäuse der Sonne Strahlen nicht ertragen können? Eher mögen tausend Fledermausaugen geblendet werden, als daß die Sonne sich deshalb verfinstere!" —

* * *

Mirza-Schaffy hatte schon in den ersten Monaten unsers Beisammenseins an Omar-Effendi geschrieben: es hause jetzt in Tiflis ein junger Alim aus dem Abendlande, der bei ihm die Weisheit lerne, und der später auch eine Wallfahrt zu Omar-Effendi unternehmen werde, um seine Sprüche der Weisheit zu erforschen.

Mein bescheidenes Dasein war also nicht nur dem Weisen von Abigion längst bekannt, sondern durch diesen auch zur Kenntniß der ganzen Nachbarschaft gekommen, wo Omar Effendi nicht wenig an Ansehen gewonnen hatte bei der Nachricht, daß sein Mund der Born sei, daraus die Weisen des Abendlandes gepilgert kämen, um daraus zu schöpfen.

Es blieb nur übrig, das Verheißene in Erfüllung zu bringen. Bei meiner Ankunft in Achalzich erfuhr ich, daß Omar-Effendi bereits vor einigen Wochen die Stadt verlassen, und seine Sommerwohnung in Abigion bezogen habe.

Ehe ich meine Ausflüge in's Innere des Paschaliks antrat, entsandte ich die Botschaft an den Weisen, daß ich den Stab der Pilgerfahrt ergreifen und demnächst bei ihm eintreffen werde.

Nach meiner Rückkehr von Abbas-Tuman fand ich eine Antwort von Omar-Effendi vor, worin er mir sein Herz und seinen Verstand zu Füßen legte und sagte, daß die Schwelle seines Hauses nach dem Glücke seufze, von meinen Füßen berührt zu werden.

Ein russischer Offizier, der eine Dienstreise in das Innere des Landes zu machen hatte, bot mir seine Begleitung bis

Abigion an; Giorgi bat mich um die Erlaubniß, Juſſuf, unſern Wirth, und noch einige Verwandte mitnehmen zu dürfen, so daß die Gesellschaft, mit der Kosaken-Eskorte, einen ganz stattlichen Reiterzug bildete.

Von den vielen Dörfern, welche wir auf der Reise paſſirten, verdient nur das seiner Größe und seiner schönen Moschee wegen bemerkenswerthe Suchilis besondere Erwähnung Wir machten hier eine Stunde Halt, um die Pferde etwas verſchnaufen zu laſſen.

Vorüberreitende Türken mußten inzwischen die Nachricht nach Abigion gebracht haben, daß eine Karawane im Anzuge ſei, denn noch ehe wir einritten in das Dorf, kamen uns Botschafter von Omar-Effendi entgegen, welche Teppiche vor uns ausbreiteten, und uns mit Milch und süßen Früchten bewirtheten.

Trotz der Untiefen der ſchmutzigen Gaſſen von Abigion, und trotz der von furchtbarem Bellen begleiteten Angriffe der ſchaarenweis auf uns losſtürzenden Hunde des Ortes, kamen wir mit einbrechender Dämmerung glücklich vor dem Hauſe Omar-Effendi's an.

Das ganze Dach, ſo wie der Balkon, waren mit Menſchen angefüllt, und Sänger waren aufgeſtellt, uns mit Saitenſpiel und Gesang zu begrüßen.

Nach dem für Alle geltenden, landesüblichen Gruße, die Hand an Herz und Stirn zu legen, wandte ſich Omar Effendi zu mir und ſprach: »Möge Deinen Fußtapfen Glück folgen! Mein Haus ist Dein Haus! Deine Wünsche sind mir Befehle!«

Darauf wurden noch eine Menge der ſchmeichelhafteſten Phrasen gewechſelt.

»Was sagt Togrul-Ben-Arslan! — rief der Weise, — »Das Angeſicht meines Gaſtes entzückte mich, alſo, daß mein Herz überquoll vor Freude!«

»Was sagt Fisuli! — entgegnete ich — »So bin ich armer Wanderer zu Dir gekommen, wie ein Tropfen Wasser, der zum Ozean geschwommen!«

Inzwischen dauerte der Gesang und das Saitenspiel ohne Unterbrechung fort.

Ich lasse hier beispielshalber einige Verse von einem mir zu Ehren gedichteten Liede folgen, welches ich wenigstens zwanzig Mal unter dem furchtbarsten Akkompagnement hören mußte:

»Den jungen Fremdling aus dem Abendland
    Besingen wir;
Ihn, der den Pfad zum Born der Weisheit fand,
    Besingen wir.

Wir preisen seinen Muth, sein kühnes Wagen —
Sein gutes Roß, sein faltenreich Gewand
    Besingen wir.

Wir streuen Blumen vor des Pilgrims Füße,
Und seines Hauptes Weisheit und Verstand
    Besingen wir.

Willkommen sei der Fremdling unserm Hause!
Ihn, der des Weges Mühsal überwand,
    Besingen wir.«

Troß der dunkel hereinbrechenden Nacht blieben wir auf dem Balkon, der durch ein halb Dutzend riesig langer, aus geöltem Papier bestehenden Laternen erleuchtet wurde.

Fortwährend wurden Früchte, Milchspeisen verschiedener Art und süßes Backwerk herumgereicht.

Meinem russischen Freunde, dem die ganze Scene so komisch erschien, daß er nur mit Mühe durch fortwährenden Genuß der dicken Milch das Lachen unterdrücken konnte, war etwas unwohl geworden. Er klagte mir seine Noth, denn es war kein Ausweg zu finden, ohne eine allgemeine Störung herbeizuführen.

Der Balkon führte in das Selamlik (Begrüßungszimmer), welches wiederum mit den andern Gemächern des Hauses in Verbindung stand. Allein dort hinzugehen, wäre gegen alle Sitte des Landes gewesen; es blieb sonach nichts übrig, als vom Balkon herab auf die Dächer der angrenzenden Häuser zu steigen, was aber wegen der vielen Hunde sehr gefährlich war.

Ich wendete mich an Omar-Effendi und sagte: O Weiser! löse mir dies Räthsel: es steht geschrieben, der Geist sei gewaltiger als der Körper, — und doch hat dieser mehr Gewalt über jenen, als jener über diesen. Wenn der Geist sich zum Himmel emporschwingt, so kann er den Körper nicht mitnehmen — wenn aber der Körper seine gewöhnlichsten Bedürfnisse hat, so muß die unsterbliche Seele ihm folgen!

Omar-Effendi lächelte, winkte einigen Leuten und befahl ihnen, Laternen zu bereiten, um zu leuchten, und Knittel, zur Abwehr der Hunde.

In wenigen Minuten erschienen acht dickbeturbante Türken, und stiegen mit meinem russischen Freunde den Balkon hinab, auf die angrenzenden, terrassenförmig gebauten Häuser.

Ein riesiger Türke, in blutrothem Gewande, führte den Zug, in der Hand eine lange Laterne tragend; der zweite Laternenträger ging hinterher, während die übrigen Begleiter, mit furchtbaren Knitteln bewaffnet, den Russen in die Mitte nahmen, um ihn vor den wolfähnlichen, von allen Seiten heranstürzenden Hunden zu schützen.

Von Zeit zu Zeit blieben sie stehen, um zu erforschen, ob der richtige Anhaltpunkt gefunden sei.

»Wessen Dach ist dieses?« fragte der erste Laternenträger.

»Abdullah's, des Kaufmanns!« erwiederte der zweite.

»Das ist gefährlich; hier können wir nicht bleiben.«

Und sie stiegen weiter hinab auf ein ganz niedriges Haus.

»Wessen Dach ist dieses?«

»Das Dach der Wittwe Ibrahim's, des Schneiders!«

Und sie ließen sich nieder auf dem Dache der Wittwe.

Am folgenden Tage reiste der Offizier weiter, Jussuf und seine Verwandten kehrten nach Achalzich zurück, und ich blieb mit Giorgi allein bei Omar-Effendi.

Wir besuchten gemeinschaftlich die in der Nachbarschaft von Abigion hart an der türkischen Grenze belegenen, ziemlich wohlerhaltenen, aber ebenfalls in einen Kuhstall umgewandelten Ruinen einer alten georgischen Kirche, welche, nach Bauart und Inschriften zu schließen, aus der ersten Hälfte des vierten Jahrhunderts christlicher Zeitrechnung datirt.

Nachdem ich eine Zeichnung von der Kirche entworfen und die Inschriften kopirt hatte, kehrten wir nach Abigion zurück, wo ich mit Omar-Effendi noch einige fröhliche Tage verlebte.

Unsere Mahlzeiten hielten wir gewöhnlich in den obstreichen Gärten des Dorfes, welche, wie das ganze Land, künstlich durch Kanäle bewässert waren. Auf den dunklen Rasen wurde ein Teppich gelegt, darüber eine kaum sechs Zoll hohe Tischscheibe gestellt, und rund umher saßen wir mit untergeschlagenen Beinen. Ein paar der angeseheneren Einwohner des Dorfes befanden sich gewöhnlich in unserer Gesellschaft, während andere in großer Zahl sich freiwillig zu unserer Bedienung anboten.

Wein wurde an der sonst reichlich besetzten Tafel nicht getrunken; schlechte Musik, mittelmäßiger Gesang und gute Laune mußten Ersatz dafür bieten.

Ich konnte nicht genau ermitteln, ob Omar-Effendi aus Rücksicht für seine strenggläubige Umgebung, oder aus eigenem Festhalten an den Satzungen des Koran sich den Genuß des Weines versagte.

Ich glaube, daß das Erstere der Fall war, da die Lieder, welche er mir vorsang, sämmtlich überflossen vom Ruhme des

Weines. Gewohnt, mich überall streng der Sitte des Hauses meiner Gastfreunde anzubequemen, wagte ich nicht, Omar Effendi um Aufklärung des kitzlichen Punktes zu bitten.

Ich mußte meinem Wirthe alle Lieder und Sprüche der Weisheit sagen, die ich von Mirza-Schaffy gelernt hatte, und der Weise von Abigion sang mir dafür die seinigen vor. Ich fand darin eben so viel Anmaßung und Selbstgefühl, aber bei Weitem nicht die Frische und Originalität, wie in den Gesängen Mirza-Schaffy's.

Wir schrieben gemeinschaftlich Briefe an Mirza-Schaffy; mein Wirth, um seine Freude über meinen Besuch auszudrücken, und ich, um ihm nach langer Trennung wieder einen Bericht von meinen Erlebnissen zu geben.

Wir rühmten gegenseitig unsere Handschrift, denn auf das Schönschreiben wird im Orient ein ungemein großer Werth gelegt; ja, es wird als ein wesentlicher Bestandtheil der Weisheit betrachtet. Darum kommt es hier nicht selten vor, daß ein Schriftgelehrter den andern auffordert, ihm einen Beweis seiner Schreibekunst zu geben, und ihn verhöhnt, wenn die Probe schlecht ausfällt.

Die Artigkeiten, welche Omar-Effendi mir über meinen Brief sagte, — den ich ihm zeigte, wie er mir den seinigen, — schrieb ich alle auf Rechnung Mirza-Schaffy's.

»Du thust wohl — entgegnete er — Deinen Lehrer zu preisen; aber die Weisheit läßt sich nicht ganz so verschenken, wie ein anderes Ding: nur halb kann sie gegeben, halb muß sie gewonnen werden. Es läßt sich kein Baum pflanzen auf Steinen, und keine Weisheit im Kopfe eines Thoren. Was sagt Hafis:

„Nie wirst Du das Juwel Deiner Wünsche erlangen
    Durch eigene Mühe —
Und doch nie, o Hafis! wird es zu Dir gelangen
    Ohne eigene Mühe!"

Ich zitirte ihm zur Entgegnung die Stelle aus der Bibel, wo es heißt: »Wer da hat, dem wird gegeben, wer aber nicht hat, dem wird noch genommen was er hat.«

Er nickte einverständlich mit dem Kopfe, und ich fuhr fort: »Es geht mit den Sprüchen der Weisheit im Kopfe eines Thoren, wie mit dem Gelde in der Hand eines Bettlers, davon Saadi geredet: »In der Hand eines Bettlers bleibt das Geld so beständig, wie die Geduld im Kopfe eines Verliebten, und das Wasser im Siebe!«

»Aber eben so schwer — rief Omar-Effendi — wie es ist, die Weisheit in die Köpfe der Thoren zu bringen, eben so schwer ist es auch, die Thorheit ganz zu vertreiben aus den Köpfen der Weisen!«

»Weil auf dem fruchtbarsten Acker — entgegnete ich — auch das Unkraut am besten gedeiht. Es genügt, wenn der guten Früchte mehr sind als des Unkrauts, und dazu bedarf es schon großer Pflege und großen Kampfes. Ein Gleiches gilt von den Anlagen und Eigenschaften der Menschen. Was ist die Reinlichkeit? ein Kampf gegen den Schmutz; — was ist die Tugend? ein Kampf gegen das Laster; — denn jedes gute Ding hat seinen schlimmen Gegensatz, und je beständiger der Kampf, desto größer der Werth des Menschen, weil seine Kräfte nicht ermatten, sondern gestärkt werden in solchem Kampfe.«

Omar-Effendi saß eine Zeitlang schweigend vor sich hin, klopfte seine Tschibuq aus, rückte an seinem Turban, und dann wandte er sich zu mir und sagte mit ernstem Gesichte: »Ich möchte wissen, wer von uns Beiden der Weiseste ist!«

Ich hatte Mühe, bei dieser seltsamen Frage das Lachen zu unterdrücken, aber ich bezwang mich und erwiederte: »Wie kannst Du solche Frage thun? Was ist ein Wassertropfen im Vergleich zur Perle? Was ist ein Staubkorn im Vergleich zum Diamanten? Was bin ich im Vergleich zu Dir?«

Er lächelte zufrieden über meine Antwort, aber bestand nichtsdestoweniger darauf, zu erforschen, wer von uns Beiden der Weiseste wäre.

Ich war neugierig, wie er seine Forschungen anstellen würde. Er ging in's Haus, holte ein paar gleiche Stücke Papier, gab mir eines davon, legte das andere vor sich auf's Knie zum Schreiben, und sagte: »Nun schreib', ich werde zu gleicher Zeit mit Dir anfangen!«

Da ich noch immer nicht fassen konnte, wo er hinaus wollte, fragte ich ihn: »Sag' mir, o Omar-Effendi! was ist Dein Rath und Begehren?«

Er bedeutete mich, ich solle ihn in Versen besingen, und er werde mich besingen, und wer von uns am ehesten das Blatt Papier ausfüllte, der sollte der Weiseste sein.

Ich hatte Mühe, ihm klar zu machen, daß es ein großer Unterschied sei, sich nothdürftig in einer fremden Sprache ausdrücken zu können, oder Gasels darin zu schmieden. »Und wenn ich noch zwanzig Jahre Türkisch lernte — schloß ich — so würde ich doch nimmer so schöne Verse drin schreiben können wie Du!«

»So schreib' Du in Deiner Sprache — entgegnete er — und ich werde in meiner schreiben. Nachher aber sagst Du mir, so gut Du kannst, was Du geschrieben.«

Ich mußte mich fügen; wir setzten uns nieder, und der Wettkampf der Weisheit begann.

Es war mir natürlich leichter, eine Seite deutscher Knittelverse zu schreiben, als es ihm sein konnte, eine Seite mit seinen türkischen Hieroglyphen anzufüllen.

Ich schrieb was mir eben durch den Kopf fuhr, und als er bemerkte, wie ich meine Feder rührig handhabte, während er kaum ein Dutzend Buchstaben gemalt hatte, rief er mir zu, ja aufmerksam zu schreiben, denn er werde das Blatt bewahren, und zeigen, wenn einmal wieder ein Weiser aus dem Abendlande zu ihm gepilgert käme.

Ich schrieb langsam weiter; da ich aber ein schlechter Gelegenheitsdichter bin, so konnt' ich nichts Besseres thun, als die Knittelverse zu vollenden in der Weise wie ich sie begonnen hatte.

Ich war fertig, ehe er noch die Hälfte seines Blattes beschrieben hatte, aber ich schwieg, und zog unbemerkt mein Notizbuch aus der Tasche, um die Verse abzuschreiben, zum Andenken an den seltsamen Kampf der Weisheit in Aldjion.

Doch selbst nachdem ich die Abschrift genommen hatte, war Omar-Effendi noch immer nicht fertig.

»Hast Du Dein Gedicht vollendet?« fragte er nach einer Weile.

Ich antwortete »Ja.«

»Zeige was Du geschrieben!«

Ich suchte ihm die Knittelverse zu verdolmetschen, so gut es gehen wollte.

Und da vielleicht auch mancher Leser neugierig ist, den Inhalt jenes Blattes zu kennen, so lasse ich den Urtext hier folgen, ungefeilt und unverfälscht, in treuer Abschrift aus meinem Tagebuche, um der Wahrheit getreu zu bleiben, so sehr auch die Verse darunter leiden mögen.

An Omar-Effendi.

Ein Jeder hat sein Schicksal hier im Leben,
Wie's Allah ihm, der Einige, gegeben.
Erfüllt der Mensch, was ihm das Herz bewegt,
Thut er, was Allah ihm in's Herz gelegt.
Mir ward der Hang, durch alle Welt zu wandern,
Daß ich der Menschen Thun und Treiben lerne —
So zog' ich fort, von einem Land zum andern,
Und ließ die Heimat und die Meinen ferne.

Wohl oft fand ich, was Aug' und Herz ergötzte,
Doch nie, was meine Heimat mir ersetzte!
Ob trüb, ob heiter meines Schicksals Sterne,
Die Blicke schweiften heimwärts in die Ferne.
Bei Dir, o Omar! nur, sah ich und hört' ich
Das Ferne nicht, und nur was gegenwärtig
Erfüllte mich: so freudebringend ward
In Deinem Hause mir die Gegenwart!
Ich wiegte mich auf Deiner Gärten Matten,
Ich ward gekühlt von Deiner Bäume Schatten,
Zum Klang der Tschengjir schollen Lustgesänge,
Es harrte meines Winks der Diener Menge;
Ich labte mich an Deiner Weisheit Wort,
Du scheuchtest Sorgen, Gram und Zweifel fort;
Ich ward gesonnt von Deiner Freundschaft Blick,
Omar, bei Dir Nichts fehlte meinem Glück!
Gelobt sei Allah, daß er mir im Leben
Durch Dich solch' schönen Augenblick gegeben!
Lob, Preis ihm, daß er Dir mich ließ begegnen,
Und mög' er Dich und alles Deine segnen!

Der Weise schien sehr erfreut zu sein über das Bild, welches ich von dem Genuß seiner Gastfreundschaft gezeichnet; aber er weigerte sich, mir das von ihm beschriebene Blatt zu geben. Er sagte, es sei ihm nicht gelungen wie er es wünschte, und er wolle mir etwas Besseres dafür aufschreiben.

Da ich aber zuerst fertig geworden war, so entschied er den Kampf der Weisheit folgendermaßen: »In Deinem Stamme bist Du der Weiseste — in meinem Stamme bin ich der Weiseste!«

Darauf drückte er kräftig meine Hand, und ging in sein Harem, mit dem Versprechen, bald zurückzukommen.

Nach einer Viertelstunde erschien er wieder und sagte, er habe seiner Fatima erzählt von den Redeblumen, womit ich sein Haus überschüttet, und sie habe mir dafür ein Geschenk zugedacht, einen prächtig gestickten Tabaksbeutel.

»Es ist eigentlich nicht schicklich für den Mann — fuhr er fort — von seinen Frauen zu sprechen, aber ich mache eine Ausnahme, um Dich zu ehren. Und hier — sagte er, indem er ein altes Buch aus seinem Gewande zog — hast Du ein Andenken von mir. Es ist das Beste, was ich Dir anbieten kann, denn es sind meine, meines Vaters und meines Großvaters Gedichte darin! Nimm es und behalt' es als Preis für den Sieg im Kampfe der Weisheit!«

Noch nicht zufrieden mit diesen reichen Gunstbezeugungen, setzte er sich nieder und schrieb mir das Gedicht auf, wodurch er das Herz seiner Fatima gewonnen. Es lautet in der Uebersetzung wie folgt:

„Welchen Werth, sprich, kann die Rose haben,
Wenn im Garten keine Nachtigallen?
Welchen Werth, sprich, kann Dein Haupthaar haben,
Wenn die Locken nicht vom Nacken wallen?

Mögst Du noch so schönen Wuchses prangen,
Mög' auch Rosenröthe Deine Wangen,
Nachtigallensang den Mund durchzieh'n:
Welchen Werth, sprich, hat Dein Leib, wenn ihn
Des Geliebten Arme nicht umfangen?
O, Fatima! stille mein Verlangen!"

* * *

Der schöne Tabaksbeutel wurde mir später in Konstantinopel gestohlen; das kostbare Buch aber besitze ich noch unversehrt; dasselbe befindet sich in diesem Augenblicke in den Händen des Herrn Professor Petermann, dem ich es geliehen habe mit dem Wunsche es herauszugeben, wozu mir selbst leider Zeit und Gelehrsamkeit mangelt.

Neunzehntes Kapitel.

Tiflis im Spätsommer.
Rückkehr in die Schule der Weisheit.

Ueber Chertwis, Zalka und Manglis kehrte ich nach Tiflis zurück, um den Winter dort zuzubringen.

Der Geleitspruch, welchen mir Omar-Effendi mit auf den Weg gab, war wieder aus dem Gjülistan des Saadi, und lautete:

»Ein neu gepflanzter Baum kann durch einen starken Mann leicht wieder aus der Erde gezogen werden; so der Baum aber eine Zeitlang gestanden, und tiefe Wurzeln geschlagen, wird man ihn selbst mit einem Gespann Pferde nicht herausreißen können.«

* * *

Es war am 8. August alten, oder am 20. August neuen Stils, als ich wieder in Tiflis eintraf, wo die Hitze noch so unerträglich war, daß ich sofort auf's Neue einen längeren Ausflug in's Gebirge unternommen hätte, wenn das mit meinen maßgebenden Plänen und Umständen vereinbar gewesen wäre. Die durchschnittlich höchste Temperatur blieb bis zu Anfang September 25° R. im Schatten, eine Hitze die sich vorübergehend ganz wohl ertragen läßt, die aber in Tiflis deshalb so unerträglich ist, weil sie in Folge der eigenthümlichen Lage dieser von kahlen Bergen eingeschlossenen, wasserarmen Stadt selbst während der Nacht nur um wenige Grade abnimmt, so daß es fast zur Unmöglichkeit wird in geschlossenen Zimmern zu schlafen, und Jeder, wer es irgend einrichten kann, sein Lager auf dem Söller, dem Balkon oder der Gallerie des Hauses aufschlägt.

Durch die schon im Mai beginnende und über vier Monat anhaltende drückende Hitze werden in Tiflis verhältnißmäßig alljährlich eben so viele Menschen hingerafft, als wenn an anderen Orten irgend eine bösartige Seuche wüthet. Am meisten aber haben die Russen, wie überhaupt alle Fremden darunter zu leiden, welche in den (hier trotz ihrer Unzweckmäßigkeit leider immer mehr überhand nehmenden) nach europäischer Weise gebauten Häusern wohnen, während die Wohnungen der Georgier durch ihre eigenthümliche (an Süd-Italien und Griechenland erinnernde) Bauart und Einrichtung den wirksamsten Schutz gegen die Hitze bieten. Dieselben bestehen nämlich aus einem einzigen, halb unterirdischen, massiven Geschosse, welches als Dach eine wagerechte Schicht Lehm und Erde von etwa zwei Fuß Dicke auf sich trägt. Diese thonige, rings mit Kräutern bewachsene Erdlage zieht bei Nacht die Feuchtigkeit der Atmosphäre in sich hinein, welche in der Tageshitze wieder verdunstet und solchergestalt eine wesentliche Abkühlung erzeugt [1]). Eben so wirksam ist das während der heißen Tagesstunden von den Georgiern und Tataren oft wiederholte Besprengen des lehmgestampften Fußbodens. Mehr oder minder theilen alle georgischen und tatarischen Wohnungen die Eigenschaft unserer Keller, im Winter warm, und im Sommer kühl zu sein.

Ich war nicht so glücklich, der Vortheile eines georgischen Hauses theilhaftig zu werden, da mein Hauswirth, der armenische Fürst Tumanoff, obschon ein Landeseingeborener und in seiner inneren Häuslichkeit ganz asiatisch eingerichtet, seinen Wohnungsgebäuden nach Außen einen europäischen Anstrich zu geben bemüht gewesen war. Das Einzige worin er seinem heimatlichen Brauche auch nach Außen treu geblieben, war die schattige Gallerie, womit er das Haus umzogen hatte, und worauf ich während der heißen Jahreszeit fast ausschließlich wohnte und schlief. Hier wurde auch nach meiner Rückkehr von Achalzich, unter der Leitung Mirza-Schaffy's, der sich durch die drückende Hitze wenig in seinen Gewohnheiten stören ließ, die Schule der Weisheit wieder eröffnet.

* * *

Der aufmerksame Leser wird sich erinnern, daß mir Mirza-Schaffy nach meiner Rückkehr aus Armenien eine Sammlung seiner Lieder schenkte, welche er als den »Schlüssel zur Weisheit« bezeichnete. Er schrieb dazu eine Vorrede, gleichsam um sich vor sich selbst zu rechtfertigen, daß er seine größtentheils spielend gemachten Verse zu Papier gebracht, denn im Grunde legte er, trotz des überall durchklingenden Selbstlobes, wenig Gewicht darauf. Wenn es je einen Menschen gegeben, der Thaten höher schätzte als Worte, so war es Mirza-Schaffy.

Viele der Lieder des Weisen von Gjändsha, welche er auf Sängerfesten oder sonst bei feierlichen Anlässen gesungen, leben im Munde der Georgier und Tataren, ohne daß es ihm selbst jemals eingefallen wäre, sie durch das geschriebene Wort festzuhalten. Man würde häufig gar nicht wissen, daß sie von ihm herrühren, wenn es nicht orientalischer Brauch wäre, den Dichternamen jedem Gasel einzuverleiben. Bekanntlich geschieht dieses meist auf höchst naive Weise, indem der Dichter mit einer Fülle von Selbstlob beginnt oder endet. Wie z. B. bei Hafis:

„Wer in Gesang und Melodie
Hafisens Kunst erreichen will,
Der gleicht der armen Schwalbe, die
Dem Adler sich vergleichen will!"

Oder bei Mirza-Schaffy:

„Mirza-Schaffy! wie lieblich
Ist Deiner Weisheitsprüche Klang!
Du machst das Lied zur Rede,
Du machst die Rede zu Gesang!"

*   *   *

Diejenigen Gedichte Mirza-Schaffy's, welche sich übersetzen ließen, ohne Gehalt und Gestalt des Originals wesentlich zu beeinträchtigen, führe ich dem Leser hier in deutschem Gewande vor.

Und da die meisten gleichsam unter meinen Augen entstanden und die Geschichte ihres Entstehens zuweilen eben so interessant ist wie die Lieder selbst, so flechte ich von den begleitenden Umständen Alles ein, was mir Interessantes davon im Gedächtniß geblieben.

Die Vorrede zum Buche der Weisheit lautet in der Uebersetzung wie folgt:

Im Namen Allah's des Barmherzigen, des Erbarmungsreichen!

Nachdem wir dem Schöpfer des Himmels und Erde Lob und Preis dargebracht, beginnen wir, dieses Buches eigentliche Natur und Beschaffenheit zu offenbaren.

Auf wiederholtes Verlangen und Begehren seines Freundes und Jüngers Bunsten-Effendi [2]) (möge Gott seine Tage vermehren!) hat Mirza-Schaffy (dessen Zustände Allah verbessern möge!) eine Sammlung seiner Kaßiden, Gasels, Mokataat [3]), Mesnewiat [4]) und Rubajat [5]) in dieses Buch geschrieben, als eine Quelle der Erkenntniß, daraus die Thoren schöpfen und daran die Weisen sich erquicken mögen.

Es sind in dieser Sammlung enthalten Lieder der Freude, der Liebe und des Weines; Lieder des Trostes und der Ermunterung; Lieder zum Preise alles Schönen und Guten, und Lieder zum Tadel und zur Geißel alles Schlechten und Gemeinen; Saatkörner der Weisheit, gemacht um ausgestreut zu werden auf den Acker der Wißbegier und in die Furchen der Empfänglichkeit; Lieder, gemacht zur Richtschnur in Gesang und Wohlredenheit, auf daß Die, welche sich darnach richten, die rechte Mitte halten und das Roß der Rede nicht auf die Bahn der Weitschweifigkeit rennen lassen, wie schon Nechschebi geredet:

„Stets, Nechschebi! im Maß der Mitte bleibe,
Sag' nicht zu wenig und sag' nicht zu viel —
Und was Du schreibst, nach dieser Weisung schreibe,
Der Mittelweg führt sicher Dich an's Ziel!"

Es sollen diese Lieder ferner eine Richtschnur sein zur Unterscheidung der Werke schlechter Dichter und Heuchler (Schmutz auf ihr Haupt!) von den Werken solcher Dichter, welche aus der eigenen Brust schöpfen und stets die Bahn der Aufrichtigkeit wandeln, wofür es untrügliche Zeichen giebt. Ein schlechter Dichter ist zu vergleichen einem Sumpfe, dem Keiner auf den Grund sehen kann, nicht weil er tief, sondern weil er unklar ist, und daraus Niemand schöpfen kann, um sich zu laben, noch um sich rein zu waschen von seiner Thorheit.

Von dem guten Dichter aber gilt wie geschrieben steht:

„Er rühmt sich hohen Besitzes,
Und läßt seine Stimme ertönen
Als Fürst auf dem Throne des Witzes
Und Herrscher im Reiche des Schönen."

Woburch ist Schiras wohl, die Stadt
  Berühmt mit Ros' und Wein geworden?
Woburch berühmt der Roknabad,
  Berühmt Mosella's Hain geworden?

Nicht ihre Schönheit war der Grund,
  Viel Schöneres auf Erden giebt es —
Sie sind berühmt durch Dein Gedicht,
  Durch Dich, Hafis! allein geworden!

Das Bonzenthum hast Du gestürzt,
  Und Schiras' Ruhm hast Du gegründet —
Es ist durch Dich das Kleine groß,
  Durch Dich das Große klein geworden!

Verherrlicht hast Du Stadt und Hain,
  Verschönt den Strom und seine Ufer —
Durch Dich ist jeder Stein der Stadt
  Zu einem Edelstein geworden!

Auch Tiflis ist an Schönheit reich,
  Hat Rosen, Wein und schmucke Mädchen —
Und durch Dich selbst, Mirza-Schaffy,
  Ist auch ein Sänger sein geworden!

Drum soll, was Schiras durch Hafis,
  Tiflis durch Deine Lieder werden —
Denn aller Zubehör ist Dir
  Im herrlichsten Verein geworden.

Die stromburchrauschte Gartenstadt,
  Umragt von himmelhohen Bergen,
Und was darinnen blüht und lebt,
  Mirza-Schaffy! ist Dein geworden!

Ihr schönen Mädchen (merkt Euch das!)
  Gehört jetzt mir und meinem Liede!
Mein sind nun Augen, Wang' und Mund,
  Sammt ihrem Glanz und Schein geworden!

Zum Paradiese wird mein Lied
  Für Schönheit, Blumen, Wein und Liebe —
Was eingeht in dies Paradies,
  Ist aller Sünden rein geworden!

Doch eine Hölle wird es sein
  Für Bonzen, Kuß- und Weinverächter —
Für dies Geschlecht ist jeder Vers
  Zur Stätte ew'ger Pein geworden!

So soll durch alle Lande nun
  Mirza-Schaffy! Dein Lied ertönen —
Für alles schöne Sein und Thun
  Ist es ein Wiederschein geworden!

* * *

Du sandtest Deine Jünger aus,
  Und es geschah, wie Du verheißen:
Berühmt ist Tiflis durch Dein Lied
  Vom Kyros bis zum Rhein geworden.

Komm, Jünger, her! ich will Dich Weisheit lehren,
  Du sollst des Daseins Werth erkennen lernen —
Du sollst zum ächten Glauben Dich bekehren,
  Das Wahre von dem Falschen trennen lernen:

Die Lehre, wie des Wahns, der Thorheit Klippen
  Klug zu umgeh'n, soll Dir im Liede werden —
Wohlredenheit und Anmuth Deinen Lippen
  Und Deinem Herzen Glück und Friede werden!

Fort aus der alten Satzung dumpfen Räumen
Will ich den Fuß zu besserm Streben führen —
Bei Wein und Liebe, unter Rosenbäumen
Sollst Du ein neues schön'res Leben führen!

Und wenn Du übst was meine Lieder pred'gen,
So sollst Du's offen, frohen Muthes üben,
Der Heuchelei, des Truges Dich entled'gen,
Und im Geheimen nichts als Gutes üben!

Kein Schwert hab' ich, die Thoren zu bekehren,
Wer Weisheit übt, legt Andern keinen Zwang auf;
Mein Joch ist leicht — der Kern von meinen Lehren
Löst sich in Wein, in Liebe und Gesang auf.

Unendlich ist der Schönheit Zauberkreis,
Unendlich sehnsuchtsvollen Dranges bleiben
Die Menschenherzen — doch wird stets der Preis
Den Zaubertönen des Gesanges bleiben!

Höre was der Volksmund spricht:
Wer die Wahrheit liebt, der muß
Schon sein Pferd am Zügel haben —
Wer die Wahrheit denkt, der muß
Schon den Fuß im Bügel haben —
Wer die Wahrheit spricht, der muß
Statt der Arme Flügel haben —
Und doch singt Mirza-Schaffy:
Wer da lügt, muß Prügel haben!

Mag bei dem Reden der Wahrheit auch große Gefahr sein,
Immer doch, Mirza-Schaffy, mußt Du ehrlich und wahr sein —
Darfst nicht zum Irrlichte werden im Sumpfe der Lüge,
Denn alles Schöne ist wahr, und des Schönen kannst Du nie baar sein!

Doch zu jeglicher Strafe und Unbill kluger Vermeidung
Hüll' Deine Weisheit in blumiger Worte Verkleidung,
Gleichwie die Traube mit köstlichem Tranke erfüllt ist,
Und doch von Laube und grünem Geranke umhüllt ist.

Wo man fröhlich versammelt in traulicher Runde ist,
Ohne zu achten, ob's früh oder spät an der Stunde ist —
Wo der Becher von Wein überfließt, und die Lippe von Witz,
Und ein rosiges Kind mit den Zechern im Bunde ist:
Gerne dort weilst Du, o Mirza-Schaffy! wo die Weisheit
Hinter den Ohren nicht feucht, und nicht trocken im Munde ist.

Es sucht der ächte Weise
Daß er das Rechte finde:
Jung wird er nicht zum Greise,
Alt wird er nicht zum Kinde!

Der Winter treibt keine Blüthe,
Der Sommer treibt kein Eis —
Was früh Dein Herz durchglühte,
Das ziemt Dir nicht als Greis!

Jung sich enthaltsam preisen,
Alt toll von Sinnen sein,
Wird nie des wahren Weisen
Rath und Beginnen sein!

O selig, wem vom Urbeginn
 Im Schicksalsbuch geschrieben ist,
Daß er bestimmt zu leichtem Sinn,
 Zum Trinken und zum Lieben ist!

Der Zorn des Bonzen stört ihn nicht,
Moscheenduft bethört ihn nicht —
Ob er allein — beim Becher Wein,
  Ob er beim Lieb geblieben ist!

Solch Loos ist Dein, Mirza-Schaffy!
  Genieß' es ganz und klage nie!
Denk beim Pokal — daß stets die Zahl
  Der Wochentage sieben ist!

Am ersten Tag beginnt der Lauf,
  Und erst am letzten hört er auf —
Wie's kommt, so geht's — bedenke stets
  Daß Glück nicht aufzuschieben ist!

Ein leichter Sinn, ein frohes Lied
  Ist Alles was Dir Gott beschied;
Drum laß den Wahn — verfolg die Bahn,
  Auf die Dein Fuß getrieben ist!

Es hat die Rose sich beklagt,
Daß gar zu schnell der Duft vergehe,
Den ihr der Lenz gegeben habe —

Da hab' ich ihr zum Trost gesagt,
Daß er durch meine Lieder wehe
Und dort ein ew'ges Leben habe.

Woran erkennest Du die schönsten Blumen?
  An ihrer Blüthe!
Woran erkennest Du die besten Weine?
  An ihrer Güte!
Woran erkennest Du die besten Menschen?
  An dem Gemüthe!

Woran erkennest Du den Scheich und Mufti?
 An der Kapuze!
Die Antwort, Freund, ist richtig — geh' und mache
 Sie Dir zu Nutze!

———

Verbittre Dir das junge Leben nicht,
Verschmähe was Dir Gott gegeben nicht!

Verschließ Dein Herz der Liebe Offenbarung
Und Deinen Mund dem Trank der Reben nicht!

Sieh, schönern Doppellohn als Wein und Liebe,
Beut Dir die Erde für Dein Streben nicht!

Drum ehre sie als Deine Erdengötter,
Und andern huldige daneben nicht!

Die Thoren die bis zu dem Jenseits schmachten,
Die lassen leben, doch sie leben nicht.

Der Mufti mag mit Höll und Teufel drohen,
Die Weisen hören das und beben nicht.

Der Mufti glaubt, er wisse Alles besser,
Mirza-Schaffy glaubt das nun eben nicht!

———

Ich liebe die mich lieben
Und hasse die mich hassen —
So hab' ich's stets getrieben
Und will davon nicht lassen.

Dem Mann von Kraft und Muthe
Gilt dieses als das Rechte:
Das Gute für das Gute,
Das Schlechte für das Schlechte!

Man liebt was gut und wacker,
Man kost der Schönheit Wange,
Man pflegt die Saat im Acker —
Doch man zertritt die Schlange.

Unbill an Ehr' und Leibe
Verzeihet nur der Schwache —
Die Milde ziemt dem Weibe,
Dem Manne ziemt die Rache!

Im Garten klagt die Nachtigall
Und hängt das feine Köpfchen nieder:
Was hilft's, daß ich so schöne Lieder
  Und wundersüße Töne habe —
So lange ich dies grau Gefieder,
  Und nicht der Rose Schöne habe!

Im Blumenbeet die Rose klagt:
Wie soll das Leben mir gefallen?
Was hilft's, daß vor den Blumen allen
  Ich Anmuth, Duft und Schöne habe —
So lang ich nicht der Nachtigallen
  Gesang und süße Töne habe!

Mirza-Schaffy entschied den Streit.
Er sprach: laßt Euer Klagen beide,
Du Rose mit dem duft'gen Kleide,
  Du Nachtigall mit Deinen Liedern:
Vereint, zur Lust und Ohrenweide
  Der Menschen Euch in meinen Liedern!

Im Winter trink' ich und singe Lieder
  Aus Freude, daß der Frühling nah ist —
Und kommt der Frühling, trink' ich wieder
  Aus Freude, daß er endlich da ist.

Hochauf fliegt mein Herz, seit es sein Glück aus Deines
    Glücks Offenbarung zieht —
Und immer kehrt's wieder, wohin es der Liebe
    Süße Erfahrung zieht —

Dem Springquell ähnlich, der himmelauf in
    Toller Gebahrung zieht,
Und doch immer zurückkehrt von wo er gekommen ist
    Und seine Nahrung zieht.

Sie hielt mich auf der Straße an
Und fragte: „kannst Du schreiben?" — Ja! —
„So schreib mir einen Talisman!"
— Wird der Dein Weh vertreiben? — „Ja!"

Ich griff sofort zum Kalemban.
„Komm — sprach sie — treten wir in's Haus,
Dort schreibst Du mir den Talisman,"
— Und darf dann bei Dir bleiben? — „Ja!"

Mit ihr in's Haus trat ich alsdann . . . .
Mirza-Schaffy, es währte lang!
Doch: schriebst Du ihr den Talisman?
Und half Dein langes Bleiben? — Ja! —

Sprüche der Weisheit.

Des Zornes Ende ist der Reue Anfang.

Wer Alles auf's Spiel gesetzt,
Hat sicher zu viel gesetzt.

Ein graues Auge
Ein schlaues Auge;
Auf schelmische Launen
Deuten die braunen;
Des Auges Bläue
Bedeutet Treue;
Doch eines schwarzen Augs Gefunkel
Ist stets, wie Gottes Wege, dunkel!

———

Ein Jegliches hat seine Zeit,
Ein Jegliches sein Ziel —
Wer sich der Liebe ernst geweiht,
Der treibt sie nicht als Spiel.

Wer immer singt und immer flennt
Von Liebesglück und Schmerz,
Dem fehlt was er am meisten nennt,
Dem fehlt Gefühl und Herz!

———

Sänger giebt es, die ewig flennen,
In erkünsteltem Gram sich strecken,
  Wimmern als ob sie stürben vor Schmerzen,
Ewig in falschen Gefühlen entbrennen,
Weil sie das rechte Gefühl nicht kennen,
  Und darum auch in Andrer Herzen
Keine rechten Gefühle wecken.

Hüt' Dich vor solcher schwindelnden Richtung,
Vor des Geschmacks und Verstandes Vernichtung.
  Frisch und ureigen
  Mußt Du Dich zeigen,
Wie im Gefühle, so in der Dichtung.

———

Ich hasse das süßliche Reimgebimmel,
Das ewige Flennen von Hölle und Himmel,
    Von Herzen und Schmerzen,
    Von Liebe und Triebe,
    Von Sonne und Wonne,
    Von Lust und Brust,
    Und von allebem
Was allzu verbraucht und gemein ist,
    Und weil es bequem,
    Allen Thoren genehm,
Doch vernünftigen Menschen zur Pein ist.

Willst Du den Geist im Gesang erspüren
    Und Dich erfreuen an seinem Duft:
Laß Dich nicht von eitlem Klang verführen,
    Suche der Erde Gold nicht in der Luft.

Meide das süßliche Reimgeklingel,
    Wenn Dir der Sinn nicht zum Herzen bringt —
Merke Dir, daß oft der gröbeste Schlingel
    Die allerzärtlichsten Verse singt.

Wo sich der Dichter versteigt in's Unendliche,
    Lege sein Liederbuch schnell aus der Hand —
Alles gemeinem Verstand Unverständliche
    Hat seinen Urquell im Unverstand.

Wenn die Lieder gar zu moscheenduftig
    Und schaurig wehn —
Muß es im Kopfe des Dichters sehr ideenluftig
    Und traurig stehn.

Wer nicht vermag seine Lieder zu schöpfen
　Aus der eigenen Brust und der wirklichen Welt,
Der gehört selbst zu den hirnlosen Köpfen,
　Denen sein hirnloses Lied gefällt.

———

Wer in Bildern und Worten in Liebestönen
　Zu überschwenglich ist,
Zeigt, daß er dem Geiste des wahrhaft Schönen
　Selbst unzugänglich ist.

———

Der kluge Mann schweift nicht nach dem Fernen
　Um Nahes zu finden,
Und seine Hand greift nicht nach den Sternen
　Um Licht anzuzünden.

———

Es ist leicht, eine kluge Grimasse zu schneiden
　Und ein kluges Gesicht,
Und gewichtig zu sagen: dies mag ich leiden
　Und jenes nicht!

Und weil ich dies leiden mag, so muß es gut sein,
　Und jenes nicht —
Vor solchen Leuten mußt Du auf der Huth sein
　Mit Deinem Gedicht!

———

Zu des Verstandes und Witzes Umgehung
Ist nichts geschickter als Augenverdrehung.

———

Es ist ein Wahn zu glauben, daß
　　Unglück den Menschen besser macht.
Es hat dies ganz den Sinn, als ob
　　Der Rost ein scharfes Messer macht,
Der Schmutz die Reinlichkeit befördert,
　　Der Schlamm ein klares Gewässer macht!

———

Wie auf dem Feld nur die Frucht gedeiht,
　　Wenn sie Sonne und Regen hat,
Also die Thaten des Menschen nur,
　　Wenn er Glück und Segen hat!

　　Wohl mag es im Leben
　　　　Der Fälle geben,
　　Daß Unglück die Seele läutert,
　　Wie Erfahrung den Blick erweitert.

Es giebt auch Fälle, wo der Arzt
　　Zur Heilung Gift verschrieben hat,
Und Gift das Uebel vertrieben hat —
　　Doch wär' es nicht Uebereilung,
Aus solchem Fall die Erfahrung zu nehmen:
　　Zu jeglichen Uebels Heilung
Sei es nöthig Gift zur Nahrung zu nehmen?

———

Nicht immer am besten erfahren ist,
Wer am ältesten von Jahren ist —
Und wer am meisten gelitten hat
Nicht immer die besten Sitten hat!

———

　Mirza-Schaffy! Du müßtest blind sein,
Von Herzen ein Greis, von Glauben ein Kind sein,
Wolltest Du Dich in Deinem Thun und Dichten
Nach Glauben und Satzung der Thoren richten!

———

Es hat einmal ein Thor gesagt,
Daß der Mensch zum Leiden geboren worden;
Seitdem ist dies, — Gott sei's geklagt! —
Der Spruch aller gläubigen Thoren worden.

Und weil die Menge aus Thoren besteht,
Ist die Lust im Lande verschworen worden,
Es ist der Blick des Volkes kurz,
Und lang sind seine Ohren worden.

Zwanzigstes Kapitel.

Eine neue Seite der Weisheit des Mirza-Juſſuf, und ſeine Polemik mit Mirza-Schaffy.

Der aufmerkſame Leſer des erſten Theils von Tauſend und Ein Tag wird ſich gewiß noch Mirza-Juſſuf's erinnern, des Weiſen von Bagdad, dem Mirza-Schaffy auf ſo ſchlagende Weiſe eine Probe ſeiner hohen Ueberlegenheit gab.

Mirza-Juſſuf hatte, trotz ſeiner Niederlage im Kampfe der Weisheit, die Hoffnung nicht aufgegeben, mich zum Schüler zu gewinnen. Er wagte freilich nicht, mich wieder zu beſuchen, aus Furcht, von dem Weiſen von Gjändſha abermals überraſcht zu werden, aber er wußte andere Mittel und Wege ausfindig zu machen, mich von ſeinen Beſtrebungen in Kenntniß zu ſetzen. Ein Bekannter von mir hatte ſchon ſeit längerer Zeit mit ihm Perſiſch getrieben und wirklich bedeutende Fortſchritte in dieſer Sprache gemacht, da es der Weiſe von Bagdad im Perſiſchen und Arabiſchen ſicher mit jedem Schriftgelehrten des Landes aufnehmen konnte. Ueberhaupt fehlte es ihm weder an Gelehrſamkeit noch an Verſtand; es fehlte ihm nur an Charakter und Zuverläſſigkeit; er war, wie man ſich in der Redeweiſe des Abendlandes ausdrücken würde, ein gelehrter Lump, einer von den Menſchen, die durch die Hinterthür wieder hereinkommen, wenn man ſie zur Vorderthür hinausgeworfen. Es verging faſt keine Woche, ohne daß er mir durch ſeinen Schüler Beweiſe ſeiner Zudringlichkeit gab. Bald ließ er irgend eine schmeichelhafte Bestellung an mich ausrichten, bald schickte er mir ein Gedicht, worin ich als ein wahrer Ausbund von Weisheit gepriesen wurde, bald ein Bild, worauf ich als Rustam auf einem Elephanten reitend dargestellt wurde.

Auf diese Bilder, welche er selbst anfertigte und zwar ohne alle Beihülfe von Farben, Pinsel oder Stift, indem er blos vermittelst seiner Nägel die Gestalten auf das Papier warf, oder richtiger gesagt, in das Papier kniff, und solchergestalt auf sehr künstliche Weise eine Art Relief erzeugte, — legte Mirza-Jussuf ganz besonders Gewicht und in der That war seine Fingerfertigkeit in dieser Beziehung allen Preises werth.

Ich äußerte mich deßhalb auch sehr lobspendend über die mir geschickten Bilder, wovon ich einige noch ziemlich unversehrt aufbewahrt habe, — und sandte ihm als handgreiflichen Ausdruck meines Dankes einen buntverzierten persischen Spiegel, das angenehmste Geschenk das ich dem eitlen Manne machen konnte.

Nun aber war auch dem Uebermuthe Mirza-Jussufs keine Grenze mehr zu setzen; er zweifelte nicht länger daran, den Weisen von Gjändsha vollständig bei mir ausgestochen zu haben, und während er einerseits mich mit überschwenglichen Phrasen und Versen überschüttete, ging er anderseits so weit, Mirza-Schaffy in Knittelversen zu verhöhnen. Zu gleicher Zeit ließ er mir durch seinen Jünger eröffnen, daß er die schönen Bilder immer während des Unterrichts zu machen pflege und daß es ihm gar nicht darauf ankomme, in einem Abend drei Bilder zu kneifen und daneben drei Gasels zu singen, ohne für seinen Unterricht einen Denar mehr zu verlangen als Mirza-Schaffy.

Dem Weisen von Gjändsha war es aufgefallen, daß Mirza-Jussuf seit einiger Zeit den Kopf wieder gewaltig hoch

trug und auf dem Bazar und in den Straßen so verächtlichen
Blickes an ihm vorüberging, als ob er die Pantoffelscene
vollständig vergessen hätte. Noch mehr nahm es ihn Wunder,
von seinem Rivalen in Knittelversen verhöhnt zu werden.
Doch Mirza-Schaffy war kein Mann, der sich um Kleinigkeiten erzürnte; er ertrug alle Ausbrüche des Jussuf'schen
Uebermuths mit jener Ruhe der Ueberlegenheit, die dem
Weisen von Gjändsha so wohl stand. Er begnügte sich damit,
seinen Nebenbuhler hin und wieder durch ein paar Verse
zurechtzuweisen, welche gewöhnlich mehr Spuren von Laune
als von Gereiztheit trugen, wie z. B.

  Laß, Mirza-Jussuf, Dein Schmollen jetzt!
  Ich bin zu munter, um Dir zu grollen jetzt —
  Statt Haß auszusäen wie Du es thust,
  Schlürf' ich aus meinen Becher, den vollen, jetzt!

  Schon genug bist Du bestraft in der Welt hier,
  Daß nichts Dir behagt, nichts gefällt hier —
  Und ist doch für Jeden der zu genießen weiß,
  Alles so herrlich gemacht und bestellt hier!

oder:

 Seht Mirza-Jussuf an, wie er gespreizt einhergeht!
 So faltet er die Stirn, wenn er gedankenschwer geht.
 Er findet Alles schlecht, sich selbst nur gut und löblich,
 Und schimpft auf alle Welt, weil sie nicht geht wie er geht!

 Es ist die Art des Ochsen, daß er einen schweren Gang hat,
 Und daß sein Brüllen stets unangenehmen Klang hat —
 Doch: giebt ihm das ein Recht, die Nachtigall zu schmähen,
 Weil sie so leicht Gefieder und wundersüßen Sang hat?

Es entspann sich solchergestalt zwischen den beiden Weisen
was man bei uns eine Polemik nennen würde, wobei jedoch
Mirza-Jussuf regelmäßig den Kürzeren zog, da er immer durch

Bitterkeit ersetzen mußte, was ihm an Witz abging. Seine Bitterkeit verwandelte sich in förmliche Wuth, als ihm Mirza-Schaffy eines Tages folgendes Gedicht in's Haus geschickt hatte:

> Was Mirza-Juſſuf doch
> Ein kritischer Geſell iſt!
> Der Tag gefällt ihm nicht,
> Weil ihm der Tag zu hell iſt.
> Er liebt die Roſe nicht,
> Weil Stachel ſie und Dorn hat,
> Und liebt den Menſchen nicht,
> Weil er die Naſe vorn hat!
>
> Er tadelt Alles rings,
> Was nicht nach ſeinem Kopf iſt —
> Merkt Alles in der Welt,
> Nur nicht, daß er ein Tropf iſt!
>
> So liegt er immer mit
> Natur und Kunſt im Kampf,
> So treibt es Tag und Nacht ihn
> Durch blauen Dunſt und Dampf!
> Mirza-Schaffy belacht ihn
> Mit ſchelmiſchem Geſicht,
> Und macht aus ſeiner Bitterkeit
> Das ſüßeſte Gedicht.

Mein weiſer Lehrer ſang mir in der Unterrichtsſtunde dieſe Verſe vor, ließ ſich eine friſche Pfeife bringen, ſchlürfte ein Glas Wein herunter und theilte mir dann ſeine Abſicht mit, Mirza-Juſſuf bei der erſten beſten Gelegenheit eine neue, handgreifliche Zurechtweiſung zu geben, da der Weiſe von Bagdad in der Wuth ſeiner Ohnmacht allerlei Unwahrheiten über uns verbreitet habe, ſo z. B., daß ich mir alle mögliche Mühe gebe, ihn zum Lehrer zu gewinnen, weil mit Mirza-Schaffy durchaus nichts anzufangen wäre, und beſonders weil ich eine große Liebhaberei für das Bilderkneipen hätte, eine dem Weiſen von Gjändſha vollſtändig unbekannte Kunſt. Ich

hätte deshalb schon verschiedene Lockmittel angewendet, um den Weisen von Bagdad zu bewegen wieder zu mir zu kommen; unter anderem hätte ich ihm einen prächtigen Spiegel geschenkt und ihm noch viele andere prächtige Dinge versprochen . .
»Das einzig Wahre an der Geschichte ist — entgegnete ich Mirza-Schaffy — daß ich dem Weisen von Bagdad allerdings einen Spiegel geschenkt habe, einen kleinen, bunt verzierten persischen Taschenspiegel. Dieses Geschenk war aber keineswegs berechnet ein Lockmittel zu sein, deren es, wie Du selbst weißt, weder für den Weisen von Bagdad noch für irgend einen anderen Schriftgelehrten des Landes bedarf. Ich wollte Mirza-Jussuf nur ein kleines Gegengeschenk machen für die vielen Gedichte und Bilder, welche er nicht müde wird mir in's Haus zu schicken, und worunter sich einige recht hübsche befinden.« — »Dann sind sie nicht von ihm selbst!« — fiel Mirza-Schaffy ein.

»Wie kannst Du das mit solcher Bestimmtheit behaupten? Bist Du nicht etwas ungerecht und parteiisch in Deinem Urtheil über Mirza-Jussuf? Wie kannst Du wissen, daß seine Lieder schlecht sind, ohne sie gelesen zu haben?« — »Was für Fragen Du thust! Wie kann ich ungerecht sein im Urtheil, wenn ich behaupte, daß auf Disteln keine Rosen wachsen, daß aus Morästen kein Wein fließt und auf dem Wasser kein Gold schwimmt! Wenn Mirza-Jussuf Dir ein schönes Lied giebt, so ist es sicher nicht von ihm selbst, oder er hat nichts dazu hergegeben als die Worte; die Bilder und Gedanken sind immer gestohlen. Seine Weisheit ist nicht wie ein Kern oder ein Saatkorn, eingesenkt um aufzublühen und Früchte zu tragen; er hat viel gelesen und viel gelernt, aber ohne weiser zu werden dadurch. Seine Sprüche der Weisheit sitzen nicht tiefer, als Inschriften eingekerbt in die Rinde eines Baumes. Zeige mir, was er Dir geschrieben hat; ich werde Dir immer die Quelle sagen aus der es geflossen.« —

Ich hatte in der That eine bessere Meinung von der Begabung Mirza-Juffuf's, und benutzte die Unterrichtsstunde, um meinen Lehrer mit den Gedichten, welche sein Nebenbuhler mir geschickt hatte, bekannt zu machen.

Zuerst kamen einige fromme, rein auf das Gefühl berechnete Gedichte, welche mit ihren weithergeholten Bildern und ihrer überschwenglichen Ausdrucksweise um so weniger Eindruck auf mich machten, als ich wußte, daß ihr Inhalt durchaus im Widerspruch mit Mirza-Juffuf's Charakter stand. Der Weise von Gjändsha hielt es gar nicht der Mühe werth, diese Lieder einer ausführlichen Prüfung zu unterwerfen. Er nahm jedoch als gewissenhafter Lehrer dabei Anlaß, mir einige »Sprüche der Weisheit« einzuflößen, um — wie er bemerkte — mein Urtheil zu bilden und mich das Falsche vom Echten unterscheiden zu lehren. Ich hatte mich schon hinlänglich an seine Eigenthümlichkeiten gewöhnt, um genau zu wissen, wann ich seine Worte niederzuschreiben hatte, ohne daß es seinerseits eines Fingerzeigs dazu bedurfte. Wenn immer er im Begriff war mir etwas in die Feder zu diktiren, so schlürfte er erst ein Glas Kachetiner herunter, that ein paar tüchtige Züge aus seinem mit duftigem Tabak gefüllten Tschibuq und ließ das rechte Bein nachlässig vom Divan herunterhängen. Das Zurückziehen des Beines galt mir immer als ein sicheres Zeichen, daß die Quelle seiner Weisheit für den Augenblick versiegt war. Mirza-Schaffy war kein Mann von vielen Worten. Was er zu sagen hatte, gab er stets kurz und ausdrucksscharf von sich. Sein ganzes Urtheil über die frommen Ergüsse des Weisen von Bagdad beschränkte sich auf die Verse:

> Wenn die Lieder gar zu moscheenduftig
> Und schaurig weh'n,
> Muß es im Kopfe des Dichters sehr ideenluftig
> Und traurig steh'n.

Wir blätterten weiter, und das Nächste was unsere Aufmerksamkeit fesselte, war ein Liebeslied von etwa folgender Fassung:

>Du weißt, daß Deine Blicke tödten,
>Weil jeder scharf ist wie ein Pfeil —
>Und meine machen Dich erröthen:
>Wie finden wir nun Beide Heil?
>
>O, magst Du immerhin mich tödten,
>Ich duld' es gern, mein süßes Leben!
>Und magst, so viel Du willst, erröthen:
>Nur laß mich Deinen Schleier heben!

»Nun wie gefällt Dir dieses?« fragte ich meinen streng urtheilenden Lehrer. — »Nicht übel — erwiederte er, — aber was Gutes daran ist, gehört Hafis an und nimmt sich sicherlich noch hübscher in seiner ursprünglichen Fassung aus.« — Er ließ wieder das Bein herunterhängen und sang:

>„O Hafis! ein wundersam Vermächtniß
>Liegt im Klang und Zauber Deiner Lieder —
>Wer sie hört, behält sie im Gedächtniß
>Und vergessen kann sie Keiner wieder!"

Nachdem wir hierauf einige auf mich gemünzte Loblieder durchgenommen hatten, deren stofflichen Inhalt Mirza-Schaffy dem Dichter Dshami zuschrieb, kamen wir wieder zu einem Liebesliede, welches mir von besonderer Schönheit der Sprache zu sein schien:

>Auf ihrer seidnen Ottomane,
>Umwogt von weichen Polstern liegt sie,
>Das Rohr vom perlenden Kalljane
>An ihre Rosenlippen schmiegt sie.

Und durch des Dampfes blauen Schleier
Hervor wie eine Sonne bricht,
Durchstrahlt von wunderbarem Feuer,
Ihr majestätisch Angesicht.

Mein ganzes Sein vergeht vor Wonne,
Es treibt den Fuß, hinanzutreten —
Ich kniee hin vor dieser Sonne
Und beuge mich sie anzubeten!

»Alles zusammengestohlen! — sprach lächelnd Mirza-Schaffy — bald klingt Saadi durch und bald Chakani, bald Dshami und bald Hafis!« —

Der Weise von Gjändsha wurde nachdenkend. Er rückte an seiner Thurmmütze, blies den Dampf seines Tschibuq's in langen Zügen von sich und das vom Divan heruntergleitende Bein ließ mich bald wieder zum Kalemdan greifen. Er sang und ich schrieb:

Was ist doch Mirza-Juffuf ein vielbelef'ner Mann!
Bald liest er den Hafis, bald liest er den Koran,
Bald Dshami und Chakani, und bald den Gjülistan.
Hier stiehlt er sich ein Bild, und eine Blume dort,
Hier einen schönen Gedanken, und dort ein schönes Wort.

Was schon geschaffen ist, das schafft er wieder um,
Die ganze Welt setzt er in seine Lieder um,
Und hängt zu eig'nem Schmuck fremdes Gefieder an,
Damit macht er sich breit und nennt das Poesie.

Wie anders dichtet doch und lebt Mirza-Schaffy!
Ein Leuchtstern ist sein Herz, ein Garten seine Brust,
Wo Alles glüht und duftet von frischer Blütenlust.

Und bei des eig'nen Schaffens urwüchsiger Gewöhnung
Vergißt er auch den Klang, die Formvollendung nicht;
Doch übersieht er ob der Reime süßer Tönung,
Des Dichters eigentliche, erhab'ne Sendung nicht.

Den Mangel an Gehalt ersetzt ihm die Verschönung
Des Lieds durch Blumenschmuck und seine Wendung nicht.
Für Schlechtes und Gemeines bekehrt ihn zur Versöhnung
Des Wortes Flitterstaat, die Form und Endung nicht!

Er hielt einen Augenblick ein, netzte sich noch einmal die Lippen und fuhr dann fort:

Lieber Sterne ohne Strahlen,
Als Strahlen ohne Sterne —
Lieber Kerne ohne Schalen,
Als Schalen ohne Kerne —
Geld lieber ohne Taschen,
Als Taschen ohne Geld —
Wein lieber ohne Flaschen,
Als umgekehrt bestellt!

Einundzwanzigstes Kapitel.

Hafis.

Die folgende Sitzung im Divan der Weisheit wurde damit ausgefüllt, daß Mirza-Schaffy mir ein paar der lieblichsten Gasels Hafisens erklärte, welche als echte Diamanten aus der Krone des persischen Dichterkönigs hier ihren Platz finden mögen.

Die Uebersetzung ist möglichst wortgetreu. Kenner der persischen Sprache mögen beurtheilen, ob es mir gelungen ist, auch den Duft und die Frische des Originals wiederzugeben.

1.

Wenn, schöne Maid von Schiras, Du
    Wollt'st mein mit Herz und Hand sein:
Dein Grübchen sollte mir lieber als
    Bochara und Samarkand sein!*)

Trinkt Wein und freut Euch dieser Welt!
    Denn wie Mosella wird kein Hain,
Es wird kein Strom wie Roknabad
    So schön in Eden's Land sein!

---

* Sprich: Bŏchārā und Sămărkănd.

Wie der Tatar auf seinen Raub,
So stürmt auf mich die Schönheit ein,
Raubt Herz und Ruhe mir, und bald
   Wird hin auch mein Verstand sein!

Wie wahre Schönheit Nichts gewinnt
Durch Schminke, Putz und Flitterstaat:
So Ihr durch uns Nichts — unser Herz
   Kann Euch nur Spiel und Tand sein!

Sprecht mir von Wein und von Gesang,
Und grübelt ob dem Jenseits nicht —
Denn keinem Weisen war es je
   Und wird es je bekannt sein!

Wohl fass' ich's, wie Zuleikha [6]) kühn
Der Keuschheit Schleier abgestreift,
Weil sie, gerührt von Jussuf's [7]) Reiz
   In Liebe wollt' erkannt sein!

Bleib', Mädchen, frei von Zwang und Furcht,
(Der Jugend ziemt des Alters Rath)
Wenn Dich ein Band umschlingen soll:
   Lass' es ein Rosenband sein!

Du schmollst mir, Kind? Ich zürne nicht,
Doch: ziemt das Bittre Deinem Mund?
Ein Quell von Süße sollte der
   Rubinenlippen Rand sein!

Als sollten Deine Worte all'
Wie Perlen auf der Schnur sich reih'n,
Als sollte der Plejaden Glanz
   Ihr leuchtendes Gewand sein:

So schön, Hafis! gelang Dein Lied!
Doch noch unendlich schöner ist
Sie, der es gilt und der es soll
   Geweiht von Deiner Hand sein!

2.

Der Rose Duft will mir nicht süß
  Ohn' meines Mädchens Wangen sein!
Und ohne Wein der Frühling nicht
  Voll Lust und Blüthenprangen sein!

Ob Du im schatt'gen Lorbeerhain,
Ob Du in blum'gen Lauben weilst:
Schlägt nicht die Nachtigall darin,
  Wird bald die Lust vergangen sein!

Ob die Cypresse mich umschwankt,
Ob mich ein Blumenmeer umwogt:
Stets wird nach einem schönen Kind
  Mein Sehnen und Verlangen sein!

Doch selbst der Schönsten Gegenwart,
Der süße Mund, das Wangenroth,
Kann mir nur wahrhaft angenehm
  Bei liebendem Umfangen sein!

Schön ist die Rose, süß der Wein,
Doch nur mit Selma — wo sie fehlt,
Wird jeder Schritt zu Glück und Lust
  Ein eitel Unterfangen sein!

Was auch die Hand der Kunst erzeugt:
Das schönste Kunstgebild kann nur
Voll Leben durch den Wiederschein
  Von meiner Selma Wangen sein!

Dein eig'nes Leben, o Hafis!
Ist ein zu werthlos Stückchen Geld,
Als könnte es von Selma's Hand
  Für ihre Gunst empfangen sein!*)

---

*) Anmerkung. Gesangliebhaber mache ich auf die höchst gelungenen Kompositionen aufmerksam, durch welche unser geniale Heinrich Marschner diese Lieder verherrlicht hat. (Berlin, Bote u. Bock.)

3.

Willst Du stets im Leben frei von
   Kummer und Beschwerden sein,
Lasse diese gold'nen Worte
   Deinen Spruch auf Erden sein:

Schmähe nicht den Feind im Unglück —
Traue nicht im Glück dem Freund,
Läßt das Glück ihn hochmuthsvoll in
   Thaten und Geberden sein.

4.

So geht es mit dem Glücke,
Daß seine schönsten Gaben,
Wie seine schlimmste Tücke,
Nie lange Dauer haben.

Ein ewig Geh'n und Kommen,
Ein ewig Zieh'n und Wandern —
Was eine Hand genommen,
Das giebt es mit der andern.

Es wandelt Lust in Wehmuth,
Zieht Niedriges nach oben,
Bekehrt den Stolz zur Demuth
Und stürzt wen es erhoben.

Niemand bei dem es bliebe,
Und Keiner der es fasse —
Leicht ist's in seiner Liebe,
Doch schwer in seinem Hasse.

Zweiundzwanzigstes Kapitel.

Mirza-Schaffy als Kritiker.

Theils zu eigener Uebung, theils um dem Weisen von Gjändsha mehr Respekt einzuflößen vor den Sängern des Abendlandes, machte ich wiederholt Versuche, Lieder aus dem Deutschen und Englischen in das Tatarische zu übersetzen.

Diese Versuche waren für mich in mehr als einer Beziehung von Wichtigkeit. Ich sehe hier ab von den sprachlichen Vortheilen, welche mir daraus erwuchsen, und hebe blos die ästhetische Seite hervor.

Wir haben schon früher gesehen, daß Mirza-Schaffy auf eine schöne Diktion, auf Wohlklang und Formvollendung nur dann ein besonderes Gewicht legte, wenn sich ein wirklicher Gehalt damit vereinte. Er ließ es daher auch niemals als genügende Entschuldigung gelten, wenn ich bei Gedichten, deren Inhalt ihm nicht sonderlich gefiel, oder bei solchen, welche (wie das sehr häufig vorkam) gar keinen Inhalt hatten, die Schönheit der Sprache des Originals rühmend hervorhob. Hingegen gaben seine Bemerkungen über Bild und Gedanken in den von mir übersetzten Gedichten mir nicht allein immer Stoff zum Nachdenken, sondern ließen mich auch oft tiefe Blicke in die Anschauungsweise und Gefühlswelt der Orientalen thun.

Jene überschwengliche Sentimentalität, die in der deutschen Lyrik eine so große Rolle spielt und nicht wenig zu unserer Entartung und Entnervung beigetragen hat, ist den morgenländischen Dichtern ebenso unbekannt wie unverständlich. Diese streben immer einem realen, greifbaren Ziele zu. Aber um dieses Ziel zu erreichen, setzen sie Himmel und Erde in Bewegung. Kein Bild liegt dem Dichter zu weit und kein Gedanke zu hoch. Der Halbmond ist ihm ein goldenes Hufeisen, womit er das Roß seines Lieblingshelden beschlägt. Die Sterne sind ihm goldene Nägel, womit der Herr den Himmel befestigt, damit er nicht herabstürzt aus Verlangen nach Selma. Die Cypressen und Cedern werden nur in den Hain gepflanzt zur Erinnerung an den Wuchs schlanker Mädchen. Die Trauerweide läßt klagend ihr grünes Haar herabhängen in's Wasser, weil sie nicht schlank ist wie Selma. Die Augen der Geliebten sind Sonnen, welche alle Gläubigen zu Feueranbetern machen. Die Sonne selbst ist nur eine leuchtende Lyra und ihre Strahlen sind goldene Saiten, aus denen der Ost die lieblichsten Akkorde lockt zum Preise der Erdenschöne und Liebesmacht ...

Nehmen wir jetzt eines meiner Hefte aus der Schule der Weisheit zur Hand, um Mirza-Schaffy's Urtheil über die Poesie des Abendlandes durch einige Beispiele zu veranschaulichen.

Eine Auswahl kleiner Gedichte, welche ich von Göthe und Heine übersetzt hatte, sagte ihm ganz besonders zu. Ganz entzückt war er von dem Göthe'schen: Kennst Du das Land 2c., und von dem Heine'schen Fischerliede welches mit den Versen endet:

> Mein Herz gleicht ganz dem Meere,
> Hat Sturm und Ebb' und Flut,
> Und manche schöne Perle
> In seiner Tiefe ruht.

Schwieriger war es, ihn mit den Schönheiten der Schiller'schen Gedichte bekannt zu machen. Er kam aber doch zu der Erkenntniß, daß jedes dieser Gedichte einen guten Kern in sich schließt, wenn es uns in sprachlicher Beziehung auch oft schwer war, den Kern aus der goldenen Umhüllung herauszuschälen. Wo solche Schwierigkeiten auftauchten, mußte ein uns befreundeter Armenier, H. Budakoff, der Lehrer der persischen Sprache am Gymnasium zu Tiflis war, aushelfen. Budakoff war sowohl der deutschen wie auch der englischen und französischen Sprache mächtig und es machte ihm selbst viel Vergnügen, Lieder aus diesen Sprachen in morgenländisches Gewand kleiden zu helfen.

Es wurde uns bei diesen Uebungen recht klar, wieviel selbst für die geistreichsten Menschen beim Genusse fremder Poesien verloren geht, wenn die Kenntniß des Bodens fehlt, darauf sie gewachsen sind und die Kenntniß der feineren Beziehungen, ohne welche oft die duftigsten Gedichte ganz unverständlich bleiben.

So versuchten wir eines Tages das Gedicht von Heine zu übersetzen, wo er von den Sternen sagt:

> Sie sprechen eine Sprache,
> Die ist so reich, so schön,
> Doch keiner der Philologen
> Kann diese Sprache versteh'n!
>
> Ich aber hab' sie erlernet,
> Und ich vergesse sie nicht —
> Mir diente als Grammatik
> Der Herzallerliebsten Gesicht!

Budakoff verstand vollkommen den Witz dieses Gedichtes, aber unsere vereinten Kräfte reichten nicht aus, Mirza-Schaffy einen Begriff davon zu geben, eben weil weder die tatarische noch die persische Sprache einen entsprechenden Ausdruck für das hat, was wir unter »Philologen« verstehen. Wir konnten das Wort nur durch Dilbilir (Sprachenkundiger) übersetzen; ein solcher Dilbilir war aber Mirza-Schaffy selbst, und wie konnte der Weise von Gjändsha zugeben, daß Andere die Sprache der Sterne besser verstehen sollten, als er und seines Gleichen?

Einige Lieder von Thomas Moore und Lord Byron machten ihm große Freude und waren ihm verständlich, ohne daß es eines Kommentars dazu bedurfte. Einen gewaltigen Eindruck auf ihn machte das wunderbar schöne Gedicht von Rev. C. Wolfe: »Not a drum was heard, nor a funeral note etc.«[3]) Nicht so gut ging es mit Uhland und Geibel. Ich besinne mich noch, wie ich von Letzterm ein hübsches Lied übersetzte, welches ich seitdem in Deutschland oft wieder gehört und immer lebhaft dadurch an Mirza-Schaffy und sein Urtheil erinnert wurde. Ich meine das Lied:

> Die stille Wasserrose
> Steigt aus dem blauen See,
> Die Blätter flimmern und blitzen,
> Der Kelch ist weiß wie Schnee.
>
> Da gießt der Mond vom Himmel
> All seinen gold'nen Schein,
> Gießt alle seine Strahlen
> In ihren Schooß hinein.
>
> Im Wasser um die Blume
> Kreiset ein weißer Schwan,
> Er singt so süß, so leise,
> Und schaut die Blume an.
>
> Er singt so süß, so leise,
> Und will im Singen vergeh'n;
> O Blume, weiße Blume,
> Kannst Du das Lied versteh'n?

Mirza-Schaffy schüttelte den Kopf und schob das Lied bei Seite mit den Worten: »Ein thörichter Schwan!«

— »Gefällt Dir das Lied nicht? — fragte ich meinen Lehrer.

»Der Schluß ist unweise« erwiederte er, »was hat der Schwan davon, im Singen zu vergeh'n? Er schadet sich damit und nützt der Rose nichts. Ich würde geendet haben:

> Er faßt sie mit dem Schnabel
> Und trägt sie mit sich fort!«

———————

Dreiundzwanzigstes Kapitel.

Lieder aus dem »Buche der Weisheit« des Mirza-Schaffy.

(Fortsetzung.)

Dies soll Euch jetzt als neuestes Gebot
   Verkündigt werden:
Es soll auf Erden nicht mehr ohne Noth
   Gesündigt werden!

Wo nicht ein süßer Mund, ein schönes Auge
   Verlangen weckt —
Da soll den Sündern alle Gnade nun
   Gekündigt werden!

Jedweder Mund, der sich in schlechten Küssen
   Versündigt hat,
Kann nur durch eine Flut von echten Küssen
   Entsündigt werden.

Daß Du am Abend zu mir kommst,
   Wird sehr zu Deinem Frommen sein —
Wenn Du am Morgen lieber kommst,
   Es soll Dir unbenommen sein —
Komm' Du zu irgend einer Zeit,
   Wirst allezeit willkommen sein!

Trinkt Wein! das ist mein alter Spruch,
Und wird auch stets mein neuer sein,
Kauft Euch der Flasche Weisheitsbuch,
  Und sollt es noch so theuer sein!

Als Gott der Herr die Welt erschuf,
Sprach er: der Mensch sei König hier!
Es soll des Menschen Kopf voll Witz,
  Es soll sein Trank voll Feuer sein!

Dies ist der Grund, daß Adam bald
Vom Paradies vertrieben ward:
Er floh den Wein, drum konnt' es ihm
  In Eden nicht geheuer sein!

Die ganze Menschheit ward vertilgt,
Nur Noah blieb mit seinem Haus,
Der Herr sprach: weil Du Wein gebaut,
  Sollst Du mein Knecht, mein treuer sein!

Die Wassertrinker seien jetzt
Ersäuft im Wasser allzumal,
Nur Du, mein Knecht, sollst aufbewahrt
  In hölzernem Gemäuer sein!

Mirza-Schaffy! Dir ward die Wahl
In diesem Falle nicht zur Qual,
Du hast den Wein erkürt, willst nie
  Ein Wasserungeheuer sein!

Schlag die Tschadra*) zurück! Was verhüllst Du Dich?
Verhüllt auch die Blume des Gartens sich?
Und hat Dich nicht Gott, wie der Blume Pracht,
Der Erde zur Zierde, zur Schönheit gemacht?
Schuf er all' diesen Glanz, diese Herrlichkeit,
Zu verblühen in dumpfer Verborgenheit?

Schlag die Tschadra zurück! Laß alle Welt seh'n,
Daß auf Erden wie Du Kind kein Mädchen so schön!
Laß die Augen herzzündende Funken sprüh'n,
Laß die Lippen im rosigen Lächeln glüh'n,
Daß Dich Holde kein anderer Schleier umschwebt,
Als mit dem Dich das Dunkel der Nächte umwebt!

Schlag die Tschadra zurück! Solch ein Antlitz sah
Nie zu Stambul das Harem des Padischah —
Nie säumte zwei Augen so groß und klar
Der langen Wimpern seidenes Haar —
Drum erhebe den Blick, schlag die Tschadra zurück!
Dir selbst zum Triumphe, den Menschen zum Glück!

———

Wenn im Tanz die jungen Schönen
  Sich im Mondenscheine dreh'n,
Kann doch keine sich so lieblich
  Und so leicht wie meine dreh'n!

Daß die kurzen Röcke flattern,
  Und darunter, roth bekleidet,
Leuchtend wie zwei Feuersäulen
  Sich die vollen Beine dreh'n!

Selbst die Weisen aus der Schenke
  Bleiben steh'n voll Lust und Staunen,
Wenn sie spät nach Hause schwankend
  Sich berauscht vom Weine dreh'n!

Auch der Muschtahid [10]), der fromme,
  Mit den kurzen Säbelbeinen,
Spricht: so lieblich wie Hafisa
  Kann im Tanz sich keine dreh'n!

Ja, vor dieser Anmuth Zauber,
  Vor Hafisa's Tanzesreigen,
Wird sich noch berauscht die ganze
  Gläubige Gemeine dreh'n!

Und was in der Welt getrennt lebt
Durch verjährten Sektenhader,
Wird sich hier versöhnt mit uns in
Liebendem Vereine dreh'n!

O, Mirza-Schaffy, welch Schauspiel,
Wenn die alten Kirchensäulen
Selber wanken, und sich taumelnd
Um Hafisa's Beine dreh'n!

Die Distel sprach zur Rose:
Was bist Du nicht ein Distelstrauch?
Dann wärst Du doch was nütze,
Dann fräßen Dich die Esel auch!

Zur Nachtigall die Gans sprach:
Was bist Du nicht ein nützlich Thier?
Das, Blut und Leben opfernd,
Zum Wohl der Menschen stirbt, wie wir?

Zum Dichter der Philister
Sprach: Was nützt Dein Gesang dem Staat?
Zur Arbeit rühr' die Hände,
Folg' der Philister Thun und Rath!

Philister, Gans und Distel,
Behaltet Euren klugen Rath!
Ein jeder von Euch treibe
Und thue was er immer that!

Der Eine schafft und müh't sich,
Der Andere singt aus voller Brust —
So war es stets und überall
Zu guter Menschen Glück und Lust.

Mirza-Schaffy! wie lieblich
Ist Deiner Weisheitssprüche Klang!
Du machst das Lied zur Rede,
Du machst die Rede zu Gesang!

Mirza-Schaffy! nun werde vernünftig,
Laß Deines Wesens Unstätigkeit —
Zu ernsterem Geschäfte künftig
Verwende Deine Thätigkeit!

Sieh Mirza-Habschi-Aghassi[11]) an,
Was das ein Herr geworden ist!
War früher ein ganz gemeiner Mann,
Wie er jetzt behangen mit Orden ist!

Drum widme Deine Kräfte dem Staate,
Für den sie sonst verloren sind,
Weil meist die größten Herrn im Rathe
Zugleich die größten Thoren sind.

Ich sprach: viel Andre werden schon
Geschickt zu solchem Platz sein,
Doch schwerer dürfte für meine Person
Ein passender Ersatz sein.

Darum: zeigst Du mir einen Mann,
Der jetzt im Rathe Stimm' und Sitz hat,
Und solche Lieder singen kann
Wie ich, und meinen Geist und Witz hat:

So lasse ich meine Unstätigkeit,
Lasse Trinken, Singen und Dichtung,
Und gebe meiner Thätigkeit
Sofort eine andere Richtung.

Lieder der Klage.

Wieder ist der Frühling in's Land gekommen,
Ist in blumigem, buntem Gewand gekommen.

Sonst als einem Freunde bin ich ihm entgegen
Mit einem vollen Becher in der Hand gekommen.

Jetzt meid ich ihn, denn unter seinen Blumen
Bin ich an der Verzweiflung Rand gekommen.

Bin um Zuléikha, und mit der Geliebten
Um Freude, Glück und Verstand gekommen!

Ein schlimm'res Unglück als der Tod
Der liebsten Menschen — ist die Noth!
Sie läßt nicht sterben und nicht leben,
Sie streift des Lebens Blüthe ab,
Streift, was uns Lieblichstes gegeben,
Vom Herzen und Gemüthe ab!
Den Stolz des Weisesten selbst beugt sie,
Daß er der Dummheit dienstbar werde —
Der Sorgen bitterste erzeugt sie,
Denn man muß leben auf der Erde.

Noth ist das Grab der Poesie
Und macht uns Menschen dienstbar, die
Man lieber stolz zerdrücken möchte,
Als sich vor ihnen bücken möchte.

Doch darfst Du darum nicht verzagen,
Bis Dir das Herz zusammenbricht:
Das Unglück kann die Weisheit nicht —
Doch Weisheit kann das Unglück tragen.

Verscheuch' den Gram durch Liebsgekose,
Durch Deiner süßen Lieder Schall!
Nimm Dir ein Beispiel an der Rose,
Ein Beispiel an der Nachtigall!

Die Rose auch, die farbenprächt'ge,
Kann nicht der Erde Schmutz entbehren, —
Die Nachtigall, die liebesmächt'ge,
Muß sich von schlechten Würmern nähren!

Es hat der Schach mit eigner Hand
Ein Manifest geschrieben,
Und alles Volk im Farsenland [12]
Ist staunend stehn geblieben.

„Wie klug der Sinn, wie schön das Wort!"
So scholl es tausendtönig —
Man jubelt hier, man jubelt dort:
„Heil, Heil dem Farsenkönig."

Mirza-Schaffy verwundert stand,
Das Schreien war ihm widrig,
Er sprach: Denkt man im Farsenland
Von Königen so niedrig?

Stellt man so tief im Farsenland
Des Fürsten Thun und Treiben,
Daß man erstaunt, wenn mit Verstand
Sie handeln oder schreiben?

Mirza-Schaffy! liebliche Biene,
Lange bist Du umhergeflogen,
Hast von Rosen und Jasmine
Nektar und süße Düfte gesogen;
Höre jetzt auf zu wandern
Von einer Blume zur andern —
Kehr' mit dem Gefieder
Deiner duftigen Lieder,
Kehr' mit all Deinem Honigseim
Heim, zur Geliebten heim!

Vierundzwanzigstes Kapitel.

**Häuser und Straßenbilder.
Eine tatarische Wohnung und eine armenische Hochzeit
in Tiflis.**

Bei allem Ansehn, welches Mirza-Schaffy unter den tatarischen und persischen Schriftgelehrten genoß, war er in der sogenannten "guten Gesellschaft" von Tiflis gänzlich unbekannt. Diese "gute Gesellschaft" bestand vorwiegend aus den vornehmeren Militairs und der höheren russischen Beamtenwelt, worunter eine Menge deutsche und einzelne französische und spanische Namen sich befinden. Dazu kamen zahllose Prinzen und Prinzessinnen aus dem alten georgischen Königshause und einzelne begüterte armenische und georgische Fürsten, deren Kleidung und Lebensweise schon mehr oder weniger einen europäischen Anstrich trug.

Bei großen Diners, Bällen und ähnlichen außergewöhnlichen Festlichkeiten, war das asiatische Element stärker vertreten. Man sah dann in den prachtvollsten Gewändern und im kostbarsten Waffengeschmeide Fürsten der Kirgisen, Truchmenen, Kabarder, Abchasen, Gurier, Tuschen, Mingrelier, Imerether; Chane, Sultane und Häuptlinge verschiedener Tataren- und Tscherkessenstämme.

Von den engeren Cirkeln der Gesellschaft blieben diese fremden Elemente größtentheils ausgeschlossen; hier war das Französische die vorherrschende Sprache und der schwarze Frack, ober die Uniform, die vorherrschende Tracht. Auch die Toilette der Damen war ganz den strengsten Pariser Anforderungen entsprechend. Einzelne, in den engeren Cirkeln heimische Damen aus georgischen Fürstenhäusern, wie die Tschawtschawadse's und die Gribojedoff[13]) hatten sich, theils durch längeren Aufenthalt am Petersburger Hofe, theils durch Reisen im Auslande, so in europäische Tracht und Sitte hineingelebt, daß man sie nur durch ihre orientalische Schönheit von den übrigen unterscheiden konnte.

Die große Masse der georgischen, armenischen, tatarischen und persischen Bevölkerung von Tiflis, stand zu der Salon-Gesellschaft ungefähr in demselben Verhältniß, wie in der vormärzlichen Zeit das Ghetto von Prag zu der dortigen Aristokratie.

Es galt für »mauvais genre« das Haus einer nicht salonfähigen Familie zu besuchen, und Beamte wie Militairs fügten sich, mit wenigen genialen Ausnahmen, dem herrschenden Vorurtheile. Da jedoch in den Tifliser Salons wenig mehr vom asiatischen Leben zu sehen war, als in irgend einem Salon von Paris, Wien oder Berlin, so suchte ich das asiatische mauvais genre, so oft sich mir Gelegenheit dazu bot.

Ein gesellschaftliches Leben in unserm Sinne des Wortes herrscht bei den Asiaten nicht, da gewöhnlich die Frauen streng von den Männern geschieden sind, und überhaupt Gesellschaften nur bei besonderen Anlässen (Hochzeit, Kindtaufe etc.) stattfinden. Solche gesonderte Frauengesellschaften kann ein Fremder natürlich nur vom Hörensagen, oder durch ausnahmsweise, zufällige Begünstigungen kennen lernen.

Ich wohnte am Fuße des heiligen Davidsberges (der die wunderthätige Kapelle trägt), in dem Nebengebäude eines Hauses, welches der reiche armenische Kaufmann Tamamschew eigens für sich und die Familie seines Schwiegersohnes, des Fürsten Tumanoff, eingerichtet hatte.

Von dem Balkon, wie von der Terrasse meiner Wohnung aus, wo ich bei schönem Wetter jeden Morgen und Abend meinen Tschibuq rauchte, konnte ich mit aller Behaglichkeit die ganze, mir zur Rechten liegende Stadt übersehen. Zur Linken brach sich der Blick am heiligen Davidsberge, der jeden Donnerstag durch die langen Züge schöner Pilgerinnen, die hinauf zur Kapelle wallfahrteten, ein gar anmuthiges Schauspiel bot. Dicht neben meiner Wohnung, am Fuße des Berges, lagen einige halb unterirdische Saklis, aus welchen auch hin und wieder eine schlanke Georgierin hervorstieg, um sich auf das Dach ihrer eigenen dunkeln Steinhütte zu setzen, oder um eine Freundin auf irgend einem benachbarten Dache zu besuchen. Das Haus Tamamschew's lag meiner Wohnung gerade gegenüber, und über den nicht sehr weiten Hofraum hinweg konnte ich, besonders Abends, wenn Alles erleuchtet war, ziemlich genau sehen, was in den Frauengemächern vorging.

Da saßen (bei jedem festlichen Anlaß) dreißig bis vierzig armenische Frauen mit gekreuzten Beinen auf einem großen, das ganze Zimmer ausmessenden Teppich, in buntem Kreise, alle angethan mit schweren, kostbaren Stoffen, den Nacken von einem weißen Schleier überwallt, und das Leibchen zwiefach halbmondförmig so weit ausgeschnitten, daß des Busens besserer Theil offen zur Schau lag.

Ich kann hier die Bemerkung einschalten, daß im Morgenlande die Frauen mit ihren Busen noch viel weniger heimlich thun als bei uns. Dem strengsten Schamgefühl ist dort Genüge gethan mit dem Verhüllen des Gesichtes. Alle übrigen Körpertheile werden geringerer Berücksichtigung gewürdigt.

Es ist um das Schicklichkeits- und Anstandsgefühl (wie es im Grunde allen Völkern innewohnt, sich aber auf die verschiedenste Art kundgiebt) ein eigenes Ding. Eine Schottin kann vor lauter Schamhaftigkeit in Ohnmacht fallen, wenn sie einen Mann mit einem Barte sieht, findet es aber ganz ihren Begriffen von Anstand gemäß, daß die Männer ohne Hosen einhergehen, ein Zustand, der den Damen anderer Länder wieder das Blut der Scham in die Wangen treiben würde. Eine badende Europäerin wird, wenn sie sich von Männeraugen erspähet weiß, alles Andere eher verhüllen als ihr Gesicht. Eine Asiatin wird, unter ähnlichen Umständen, fremden Blicken alles Andere eher preisgeben als ihr Gesicht. Diese wenigen Beispiele mögen genügen um darzuthun, wie schwer es ist, in dem was man Sitte und Anstand nennt, die Scheidelinie zwischen dem Ernsten und Komischen, zwischen Weisheit und Thorheit zu ziehen. Der beschränkte Mensch ist immer am meisten geneigt das zu belächeln, was über seinen engen Gesichtskreis hinausreicht; je weiter der Blick, desto milder das Urtheil . . . .

Doch, kehren wir zu den armenischen Frauen zurück, welche Veranlassung zu dieser Abschweifung gegeben.

Von meiner Wohnung aus sah ich oft stundenlang den Gesellschaften der Tamamschew und Tumanoff zu. Da saßen die zahlreichen weiblichen Gäste in dem oben beschriebenen Kreise, dessen Mittelpunkt eine mit Backwerk, Erfrischungen und eingemachten Süßigkeiten aller Art beladene Tischplatte bildete. Eine geraume Zeit hindurch blieben sie Alle stumm und regungslos wie Wachsfiguren. Dann lösten sie Eine nach der Andern ihre als Armbänder getragenen Tschotken (Rosenkränze, welche nicht zum Beten sondern zum Spielen bestimmt sind) los und ließen, in Ermangelung besseren Zeitvertreibes, die Perlen langsam die seidenen Fädchen herabgleiten, ohne andere Unterbrechung als ein gelegentliches Nippen von den auf der Tischplatte stehenden Süßigkeiten. Zuweilen nahm auch eine von den älteren Frauen das Wort, um ein Märchen oder eine Geschichte zu erzählen; dann hörten die Umsitzenden immer so gespannt zu, daß sie das Spielen mit ihrer Tschotka gänzlich außer Acht ließen. Hierauf beschränkten sich die Ansprüche dieser Frauen auf gesellschaftliches Vergnügen. An eine lebendige, von der ganzen Gesellschaft getheilte Unterhaltung war nicht zu denken.

Bewegter und lauter ging es in den andern Zimmern her, wo die Männer ihr Festgelag hielten. Hier hatte jeder Bekannte des Hauses freien Zutritt, und wer am meisten trinken konnte von dem in naphtabestrichenen Schläuchen aufbewahrten Landeswein, war der willkommenste Gast. Wie bei den Frauen das Spielen mit der Tschotka, so war bei den Männern das Trinken die Hauptsache, und wahrlich gehörte ein mit Naphta ausgestrichener Magen dazu, um es den Armeniern im Weintrinken gleichzuthun.

In denjenigen armenischen und georgischen Häusern, wo man mit Beibehaltung aller sonstigen nationalen Eigenthümlichkeiten in gesellschaftlicher Beziehung mehr den europäischen Sitten sich anbequemt, pflegt es, in Folge des allezeit veredelnden Einflusses der Frauen, mäßiger bei den Trinkgelagen und lebhafter in der Unterhaltung herzugehen.

In eine solche gemischte Gesellschaft wünschte ich, bei Gelegenheit eines armenischen Hochzeitsfestes, meine freundlichen Leser zu führen, und wäre gleich in medias res gesprungen, wenn ich nicht an dem Grundsatze festhielte, meinen Schilderungen aus dem Leben immer mit historischer Treue die vorbereitenden und erklärenden Züge einzuflechten.

Bei der Schwerfälligkeit meines Geistes bedurfte ich selber stets einer anregenden Vorbereitung, um mich mit nöthiger Sicherheit und richtigem Blicke in fremde Situationen zu versetzen. Deshalb waren meine Arbeitstage streng geschieden von den Tagen des Genusses. Lag mir am Morgen eine besonders interessante Einladung für den Abend vor, so war den Tag über an kein ernstes Studiren zu denken. Ich pflegte dann ein paar gute Bekannte aufzusuchen, um mit ihnen die Stadt zu durchstreifen, im Bazar zu verweilen, zwischen den halbunterirdischen Wohnungen der Georgier umherzuklettern, das Treiben und Leben in den Karawanserai's, auf Straße und Markt zu beobachten, und alles Neue von Interesse durch ein paar Züge in meinem Tagebuche zu bleibender Erinnerung anzumerken.

So geschah es auch an jenem Tage, als ich die Einladung zu der armenischen Hochzeit erhielt. Ich legte meine Bücher und Hefte bei Seite, und machte mich auf den Weg, um einige Bekannte zur Begleitung aufzusuchen.

Eine ungepflasterte, unregelmäßige Straße führte von meiner Wohnung, bergab zwischen Weingärten sich hinziehend, in die Hauptstraße von Tiflis, zur Rechten von dem Palaste des Sardaars (Oberbefehlshabers), und zur Linken von dem fast eben so großartig gebauten, neuen Gymnasium begrenzt.

Hier wurde mir der Weg dieses Mal von einem zahlreichen Schwarm Tataren versperrt, welche sich vom Gymnasium bis zum Sardaarpalaste hin theils auf der Erde gelagert hatten, theils in einzelnen Gruppen umherstanden und durch ihre grimmigen Blicke, lebhaften Bewegungen und lauten Worte meine Neugier aufs höchste erregten.

Ich brachte bald in Erfahrung, daß es eine, ein paar hundert Mann starke Deputation aus dem Innern des Landes war, nach Tiflis zu dem Zwecke gekommen, um den Sardaar zu bitten, ein Gesetz wieder aufzuheben, welches vorschrieb, daß die Tataren ihren Tribut künftig in Hammeln entrichten sollten.

Einige der Angesehenern von ihnen waren als Wortführer in die Wohnung des Sardaars gegangen und hatten sich, da dieser verreist war, an seinen Stellvertreter gewendet, der sich vergeblich bemühete, die Bittsteller durch unbestimmte Verheißungen loszuwerden. Sie verlangten eine bestimmte Antwort und gaben zu verstehen, daß, bis solche erfolgt sei, die draußen lagernde Tatarenschaar Tiflis nicht verlassen werde.

Der stellvertretende Generalgouverneur gab sofort Befehl, die Tataren friedlich zu bedeuten, daß sie die Stadt ohne Weiteres zu verlassen hätten, und falls sie dieser Weisung nicht Folge leisteten, Kosaken aufzubieten, um sie mit Gewalt zu vertreiben. Dies hatte jedoch seine großen Schwierigkeiten, denn obgleich die Tataren unbewaffnet waren (man hätte sonst einem so großen Schwarme den Einzug in die Stadt nicht erlaubt), so setzten sie doch den Kosaken so derb mit ihren kräftigen Fäusten zu, daß man genöthigt war, noch Verstärkungen herbeizuziehen und von der blanken Klinge Gebrauch zu machen, ehe es gelang, die wilden Nachkommen der goldenen Horde aus der Stadt zu vertreiben.

Schon während dieses Schauspiels, das die ganze Nachbarschaft auf die Beine brachte, hatten sich einige Bekannte zu mir gesellt, die sich gleich bereit finden ließen, mich auf meiner Wanderung durch die Stadt zu begleiten.

Wir hatten kaum hundert Schritte zurückgelegt, als auf dem, mit der großen Straße von Tiflis zusammenhängenden Eriwan'schen Platze, ein neues Schauspiel eigenthümlicher Art unsere Aufmerksamkeit in Anspruch nahm.

Etwa ein Dutzend von Kopf bis zu Fuß in die weiße Tschadra gehüllter, alter Frauen, von ärmlichem Ansehen und der Mehrzahl nach von abschreckender Häßlichkeit, kam feierlichen Zuges über den Platz geschritten und machte in einer angrenzenden Straße Halt.

Ein paar der gespensterhaft aussehenden Wesen verschwanden in einem georgischen Hause, kamen jedoch nach kurzer Zeit wieder zum Vorschein, um sich auf's Neue mit dem Zuge in Bewegung zu setzen. Dasselbe Manöver wurde bei jedem georgischen Hause wiederholt.

Zur Erklärung dieses seltsamen Schauspiels wurde mir gesagt, daß jedesmal bei anhaltender Dürre die armen Georgierinnen in Prozession von Haus zu Haus ziehen, um Almosen zu sammeln und dafür den lieben Gott zu bitten, daß er den Born seiner Barmherzigkeit erschließe und Regen auf die lechzende Erde herabsende.

Zu diesem Zwecke pilgern sie, beladen mit Kreuzen, Heiligenbildern und anderm frommen Zubehör, hinaus ins Freie, um auf den Aeckern und für den Segen derer zu beten, welche Opfergaben gespendet haben. Diese Feierlichkeit mit dem vorbereitenden Almosensammeln wiederholt sich täglich, bis der Himmel endlich die Gebete erhört und Regen zur Erde sendet.

Wir folgten den frommen Schwestern nicht auf's Feld hinaus, da es meine Absicht war, Mirza-Schaffy aufzusuchen und ihn zu bitten, die für den Abend angesetzte Unterrichtsstunde auf einen anderen Tag zu verlegen. Ich hatte den Weisen früher nie in seiner Wohnung gesehen, und es verlangte mich deshalb sehr, einmal einen Blick in seine häusliche Einrichtung zu werfen, ein Verlangen, das von meinen Begleitern, die schon viel von Mirza-Schaffy gehört hatten, lebhaft getheilt wurde.

Wir wanden uns, in der Richtung nach dem Kyros zu, durch eine krumme, schmutzige Gasse, welche zu beiden Seiten von grauen Sakli's begrenzt, nur hin und wieder einmal ein etwas wohnlicheres Gebäude durchblicken ließ. Hausnummern giebt es hier natürlich nicht und eine georgische oder tatarische Sakli ist von der andern eben so schwer zu unterscheiden wie ein Maulwurfshaufen von dem andern. Wir hatten deshalb große Noth, die Wohnung des Weisen ausfindig zu machen, obgleich er mir den Platz ziemlich genau beschrieben hatte. Erst verscheuchten wir durch unsere bloße Anrede ein paar junge rothhosige Mädchen vom Dache, welche, statt auf die ihnen vorgelegte Frage zu antworten, mit Blitzesschnelle in ihre unterirdische Behausung verschwanden. Dann wurden wir selbst verscheucht durch ein paar zähnefletschende Hunde, welche, als wir auf unserer Entdeckungsreise in ein Gehöft einbogen, mit wüthendem Geheul auf uns losstürzten. Ein alter Tatar, der ernsten Blickes an uns vorüberwatschelte, deutete zur Antwort auf unsere Frage nach Mirza-Schaffy's Wohnung, auf eine ferne Häusergruppe hin, und wandelte dann seines Weges fort, ohne sich weiter nach uns umzusehen. Endlich waren wir so glücklich, einen schwarzäugigen, in die buntfarbigsten Lumpen gekleideten Jungen aufzutreiben, der uns für einen Abbas (etwa 6 Sgr.) in die Klause des Weisen von Gjändsha zu führen versprach. Er trieb uns erst einen Theil des Weges, welchen wir gekommen waren, zurück, feuerte uns dann durch sein Beispiel an, eine Reihe von Saklis zu überklettern, wobei wir mit großer Vorsicht verfahren mußten, um nicht durch die Oeffnungen in den platten Dächern irgend einer Familie uneingeladen in's Haus zu fallen, bis wir uns plötzlich in eine kleine, bergablaufende Sackgasse versetzt sahen, wo sich vor uns ein niedriges, aber ziemlich umfangreiches Gebäude aufthat, welches mit seinen grauen Flügeln einen nichts weniger als reinen und ebenen Hofraum umschloß. In dem linken Flügel, hinter welchem einige Bäume die Nähe eines Gartens verriethen, wohnte Mirza-Schaffy.

Wir hatten kaum festen Fuß im Hofe gefaßt, als uns ein entsetzliches Hundegeheul wieder am Vorgehen hinderte und uns zwang, eine vertheidigende Stellung einzunehmen. Unser jugendlicher Führer wußte jedoch durch die seltsamsten Kehl- und Zischlaute die bellend auf uns losstürzenden Ungethüme bald zum Rückzuge zu zwingen; noch ein paar Schritte — und wir befanden uns in der Wohnung Mirza-Schaffy's.

Die Thüre wurde geöffnet von demselben schmächtigen, gliedergeschmeidigen Tatarenjüngling, durch dessen Vermittelung Mirza-Schaffy einst in den Besitz meiner englischen Scheere kam, nachdem er den Blick des Verlangens darauf geworfen.

Wir traten in ein kleines, schmuckloses Gemach, welches

mit einem größeren, etwas wohnlicher eingerichteten Zimmer zusammenhing. Ersteres, wo der junge Tatar hauste, bildete gleichsam das Vorzimmer zu letzterem, wo Mirza-Schaffy seine Wohnung hatte.

Beide Gemächer waren weiß übertüncht, der Fußboden war mit Matten belegt, in den Seitenwänden befanden sich Nischen, und im Hintergrunde des größeren Zimmers war eine Art von Kamin angebracht. Das Ganze trug einen sehr einfachen und sauberen Anstrich.

Mirza-Schaffy lag mit untergeschlagenen Beinen auf dem niedrigen, roth überkleideten Divan, als wir eintraten, und schien mit nichts Anderm beschäftigt, als die Pfeife der Betrachtung zu rauchen. Vor ihm stand auf einer kleinen Tischplatte ein hoher, persischer Kalljan, dessen hochaufliegende Kohle bezeugte, daß er eben erst wieder mit frischen Tombagju (grobgeschnittener Tabak, welcher blos aus dem Kalljan und Nargilé geraucht wird, im Gegensatz zu dem feingeschnittenen Tabak (Tütin) der für die Tschibuqs bestimmt ist) gefüllt war.

Der Weise erhob sich langsam, als er unser ansichtig wurde, rief uns ein herzliches »Chosch gjäldinnis!« (Seid willkommen!) entgegen, und setzte sich erst wieder, als wir Alle um ihn her Platz genommen hatten. Der junge Tatar war inzwischen unaufgefordert beschäftigt, uns Kaffee und Pfeifen zu besorgen, und erst als Jeder sein dampfendes Schälchen vor sich stehen und den dampfenden Tschibuq im Munde hatte, begann die eigentliche Unterhaltung.

Ich hatte große Lust, mich näher in der Wohnung umzusehen, um die ganze Einrichtung in ihren Einzelheiten kennen zu lernen, hielt aber gewaltsam an mich, und bat meine Gefährten, ein Gleiches zu thun, da ich wußte, daß es uns wesentlich in der Achtung des Weisen herabsetzen würde, wenn wir den Blick der Neugier gleich aus einer Ecke in die andere schweifen ließen.

Ich wartete deshalb einen günstigen Augenblick ab und wandte, nachdem ich meine Absagebestellung ausgerichtet, das Gespräch zunächst auf die Schwierigkeiten, welche wir zu überwinden gehabt hatten, um zu Mirza-Schaffy's Wohnung zu gelangen. »Wie ist es nur möglich — schloß ich — daß Du mit Deinen feinen, grünen Pantoffeln und schmucken, buntgewirkten Strümpfen, bei schlechtem Wetter den langen Weg zu mir machen kannst, ohne jemals schmutzig zu werden, während wir selbst bei gutem Wetter nicht rein davonkommen?«

— Abad-der — das macht die Gewohnheit! — sprach er lächelnd. Darauf wandte er sich mit einer allgemein gehaltenen Frage an meine beiden Begleiter, die jedoch nicht gleich antworten konnten, weil sie nicht tatarisch verstanden. Das wollte er blos wissen, um mich ausforschen zu können, ob ihnen im Punkte des Weintrinkens zu trauen sei. Da er sich auf meine Veranlassung um eine Stelle beim Gymnasium bemühte und die Entscheidung noch nicht erfolgt war, so wollte er es vermeiden, die Schwierigkeiten, welche ihm frommthuende Nebenbuhler in den Weg gelegt hatten, leichtsinnig zu vermehren.

Nachdem ich ihn vollständig über meine Begleiter beruhigt hatte, rief er dem im Nebenzimmer kauernden Tatarenburschen die Anfangsworte eines Hafisischen Liedes zu: »Ssaki bijar badé!« (Schenke, bring' Wein!) Der Bursche sprang sofort auf und eilte geräuschlos zur Thür hinaus. Man sah es seinem verständnißflinken Wesen an, daß ihm dergleichen Aufträge nicht neu waren.

»Wer ist der junge Mensch?« fragte ich Mirza-Schaffy.

— Ein armer Verwandter von mir — antwortete der Weise — den ich seit dem Tode seines Vaters in's Haus genommen habe, um ihn in der Weisheit zu unterrichten. Es ist aber nichts mit ihm auszustellen; der Mensch ist von der Natur für die Kutte bestimmt, und deshalb lasse ich ihn ruhig bei seinem Vorsatze, ein Geistlicher zu werden. Der Muschtahid gilt ihm für eine größere Autorität als ich, und ein Kuß auf die Hand des alten wunderlichen Heiligen schmeckt ihm süßer als ein Glas Wein von mir. Es sollte mich gar nicht wundern, wenn der Bursche selbst einmal Muschtahid würde. Er hat allen Stoff dazu. Gesichter kann er schneiden wie ein Derwisch, und winden und schmiegen kann er sich wie ein Aal. Den ganzen Tag sitzt er und schreibt alte Gebete und heilige Geschichten ab; das erbauet ihn und er verdient sich etwas Geld damit....

Während Mirza-Schaffy noch so sprach, kam der junge Heilige mit einem großen Kruge Wein in's Zimmer, kramte aus einer durch einen rothseidenen Vorhang verhüllten Wandnische einige verschiedengestaltige Gläser hervor und war eben im Begriffe uns einzuschenken, als Mirza-Schaffy ihm den Krug abnahm, mit den Worten: »Ueberlaß mir das Weinschenken! Geh' Du und hole uns Deine Hefte her, der junge Weise hier will sehen, was Du diese Woche geschrieben hast.«

Der Bursche ging und brachte ein paar sauber geschriebene Hefte zum Vorschein, wovon das eine den Titel trug: »Lobgedicht auf die Ankunft der Russen in Eriwan,« und das andere: »Gebet der Tataren von Karabagh für den großen Padischah der Russen, den Herrscher der Erde u. s. f. u. s. f.«

Das erste Heft war in tatarischer, das zweite in arabischer Sprache, untermischt mit persischen Versen geschrieben, mit solcher Zierlichkeit und Sorgfalt, daß ich nicht umhin konnte, dem Schreiber etwas Artiges darüber zu sagen und den Wunsch zu äußern, eine ähnlich sorgfältige Abschrift der beiden Hefte zu besitzen.

Der junge Heilige, sehr erfreut über das ihm gespendete Lob, wollte mir gleich die Hefte zu Füßen legen, aber Mirza-Schaffy schickte ihn fort und sagte zu mir: »Laß das heute gut sein; er kann erst noch eine Abschrift davon nehmen und zur nächsten Unterrichtsstunde bring ich Dir das Loblied sammt dem Gebete selbst mit, um Dir Beides zu erklären. Und wenn Du frommer darnach wirst, so will ich ein Gelübde thun, keinen Wein mehr zu trinken!«

— Ich wäre neugierig, einmal einen Blick in Deine Bibliothek zu werfen, o Weiser! Du hast gewiß ganz andere Bücher als fromme Loblieder und Gebete. —

»Ich kann mit Hafis singen — entgegnete lächelnd der Weise: —

„Schon lang ist mein letztes Buch versetzt
  In die Schenke für Wein gekommen,
Und es ist dadurch über die Schenke jetzt
  Ein Heiligenschein gekommen!

Nun ist die Schenke zum Bethaus mir,
  Zur Werkstatt und Wohnung geworden,
Und ich gehe nicht mehr hinaus, bis daß
  Der Tod hereingekommen!"

»In der That — fuhr er fort — bedarf es keines Kameels, um meine Bücher davon zu tragen.« Und er zeigte mir eine kleine, aber sehr werthvolle Sammlung von persischen und arabischen Manuskripten, poetischen und philosophischen Inhalts, die seinen ganzen literarischen Reichthum ausmachten. Ich konnte die Frage nicht unterbrücken: — Aber wie ist es möglich, o Weiser! daß Du täglich mit den schönsten Blumen morgenländischer Dichtung um Dich wirfst wie der Ost mit den Blumen des Frühlings, wenn der Born so gering ist, daraus Du schöpfest? —

»Der Born ist gering an Umfang, aber groß an Inhalt. Was die besten Dichter Gutes geschrieben haben, weiß ich auswendig, und wo ich etwas davon vergesse, lern' ich es wieder. Von den schlechten Dichtern aber les' ich gar Nichts; wozu brauch' ich ihre Werke? Je reicher ich werde an Weisheit, desto ärmer werde ich an Büchern. Jedesmal wenn ich Musterung halte, finde ich noch etwas Ueberflüssiges. Besser ist es, ein gutes Buch hundert Mal zu lesen, als hundert schlechte Bücher Einmal. Je mehr Bücher, desto mehr Verwirrung. Es ist mir nie ein gutes Gedicht gelungen, wenn ich zuvor fremde Gedichte gelesen, weil sich dann immer gar zu leicht Fremdes mit einschleicht. Es ist mir jedesmal ein gutes Gedicht gelungen, wenn ich bezaubert war von schönen Augen, von lieblichen Händen und Füßen, von duftigen Blumen, von gutem Wein, von reiner Frühlingsluft. Das sind die Quellen, daraus man schöpfen muß! (Der Weise schlürfte bei diesen Worten ein Glas Wein herunter, schenkte sich gleich wieder ein und fuhr dann etwas aufgeregter fort:) Der kleinste Blumengarten spendet mir mehr Duft als die größte Wüste mit ihren Oasen und Güter-beladenen Karawanen. Aus einer rosigen Mädchenwange sauge ich mehr Begeisterung, als aus allen fremden Dichtern zusammengenommen. Ein kleines unschuldiges Kind stimmt mich andächtiger und frommer als die längste Predigt. Aus einem Glase Wein schlürfe ich mehr Witz, als aus den gelehrtesten Werken der Sufis und Philosophen . . . .«

Er stopfte sich einen frischen Tschibuq, während ich nach der Uhr sah, denn der Tag neigte sich fast zu Ende. Es ist Zeit zum Aufbruch — sagte ich — wir müssen uns noch rüsten zur Hochzeit; doch laß uns nicht scheiden, o Weiser! ohne uns ein kleines Lied gesungen zu haben. Die Nachtigall singt am liebsten an feuchten Plätzen und der Sänger beim Weine. Ich liebe es, von lustigen Gelagen einen poetischen Nachklang mit auf den Weg zu nehmen. —

»Jeder hat seine eigene Liebhaberei — erwiederte der Weise: —

Der Fromme liebt das Schaurige,
Der Leidende das Traurige,
Der Hoffende das Künftige,
Der Weise das Vernünftige."

— Was kann es Vernünftigeres geben — warf ich ein — als ein Lied der Weisheit zum Klange des Bechers! — Von Neuem begann der Weise:

„Wenn Mirza-Schaffy den Becher erhebt,
Einen Witz in dem Munde:
Wie sich freudig das Herz der Zecher erhebt
In der jauchzenden Runde!
Sie fühlen es, daß für die Tollheit der Welt
Sich zu jeglicher Stunde
Aus dem Geiste des Weines ein Rächer erhebt,
Mit der Weisheit im Bunde!"

— Wie ich jetzt gehe, meinen Körper in Festesgewand zu kleiden, so hat Dein Gesang, o Mirza-Schaffy! meinen Geist festlich angethan. Und selbst den Tribut des Dankes und der Freude, welchen ich Dir ausdrücken wollte, hast Du mir aus dem Munde genommen und Deinem eigenen Liede einverleibt! —

Ich sagte ihm dies, als wir schon aufgestanden waren, um Abschied zu nehmen und er uns zur Hinterthür des Hauses hinaus einen kürzeren Weg durch den Garten führte. Und wiederum begann er:

„Ist ein Witz Dir zur rechten Stunde gekommen,
So antwortet Jeder, den Du nie gefragt hast:
Du hast mir das Wort aus dem Munde genommen,
Oft hab' ich gedacht, was Du mir gesagt hast!

Mirza-Schaffy! das ist Dein Geschäft so!
Was die Andern denken, das schreibt Deine Hand —
Manch kernigen Witz umschließt jedes Heft so,
Und all Deine Witze sind einzig im Land!"

— Ich brauche des Lobes nicht mehr hinzuzufügen — entgegnete ich — aber sag' mir, o Weiser! wie Du es anfängst, Reim, Bild und Gedanken immer so schnell zusammenzufinden: bedarfst Du denn gar keiner Vorbereitung zu Deinen Liedern? —

Der Garten, durch welchen wir gingen, trug schon das bunte Kleid des Frühlings. Die Blumen waren hervorgekommen im Grase, der Weinstock hatte Knoten gewonnen, von den Mandelbäumen fielen wie Schneeflocken die weißen Blüthen ab und die Rosensträuche begannen zu knospen.

Mirza-Schaffy streckte seine Hand aus und pflückte von den Blumen zu einem Strauß, reichte mir den und sprach: »Siehe, dieser Strauß ist gepflückt in einem Augenblick, aber die Blumen dazu sind nicht in einem Augenblick gewachsen! Also ist es mit meinen Liedern.«

* * *

Eine armenische Hochzeit.

Wir wenden uns nun, nachdem wir schwarzes Gewand angethan, dem in der Nähe der armenischen Kathedrale gelegenen Hause zu, wo die Hochzeit begangen wird.

Die armenischen Häuser in Tiflis bilden den Uebergang von den georgischen und tatarischen Sakli's zu den russischen Palästen im neuen Stadttheile. Sie sind durchgängig wohnlich und reinlich, viele sogar mit einer eigenthümlichen, aus europäischen und asiatischen Elementen gemischten Eleganz eingerichtet. Einige haben besondere Vorhöfe, andere Pfeilergetragene Vorhallen, und die meisten sind von zwei bis drei hölzernen Gallerien umwunden, welche in den engen Straßen durch Balkons ersetzt werden.

Das Haus des reichen armenischen Kaufmanns, zu dessen

Hochzeitsfeier wir pilgern, gehört zu den wohnlichsten und besteingerichteten. Wir entdecken schon von ferne, daß Festliches darin vorgeht. Die hohe Einfuhr zum Vorhof und die Seitenmauern sind mit hunderten von buntfarbigen Lampen übersäet. Auf dem Hofe drängen sich Droschken und Equipagen. Das Haus im Hintergrunde strahlt, als sprängen die Flammen aus Mauern und Dächern hervor. Die luftigen Gallerien, welche das Haus dreifach umschlingen, sind dicht mit Lampen besetzt. Ebenso ziehen sich förmliche Lampengewinde zwischen den hellerleuchteten Fenstern hin, während auf dem Dache Fackeln brennen.

Wir finden bei unserm Eintritt in die schimmernden Gemächer schon eine zahlreiche, vorwiegend aus Armeniern und Georgiern bestehende Gesellschaft versammelt, die Frauen sämmtlich in ihrer malerischen Nationaltracht, unter den Männern wenige Ausnahmen in schwarzem Frack und Uniform. Die festlich geschmückten Räume nehmen die ganze Breite des Hauses ein. Mit Ausnahme des zum Tanzen bestimmten Saales sind alle Gemächer mit prachtvollen persischen Teppichen belegt. In dem großen Mittelzimmer drängt sich Tisch an Tisch, beladen mit stärkenden Getränken und appetit-reizendem Imbiß der verschiedensten Art: von dem stillwirkenden, aus silbernen Schälchen geschlürften Liqueur bis zu dem wild aufbrausenden Champagner; von der leichten, unscheinbaren Sardine bis zum fetten, magenbeschwerenden Lachs.

Die übrigen Zimmer sind nur spärlich mit Tischen und noch spärlicher mit Stühlen bedacht. Die Frauen sitzen gruppenweise auf den niedrigen, theils mit Seide oder Sammet überzogenen, theils mit Teppichen belegten Divans, welche sich rings um die Wände ziehen. Eine lebendige Unterhaltung mit diesen Frauen, die der Mehrzahl nach so unbeweglich da sitzen wie Figuren in einem Wachskabinet, ist auf die Dauer unmöglich, wenn man es nicht versteht, ihre zur Schau getragene Schüchternheit durch ganz besondere Mittel zu verscheuchen. Nur einige der Aelteren, welche mit der russischen Sprache auch etwas von der russischen Sitte angenommen haben, und einige der Jüngeren, welche in der adeligen Pension von Tiflis erzogen sind, und nicht allein russisch, sondern auch französisch sprechen, benehmen sich unbefangener in der Unterhaltung.

Die Perle unter den weiblichen Gästen ist die junge Fürstin Nassinka Orbeljanoff, eine der lieblichsten Blumen, die je unter Georgia's Himmel gewachsen. Das jetzt verarmte Geschlecht der Orbeljanoff, dessen Geschichte bis lange vor Christi Geburt zurückreicht, war einst reich an Ruhm, Macht und Gütern. Die Vorfahren der jungen Fürstin herrschten als Könige in Armenien und Georgien. Aber aller Glanz und Ruhm ihrer Vorfahren wiegt die Schönheit der jungen Fürstin Nassinka nicht auf. Sie ist keine von jenen üppigen Gestalten, die man in Georgien vorherrschend findet; aber sie hat eine Feinheit der Züge und des Gliederbaues, eine Zierlichkeit der Hände und Füße, eine Fülle des Haares und einen so taubensanften Ausdruck des Auges, daß sie zu den lieblichsten Erscheinungen zählt, die mir aus dem Morgenlande im Gedächtniß geblieben . . . .

Jetzt tanzt sie mit einem jungen Armenier die Lesghinka, und Alt und Jung strömt herbei, Frauen und Mädchen verlassen ihre Sitze, um das liebliche Wesen zu sehen. Sie schlägt verschämt das Auge nieder, biegt das Köpfchen zurück und stemmt die feinen Arme in die Seiten; plötzlich läßt sie die Arme wellenförmig herabschweben und hüpft leichtfüßig auf den gegenüberstehenden Tänzer los; dieser setzt sich ebenfalls in Bewegung, um ihr entgegen zu eilen, aber Beide streifen an einander vorüber, ohne sich zu berühren; so schweben sie fortwährend in kleinen Kreisen umher, in stetem Entgegenkommen und stetem Ausweichen. Das Händeklatschen der Umstehenden begleitet die Bewegungen der Tanzenden.

Als der Tanz zu Ende war, wurde die Aufmerksamkeit der Gäste durch die vier Rhapsoden in Anspruch genommen, welche das Fest durch Spiel und Gesang verherrlichten. Der Eine spielte den Tar, der Andere den Tschianu, der Dritte die Saß, der Vierte die Deira, Streichinstrumente verschiedener Gestaltung — und dabei sangen sie Lieder zum Ruhme des Hauses, des Brautpaars und der Gäste.

Alles drängte sich um die Sänger her, von denen besonders ein alter Blinder die Aufmerksamkeit der Umstehenden in Anspruch nahm, weil er Jedem, der ihn darum bat, etwas Angenehmes in Versen zu sagen wußte. Seine Lieder waren nicht von Bedeutung, wirkten aber durch den Zauber des Improvisirens.

In einem Nebenzimmer standen grüne Tische, auf welchen verschiedene Gruppen alter Armenier Schach und Lotto spielten, während einige russische Tschinowniks eine Whistpartie machten.

Inzwischen machten fortwährend eine Menge Diener die Runde, die ausgewähltesten Leckereien, und besonders süßes Backwerk aller Art umhertragend. Das Alles war blos zu vorläufigem Imbiß bestimmt, denn das eigentliche Nachtessen folgte erst nach der Trauung, welche in der benachbarten Kathedrale, im Beisein aller Gäste, vollzogen wurde.

Das Innere des altehrwürdigen Gebäudes, wohin wir dem Brautpaar etwa in der zwölften Stunde folgten, machte bei der spärlichen Beleuchtung einen schauerlichen Eindruck, der aber bald wieder verwischt wurde, wenn man den Blick auf die vielen hübschen Frauen und Mädchen schweifen ließ, welche gekommen waren der Feierlichkeit beizuwohnen. Sie drängten sich oben und unten Kopf an Kopf, durch eiserne Gitter getrennt von den Männern, wie das in der armenischen Kirche so Brauch ist.

Da vielleicht auch manche meiner freundlichen Leserinnen

neugierig ist, die Einzelheiten einer armenischen Trauungsfeierlichkeit kennen zu lernen, so lasse ich hier eine ausführliche Beschreibung davon folgen, die bis auf den kleinsten Punkt mit all der Treue und Gewissenhaftigkeit abgefaßt ist, welche die Wichtigkeit des Gegenstandes erheischt.

Die Feierlichkeit beginnt mit der Einsegnung des Trauringes, der auf einen Teller gelegt wird, wobei der Diakonus die Worte spricht:

»Nun lasset uns beten zu dem Herrn des Friedens, nimm uns auf, Erlöser! erbarme Dich unser und segne uns, o Herr!«

Hierauf singt der Priester:

»Segen und Preis dem Vater, und dem Sohne, und dem heiligen Geiste, jetzt und immerdar, und von Ewigkeit zu Ewigkeit, Amen!« Dabei schwingt er das Weihrauchfaß, das der Diakonus ihm gereicht. Dann wird ein Lied aus dem armenischen Gesangbuche gesungen, und der 18te Psalm seiner ganzen Länge nach recitirt, obgleich die einzige Stelle dieses Psalmes, welche auf die Ehe Bezug haben könnte, im 20sten Verse vorkommt, wo es heißt: »Und er führte mich aus in den Raum; er riß mich heraus, denn er hatte Lust zu mir.« Hierauf werden Stellen vorgelesen aus dem Hohen Liede Salomonis 8. 14., aus dem Propheten Hosea 14. 6., aus dem Jesaias 27. 11., aus dem Briefe an die Galater 4. 27. und aus dem Evangelium Lucä 1. 26.

Und abermals beginnt der Diakonus:

»Lasset uns den Herrn bitten für die Bewahrung der Gläubigen, derer die bei ihm sind, und derer die er hier zur Vereinigung geladen hat.«

Hierauf betet der Priester:

»Ewiger Gott und Schöpfer des Weltalls! Dich bitten und zu Dir flehen wir, der Du voll Erbarmen sorgest für Deine Geschöpfe, nimm, o menschenfreundlicher Herr, unsere

Bitten gnädig auf! Wie Du die Ehen unserer Väter geschlossen hast nach dem Gesetze Mosis, so hast Du nach der Auferstehung und Himmelfahrt Deines Eingeborenen uns ein neues Gebot gelehrt und das heilige Kreuz aufgestellt zur Heiligung der Ehe derer, so an Dich glauben und Deinen eingebornen Sohn. Gieb auch jetzt, o Herr, durch das allsiegende Kreuz, Kraft und Stärke denen die auf Dich bauen. Entferne von ihnen den Geist der Heuchelei und des Ungehorsams und alle bösen Lüste; bewahre sie vor Schändlichkeiten, vor dunkelen Wegen und vor Unreinheit des Wandels. Mache, daß dieses Kreuz[14]) sei zur Weihe und zur Grundlegung eines festen Grundes, darauf das Gebäude der heiligen Ehe errichtet werde. Schmücke ihr Haupt mit der Krone der Schönheit, sende über sie den Segen der heiligen Dreieinigkeit, welcher ihnen Noth thut, und ihnen Ruhm bringt und Ehre, jetzt und immerdar, und von Ewigkeit zu Ewigkeit. Amen! Friede sei mit Allen! Heiliger und allgepriesener Vater, der Du gesegnet und geheiligt hast dieses Kreuz im Namen Deines Eingeborenen, durch die Hand Deines sündigen Dieners, durch die Segnungen Deines heiligen Geistes: auch jetzt bitte ich Dich, o Herr! sende Deinen heiligen Geist hernieder zur Weihe des Gebäudes, welches ich jetzt hier gründe. Erhalte diese zwei unbefleckt gegen einander, geleite und führe sie zu der Stunde in welcher ich die Krone des Ruhmes auf ihr Haupt setzen werde; denn Dir allein ist die Ehre, und Dir allein gebührt der Ruhm und die Macht, jetzt und immerdar, und von Ewigkeit zu Ewigkeit. Amen!«

Hierauf wird der Ring der Braut übergeben, und der Diakonus spricht:

»Bei dem heiligen Kreuze laßt uns den Herrn bitten, daß er durch dasselbe uns errette von allen Sünden und uns erlöse durch die Gnade seiner Barmherzigkeit. Allmächtiger Herr, unser Gott! erlöse uns und erbarme Dich unser!«

Der Priester fällt ein: »Du Hort und Du Hoffnung der Gläubigen, Christus unser Gott! bewahre Deine Diener! Preis sei dem Herrn!« Nun folgt das Vater unser, womit die Einsegnung des Trauringes geschlossen wird und die Einsegnung des »Kleides der Krone« beginnt.

Das Kleid wird vor den Altar gebracht und es wiederholt sich die am Eingange beschriebene Feierlichkeit. Der Diakonus spicht: »Laßt uns beten zu dem Herrn des Friedens ꝛc. ꝛc.,« worauf der Priester erwiedert: »Preis und Ruhm dem Vater und dem Sohne ꝛc. ꝛc.« Abermals wird ein Kirchengesang gesungen; dann folgt der Psalm 44: »Eine Unterweisung der Kinder Korah, vorzusingen,« worin sich sonderbarer Weise ebenfalls nichts auf die Ehe Bezügliches findet, (obgleich Vers 2. 3.: »Denn wir werden ja um Deinetwillen täglich erwürget, und sind geachtet wie Schlachtschafe,« einst richtig die politischen Zustände der Armenier bezeichnete). Ferner wird recitirt aus dem Propheten Jesaias 61. 10., aus dem 1. Briefe Petri 3. 1., und aus dem Evangelium Johannes 2. 1. Sodann beginnt der Diakonus wiederum: »Lasset uns beten zum Herrn ꝛc.,« und der Priester fällt ein: »Preis und Ruhm dem Vater und dem Sohne!« Hierauf segnet er das Gewand des Bräutigams mit dem Zeichen des Kreuzes und spricht folgendes Gebet:

»Segne, o Christus, unser Gott! mit geistigem Segen dieses bräutliche Gewand, damit dem, der es anthut, nicht zu nahen wage die böse Brut der Dämonen und Zauberer, sondern daß er gestärkt durch die Kraft Deines heiligen Kreuzes, erlöst werde von allen Schlingen des Satans. Dir aber gebührt Ruhm und Macht und Ehre, jetzt und immerdar, und von Ewigkeit zu Ewigkeit!«

Nachdem der Priester nun abermals das Gewand gesegnet mit dem Zeichen des Kreuzes und dabei gebetet: »Im Namen des Vaters, des Sohnes und des heiligen Geistes.

Amen!« wird dem Bräutigam das Gewand angethan, unter dem Absingen eines bezüglichen Kirchenliedes. Zum Schluß der Einsegnung spricht der Diakonus abermals die Worte: »Beim heiligen Kreuze laßt uns den Herrn bitten 2c. 2c.«

Ganz dieselbe Feierlichkeit findet bei der Einsegnung des Kleides der Braut statt, nur mit dem Unterschiede, daß sie ihr hochzeitliches Gewand nicht vor dem Altar anzieht, sondern verborgen vor den Augen der Männer in einem besonderen Raume, und daß der Gesang und das Schlußgebet dabei wegfällt.

Bevor nun die eigentliche Trauung, die Krönung, vollzogen wird, bewegt sich der Zug noch einmal in das Haus der Braut. Hier muß diese niederknieen zu den Füßen des Bräutigams, und es werden über sie die Worte geredet: »Ich habe David, meinen Knecht, gefunden; mit meinem heiligen Oel habe ich ihn gesalbt, meine Hand wird ihn aufnehmen, und mein Arm wird ihn stärken.«

Hierauf nimmt der Priester die rechte Hand der Braut und legt sie in die rechte Hand des Bräutigams, mit den Worten: »Man nahm die Hand der Eva und legte sie in die rechte Adams, und Adam sagte: »Dieses ist Bein von meinem Bein und Fleisch von meinem Fleisch; diese ist Männin geheißen, weil sie von ihrem Manne genommen ist; deshalb soll der Mann Vater und Mutter verlassen und seinem Weibe anhangen, und sie sollen Beide Ein Leib werden. Was Gott also zusammengefügt, das soll der Mensch nicht scheiden.«

Der Diakonus:

»Laßt uns beten zu dem Herrn des Friedens 2c.«

Der Priester:

»Preis und Ruhm dem Vater und dem Sohne!«

Abermals wird ein Lied gesungen, wonach der Priester das Kreuz über die Häupter des Bräutigams und der Braut hält und dabei folgendes Gebet spricht:

»Herr, ewiger Gott! der Du die Unverbundenen und die Getrennten zusammenfügest zur Vereinigung, und durch die Vereinigung sie unzertrennbar verbindest; der Du gesegnet hast den Isaak und die Rebekka, und sie offenbaret hast als Erben Deiner Verheißung, indem Du, durch Dein untrügliches Wort, die aus ihnen entsproßten Stämme vermehrt hast gleich dem Sand am Ufer des Meeres: Segne auch jetzt, gnädiger und barmherziger Gott! diesen Deinen Knecht und Diese Deine Magd durch Deine Heiligkeit; leite sie, daß sie wandeln in guten Werken und auf dem Wege der Gerechtigkeit, zu thun was vor Dir wohlgefällig ist; daß sie leben in dieser Welt nach Deinen Geboten und sehen ihre Kindeskinder im Greisenalter; und daß ihnen in jenem Leben zu Theil werden die unvergänglichen Güter und die unverwelklichen Kronen, in Christo Jesu, unseres Herrn, welchem gebührt Ruhm, Macht und Ehre, jetzt und immerdar, und von Ewigkeit zu Ewigkeit. Amen! Herr Gott, der Du aus den Heiden Dir verlobt hast die heilige Kirche, sich darzustellen dem himmlischen Bräutigam, und der Du gesetzt hast als Krone das allsiegende heilige Zeichen; der Du die Zerstreueten sammelst und sie vereinigest zu unauflöslichem Bunde der Testamente; der Du gesegnet hast die Erzväter und sie gezeigt hast als Erben Deiner Verheißungen: segne nun auch diesen Deinen Knecht und Deine Magd durch die Kraft Deines Kreuzes, denn Du bist barmherzig und menschenfreundlich, und Dir geziemt Ruhm, Macht und Ehre, jetzt und immerdar, und von Ewigkeit zu Ewigkeit. Amen!«

Der Diakonus:

»Bei dem heiligen Kreuze laßt uns den Herrn bitten ꝛc. ꝛc.«

Nach Beendigung dieser Ceremonien kehren sie in die Kirche zurück, legen ihr Sündenbekenntniß ab und der Priester recitirt den 121. Psalm. Hierauf werden zwei dreifädige Schnüre gedreht, zum Umwinden der Kronen, womit das

Paar beim Vollziehen der Trauung gekrönt wird. Die aus drei Fäden gewundene Schnur ist das Zeichen der Dreieinigkeit. Beim Drehen der Schnur des Bräutigams singen sie den 20., und beim Drehen der Schnur der Braut den 24. Psalm. Hierauf nimmt der Priester das Kreuz, hält den Brautleuten eine Anrede über die Bedeutung der Trauung und legt ihnen dann die Frage vor: »Versprechet Ihr vor Gott, in der Furcht Gottes gegeneinander zu bewahren die Festigkeit der von Gott gegebenen Liebe, und mit derselben Liebe wegen der Furcht Gottes willig zu tragen die gegenseitige Last, vornehmlich die körperlichen Leiden, Lahmheit, Blindheit, lange und unheilbare Krankheit und andere Uebel, wie die göttlichen Gesetze gebieten; versprechet Ihr, nehmt Ihr auf Euch, und bestrebt Ihr Euch das Gesagte zu vollbringen?« Und sie antworten: »Ja.« Darauf legt der Priester die rechte Hand der Braut in die Rechte des Bräutigams und sagt zu diesem: »Nach dem göttlichen Gebote, welches Gott den Vorfahren gegeben, gebe ich, der Priester N. N. Dir jetzt diese Braut zum Gehorsam. Bist Du ihr Herr?« Der Bräutigam sagt: »Ich bin ihr Herr durch den Willen Gottes.« Dann wendet der Priester sich zu der Braut: »Bist Du gehorsam?« Die Braut antwortet: »Ich bin gehorsam nach dem Befehle Gottes.« Dieselbe Frage und Antwort wiederholt sich dreimal. Dann sagt der Priester: »Wenn Ihr also mit einander in der Liebe Gottes bleibt, so wird Gottes Sorgfalt Euch bewahren beim Ausgang und Eingang, und segnen die Werke Eurer Hände, und Euch mit geistiger und leiblicher Güte vermehren, daß Ihr hier in Frieden und Frömmigkeit lebend, gewürdigt werdet, die verheißenen zukünftigen Güter zu erlangen durch die Gnade Christi, welchem gebührt Ruhm, Macht und Ehre, jetzt und immerdar.«

Dann wird der 117. Psalm recitirt bis zu den Worten: »Oeffnet mir die Pforten der Gerechtigkeit, daß ich eingehe durch sie und bekenne den Herrn.« Sie treten nun ein durch die geöffnete Thür in das Allerheiligste, indem sie den 99. Psalm singen. Dann sagt der Diakonus: »Durch die heilige Kirche laßt uns den Herrn bitten, daß er durch sie uns erlöse von den Sünden, und errette durch die Gnade seiner Barmherzigkeit. Allmächtiger Herr, unser Gott, errette uns und erbarme Dich unser!«

Der Priester:

»An der Thüre des heiligen Tempels und vor dem göttlichen und glänzenden heiligen Zeichen, an diesem heiligen Orte beten wir an, in Furcht gebeugt. Wir preisen Deine heilige, wunderbare und siegreiche Herrlichkeit, und bringen Dir dar Preis und Ruhm mit dem Vater und dem heiligen Geiste, jetzt und immerdar, und von Ewigkeit zu Ewigkeit. Amen!« Der Priester führt nun den Bräutigam und die Braut, und stellt sie vor den Altar, und sie sagen das Eingangsgebet der Kirche: »Schenke Frieden Deiner heiligen Kirche, Frieden und Unerschütterlichkeit vor dem Kriege der Feinde, und befestige in Einem Glauben die katholische Kirche. Dich bekennen wir, Herr und Gott, erlöse uns.«

Der Diakonus:

»Lasset uns beten zu dem Herrn des Friedens ꝛc.«

Der Priester:

»Preis und Ruhm dem Vater und dem Sohne!« Dann wird der 92. Psalm gesungen und die schon oft angeführten Gebetformeln wiederholen sich.

Der Bräutigam und die Braut küssen das Kreuz und der Priester im Ornate spricht:

»Barmherzig und menschenfreundlich bist Du, Gott, und Dir gebühret Ruhm und Macht. Herr, in Deiner Macht erfreue sich der König, in Deiner Erlösung frohlocke er sehr. Das Verlangen seines Herzens hast Du ihm gewährt und den Wunsch seiner Lippen hast Du ihm nicht vorenthalten.

Du hast ihn gelangen lassen zum Segen Deiner Süßigkeit und hast auf sein Haupt gesetzt die Krone aus einem kostbaren Steine. Halleluja, Halleluja!« Dann wird vorgelesen aus dem 1. Buche Moses 1. 26. Ferner aus den Sprüchen Salomonis 4. 20. Aus Jesaias 61. 9. Aus dem Brief an die Epheser 5. 22. Ev. Matthäi 19. 1. Dann folgt der Glaube, worauf der Diakonus sagt: »Laßt uns den Herrn bitten, unsere Schritte zu lenken auf den Weg des Friedens, Herr erbarme Dich, um von uns zu wenden alle Gedanken des Bösen! Laßt uns den Herrn bitten, uns zu schenken heilsame Gedanken und tugendhaftes Leben; laßt uns den Herrn bitten, uns zu bewahren unter dem Schatten seiner allmächtigen Rechte; laßt uns den Herrn bitten, den Widersacher schnell unter unsere Füße zu stoßen; laßt uns den Herrn bitten, für die heimgegangenen Seelen, welche im wahren rechten Glauben in Christo entschlafen sind; laßt uns den Herrn bitten u. s. w.« Sie legen die Krone vor den Altar, der Priester segnet sie und sagt folgendes Gebet: »Herr, Gott der Macht, und Schöpfer aller Geschöpfe, der Du genommen hast Erde von der Erde, und gebildet den Menschen nach Deinem Bilde, Mann und Weib hast Du sie gemacht und gesegnet, indem Du sagtest: Seid fruchtbar und mehret Euch, und erfüllet die Erde und machet sie Euch unterthan. Die Sorge Deiner Liebe als Schöpfer gegen Deine Geschöpfe ist vorgebildet durch Deinen eingebornen, geliebten Sohn, unsern Herrn Jesum Christum, daß er kam und geboren wurde von der heiligen Jungfrau und die Menschen zu neuem Leben rief, und das erste Zeichen gab bei der Hochzeit zu Kana in Galiläa, als er durch göttliche Wunder erfreute das hochzeitliche Haus, indem er das Wasser in Wein verwandelte. Auch jetzt bitten wir Dich, Herr, segne diese Ehe wie die der heiligen Erzväter, indem Du sie unbefleckt bewahrest in geistiger Liebe und Einigkeit in diesem Leben. Mache ihren Samen fruchtbar;

laß ihre Kinder aufwachsen in Zucht und Sitte, zum Ruhme
Deines allheiligen Namens, und daß sie in Frieden in dieser
Welt ihr Leben bis in's hohe Greisenalter verlängern, und
gewürdigt werden der unendlichen Freuden des höhern Hochzeits-
gemaches mit Allen, die Deinen Namen lieben, durch die
Gnade und Barmherzigkeit Deines Eingebornen, unsers Herrn
Jesus Christus, mit welchem dem Vater und dem heiligen
Geiste gebührt Ruhm, Macht und Ehre, jetzt und immerdar
und von Ewigkeit zu Ewigkeit. Amen! Friede sei mit Allen.
Wir demüthigen uns vor Gott. Gepriesen seist Du, allmächtiger Gott, der Du geschaffen hast alle Deine Geschöpfe, die
himmlischen und die irdischen, durch Dein lebendiges Wort,
und gebildet den Menschen durch Deine Hand nach dem Bilde
Deiner göttlichen Gestalt. Du hast geordnet und ihm verbunden als Genossen des Lebens das Gebein, welches Du
genommen hast von seinem Gebein, und Fleisch von seinem
Fleisch, und sie wurden beide Ein Leib. Du allein bist barmherzig, der Du unserer Menschheit bereitet hast die Krone des
Himmels und der Erde. Segne, o Herr, die Ehe Dieser,
durch Deine Barmherzigkeit, wie Du gesegnet hast die Ehe
Abrahams und der Sara, Isaaks und der Rebekka, Jakobs
und der Rahel, und wie Du gesagt hast durch die Apostel:
Ehrwürdig ist die Ehe und heilig das Ehebett. Heilig bewahre
das Ehebett Dieser, und schenke ihnen Nachkommenschaft nach
Deinem Willen, daß sie gesegnet werden in Deinem lebendigen
Worte, wie Du geredet hast: Wachset und mehret Euch, und
erfüllet die Erde! Laß sie wachsen im Wachsthum der Heiligkeit,
auf daß sich mehre ihre Nachkommenschaft auf der Erde, und
sie würdig werden durch Dein Erbe, zu preisen den Vater
und den Sohn und den heiligen Geist, jetzt und immerdar,
und von Ewigkeit zu Ewigkeit.« Hierauf nimmt er die Kronen,
bekreuzigt sie, setzt sie auf das Haupt des Bräutigams und
der Braut, und sagt folgendes Gebet:

»In Deinem Namen, Du lebendiger Gott und Herr Schöpfer Himmels und der Erde, der Du gemacht hast Alles durch das Wort auf Deinen Befehl! Du hast gebildet Adam, den ersten Menschen, und hast bestätigt seine Ehe mit der Eva; Du hast ihn gekrönt mit Deinem Ruhm und gesagt: Siehe, sie sind gut. Du hast gesegnet die Ehe Seth's und von ihm vermehrte sich die Erde bis auf Noah. Du hast gesegnet die Ehe Noah's und von ihm vererbte sich die Ehe bis auf Abraham. Du hast gesegnet die Ehe Abrahams und der Sara, Isaak's und der Rebekka, Jakob's und der Rahel, und sie vermehrten sich auf der Erde und wurden im Himmel gekrönt. Du hast gesegnet aus dem Stamme Juda's den David, und aus der Nachkommenschaft Davids die Jungfrau Maria, und von ihr wurdest Du geboren, Erlöser der Welt; denn Du warst der Kröner aller Heiligen. Durch diesen Segen werde gesegnet diese Krone, und die Ehe Dieser, daß dieser Dein Knecht und diese Magd friedlich zubringen ihr ganzes Leben in Gottesfurcht, daß der Satan sich entferne aus ihrer Mitte, und Deine Barmherzigkeit lebe über ihnen. Und Dir wollen wir bringen Preis und Ruhm mit dem Vater und dem heiligen Geiste jetzt und immerdar.«

Hierauf hält der Diakonus ein Gebet, das Meßopfer wird gebracht und sie nehmen Theil an dem heiligen Sakrament.

Folgt wiederum Gesang und das oben angeführte Doppelgebet zwischen Priester und Diakonus; damit ist die kirchliche Feierlichkeit geschlossen und der Zug kehrt singend zurück nach dem hochzeitlichen Hause.

Hier angelangt, wird der Bräutigam auf ein Sopha gesetzt und die Braut zu seiner Rechten. Der Priester füllt einen Becher mit Wein, segnet ihn und giebt den Neuvermählten davon zu trinken.

* * *

Bis zu diesem Punkte stimmten die Hochzeitsfeierlichkeiten, denen ich beiwohnte, im Wesentlichen (d. h. einige Abkürzungen und Weglassungen der zahllosen Gesänge, Citate und Gebete abgerechnet), überein mit den Vorschriften und Anweisungen der alten armenischen Kirchenbücher. Nun folgten aber verschiedene Cermonien, deren ich in keinem Buche Erwähnung gethan finde, und die ich hier anführe, um dem Gang der Dinge treu zu bleiben, während ich für diejenigen wißbegierigen Leser, welche die Abweichnngen vielleicht kennen lernen möchten, die betreffenden Stellen unter den Beilagen im Anhange dieses Buches folgen lasse.¹³)

Zuerst wurde dem Bräutigam ein Schwert in die Hand gegeben, welches er, an der Thür stehend, emporhielt, und die Braut darunter durchschlüpfen ließ, als ein Zeichen, daß sie unter seinem männlichen Schutze allen Gefahren und Irrsalen entrinnen werde.

Dann wurde den Neuvermählten süßes Wasser zu trinken gegeben, als Vorgeschmack der reinen und süßen Genüsse des ehelichen Lebens; oder (nach einer anderen Erklärung) zur Erinnerung an die Hochzeit zu Kana, wo das Wasser in Wein verwandelt wurde durch die Hand des Heilandes.

Endlich wurde dem Bräutigam ein Teller gereicht, den er zur Erde warf und ihn zertrat mit seinen Füßen. Die Bedeutung welche sich hieran knüpft, ist wohl dieselbe, welche dem Zerbrechen des Geschirrs bei unsern Polterabenden, oder dem Zerbrechen des Glases bei den Hochzeiten der Juden zu Grunde liegt.

Als die Feierlichkeit zu Ende war, begann wieder Tanz, Spiel und Gesang, während im Speisesaale das Nachtessen angerichtet wurde. Abermals drängte sich Alles dem Zimmer zu, wo die junge Fürstin Orbeljanoff mit dem Bruder des Bräutigams unter dem Händegeklatsch der Umstehenden im Tanz der Lesghinka sich schwang. Und so oft ich das Auge auf die kleinen, feinbeschuhten Füßchen schweifen ließ, fielen mir die Worte aus dem Hohenliede Salomonis ein: »Wie schön ist Dein Gang in den Schuhen, Du Fürstentochter!«

Nachdem nun die vielen und reichen Hochzeitsgeschenke von den Gästen durchmustert waren, begann das Souper, und in der That, es war hohe Zeit dazu! Das lange Stehen in der Kirche, so wie das Anhören der vielen Gebete, Gesänge, Psalme, Sprüche und Ermahnungen, hatte bei den Meisten wieder ein förmliches Gefühl von Nüchternheit hervorgebracht.

Die Speisen wären sämmtlich vortrefflich gewesen, wenn die verschiedenen Arten von Pilaw (nach der dortigen Aussprache: Plow) nicht allzusehr den Beigeschmack des Safran, womit der Reis halbfingerdick überstreut wird, getragen hätten, und wenn ein guter Braten, im deutschen Sinne des Worts, in Tiflis wegen des fast durchgehends schlechten Fleisches und der mangelhaften Kochkunst, nicht zu den Unmöglichkeiten gehörte. Dagegen ließen die Fische in ihrer mannigfaltigen Zubereitung, die Backwerke und Süßigkeiten nichts zu wünschen übrig. Eben so waren die Weine, wozu Georgien, Armenien, Frankreich und der Rhein ihren Tribut geliefert, allen Preises werth.

So lange Essen und Trinken noch einander das Gleichgewicht hielten, ging es an den Tischen ziemlich ruhig her. Als aber die gewichtigen Speisen beseitigt waren, der Champagner zu fließen begann und das Trinken die Oberhand nahm, erscholl ein Stimmengewirr, wie es eine mit asiatischer Lebendigkeit geführte Unterhaltung, in welcher ein halb Dutzend Sprachen durcheinander gesprochen werden, nur zu erzeugen vermag.

In einer Ecke des Saales, an einem besonderen Tische, saßen die Sänger und Spielleute, und während die Einen Alles aufboten, um ihren Gesang nicht ungehört verhallen zu lassen, sägten die Andern so unbarmherzig auf ihre Instrumente los, daß selbst die an solche Schauspiele gewöhnten Gäste das Lachen nicht unterdrücken konnten.

Einen größeren Genuß als diese musikalischen Kraftäußerungen dem Ohre gewähren konnten, hatte das Auge beim Anblick der schmucken Hochzeitsgäste, wie sie in langen Reihen die Tafeln entlang saßen, der Mehrzahl nach in der kleidsamen georgischen und armenischen Nationaltracht. Je lauter es wurde im Saale, desto mehr lichteten sich die Reihen der reichgeschmückten Frauen, und nun begann erst das eigentliche Trinken. Auf jedes »Allawerdy« mußte der, dem es galt, mit der Entgegnung »Jachschi jol«¹⁶) Bescheid thun bis auf die Nagelprobe. Der stattliche Archiréi, welcher die Trauung vollzogen, so wie die übrigen Geistlichen, deren Gegenwart das Festgelag heiligte, waren nicht die schlechtesten Trinker. Und als ich das Haus am hellen Morgen verließ, wiederhallten die Räume noch laut vom Becherklang und vom Hochzeitsjubel der Gäste.

Fünfundzwanzigstes Kapitel.

Sitzungen im Divan der Weisheit.
Ein arabisches Gebet und ein tatarischer Lobgesang zur
Verherrlichung des Hauses des »Padischah's der Russen,
des Herrn der Welt, des Königs der Könige«.

Das Gebet der Tataren von Karabagh für den großen
Padischah der Russen, den Beherrscher der Erde 2c., und das
tatarische Loblied auf die Ankunft der Russen in Erivan,
bildeten in den nächsten Sitzungen im Divan der Weisheit den
Hauptgegenstand unserer Unterhaltung.

Mirza-Schaffy hatte die Aufmerksamkeit gehabt, mir von
erstgenanntem Aktenstücke eine eigenhändige Abschrift zu besorgen,
die so schön ausgefallen war, daß der Weise sie selbst für ein
wahres Meisterstück orientalischer Schreibekunst erklärte. Der
darauf verwendete Fleiß war um so mehr anzuerkennen, als der
Inhalt den Grundsätzen meines Lehrers durchaus zuwider lief.

Meine freundlichen Leser haben durch die Gedichte des
Mirza-Schaffy nur Eine Seite morgenländischer Poesie der
Gegenwart kennen gelernt; es ist billig und gerecht, daß ich
sie auch mit der anderen Seite bekannt mache. Denn obwohl
die Moslemin des Kaukasus weder Kirchenzeitungen noch poli-
tische Tagesblätter kennen, so haben sich dennoch unter ihnen,
durch ihre Priester und Schriftgelehrten, verschiedene Parteien

gebildet, wovon die eine in den Erinnerungen einer glorreichen Vergangenheit schwelgt, wo der Zar dem tatarischen Herrscher des Landes die Steigbügel halten mußte, — und Träume einer glorreichen Zukunft nährt; während die andere der bestehenden Macht schmeichelt und ihren Gott zur Erde herabzieht, um den Zar in den Himmel zu erheben — und die dritte endlich mit philosophischer Ruhe im Genuß der Gegenwart lebt, und dem Zaren giebt was des Zaren, und Allah was Allah's ist.

Natürlich treten diese Parteien, zersplittert wie sie sind, und unterdrückt wie sie leben, nicht so farbenbestimmt hervor wie die politischen und kirchlichen Parteien bei uns zu Lande; die verschiedenen Richtungen zeichnen sich nur deutlicher ab in den Priestern und Schriftgelehrten, welche als das konkrete Bewußtsein des Volkes zu betrachten sind.

Welcher der genannten Parteien die hier in der Uebersetzung folgenden, frommen Ergüsse entsprungen sind, wird der Leser selbst leicht errathen können.

Das Gebet der Tataren von Karabagh.

»Ruhm dem Könige der Könige! Groß ist seine Gnade! Es ergießt seine Liebe sich über alle Auserwählten. Ruhm dem Herrscher der Stärke und der Macht, dem Herrn der Gnade und der Gerechtigkeit, der den Bächlein und Strömen ihren Lauf vorschreibt, und seine Gnade in den Regentropfen aus den Wolken herabträufelt, und nicht den Schuldigen von dem Unschuldigen unterscheidet, sondern ihnen in Fülle Gesundheit, Mittel zur Erhaltung und Speise sendet. Der den Himmel erschaffen, die Säulen seines Thrones, und die Erde, das Lager seiner Sklaven, und die Berge, die Nägel der Erde, und der den neunten Himmel zum Fundament seiner

Macht gesetzt, und mit seinem Lichte das Licht der Sonne
angezündet! Der den Hals der Himmel geschmückt hat mit
Perlenschnüren, mit wandelnden Sternen. Dessen Hand die
Völker der Erde vor Empörung bewahrt und sie gemacht hat,
daß sie sein Bild erkenneten in seinen wunderbaren Schöpfungen,
und der Alles was ist, herrlich erschaffen hat nach seinem
eigenen Bilde. Der Könige eingesetzt zur Erhaltung der
Ordnung, zur Aufsicht über die Handlungen seiner Sklaven,
und sie bewahrt hat vor Unterdrückung und Tyrannei des
Volkes, und sie gemacht hat zu einer Stütze der Unterthanen
und zu Helfern der Hülfsbedürftigen und Armen!

Also als den herrlichsten Edelstein aus der Krone seiner
Gnade hat er der Erde gesendet die Kaiserin, die Beschützerin der Welt, die Königin der Könige, die Krone der
Sonne, die der Königskrone Hoheit verleihende, die das
Weltall schmückende. Die das Weltall erleuchtende Sonne,
der Stern der Herrschaft, die hohe Stufe, die gerechte Königin
aller Länder des Kaisereichs und der Majestät. Die berühmten
und glücklichen Staaten Gebietende, die die Völker der Erde
beruhigende, die die Erde und Zeit Schmückende. Die Herrin,
begabt mit einem Herzen, dem Meere gleich, und mit einer
Hoheit, gleich der der Berge; die Königin aller Stufen des
Himmels, in ihrem Glanze den Sternen unzähliger Völker
vergleichbar. Die Beschützerin der Könige der Welt und ihre
Vertheidigerin, die glänzendste Perle im Korbe des Glückes,
der leuchtendste Stern des hohen und glücklichen Gestirnes. Der
Edelstein der Königlichen Krone, die kostbare Perle, das
Kleinod des Meeres. Die den Thron und die Krone Schmückende,
die den Königen der Welt Gebietende, die den Gewaltigen
auf Erden Kraft und Macht Verleihende, die die Reiche der
Größe und Herrschaft Unterwerfende, die allen mächtigen und
reichen Staaten Gebietende, die das Banner staatlicher Macht
und staatlichen Ruhmes Tragende, die den hohen und könig-

lichen Thron Verschönernde. Die Königin des berühmtesten Thrones und Herrscherin des Thrones Feridun's.¹⁷) Die Herrin, die der Sonne Glanz und dem Monde Licht Spendende; die Kaiserin, die große und hohe Königin der Könige.

Und daneben der König der Welt, umgeben von der heiligen Schaar; der Herrscher der Krone, des Thrones und der Fahnen. Iskjander¹⁹) und Darius sind seine Sklaven. Sein Hof ist dem Himmel gleich, sein Heer den Sternen. Der ewige Himmel muß solchem triumphirenden Herrscher viele Jahrhunderte schenken. Er ist selbst noch ein Jüngling, und jung ist auch sein Thron. Er ist das Licht des Herzens, der Beherrscher der Welt, der die Städte und Vesten Unterwerfende. — Als das Weltall die Gerechtigkeit dieses Padischah's der Menscheit sah, vergaß es die Gerechtigkeit Nuschirwan's.¹⁹) Wenn seine Heere gegen die Feinde ziehen, so erzittert das Kaffgebirge²⁰) wie ein klirrend Glas, und vor dem Klange der Flöten und Trommeln seiner Heere erzittern Alle und erschrecken sehr. Der Herrscher der Schwerter, Lanzen und Banner, der König der Könige der Welt ꝛc. ꝛc.: das ist der große und gebietende Kaiser, der Herr aller Reußen, Nikolai Paulowitsch, dessen Reich Allah bestehen läßt durch die Jahrhunderte, und dessen Größe er ewig macht. Seine Majestät sitzt auf dem königlichen Stuhle der Gerechtigkeit, die Grundlage des Rechtes befestigend. Er schwingt das Banner auf der Seite des Rechtes, und waltet herrlich auf dem Throne der Gerechtigkeit. Die Völker der Länder, welche unter dem Schutze und Scepter eines solchen Herrn stehen, der seinen Unterthanen Gerechtigkeit und Liebe erzeigt, der den Zephyr seiner Gnade und den Hauch seiner Barmherzigkeit über alle Städte wehen läßt wie der Wind über's Rosenbeet wehet; in dessen Gefolge Iskjander geht, und dessen Wächter Darius ist, und von dessen Gerechtigkeitsliebe

alle Völker überzeugt sind: ihn müssen wir aus reinem
Herzen und ohne Heuchelei mit Nachtigallzungen im
Gebete erheben, und den König würdig besingen, der Dshemschid[21]) darin vergleichbar, daß seine gerechte Stimme fortwährend die Kette Nuschirwan's erzittern macht, der durch
seine Gerechtigkeit, gleich dem Lichte der Sonne, diese Welt
erleuchtet, welche durch das Graus der Verbrechen verfinstert
ist; — inbrünstig müssen wir beten für die Erhaltung und
Fortdauer seines Lebens.

Jetzt ist unser Gebet zu den Pforten des Königs der
Gerechtigkeit und das Verlangen zu dem Padischah des Rechtes,
welcher alle Theile dieser Welt zusammengefügt und erschaffen
durch seine unvergleichliche Macht; der den hellblauen Atlas
zum Sonnenschirm gemacht des Weltall's; der den Himmel
mit Sternen geschmückt hat; der die Erde geordnet und sie
besäet mit Menschen und Dshinnen (Geistern) und bekleidet
mit grünem Schmuck ꝛc. ꝛc. ꝛc., zu ihm beten wir für das
Glück und Gedeihen des hohen Selbstherrschers und seines kaiserlichen Hauses, für die Kinder der Macht und Größe, für die
stolzen Aeste und Zweige des kaiserlichen Stammes. Ihre
Majestät die Kaiserin, das Sonnenantlitz des zarischen Stern-
bildes, das die hellstrahlende Venus verdunkelnde, das den
Palast der Macht und des Glückes erleuchtende; die am Himmel
des zarischen Harems leuchtende Sonne, die Herrin der Völker,
die Hüterin des mit den Früchten des Glücks beladenen zarischen Fruchtbaumes, Alexandra Feodorowna. Wir beten für
ihre strahlende Nachkommenschaft, für den Erben des Thrones
der Herrschaft, den Sohn des Königs der Könige ꝛc. ꝛc., den
Großfürsten und Cäsarewitsch Alexander Nikolajewitsch. Mögest
Du, o Gott! sein Leben verlängern und seine Nachkommenschaft
ewig machen, und in ewiger Schönheit erhalten die das Harem
seines Palastes verherrlichende angebetete Großfürstin, die Za-
rewna Maria Alexandrowna! Und mögest Du auch erhalten

den hochgeehrten und großen Herrn, den uns durch seine grenzenlose Liebenswürdigkeit über Alles theuern Großfürsten Michael Paulowitsch und seine hohe Gemalin. Mögest Du auch erhalten den reinen Perlenschmuck, das Kleinod des Meeres, die Beherrscherin der Anmuth, den Perlenglanz der Sonne, die kostbarste Perle im Korbe der Reinheit, die große Herrin und Fürstin Maria Nikolajewna! Mögest Du erhalten in ewigem Glanze die Sonne im Harem des Palastes des Herrschers der Macht, des großen Schahsadé Alexander Nikolajewitsch! Wir beten für die glücklich unter den Thronesdecken sitzende Großfürstin, die Palme des Lichtes und der Hoheit, Alexandra Alexandrowna, und die der Ehrerbietung, Verehrung, Hoheit und des Ruhmes würdigen Großfürstinnen Maria, Elisabeth und Jekaterina Michailowna, und die den hohen Saal der Versammlung erleuchtende Lampe, die herrliche Palme des zarischen Gartens des großen Schahsadé, die Fürstin Maria Paulowna, und die Rose des zarischen Gartens, die Palme des zarischen Blumenbeets, die große Schahsadé, die Fürstin, Königin der Niederlande, Anna Paulowna ꝛc. ꝛc."

In ähnlicher überschwenglicher Weise geht es noch mehrere Seiten fort; doch glaube ich, daß sder Leser genug hat an dieser Probe, um so mehr, als sich die alten Bilder und Wendungen immer wiederholen und der verherrlichende Wirrwarr immer größer wird, jemehr es dem Schlusse zugeht. Am Schlusse steht in besonders künstlicher Schrift:

Dem Beherrscher der Welten wird dieses reine Gebet für den Kaiser und den großen König der Könige dargebracht von

Mirza-Abul-Kassim,

Kadi des Kreises von Karabagh.

Ich lasse nun das bei Gelegenheit des Einzugs der Russen in Eriwan gedichtete tatarische Loblied folgen, welches für den Leser schon deshalb Interesse haben wird, weil es eine förmliche Schilderung der Eroberung jener berühmten Veste enthält, welcher Fürst Paskjewitsch seinen Beinamen Eriwansky zu verdanken hat.

Tatarisches Loblied auf den Einzug der Russen in Eriwan.

„Ich bete des Nikolai Paulowitsch Thron und Krone an;
Ich bete den von ihm allen Königen abgezwungenen Tribut an;
Ich bete des Katholikos Nerses [22] dargebrachte Hülfe an,
Ich bete seine in Etschmiadsyn gehaltene Messe an.

Sieben Tage gab man Bedenkzeit und stürmte dann Eriwan,
Warf Kugeln und Bomben in die Stadt, daß Häuser und Steine erdröhnten;
Man nahm den Hassan-Chan [23] fest und überzog sein Gesicht mit Schmerzen.
Nun fing das Tummeln unter den langbeinigen Sarbassen [24] an;
Die Chorassaner [25] sammelten sich um den Melik [26] und fleheten seine Hülfe an.
Die Muschtahiden hatte man getödtet und es blieb kein Imamsadé. [27]

Ich bete des Nikolai Paulowitsch Thron und Krone an ꝛc. ꝛc.
Man warf Kugeln und Bomben auf Sarbarabad;
Man nahm die Sarbassen gefangen, bärtige und unbärtige; [28]
Hassan-Chan nahm die Flucht und die Russen verfolgten ihn;
Er flehete zu Paskjewitsch: Befreie mich um Eures Kreuzes willen!
Wer hat je einen Sarbaar wie Paskjewitsch gesehen?
Er besiegte den Schach und die Schahsadé's und machte ihr Hab' und Gut zu Schanden.
Der arme Jussuf, der dies Lied gedichtet hat, wozu braucht er die Güter der Welt!"

*
* *

Mirza-Schaffy schien zu befürchten, daß die Weihrauch-
wolken des Lobes und der Glanz der Verherrlichung des Zaren-
hauses in den obigen Ergüssen der tatarischen Muse meine Phantasie zu sehr umdunstet und meine Augen über die Maßen geblendet,
denn er befahl mir, mein Schreibzeug (Kalemdan) zu bereiten,
und — nachdem wir eine Flasche Kachetiner zusammen geleert
— schickte er sich an, mir einige seiner eigenen Lieder vorzusingen, um — wie er sich ausdrückte — vor dem Schluß der
Sitzung den Geist durch seinen Gesang in derselben Weise zu
erfrischen, wie der Wein eben den Magen erfrischt habe. Hier
folgen diese Lieder in deutschem Gewande:

Frage und Antwort.

„Du hast so oft uns schon gesungen
Wie Deiner Liebsten Wangen sind;
Wie Blumen, frisch im Lenz entsprungen,
Voll Lust und Blüthenprangen sind —
Warum ist nie Dein Lied erklungen
Von Zeiten die vergangen sind?

Auch Helden Deines Stammes waren
An Ruhm und hohen Ehren reich;
Es herrschten Fürsten der Tataren
Einst über alles Russenreich,
Der Tatarchan gebot den Zaren
Und machte sie den Sklaven gleich.

Er flog auf hohem Ruhmesflügel
Bis zu des großen Meeres Strand —
Stieg er zu Roß, hielt ihm den Bügel
Der Russenfürst mit eigner Hand,
Und reicht' ihm demuthvoll den Zügel
Und küßte knieend sein Gewand.

Wohl ziemt's der goldnen Horde Sohn,
Der Väter That im Lied zu ehren,
Und mit des alten Ruhmes Ton
Zu wecken neues Ruhmbegehren!"

Ich sprach: die alten Sagen melden
Von großen und von kleinen Helden,
Die weithin mit der goldnen Horde
Gestreift zu großem Menschenmorde.

Es drückt ein Volk das andre nieder,
Und schwelgt in Siegesruhm und Glück —
Das andre Volk erhebt sich wieder,
Giebt die erlitt'ne Schmach zurück —
So ist's in alter Zeit geschehn,
So kann man's jetzt und immer sehn;
Das ist kein Stoff für meine Lieder.
Erst machte sich der Tatarchan
Das Volk der Russen unterthan;
Dann rächten sich die Russenschaaren
Und unterjochten die Tataren;
Sie haben ihren Lohn dahin!
Was schert es mich, ob Volk und Fürsten
Nach Kriegesruhm und Beute dürsten,
Solch Thun ist nicht nach meinem Sinn.
Ein Jeder bleib' in seinem Kreise,
Ein Jeder thu' nach seiner Weise.

Ich singe nur was mir gefällt,
Und davon giebt es in der Welt
So viel, daß ich mich allezeit
Von dieser Fülle nähren kann,
Und füglich die Vergangenheit
Mit ihrem Glanz entbehren kann.

Zweierlei laß Dir gesagt sein,
Willst Du stets in Weisheit wandeln
Und von Thorheit nie geplagt sein:
Laß das Glück nie Deine Herrin,
Nie das Unglück Deine Magd sein!

Ich glaub' was der Prophet verhieß:
Daß Lohn für gutes Streben wird,
Und uns dereinst im Paradies
Ein wunderbares Leben wird —
Doch alles Schöne hier und dort
Muß man erkennen lernen,
Will man es sicher immerfort
Vom Schlechten trennen lernen.
Drum üb' ich mich schon in der Zeit
Auf den Genuß der Ewigkeit.
Und sollte des Propheten Wort
(Wer kann darüber klar sein?)
Von ew'gen Himmelsfreuden dort,
Nicht wie wir hoffen wahr sein,
So hab' ich doch schon in der Zeit
Ein gutes Theil erkoren,
Und die gewünschte Seligkeit
Ging mir nicht ganz verloren!

Wie kann man den Duft der Blumen erkennen,
  Bevor man sie berochen?
Wie kann man die Blumen sein eigen nennen,
  Bevor man sie gebrochen?

Thu' nicht so spröde, schönes Kind,
Wenn ich noch spät vorübergeh'
Und fasse Dein weiches Händchen lind
Und heimlich einen Kuß ersteh' —

Der Dir so schöne Huldigung
Gebracht in reinem Liebesschmuck,
Der braucht wohl nicht Entschuldigung
Für einen Kuß und Händedruck.

Es wird ein jeder Kuß von Dir
Ein klingend Lied in meinem Mund —
Und jeder Händedruck giebt mir
Zu einem neuen Kusse Grund!

Niemand hört Dir gläubig zu
Wenn Du beginnst: ich bin klüger als Du!

Drum: wenn Du Andre willst belehren,
Mußt Du Dich erst zu ihnen bekehren!

Nie kampflos wird Dir ganz
Das Schöne im Leben geglückt sein —
Selbst Diamantenglanz
Will seiner Hülle entrückt sein,
Und windest Du einen Kranz:
Jede Blume dazu will gepflückt sein.

Sechsundzwanzigstes Kapitel.

Mirza-Schaffy's eigenthümliche Ansichten über die Buchdruckerkunst, und seine Anweisungen zum Schönschreiben.

Zu jener Zeit besuchte mich in Tiflis der berühmte dänische Orientalist Westergaardt, der eben von seinem mehrjährigen Aufenthalt in Ostindien zurückkehrend, den Landweg über Persien eingeschlagen hatte, um eine Abschrift der Keilinschriften von Persepolis zu nehmen.

Reich beladen mit literarischen Schätzen des Morgenlandes, überließ er mir, um sein Gepäck zu erleichtern, Doubletten einiger in Kalkutta gedruckten persischen Bücher, welche ich mir vornahm unter Mirza-Schaffy's Leitung zu lesen, und gleich in der folgenden Sitzung damit zu beginnen.

Nicht wenig erstaunte ich aber, als mein Lehrer diese Bücher, nachdem er sie kaum eines Blicks gewürdigt, unwillig bei Seite warf und mich ein für alle Mal bat, mich mit dergleichen Basmak (Gedrucktem) forthin nicht einzulassen!

Es kostete einige Zeit und Mühe ehe ich begriff, daß der Zorn des Mirza nicht dem Inhalt der Bücher, sondern dem Umstande galt, daß sie gedruckt und nicht geschrieben waren.

»Aber warum — rief ich — o Mirza-Schaffy! ist Dir das Gedruckte so verhaßt? Erreicht es auch nicht die Schönheit

Deiner Schrift, so übertrifft es doch die Schlechtigkeit anderer Schriften und in jedem Falle wird den Werken der Dichter und Weisen eine schnellere, größere und dauerndere Verbreitung dadurch gesichert, zum Nutzen des Volkes und zu ihrem eigenen Ruhme."

Mirza-Schaffy blies in langen, vollen Zügen den Dampf seines Tschibuqs vor sich hin, schüttelte den Kopf, und würdigte mich weiter keiner Antwort. Vergebens bot ich all' meine Beredtsamkeit auf, um ihm die Segnungen der Buchdruckerkunst zu veranschaulichen: der Weise blieb halsstarrig bei seiner Ansicht, daß alles Gedruckte vom Uebel sei. Erst nach und nach ließ er sich, aufgemuntert durch eine Flasche besonders guten Wein, herbei, seine Ansicht durch Gründe zu unterstützen.

Er schien über den Gegenstand vorher niemals gründlich nachgedacht zu haben, da er dieses Mal mit seinen Einwendungen und Gründen nicht so schlagfertig war, als er sonst zu sein pflegte.

Daß ein Buch durch den Druck schnellere und allgemeinere Verbreitung fände als durch das geschriebene Wort, konnte er natürlich nicht läugnen, aber er war durchaus nicht zu überzeugen daß daraus irgend ein erheblicher Nutzen entspränge. Im Gegentheil meinte er, daß die Leichtigkeit mit welcher man zu einem Buche gelange, nur eine Veranlassung mehr sei, es leicht damit zu nehmen, während die Schwierigkeiten des Besitzes auch den Werth des Besitzes erhöhten. Er verwies mich auf das Beispiel der meisten reichen Leute, welche ihre Reichthümer zu ganz andern Zwecken verwendeten, als zu Büchern und Schätzen der Weisheit, wie schon das Sprichwort sage: daß die Weisen wohl den Werth des Reichthums zu schätzen wüßten, aber selten die Reichen den Werth der Weisheit.

Ein armer Gelehrter, welcher, um sein Wissen zu vermehren, fremde Bücher selbst abschreiben, oder sie mit dem Schweiße seines Angesichts erkaufen müsse, werde auch den größtmöglichen Nutzen daraus zu ziehen suchen, und jedenfalls sein Hab' und Gut nicht an schlechte Bücher verschwenden. Was nun die Schnelligkeit der Verbreitung eines Buches anbelange, so habe es damit gar nichts auf sich: hätte doch schon der König David gesagt, daß vor Gott tausend Jahre wären wie ein einziger Tag. Bücher welche allen Menschen schnell und leicht zugänglich wären, würden bei den Meisten mehr dazu dienen eine müßige Stunde auszufüllen als wirkliche Wißbegierde zu befriedigen; sie würden mehr Unheil als Segen stiften, mehr verwirren als erleuchten. Bücher seien im Grunde nur für Schriftgelehrte tauglich, welche wüßten was damit anzufangen; bei diesen könne das Volk sich Raths erholen, wenn es dessen bedürfe. Wenn das Volk selbst aber mit Drucksachen aller Art überschwemmt würde, woher sollte es die Klugheit und Zeit nehmen überall die richtige Auswahl zu treffen? Und dann: hat die Buchdruckerkunst größere Dichter und Weisen hervorgebracht als vorher lebten? Gehen nicht Persien und alles Nachbarland von Jahr zu Jahr mehr seinem Verfall entgegen seit die gedruckten Bücher hier zu Markte gebracht werden? Bedurften Firdusi, Hafis und Saadi der Buchdruckerkunst, um Eingang zu finden in allen Köpfen und Herzen? —

Mit solchen und ähnlichen Einwendungen füllte Mirza-Schaffy wohl eine ganze Stunde aus, bevor er zu dem eigentlichen Hauptgrunde seines Abscheu's gegen die gedruckten Büche kam. Er behauptete nämlich, daß mit der eigenthümlichen Schrift jedes Weisen und Dichters der Blüthenstaub ihrer Sprüche und Lieder verloren gehe. Ein sorgfältiger und geschickter Abschreiber könnte sich mehr oder weniger nach ihnen bilden und es durch Fleiß und Ausdauer dahin bringen, ihnen in der Handschrift nahe zu kommen, um solchergestalt wieder ein Reiz und Muster für Andere zu werden, während bei der kalten Einförmigkeit der Typen alles Charakteristische verloren gehe, da man doch nicht wohl nach den Handschriften aller Dichter und Weisen besondere Typen formen könne, ohne den eigentlichen Zweck der Buchdruckerkunst aus dem Auge zu verlieren....

Hier muß ich den deutschen Leser zur richtigen Veranschaulichung des Obigen an frühere Stellen dieser Aufzeichnungen erinnern, wo zu wiederholten Malen hervorgehoben wurde, welch großes Gewicht alle Weisen des Morgenlandes darauf legen, daß der schöne Gedanke auch immer seinen schönen Ausdruck finde, wie im Worte so in der Schrift. Ist es überhaupt sehr schwierig, die leichten, kühn und anmuthig geschwungenen Züge der persischen Schrift durch das gedruckte Wort wiederzugeben, so würde das, bei der wunderbaren Grazie welche Mirza-Schaffy im Schreiben entwickelte, noch seine besonderen Schwierigkeiten haben. Daher rührt auch wohl hauptsächlich sein Widerwille gegen alles Gedruckte. Die kalte Einförmigkeit der Typen konnte ihm um so weniger gefallen, als er selbst immer die lebendigste Mannigfaltigkeit in seinen Schriftzügen offenbarte und die Buchstaben gewissenhaft dem Inhalte anpaßte, oder nach seinem eigenen Ausdrucke: dem Gewöhnlichen Alltagskleidung und dem Schönen Festgewand anlegte.

Seine Sprüche der Weisheit waren immer fest, scharf ausgeprägt, klar und einfach geschrieben, während die Schrift der Lieder, welche den Frauen galten, mit ihren zarten, kecken Linien, ihren anmuthigen und launenhaften Schwingungen, ihrer räthselhaften, schwer zu entziffernden Feinheit, gleichsam ein Abbild des weiblichen Charakters selber war.

Die Schriftzüge der Lieder zum Ruhme des Weines, der Liebe und irdischer Glückseligkeit waren voll Schwung und Feuer; in den Liedern der Klage war die Schrift sauber und deutlich, aber es fehlte ihr jede äußere Zier, kein Klecks hing als Thräne daran....

In diesem Sinne waren auch die Anweisungen welche Mirza-Schaffy mir gab, wenn er mit meiner Handschrift unzufrieden war; und um das Gesagte meinem Gedächtnisse besser einzuprägen, pflegte er es am Schlusse noch einmal kurz in einem Verse anzubringen, wie z. B. der Anweisung, überirdische Dinge und Wesen in Wort und Schrift zu behandeln, dieser Vers folgte:

    Richtest Du zum Himmel Deinen Blick auf,
    Sprichst von Gott und Teufel: trage dich auf,
    Denn die Ignoranz in solchen Dingen
    Wiegt nur Unverschämtheit und Geschick auf.

    *   *   *

Mirza-Schaffy legte um so mehr Gewicht auf ein ausdrucksvolles Schönschreiben, je leichter es ihm wurde und je weniger Andere, trotz aller Anstrengungen, es ihm darin gleichthaten.

Nur durch solche ausdrucksvolle Schrift — meinte er — könne dem Leser die Absicht des Dichters recht klar gemacht werden; noch besser wäre es freilich, wenn der Dichter seine Lieder gar nicht aufschriebe, sondern sie dem Volke selbst vorsänge; das wäre nicht allein der beste Prüfstein für den Werth der Lieder, sondern es würde dadurch auch allen Mißverständnissen am sichersten vorgebeugt. Und wie er gewöhnlich dem Worte die That gleich folgen ließ, so hub er auch dieses Mal gleich nach obigem Ergusse zu singen an, während er mich bedeutete zu schreiben, wie folgt:

Sollen gut meine Lieder der Liebe gesungen werden:
Müssen perlende Becher in Liebe geschwungen werden;

Müssen Herzen und Lippen und Ohren zugleich
Von den Wellen des Weins und der Töne durchdrungen werden;

Müssen, vom heiligen Geiste des Weines belebt,
Klingend die Becher und klingend die Zungen werden:

Bis die Freude in uns wie eine Sonne aufgeht,
Davon die Sorgen, die Nebel des Geistes, bezwungen werden.

Rosen netzet der Thau, rosige Lippen der Wein —
So muß der Schönheit Geheimniß errungen werden!

Nur wo Liebe und Witz mit dem Becher sie schleift,
Mag der Schliff ächter Versdiamanten gelungen werden,

Daß von der süßen Gewalt ihrer blendenden Glut
Alle fühlenden Herzen in Liebe umschlungen werden!

Also schufst Du Dein Lied, o Mirza-Schaffy,
Wie es geschaffen, so muß es gesungen werden:

Daß vor lauter Entzücken und Wonnegefühl
Närrisch die Alten und — weise die Jungen werden!

* * *

Mit diesem Liede wurde die Unterrichtsstunde geschlossen; ich aber will dies Kapitel nicht damit schließen, sondern hier noch bemerken, daß Mirza-Schaffy's Ansichten über die Buchdruckerkunst durchaus nicht vereinzelt dastehen, sondern von fast allen Schriftgelehrten des Morgenlandes getheilt werden. Allerdings fließt bei den meisten dieser Herren der Widerwille gegen das gedruckte Wort aus derselben trüben Quelle, die jeder Zunft jede Neuerung verleidet, welche irgendwie die zünftigen Vortheile zu beeinträchtigen scheint; und wie bei uns alle Fuhrleute gegen die Einführung der Eisenbahnen eiferten, weil sie wähnten, daß ihre Pferde und Wagen dadurch überflüssig würden, so eifern noch jetzt die Schriftgelehrten des Morgenlandes (ähnlich den Mönchen des funfzehnten Jahrhunderts) gegen die Buchdruckerkunst, weil ihnen das Handwerk des Abschreibens, eine Hauptquelle ihres Lebensunterhalts, dadurch mehr und mehr gelegt wird.

Unter allen Umständen verdient es als eine kultur-historische Merkwürdigkeit hervorgehoben zu werden, daß die Buchdruckerkunst, obgleich seit ihrer Erfindung mehr als vierhundert Jahre vergangen, bis zu diesem Tage noch so gut wie gar keinen Eingang in Persien und der Türkei gefunden hat. Man bedient sich ihrer nur zu Regierungszwecken und zur Verbreitung einiger, wenig gelesener Zeitungen, während jeder Schriftgelehrte es unter seiner Würde hält, irgend ein namhaftes Buch anders als in schöner Abschrift zu besitzen. So ist es erklärlich, daß z. B. in Paris, Wien, Leipzig und andern literarischen Centralpunkten des Kontinents mehr persische Bücher gedruckt werden als in Persien selbst, obgleich hier keine Censur die Freiheit der Presse beeinträchtigt.

Siebenundzwanzigstes Kapitel.

Eine kurze Verstimmung.

Als Mirza-Schaffy das nächste Mal zu mir kam, schien er sehr schlecht bei Laune zu sein. Selbst die Sonne des Weines, die ich sofort aufgehen ließ, vermochte die Nebel seines Geistes nicht zu zerstreuen.

Auf meine Frage: was ihm fehle und ob ich nichts thun könne um ihn aufzuheitern? antwortete er nach morgenländischer Redeweise in so verblümten Phrasen und Versen, daß ich bei der natürlichen Schwerfälligkeit meines Geistes nicht klug daraus werden konnte.

»Du weißt, — rief ich endlich voll Ungeduld — daß es mir schwer wird Wortperlen zu durchbohren, Räthsel zu lösen; warum vermummst Du vor mir den Sinn Deiner Worte?«

Ohne mich anzusehen setzte der Weise sich mit untergeschlagenen Beinen auf den Diwan, zog das Schreibzeug aus seinem Gürtel, stellte es vor sich auf den Tisch, nahm ein Federmesser heraus und begann eine Rohrfeder (Kalem) zu schneiden, während er das Distichon sang:

> Am leicht'sten schartig werden scharfe Messer,
> Doch: schneidet man darum mit stumpfen besser?

»Ist Dein Geist schartig geworden?« fragte ich, neugierig, seiner Verstimmung auf den Grund zu kommen.

— Das nicht! — erwiederte er — aber man will es mit mir machen wie der Bärenführer mit dem Bären....

»Und wie macht es der Bärenführer mit dem Bären?«

— Er bricht ihm die Zähne aus und legt ihm einen Maulkorb an. Kennst Du die Geschichte nicht, die das Iskjandernamé*) vom Teufel erzählt, der einst kam um Iskjander (Alexander) in der Regierungskunst zu unterrichten? —

»Nein, die kenne ich nicht; erzähle sie mir!«

— Einst erschien dem Prinzen der Teufel in Gestalt eines Bärentreibers, mit einem großen Bären an der Kette, der vor ihm tanzte und sprang, und jeglichem seiner Worte sich fügte. So — sagte der Bärentreiber zum Prinzen — mußt Du lernen Dein Volk zu regieren! Brich ihm die Zähne aus und leg' es in Ketten, und es wird nach Deiner Pfeife tanzen und jeglichem Deiner Wünsche sich fügen! —

Durch weiteres Ausfragen kam ich nun nach und nach dahinter, daß Mirza-Schaffy ein heftiges Zusammentreffen mit dem Muschtahid (Oberpriester) gehabt habe, der ihn einen Ketzer und einen Verderber der Jugend genannt, der durch seinen Lebenswandel wie durch seine Lieder allen gläubigen Gemüthern Anstoß gebe und dafür den irdischen wie den himmlischen Strafen nicht entgehen werde.

— Seine Drohungen würden mich wenig ängstigen — sagte Mirza-Schaffy — wenn der alte wunderliche Heilige als Oberhirt der schiitischen Heerde von Tiflis nicht wirklich Macht hätte mir zu schaden. Er selbst trinkt mehr und besseren Wein als irgend ein Schriftgelehrter im Lande erschwingen kann, und er ist auch sonst kein Verächter von irdischen Genüssen. Gott weiß, welcher Dämon (Diw) plötzlich in seine kurzen Säbelbeine gefahren, daß er auf meinen guten Ruf lostritt wie ein Elephant in der Hitze der Schlacht auf die Feinde! —

*) Das Buch von Alexander dem Großen.

Ich kannte den Muschtahid, wie auch die Quelle, woher er seinen Wein bezog; zudem hatte ich einigen Grund, anzunehmen, daß meine Vermittelung in seinem Zwiste mit Mirza-Schaffy nicht ohne Nutzen für Letztern sein würde, und so gelang es mir bald, meinen weisen Lehrer wieder einigermaßen zu beruhigen. Er rauchte eine Pfeife an, ließ ein Bein vom Divan herabhängen und sang mir folgende Lieder vor:

> Als ich sang: seid fröhlich mit den Frohen,
> Beuget Euch nicht knechtisch vor den Hohen,
> Seid nicht stolz und herrisch mit den Niedern —
> Rühmte man die Weisheit in den Liedern.
>
> Als ich nach der Weisheit wollte handeln:
> Sagten sie, das sei ein thöricht Wandeln!

> So sprach ich, als die Heuchler zu mir kamen:
> Wer mit sich selber eins, ist eins mit Gott —
> Wer aber haßt und flucht in Gottes Namen,
> Treibt mit dem Heiligen verweg'nen Spott!

> Als ich Schönheit, Lieb' und Wein besungen,
> Ist mir tausendstimmig Lob erklungen.
>
> Als ich Schönheit, Lieb' und Wein genossen,
> Mir mein Erdendasein zu verschönen:
> Hat es plötzlich alle Welt verdrossen,
> Hörte ich mich schmähen und verhöhnen.

*   *   *

> O Mirza-Schaffy! Du Sohn Abdullah's,
> Ueberlaß die Heuchelei den Mullah's!
> Folg' im Lieben und im Trinken immer
> Schöner Augen, voller Gläser Schimmer!

Sie glauben mit frommem Hadern
Den Himmel zu verdienen;
Der Zorn schwillt ihre Adern,
Der Haß färbt ihre Mienen.

Das Mordschwert in den Händen
Verlangen sie Glauben und Buße,
Und glauben, sie selber ständen
Mit Gott auf dem besten Fuße.

Ich aber sage Euch daß
Gott ferne solchem Getriebe!
Ungöttlich ist der Haß,
Und göttlich nur die Liebe!

Wer glücklich ist, der ist auch gut,
Das zeigt auf jedem Schritt sich;
Denn wer auf Erden Böses thut,
Trägt seine Strafe mit sich!

Du, der in Deiner frommen Wuth
Des Zorns und Hasses Sklave,
Du bist nicht glücklich, bist nicht gut:
Dein Haß ist Deine Strafe!

Wer glücklich ist, der bringt das Glück,
Und nimmt es nicht im Leben!
Es kommt von ihm, und kehrt zurück
Zu ihm, der es gegeben!

Fürcht' nicht, daß ich in das Gemeine
Und Rohe mich vertiefe,
So lange ich von gutem Weine
Und guten Witzen triefe.

Von manchem Liebesedelsteine
Der Glanz verborgen schliefe,
Wenn ihn der Duft von gutem Weine
Nicht in das Dasein riefe.

Wo bliebe der höchste Berg, wenn seine
Höhe blos aufwärts liefe?
Zu Füßen wachsen ihm die Weine,
Er hält sich durch die Tiefe!

Und so erkenne Du auch meine
Höhe in meiner Tiefe:
So lang' ich sie bei gutem Weine
Durch guten Witz verbriefe!

———

Wähne Niemand sich den Weisen
Im Genuß des Weins vergleichbar:
Denn was wir im Trunke preisen,
Bleibt den Thoren unerreichbar!

Durch den Wein zum Blumenbeet
Wird die Phantasie verwandelt,
Drin der Odem Gottes weht,
Drin der Geist der Schönheit wandelt.

Blumen blühen uns zu Füßen,
Uns zu Häupten glühen Sterne —
Jene aus der Nähe grüßen,
Diese grüßen aus der Ferne!

Welch ein liebliches Gewimmel!
Freude blüht auf jedem Schritt mir —
Und den ganzen Sternenhimmel,
Sammt den Blumen, trag' ich mit mir!

———

Gott hieß die Sonne glühen
Und leuchten durch alle Welt;
Er hieß die Rose blühen
Auf duftigem Blumenfeld.

Er hieß die Berge sich thürmen
Und über die Lande erheben —
Ließ Winde wehen und stürmen,
Schuf vielgestaltiges Leben.

Er gab den Vögeln Gefieder,
Dem Meere sein ewiges Rauschen;
Mir gab er sinnige Lieder,
Euch Ohren ihnen zu lauschen!

Und was die Sonne glüht,
Was Wind und Welle singt,
Und was die Rose blüht, —
Was auf zum Himmel klingt
Und was vom Himmel nieder:
Das weht durch mein Gemüth,
Das klingt durch meine Lieder!

Was Gott uns gab hienieden,
Das nennt man hier die Zeit;
Was jenseits uns beschieden,
Benennt man Ewigkeit.

Zum Unglück oder Glücke
Bereitet uns die Zeit —
Der Tod schlägt dann die Brücke
Zur blauen Ewigkeit.

Harrt unsrer Böses, Gutes,
Wenn wir einst scheiden hier?
Ich bin ganz frohen Muthes,
Und spreche selbst zu mir:

Wer in der Zeit vernünftig,
Ist glücklich in der Zeit,
Und wird so bleiben künftig
In alle Ewigkeit!

Nachts kam im Traum zu mir ein Engel,
Der hatte vom Himmel den Abschied bekommen:
Weil er, voll lauter irdischer Mängel,
Das Himmelreich für die Erde genommen.

Gott sprach zu ihm am Tag des Gerichtes:
Was man einmal ist, das muß man ganz sein;
Im Himmel himmlischen Angesichtes
Muß man voll lauter himmlischem Glanz sein.

Die Erde hat Wein, Gesang und Liebe, —
Der Himmel hat seinen himmlischen Segen.
So lange Dein Herz voll irdischer Triebe,
Sollst Du der irdischen Freuden pflegen!

Wer nicht im Leben erstrebt das Beste
Was meine Gnade bereitet auf Erden,
Dem bleiben zu viele irdische Reste,
Der kann auch im Himmel nicht glücklich werden!

Achtundzwanzigstes Kapitel.

Des Weisen von Gjändsha zweite und letzte Liebe.
Schluß der Lieder des Mirza-Schaffy.

Ihr erinnert Euch noch jener Mondscheinscene, wo wir bei unserer nächtlichen Wanderung durch die Straßen von Tiflis Mirza-Schaffy überraschten, als er singend einer neuen Schönen seine Huldigungen darbrachte. Diese Liebe hatte tiefer Wurzel geschlagen in seiner Brust als ich Anfangs glaubte, und trotz seiner Behauptung, daß ein Verliebter keine vernünftigen Verse machen könne, datiren einige seiner lieblichsten Gedichte aus jener Zeit. Hieher gehört das in einem früheren Kapitel mitgetheilte Gasel: »Wenn zum Tanz die jungen Mädchen ꝛc.;« ferner das Lied: »Schlag die Tschadra zurück, was verhüllst Du Dich?« und ein anderes, Euch noch unbekanntes Gedicht, welches ich hier um so mehr mittheilen muß, als es eine lebendige Schilderung Hafisa's, der zweiten und letzten Liebe Mirza-Schaffy's, enthält:

> O, wie mir schweren Dranges
> Das Herz im Leibe bebt,
> Wenn sie so leichten Ganges
> An mir vorüber schwebt!
>
> Herab vom Rücken weht
> Ein blendend weißer Schleier;
> Durch ihre Augen geht
> Ein wunderbares Feuer;

Die schwarzen Locken wühlen
Um ihres Nackens Fülle;
Der Leib, der Busen fühlen
Sich eng in ihrer Hülle.
All überall Bewegung,
All überall Entzücken,
Daß sich in toller Regung
Die Sinne mir berücken,
Daß wunderbaren Dranges
Das Herz im Leibe bebt,
Wenn sie so leichten Ganges
An mir vorüber schwebt.

Narzissen blüh'n und Rosen
Am himmelblauen Kleide,
Darunter flammen Hosen
Von feuerrother Seide —
Die kleinen, zarten Füße,
Die weichen, feinen Hände,
Der Mundrubin, der süße,
Der Zauber ohne Ende!

O, wie mir schweren Dranges
Das Herz im Leibe bebt,
Wenn sie so leichten Ganges
An mir vorüberschwebt!

* * *

 Nur wenn mein weiser Lehrer bei besonders guter Laune war, angeregt durch Wein und trauliche Unterhaltung, gelang es mir hin und wieder ihm ein solches Lied zu entlocken, denn sonderbarer Weise suchte er es sonst immer sorgfältig zu vermeiden, das Gespräch auf seine Hafisa zu bringen. Ich konnte lange den Schlüssel zur Lösung dieses Räthsels nicht finden, bis mich ein Zufall darauf führte.
 Ich hatte eines Tages meinen Spaziergang etwas länger

als gewöhnlich ausgedehnt und fand nach meiner Rückkehr Mirza-Schaffy schon auf mich wartend im Divan der Weisheit. Um sich die Zeit zu vertreiben, hatte er sein Kalemdan hervorgeholt und ein auf dem Tische liegendes Stück Papier mit Versen beschrieben, was er gewöhnlich in ähnlichen Fällen zu thun pflegte, nur mit dem Unterschied, daß er sonst seine Verse ruhig liegen ließ, oder sie nur aufhob, um belehrende Erklärungen daran zu knüpfen, während er dieses Mal das beschriebene Papier hastig beisteckte, als er meiner ansichtig wurde. Ich that, als ob ich nichts bemerkt hätte, und als ich in das offenstehende Nebenzimmer ging, um mich umzukleiden, begann er ein Lied von Hafis zu singen:

„Wenn die Winde, Mädchen! Deiner Locken Duft
Nach Hafisens Grabe wehen,
Werden aus seiner stillen Gruft
Tausend schöne Blumen erstehen!"

»Was fangen wir heute an, o Mirza-Schaffy?« fragte ich, nachdem ich Wein besorgt und ihm zugetrunken hatte.

Er klopfte seinen Tschibuq aus und erwiederte: — Nimm Papier und Kalem zur Hand, ich werde Dir Gasele von Fisuli vorsingen! —

Er sang und ich schrieb:

„Um zu Dir, mein Leben, zu kommen, hab' ich Leben gegeben,
Sei barmherzig, denn durch Dich erst kam ich zum Leben!

Einen Edelstein sucht' ich, und zur Fundgrube hat mich
Das Schicksal geleitet zum Lohn für mein Streben!

Eine Ameise bin ich, die weit umher irrte,
Bis Salomo's Palast ihr Obdach gegeben!

Wie ein Tropfen Wasser zum Ocean geschwommen,
Komm ich armer Fisuli zu Dir, süßes Leben!"

»Der Sinn des Gasels würde mir besser gefallen — sagte ich — wenn im Schlußdistichon Dein Name, o Weiser! statt des Namens Fisuli enthalten wäre.«

— Willst Du Lieder von mir hören? Ich werde Dir singen. —

»Deine Lieder hör' ich immer gern; aber die Bedeutung meiner Worte war dieses Mal eine andere. Ich meinte nicht es wäre mir lieber gewesen, daß das Lied Dich zum Verfasser hätte, sondern daß der Sinn seiner Worte auf Dich paßte.«

Mirza-Schaffy sah mich überrascht und betroffen an.

»Du mußt mir nicht zürnen, o Weiser! — fuhr ich fort — daß ich den Blick der Neugier in die Falten Deines Herzens geworfen. Es ist Theilnahme und Freundschaft für Dich, was mich dazu treibt. Ich weiß, daß Du verliebt bist; Du selbst hast es mir gesagt. Und wäre dem nicht so, ich hätte es errathen, wie der Volksmund spricht: »Moschus und Liebe können nicht verborgen bleiben.« Du hast mir auch gestanden, daß diese Liebe keine eitele und gewöhnliche sei, keine duftlose Tulpe, die der leiseste Wind hin- und herbewegt, sondern ein starker Rosenbaum, der tiefe Wurzeln geschlagen und von gutem Geruch ist. Es ist die Art der Rosen, daß sie blühen und duften, und die Natur der Verliebten, daß sie fröhlich und guter Dinge sind. Du aber bist traurig, o Mirza-Schaffy! und das thut mir weh. Du bist traurig, wenn Du es auch unter Trinken und Singen zu verbergen suchest. Ich möchte die Ursache Deines Grams wissen; vielleicht könnte ich Dir helfen. Aber Du umhüllst Dein Herz mit dem Schleier des Geheimnisses; sogar Deine Lieder versteckst Du vor mir!« Ich wies dabei auf die Tasche hin, worin er das beschriebene Blatt Papier verborgen hatte.

Mirza-Schaffy versank eine Weile in tiefes Nachdenken, blies, wie gewöhnlich in solchen Fällen, den Dampf seines Tschibuq's in längeren Zügen vor sich hin, stürzte ein paar

Gläser Wein herunter, und reichte mir dann das beschriebene Blatt mit den Worten: — Da lies! und ich will Dir Alles erzählen, was ich auf dem Herzen habe, wenn Du es hören willst! —

Ich nahm zuvor das Blatt, um zu sehen was darauf stand. Es waren ein paar flüchtig hingeworfene Lieder, überschrieben: Hafisa.

Das erste lautete:

<blockquote>
Neig', schöne Knospe! Dich zu mir,
Und was ich bitte, das thu' mir,
  Ich will Dich pflegen und halten;
Du sollst bei mir erwarmen,
Und sollst in meinen Armen
  Zur Blume Dich entfalten!
</blockquote>

Das zweite hatte scheinbar gar keinen inneren Zusammenhang mit dem ersten, war aber doch in demselben Gedankengange geschrieben.

Hier folgt es:

<blockquote>
Ei Du närrisches Herz,
Das Dich klagend gebeugt hast!
Du bejammerst den Schmerz,
Den Du selber erzeugt hast!
Du verzweifelst in Gefahr heut,
Und suchst selbst doch die Gefahr!
Und ich kenne Deine Narrheit,
Und bin selbst ein solcher Narr!
</blockquote>

»Du weißt, — begann Mirza-Schaffy seine Erzählung — daß der Vater Hafisa's mir gleich Anfangs die bestimmte Erklärung geben ließ, nicht eher von meiner Minne hören zu wollen, bis ich den sicheren Nachweis geliefert, daß ich im Stande sei, genügend für den Unterhalt einer Familie zu sorgen.« —

— Wie oft soll ich Dir wiederholen, — unterbrach ich den Weisen — daß dieses sich sehr leicht erreichen läßt, wenn Du meinem Rathe folgst und eine Stelle als Lehrer der tatarischen Sprache beim Gymnasium annimmst! —

»Wenn das so ginge, würde ich mich schon fügen, aus Liebe zu Hafisa; aber — es geht nicht!«

— Dann ist es Deine eigene Schuld! Ich habe den Direktor Kulshinsky erst vor ein paar Tagen gesprochen und aus seinem eigenen Munde gehört, daß alle Schwierigkeiten leicht zu beseitigen wären, wenn Du nur Ernst machen wolltest. —

»Hab' ich nicht gethan was ich konnte? Hab' ich nicht meiner Zunge Gewalt angethan im Reden und Schweigen? Bin ich nicht von einem Hause zum andern gepilgert wie ein Fakir, mit dem Blicke der Demuth? Hab' ich nicht Bittschriften eingereicht ganz nach Deiner Weisung? Aber nun sitz' ich schon seit ein paar Monaten auf dem Teppich der Erwartung, und bin nicht klüger als vorher.«

— Hast Du denn gar keine bestimmte Antwort erhalten? —

»Antworten genug. Es schien überall, als nickte man mir zu mit dem Blicke der Gewährung: aber ich wurde von einem Tage zum anderen vertröstet. Endlich, wie ich glaube aus dem Vorhofe des Zweifels eingehen zu können in die Pforte der Gewißheit, erhalte ich eine große Schrift, wovon ich kein Wort verstehe. In dem Wahne, es sei die Bestätigungsschrift meiner Einsetzung, eile ich damit zu meinem Vermittler[29]) und bitte ihn, die Heirathsangelegenheit jetzt eilig zu betreiben: diese Schrift sei eine bessere Gewähr für den Vater Hafisa's, als der Nachweis des größten Vermögens. Der Vermittler nahm die Schrift und richtete meinen Auftrag aus. Wer beschreibt mein Erstaunen, als er zwei Tage darauf zu mir kam mit dem Blick des Zornes und mich schmähete mit bitteren Worten, daß ich ihn hintergangen hätte mit meiner Rede!«

— Wie ging das zu? —

»Der Vater Hafisa's, des Russischen so wenig kundig wie ich, schickte, bevor er sich in weitere Unterhandlungen einließ, die Schrift zum Mufti und erbat sich von diesem ein Fetwa (Gutachten), ob die Schrift genügenden Ausweis über meine Vermögenszustände gebe? Die Antwort lautete verneinend.«

— Wie war das Fetwa abgefaßt? —

»Wie alle anderen. Es giebt dafür eine vorgeschriebene Form, welche der Mufti blos auszufüllen braucht, was gewöhnlich mit Einem Worte geschieht. Der Vermittler brachte mir eine Abschrift des Fetwa und . . . .

— Kannst Du mir — unterbrach ich meinen Lehrer wieder — den wortgetreuen Inhalt davon sagen? —

»Was sollt' ich nicht! aber ich will es Dir lieber zeigen wie es ist; ich hab' es bei mir.«

Und der Weise zog aus einem zusammengerollten Hefte von Seidenpapier, welches er immer bei sich trug, das Fetwa, welches folgendermaßen abgefaßt war:

»Die Hülfe kommt von Gott!

Frage:

Giebt diese russische Schrift hinlängliche Auskunft über Mirza-Schaffy's Vermögenszustände?

Antwort:

Nein! — Gott weiß es am besten.

Dieses schrieb

der arme
Mullah-Hadshi-Jussuf,
dem Gott vergeben wolle.«

»Der Vater Hafisa's — fuhr Mirza-Schaffy fort — ließ sich nun in seinem Grimme eine vollständige Uebersetzung der russischen Schrift geben, woraus er mit nicht geringem Staunen ersah, daß nichts darin enthalten war, als eine Aufforderung vom Direktor Kulshinsky an mich, daß ich am nächsten Donnerstag, Nachmittags 5 Uhr, im Gymnasium erscheinen sollte, um mich in der tatarischen Sprache examiniren zu lassen.«...

Hier hielt der Weise einen Augenblick inne, und that einen tüchtigen Zug aus dem Glase, um das Feuer seines Unmuths zu löschen. Er war sichtbar überwältigt von den Erinnerungen, welche durch seine Erzählung wieder lebendig vor ihm auftauchten. Besonders kränkend schien ihm der Gedanke zu sein, daß man i h m hatte umuthen können, sich examiniren zu lassen, und noch obendrein in einem russischen Gymnasium! Dieser Gedanke drängte in dem Augenblicke alles Uebrige in den Hintergrund. Mirza-Schaffy, der erste Weise des Morgenlandes, der Stolz seines Stammes, der Herrscher im Reiche der Schönheit, die Perle in der Muschel der Dichtkunst — soll sich examiniren lassen in seiner eigenen Sprache!

Ich begriff ganz die Glut des Zornes, die sein Antlitz röthete, die Flut der Gefühle, die seine Brust durchwogte. Es trieb mich, Balsam in seine Wunden zu träufeln: »Frägt man auch die Sonne — rief ich — ob sie leuchtet? oder die Rose ob sie duftet? und ist es nicht ein eben so thörichtes Beginnen, die Frage des Zweifels an Mirza-Schaffy zu richten: ob er weise sei? oder ihn prüfen zu wollen in seiner Wissenschaft? Aber so wenig die Sonne finster wird, wenn es einem Thoren beikommt, an ihrer Klarheit zu zweifeln, so wenig mußt auch Du Dich erzürnen, wenn die Thoren Zweifel in Deine Weisheit setzen! Hast Du nicht selbst gesungen:

„Verscheuch den Gram durch Liebsgekose,
Durch Deiner süßen Lieder Schall!
Nimm Dir ein Beispiel an der Rose,
Ein Beispiel an der Nachtigall:

Die Rose auch, die farbenpracht'ge,
Kann nicht der Erde Schmutz entbehren;
Die Nachtigall, die liebesmächt'ge,
Muß sich von schlechten Würmern nähren!"

Singe mir ein Lied von Deiner Hafisa, das wird Dich in bessere Laune versetzen. Nachher erzählst Du mir beim Glase Wein das Ende Deiner Geschichte! —

Meine Worte hatten ihren Eindruck auf den Weisen nicht verfehlt. Er trank mir ein »Allahwerdy« zu, stellte seinen Tschibuq bei Seite, ließ das Bein vom Divan herabsinken und hub an zu singen:

„Wenn dermaleinst des Paradieses Pforten
Den Frommen zur Belohnung offen steh'n,
Und buntgeschaart die Menschen aller Orten
Davor in Zweifel, Angst und Hoffen steh'n:

Werd' ich allein von allen Sündern dorten
Von Angst und Zweifel nicht betroffen steh'n,
Da lange schon auf Erden mir die Pforten
Des Paradieses durch Dich offen steh'n!"

Er lächelte selbstgefällig, als ich ihm Lob gespendet für sein Gedicht. Erfreut über die gute Wirkung, welche mein Rath auf ihn geübt, sagte ich zu ihm: — Siehst Du, Mirza-Schaffy, welch ein glücklicher Mensch Du bist! Der bloße Gedanke an Deine Liebe heitert Dich auf. Wie glücklich wirst Du erst sein im vollen Besitze der Geliebten! Hat nicht Rechschebi Recht, wenn er singt, daß die Liebe schon deshalb das Schönste auf Erden sei, weil Fürst und Derwisch gleich sind in ihr? —

"Aber Nechschebi hat auch gesagt — entgegnete Mirza-Schaffy: — ein Mensch ohne Geld ist ohne Ansehen, und ein Haus ohne Geld ist wüste! — Soll ich die Liebe in ein wüstes Haus bringen? Früher fiel es mir nie ein, an dergleichen zu denken; jetzt aber macht mich der Gedanke oft trübe."

— Laß die Klage — rief ich — o Mirza-Schaffy! Es wird sich Alles noch zum Guten wenden; durch den kleinen Irrthum mit dem russischen Papiere ist an der Sache selbst nichts verdorben. Du hast Dich einmal entschlossen, Deine Freiheit aus Liebe für Hafisa zu opfern, und mußt Deinem Entschlusse treu bleiben. Ich sehe keinen erheblichen Grund, warum Du die Stelle am Gymnasium nicht erhalten solltest....

"Aber das Examen!"

— Wird sich beseitigen lassen! Es wäre zu thöricht, Zweifel zu setzen in Deine Wissenschaft. Es ist Gesetz bei den Moskow, daß jeder Lehrer der in den Dienst der Regierung tritt, zuvor einem Examen sich unterwerfen muß, weil der Thoren hier viele sind und der Weisen wenige. Das Gesetz ist also wohlbegründet; aber man wird eine Ausnahme machen mit Dir. —

"Man würde eine Ausnahme machen, wenn ich statt meiner Lieder zum Preise des Weines und der Schönheit, lange Gebete geschrieben hätte voll Blendwerk und Heuchelei, wie Mirza-Abul-Kassim, der Kadi von Karabagh. Nur den Schlangen gelingt es, sich überall durchzuwinden!"

Erst nachdem ich dem Weisen durch Fragen aller Art das Ende seiner Geschichte entlockt hatte, begriff ich wie es zuging, daß trotz meiner beruhigenden Zusprache, trotz Trinken und Singen, doch noch ein Rest von Bitterkeit in ihm zurückgeblieben. Der Vater Hafisa's hatte nämlich in seiner Botschaft an Mirza-Schaffy mit besonderer Schärfe den Punkt hervorgehoben, daß es wohl eben so zweifelhaft mit seiner Weisheit wie mit seinem Vermögen sein müsse, da selbst die

Moskow es für nöthig hielten, ihn erst einer Prüfung zu unterwerfen.

War es schon tief kränkend für Mirza-Schaffy, daß man im Hause Hafisa's von ihm glauben konnte, er habe durch Uebersendung der russischen Schrift einen absichtlichen Betrug begehen wollen, so ging es ihm doch noch tiefer zu Herzen, daß man Zweifel in seine Weisheit setzte.

— Glaubst Du denn — fragte ich ihn — daß Hafisa Dich deshalb weniger lieben wird? —

»Nein.«

— Oder fürchtest Du ihre Mutter? —

»Nein, die Mutter ist eben so verliebt in meine Lieder, wie die Tochter in mich.«

— Nun, was hast Du denn noch für Besorgnisse? Mit dem alten geldgierigen Vater wollen wir schon fertig werden, wenn Du nur erst in Amt und Würden bist und die Mittel hast, das Hochzeitsgemach zu bereiten. Für die Beseitigung der Schwierigkeiten des Examens will ich schon sorgen. —

Es war mir vollkommener Ernst mit dem was ich sagte; denn ich zweifelte nicht, daß sich bei freundschaftlicher Besprechung mit der obern Schulbehörde ein vermittelnder Ausweg finden ließe, der Strenge des Gesetzes Genüge zu thun, ohne den Stolz des Weisen zu beugen.

Auch gelang es mir endlich, meinen verliebten Lehrer in allen Stücken so vollständig zu beruhigen, daß er zuletzt Witze über sich selbst machte und bei mir blieb bis spät am Abend.

»War mir's doch gerade — sprach er lächelnd — als wäre meine Weisheit lustwandeln gegangen im Dunkel des Abends! Ich kam um Weisheit zu lehren, und mußte Weisheit lernen. Man könnte den Weibern böse werden, daß sie eben denen die ihnen am meisten anhangen, den Kopf am meisten verdrehen, wenn es nicht gar zu liebe Geschöpfe wären!

Bei ihnen wächst der Verstand mit der Liebe — bei uns nimmt er ab:

> „Mirza-Schaffy! wie groß war Dein Verstand,
> Kaum fand er Platz in Deinem Haupt!
> Und doch: wie klein war jene weiße Hand,
> Die Herz Dir und Verstand geraubt!"

— Das sind die Widersprüche der Liebe, — warf ich ein — eine g r o ß e Hand hätte Dein Herz schwerlich davon getragen! —

»Du redest weise! — entgegnete er schmunzelnd — doch muß man über die Widersprüche im Leben nicht zu viel grübeln; das Herz leidet darunter, und der Verstand gewinnt nichts dabei. Die Liebe bringt Herz und Verstand zu fortwährendem Widerspruch. Das Herz sieht in der Liebe die größte Seligkeit, und der Verstand sieht darin die größte Plage auf Erden. Und doch ist es nur die Liebe, die den Menschen zum Menschen macht.«

— Ein alter Weiser meines Stammes — fiel ich ein — hat Aehnliches gesagt:

> „Wer ohne Weiber k ö n n t e sein,
> Wär frei von vielen Beschwerden —
> Wer ohne Weiber w o l l t e sein,
> Wär nicht viel nutz auf Erden!"

Er drückte seine hohe Zufriedenheit aus über die Weisheit des Spruches, schlürfte ein Glas Wein herunter und machte sich bereit fortzugehen, aber ich hielt ihn zurück mit den Worten: — Mirza-Schaffy! Du weißt, welch lebendigen Antheil ich nehme an Deiner Liebe, und doch hast Du mir noch nicht einmal erzählt, wie es zuging, daß Du Hafisa kennen gelernt! —

»Was ist davon zu erzählen?«

— Alles was Du weißt! ich höre dergleichen gerne, bis auf die geringfügigsten Umstände herab. Zünde Dir noch einen Tschibuq an und spinn' Deine Geschichte ab in aller Behaglichkeit beim Glase Wein. —

»Das wird nicht lange dauern — sprach der Weise von Gjändsha: —

Sich sehn, sich lieben, sich wählen:
Was ist da viel zu erzählen?«

— Ich möchte gern wissen — entgegnete ich — wie Du dazu gekommen bist, Hafisa zu sehen, sie zu lieben und zu wählen! —

»Das ist ganz einfach. Du hast den Weg gemacht zu meiner Wohnung und weißt, welche Straßen es zu durchwandern giebt, um dahin zu gelangen. Du weißt auch, daß allabendlich beim Mondenscheine die Mädchen auf den Dächern weilen, und sich vergnügen durch Tanz, Gespräch und Gesang. In der ersten Quergasse durch welche der Weg führt, wenn man die Häuser der Armenier und Russen hinter sich hat, hatte seit einiger Zeit ein liebliches Wesen von hohem Wuchs meine Blicke gefesselt. Ich sah das holde Geschöpf zum Erstenmal an demselben Abend wo ich Dir die Geschichte von Zuléikha erzählte, und obgleich mein Herz überfloß von der wehmüthigen Erinnerung an meine Jugendliebe, so war ich doch so bezaubert von der Schönheit des schlanken Mädchens auf dem Dache, daß ich nicht umhin konnte den Blick der Bewunderung auf sie zu werfen. Eine kurze Weile that sie als bemerkte sie mich nicht. Als ich aber stehen blieb, und meine Mütze abnahm, um mir den Kopf etwas zu lüften, — denn von der Erzählung, vom Trinken und vom Gehen war mir sehr heiß geworden — verschwand sie plötzlich vom Dache.... Schwer im Kopfe und Herzen ging ich nach Hause und legte mich nieder.

Aber ich konnte die ganze Nacht keine Ruhe finden. Wenn ich einmal ein Viertelstündchen einschlief, so erschien mir Zuleikha im Traume. Bald aber wurde ihr Bild wieder verdrängt von dem schönen Mädchen auf dem Dache in der Quergasse. Dann erwachte ich plötzlich und streckte mich unruhig hin und her auf dem Lager, und machte mir selbst Vorwürfe ob meiner Träume, als ob ich daran Schuld wäre. Am folgenden Morgen sprach ich zu mir: Mirza-Schaffy, werde Dir klar in Deinem Beginnen! Du hast Jahre lang in Ruhe und Weisheit gelebt, und hast Dich gestreckt auf dem Teppich der Sorglosigkeit: willst Du Dich abermals einschiffen auf dem stürmischen Meere der Liebe, trotz allen bitteren Erfahrungen der Vergangenheit? Oder willst Du fortfahren ein ruhiges Leben zu führen? Ich beschloß das Letztere, und als ich wieder zu Dir kam, um Dich zu unterrichten, vermied ich es, den Weg durch die Quergasse zu gehen. Ebenso that ich bei der Rückkehr in meine Wohnung. Trotzdem verbrachte ich die Nacht noch unruhiger als zuvor. Und am folgenden Morgen sprach ich zu mir: Mirza-Schaffy, was willst Du Dein Herz verhüllen mit dem Schleier der Täuschung! Du bist verliebt. Wo ein Haus brennt, und man eilt nicht hinzu es zu löschen, da wird es zu Grunde gerichtet von den Flammen. Mit dem Herzen aber ist es umgekehrt. Hier vermag kein Wasser zu löschen. Wo ein Herz Feuer gefangen, findet es nur Heil, wenn es gelingt noch ein anderes Herz zu entzünden. Darum thue, was das Schicksal Dir vorschreibt! Und ich that also. Vor Allem verlangte es mich, die Gestalt des schönen Mädchens einmal beim Tageslichte zu sehen, um mich zu überzeugen, ob mich der Mondenschein nicht getäuscht hatte. Mehrere Tage vergingen, ehe ich die Erfüllung meines Wunsches erreichte. Am Ende des vierten Tages aber war ich so glücklich, das schöne Mädchen auf dem Dache zu erblicken. Sie sah sich nach allen Seiten um, aber es war Niemand rings auf den

Dächern zu sehen; auch in der Straße war es still wie gewöhnlich zu der Zeit, ehe die Männer vom Bazar heimkehren.

Ich stellte mich dem Hause gegenüber so auf, daß ich die ganze prachtvolle Gestalt sehen konnte, von den kleinen Füßchen an bis zu dem lockenumwallten Köpfchen. Und sie erschrak nicht vor mir, wie die Jungfrauen sonst zu thun pflegen beim Anblick der Männer, sondern sie lüftete ihr Angesicht und schauete lächelnd auf mich hernieder, so strahlenden Blickes, daß es mich warm überlief vor Wonne und Seligkeit, denn sie erschien mir am Tage beim Sonnenlicht noch viel schöner als im Mondenschein. Das Glück macht den Augenblick zur Ewigkeit und die Ewigkeit zum Augenblicke. Darum weiß ich nicht, wie lange ich da gestanden, verloren im Anschauen des herrlichen Mädchens auf dem Dache; ich weiß nur, daß ich so lange stehen blieb als ich sie sehen konnte. Wie ein Traumbild war sie vor mir aufgestiegen, wie ein Traumbild verschwand sie plötzlich. Ich setzte meine Mütze zurecht« . . . .

— Da hast Du gewiß wieder Deinen weißen Kopf gezeigt! — fiel ich ein.

»Etwas gelüftet weil es sehr heiß war — entgegnete er schmunzelnd — und erst beim Nachhausegehen bemerkte ich, daß es lebhafter in den Straßen geworden war. Vermuthlich war dieses die Ursache des Verschwindens meiner Schönen gewesen. Ich war wie ein Trunkener und Alles drehete sich vor meinen Augen. Ja, ich wußte nicht bestimmt, ob ich wachte oder schlief, und kniff mich in's Bein und in den Arm, um mich zu überzeugen, daß ich wirklich wach sei. Denn gerade so wie mir die Jungfrau auf dem Dache erschienen, hatte ich sie im Traume gesehen:

> Drum traut' ich meinen Augen kaum
> Im Angesicht der schönen Maid —
> Mir ward die Wirklichkeit zum Traum,
> Mir ward der Traum zur Wirklichkeit!

Werde Dir klar, o Mirza-Schaffy! — sprach ich zu mir
selbst — galt Dir der lange, seelenvolle Blick der Jungfrau, so darfst Du das Auge des Verlangens auf sie werfen
— galt er Dir nicht, so wär' es eine Thorheit, länger
Dein Herz zu versengen im Feuer ihres Angesichts! Um die
Wahrheit zu erforschen, schrieb ich ein duftiges Lied, in der
Absicht, ihr dasselbe bei der ersten Gelegenheit vorzusingen,
oder falls sich diesem Beginnen Hindernisse in den Weg stellen
sollten, das Lied um das Zweiglein eines Mandelbaumes
gewickelt, ihr auf's Dach zu werfen.«

— Weißt Du das duftige Lied auswendig, o Mirza-
Schaffy? so sing' es mir vor! — Alsobald hub der Weise
zu singen an:

„Ein Blick des Augs hat mich erfreut —
Der Zauber dieses Augenblicks
Wirkt immerfort in mir erneut
Ein leuchtend Wunder des Geschicks.

Drum eine Frage stell' ich Dir,
Horch huldvoll auf, mein süßes Leben:
Galt jener Blick des Auges mir,
So magst Du mir ein Zeichen geben!

Und darf ich Deinem Dienst mich weih'n,
Und bist Du meinem Arm erreichbar:
So wird mein Herz voll Jubel sein,
Und meiner Freude nichts vergleichbar!

Dann leb' ich fort durch alle Zeit
Im Wunderleuchten des Geschicks
Den Augenblick der Seligkeit,
Die Seligkeit des Augenblicks!"

»Kurze Zeit darauf gelang es mir — fuhr Mirza-Schaffy
fort — eine günstige Gelegenheit zu erspähen, ihr das Lied

vorzusingen. Doch war ich kaum mit der ersten Hälfte zu
Ende, als wir durch das Erscheinen weiblicher Gestalten auf
den benachbarten Dächern gestört wurden. Meine Schöne
sah sich erschrocken um, und gab mir dann ein Zeichen zu
gehen. Ich folgte dem Winke, aber warf ihr zuvor meine
sorgfältig geschriebene Frageblume vor die Füße, und hatte
im Weggehen die Freude zu sehen, daß sie das Mandelzweiglein,
darum das feine Papier mit rothem Faden gewunden
war, aufnahm und damit verschwand. Sie war im Besitz meines
Liedes, und das genügte mir, um eines günstigen Erfolges
gewiß zu sein! Hatte doch schon ihr freundliches Anhören
meines Gesanges mir Alles gesagt was ich wissen wollte!

Am folgenden Abend fand ich mich wieder ein zur gewöhnlichen
Stunde. Die schöne Jungfrau saß mit verhülltem
Antlitze auf dem Dache, wandte sich aber schnell um, sobald
sie meiner von ferne ansichtig wurde. Ich ging langsam am
Hause vorüber, ließ spähend die Blicke hinaufschweifen, aber
sie sah nicht herab zu mir. Plötzlich kam hinter dem Hause
her eine hochgewachsene alte Frau auf mich zugeschritten und
flüsterte mir mit rauher Stimme die Worte zu: Folge mir,
Mirza-Schaffy, von ferne! — Sie kannte meinen Namen;
wer konnte es anders sein als eine Botschafterin von meiner
Schönen? Ich folgte ihr wie sie mich bedeutet hatte, und
nach kurzer Wanderung blieb sie stehen vor einer kleinen, einsam
liegenden Sakli, deren Dach kaum mannshoch über der
Erde war. Dort schlich sie hinein, als sie sich noch einmal
winkend nach mir umgesehen. Ich kroch ihr nach in die dürftig
ausgestattete, spärlich erleuchtete Sakli; ein paar hübsche
Kinder, zehn- bis zwölfjährige Mädchen, welche auf einer
Matte saßen und mit weiblicher Handarbeit beschäftigt waren,
erhielten die Weisung auf's Dach zu gehen, um die frische
Luft zu genießen, und ich blieb allein mit der alten Frau.

»Mirza-Schaffy — hub sie an — was giebst Du mir,

wenn ich Dir eine gute Nachricht verkünde? An meinem Munde hängt Dein Schicksal!« Ich gab ihr Alles was ich bei mir hatte; aber ich versprach ihr mehr für kommende Zeiten. Nun erzählte sie mir, was ich schon errathen hatte, daß Hafisa (dies ist der Name der schönen Jungfrau) den Blick des Wohlgefallens auf mich und mein Lied geworfen. Aber zugleich erfuhr ich, daß es schwer halten würde, in den Besitz Hafisa's zu gelangen, da ihr Vater, ein alter, geldgieriger Kaufmann, schon verschiedene Bewerber abgewiesen hätte, weil er einen zu großen Käbin"(Kaufpreis) für seine Tochter verlangte.

Es würde des Erzählens kein Ende werden, wollte ich Dir Alles wiederholen, was ich noch mit der geschwätzigen Alten verhandelte. Sie hatte große Lust, ihre Botschaft in zwei Theile zu sondern und mich zum folgenden Abend wieder zu bestellen, um eines doppelten Lohnes gewiß zu sein, aber es gelang mir durch Schmeichelworte und Versprechungen ihr Alles zu entlocken was sie wußte. Ich verabredete mit der Alten einen Plan, worauf sie nur nach langem Widerstreben und gegen das Versprechen einer beträchtlichen Summe, die ich vor Ausführung des Plans bezahlen mußte, einging. Meine ganze Baarschaft reichte kaum hin, ihr Begehren zu erfüllen, aber welche Opfer bringt man der Liebe nicht! Unser Plan ging dahin, mich in Weibergewand zu kleiden, wozu die Alte, welche mir an Höhe des Wuchses fast gleich kam, das Nöthige herbeischaffen mußte. Am folgenden Abend war schon Alles hergerichtet, und so gelungen war meine Verkleidung, daß ich auf dem Wege zu Hafisa's Hause zwei Mal von verliebten Männern angesprochen wurde« . . . .

— Aber verrieth Dich Dein Bart nicht? —

»Ich hatte das Gesicht, nach Art der Türkinnen, solchergestalt verhüllt mit den Tüchern der Schamhaftigkeit, daß nur die Augen zu sehen waren. Ueber den Tüchern trug ich noch einen Schleier, und den ganzen Körper umschlang die weiße Tschadra, so daß ich bei Alt und Jung durch meinen Anzug als ein Muster strenger Sitte und jungfräulicher Verschämtheit erscheinen mußte. Auf diese Weise konnte ich allabendlich mit Hafisa verkehren, ohne den geringsten Verdacht rege zu machen. Ihre Liebe wuchs mit meinen Besuchen und meinen Liedern, und wir verlebten selige Stunden des Beisammenseins, bis zufällig ihre Mutter hinter das Geheimniß kam. Sie hatte mich reden gehört mit Hafisa, und der Klang meiner Stimme hatte ihren Argwohn erweckt. Dazu fiel ihr meine große Gestalt auf, und ihre Neugier trieb sie, unser Gespräch zu belauschen. Die erschrockene Hafisa wagte nicht zu leugnen, als sie von der Mutter zur Rede gestellt wurde, und nun gab es eine Scene des Jammers, die ich nicht auffrischen mag in der Erinnerung. Alles wäre verloren gewesen, wenn die Mutterliebe nicht den Sieg davon getragen hätte. Die Thränen der Tochter, die Betheuerungen ihrer heißen Liebe zu mir und endlich meine Gedichte rührten das Herz der Mutter, denn ich hatte in einem Liede gesagt: die Frau welche Hafisa geboren, müßte selbst eine Peri sein in Anmuth und Hoheit, und sie verdiente, daß alle Königinnen der Welt ihre Sklavinnen wären. Der Schoß, dem diese Rose entsprossen, sei dem duftigsten Blumenbeete vergleichbar, und ihr Busen bestehe aus Zwillingen des Vollmondes. Als die Mutter diese Verse las, verwandelte sich ihr Haß in Freundschaft für mich und sie selbst begünstigte fortan meine Bewerbung um die Hand ihrer Tochter. Ich mußte einen Vermittler suchen, um beim Vater um die Hand Hafisa's anzuhalten. Der Alte aber hatte so wenig Sinn für mich, wie für meine Gedichte, und der Antrag wäre rund abgeschlagen, hätte die Mutter nicht ihr gewichtiges Wort dazwischen gesprochen. Die Heirath würde längst vollzogen sein, wenn ich im Stande gewesen wäre, den verlangten Käbin zu erschwingen und einen befriedigenden Nachweis über meine Vermögensumstände zu geben. Dazu kommt nun der unglückliche Vorfall mit der russischen Schrift. Das Fetwa des Mufti hat dem Vater Veranlassung gegeben, sich beim Muschtahid und bei den Mullahs näher nach mir zu erkundigen. Du kannst Dir denken, welche Meinung diese Säulen des Glaubens von mir haben! Ihr Urtheil würde günstiger lauten, wenn ich Gebete schriebe wie Mirza-Abul-Kassim von Karabagh. Das Uebrige weißt Du.«

So weit Mirza-Schaffy. Kurz darauf mußte ich Tiflis verlassen. Doch nahm ich beim Abschiede die gegründete Hoffnung mit, daß in Folge der Verwendung einflußreicher Freunde, der Weise von Gjändsha dem Ziele seiner Wünsche näher sei, als er selbst glaubte.

In Konstantinopel erhielt ich einen kurzen Brief von ihm, worin er mir anzeigte, daß er nicht am Gymnasium, sondern an der Garnisonschule eine gute Stelle erhalten habe; und aus anderer Quelle erfuhr ich, daß er seinen Pflichten mit großer Gewissenhaftigkeit obliege.

Bald darauf erhielt ich ein anderes Schreiben, woraus ich ersah, daß Mirza-Schaffy gegründete Hoffnung hatte den Berg der Seligkeit glücklich zu ersteigen, nachdem der Vater Hafisa's (Friede seiner Asche!) am Gallenfieber gestorben war. Die Mutter hatte gegen die Verbindung nichts weiter einzuwenden, und so lag zwischen den Wünschen der Liebenden und deren Erfüllung nur noch die Kluft der schweren Geduldsprobe, welche die übliche Trauerfrist vorschrieb. Inzwischen gelang es dem Weisen durch Fleiß und Sparsamkeit so viel Geld zu erübrigen als nöthig war, um das übliche Brautgeschenk zu erschwingen und die mannigfachen Hochzeitsausgaben zu bestreiten. Die leidige Trauerfrist — doppelt traurig für den, der nichts dabei zu betrauern hat als die Trauer selbst — verstrich, und die Hochzeit wurde mit möglichstem Pompe begangen.

Da ich vermuthe, daß diejenigen meiner freundlichen

Leser, welche die Geduld gehabt haben, mir bis hieher mit Aufmerksamkeit zu folgen, auch neugierig sein werden, etwas Näheres über den eigentlichen Schluß der Geschichte, d. h. über die Hochzeit selbst, zu erfahren, so gebe ich hier einen kurzen, aber für den Zweck genügenden Auszug der verschiedenen Mittheilungen, welche mir später darüber zugingen.

Acht Tage nach Beendigung der Trauerzeit schickte Mirza-Schaffy eine alte Verwandte zur Mutter Hafisa's, um den Tag der Verlobung festzustellen. Dieser Tag wird von den Persern schirini-churân (das Essen der Süßigkeiten) genannt, weil der Bräutigam die zur Verlobungsfeier im Hause der Braut versammelten Eltern und Verwandten beider Theile mit süßem Gebäck, Zucker und Eingemachtem bewirthen muß. In Bezug auf die Verlobten ist dieser Brauch eine Anspielung auf die Süßigkeiten, die ihrer im Ehestande warten. Die Frauen sitzen von den Männern getrennt durch die in der Mitte des Zimmers kaum einen Fuß über den Teppich sich erhebende Tischplatte, auf welcher die Süßigkeiten stehen. Nachdem Frauen und Männer so eine Zeitlang mit untergeschlagenen Beinen gesessen, mit einer Miene als ob die Einen von dem Dasein der Andern nichts bemerkten, begrüßen sie sich gegenseitig und erfreuen sich dann gemeinschaftlich der musikalischen Genüsse, welche den Tag beschließen. Die bei solchen Gelegenheiten gebräuchlichen Instrumente sind: die Saß, die Tschengjir, Handpauke und Trommel, durch deren Zusammenwirken ein (für Europäer) wahrhaft herz- und ohrzerreißendes Getöse erzeugt wird, während die Perser und Tataren sich nichts Ergötzlicheres denken können als ein solches Konzert. Und so groß ist die Macht der ersten Eindrücke und Gewöhnungen über die Geschmacksrichtung der Menschen, daß junge Asiaten, welche früh ihrer Heimat entfremdet und in Petersburg erzogen und geschult wurden, bei ihrer gelegentlichen Rückkehr in die Heimat doch das Trommeln und Paukenschlagen der asiatischen Spielleute weit lieber hören und höher stellen, als alle musikalischen Genüsse, welche die Petersburger Konzerte ihnen boten . . . .

Am Tage nach der Verlobung versammeln sich die Frauen im Hause des Bräutigams, um die Geschenke für die Braut abzuholen, welche mindestens in einem goldenen Ringe, Stoffen zu einem möglichst kostbaren weiblichen Anzuge nebst Shawl, Schuhen, Seife, Chenna (zum Färben der Nägel und Fingerspitzen) und Alkohol (zum Färben der Augenbrauen) bestehen müssen. Die Trägerinnen der Geschenke lassen es bei dieser Gelegenheit natürlich auch an einem möglichst verführerischen Aufputz, wobei weiße und rothe Schminke, Bemalen der Augenbrauen und Fingerspitzen in erster Linie stehen, nicht fehlen. Eine Verwandte des Bräutigams führt die Braut in die Mitte des Zimmers, bedeckt sie mit dem Shawle, und steckt ihr den Verlobungsring an den Finger. Nun werden in feierlicher Weise die üblichen Glückwünsche und Begrüßungen dargebracht, und in denselben Gefäßen, welche die Geschenke des Bräutigams für die Braut enthielten, übersendet die Braut am dritten Tage ihre Geschenke dem Bräutigam. Diese bestehen hauptsächlich in zierlichen Stickereien von ihrer Hand, in Stoffen zu einem Anzuge und allerlei sonstigen Toiletten-Gegenständen.

Hierauf folgt die Ausrüstung zur Hochzeit, d. i. die gewöhnlich ziemlich lange dauernde Zeit, in welcher die Verlobten ihre Hochzeitsgewänder anfertigen lassen; ein höchst wichtiger Akt, der im Hause der Braut zu häufigen und zahlreich besuchten, rathpflegenden Frauen-Versammlungen Anlaß giebt. Inzwischen läßt der Bräutigam fast keinen Tag vergehen, ohne seiner Braut ein kleines Liebeszeichen zu übersenden, sei es ein Korb mit feinem Obst, oder ein kleiner Schmuck, oder ein Blumenstrauß, oder endlich eine Keule oder ein Rückenstück von einem recht fetten Hammel, um einen guten Leumund bei der Mutter der Braut zu erhalten.

Obgleich nach Brauch und Sitte des Glaubens und Landes die Verlobten vor der Hochzeit einander nicht sehen sollen, so wird es doch von den jungen Leuten nicht so genau damit genommen, und während der oben erwähnten Zeit suchen und finden sie oft Gelegenheit zu einem heimlichen Stelldichein, da im Morgenlande die Anziehungskraft zwischen den Geschlechtern wo möglich noch größer ist als im Abendlande, wie es denn auch ein alter Weiser des Morgenlandes war, der die kühne Behauptung wagte, daß, wenn auf der ganzen Erde nur zwei Menschen lebten, ein Mann und eine Frau, die beiden in kurzer Zeit zusammentreffen würden, ob sie auch getrennt wären durch Länder und Meere . . . .

Ist endlich der Tag der Hochzeit festgesetzt (wobei von den alten Rechtgläubigen ein Sterndeuter zu Rathe gezogen wird), so sorgt der Bräutigam für eine ausreichende Bewirthung der Hochzeitsgäste im Hause der Braut, wo — soweit der beschränkte Raum dies zuläßt — Jeder das Recht hat sich als Gast zu melden.

Bei dem Hochzeitsvertrage selbst sind nur die geladenen Verwandten und Bekannten zugegen. Es ist dies ein förmlicher rechtsgültiger Vertrag, worin eine Summe oder Werthangabe festgesetzt wird, welche der Mann verpflichtet ist seiner Frau auszuzahlen für den Fall, daß er sich ohne ihr Verschulden von ihr scheiden lassen sollte.

Die Braut wird dreimal gefragt, ob sie wirklich Diejenige sei, wofür der Bräutigam sie halte, und ob sie mit den Bestimmungen des Ehevertrags einverstanden sei? Nach der dritten Frage giebt sie ihre Antwort, welche dem Mullah mitgetheilt wird, der sein Beglaubigungssiegel auf das Papier drückt, wonach sich die Versammlung zerstreut.

Damit ist die formelle Vermählung, die Civilehe vollzogen. In vielen Familien läßt man nun den Mullah noch einige Stellen aus dem Koran absingen, um die Feierlichkeit der Scene zu erhöhen, und im Innern des Landes kommen, je nach dem altherkömmlichen Brauche, noch eine Menge anderer Ceremonien vor.

Nach dem Schlusse des Ehevertrages (Kabále) wird die Braut von den weiblichen Gästen in's Bad und von dort in das Haus irgend einer Verwandten geführt. Am eigentlichen Vermählungstage holt man die Harrende in möglichst pomphaftem Aufzuge, unter Lärm und Musik ab, und führt sie in ihre künftige Wohnung, wo ihr Herr und Gatte, nachdem er sich im Bade gesalbt und geschmückt, in jeder Hand eine Kerze tragend, sie feierlich empfängt und in das Schlafgemach führt. Hier werden die Kerzen in zwei mit Reis gefüllte Schalen gesteckt; der Gatte nimmt seiner Neuvermählten das Obergewand ab, umhüllt sich selbst damit, holt eine Schale mit frischem Wasser, wäscht ihr die Füße und besprenkelt darauf mit dem Wasser alle vier Ecken des geheiligten Gemachs. Dann wird gebetet; ein paar Frauen fügen die Hände der Neuvermählten zusammen, worauf man, sich zurückziehend, sie dem Schutze Allah's und des Propheten anempfiehlt und sie so, bei verriegelter Thüre, ihrem Schicksale überläßt....

Neunundzwanzigstes Kapitel.

Die Frauen im Orient.

„Wie ist aber das Schicksal einer Frau im Morgenlande?" höre ich manche meiner freundlichen Leserinnen fragen, und ich will versuchen die Frage, so gut ich es vermag, zu beantworten. Das Schicksal Hafisa's kann uns — als ein selten glücklicher Ausnahmsfall — dabei allerdings so wenig zum Maßstabe dienen, wie das Loos der wenigen bevorzugten Frauen, welche in ihren Männern Alles finden was ihr Herz begehrt, und deren Wünsche nach Vergnügen und Zerstreuungen nicht über die enggezogenen Schranken des Hauses hinausreichen.

Der Regel nach ist die Stellung der Frau zum Manne im Orient nicht viel besser als die Stellung einer Sklavin zu ihrem Herrn. Der Mann kauft sie um einen bestimmten Preis ihren Eltern ab, und kann sich um einen bestimmten Preis ihrer zu jeder Zeit wieder entledigen, ohne daß sie auch nur das Recht hätte ihre Kinder mitzunehmen.

Gesellschaftliche Vergnügungen in unserem Sinne des Worts kennt man im Orient nicht. Theater, Opern, Konzerte, öffentliche Spaziergänge, Bälle, Abendunterhaltungen, Vergnügungsreisen und dergleichen Zerstreuungen und Annehmlichkeiten sind den Frauen hier etwas ebenso Unbekanntes, wie eine anmuthige und gemüthliche Häuslichkeit. Der einzige Ort ihrer geselligen Zusammenkunft ist das Bad. Hier bringen sie denn auch den größten Theil ihres Tages zu, und hier sucht es Jede der Andern in Zungenbeweglichkeit, Putz und Flitterstaat zuvorzuthun, da ihnen sonst, außer dem Harem, keine Gelegenheit geboten wird, ihre Reize und Schmucksachen zu entfalten und ihrer Zunge den Zügel schießen zu lassen. Da liegen sie, halb enthüllt auf weichen Teppichen ausgestreckt, Stunden lang aus kleinen Schälchen schwarzen Kaffee schlürfend und ihren Tschibuq oder Kalljan dazu rauchend. Die Kostbarkeit dieses Tschibuqs, so wie die Pracht ihrer Gewänder und sonstigen Zierrathe, und endlich die Zahl ihrer Sklavinnen bilden den Maßstab, wonach sie ihre Stellung untereinander bemessen, sich gegenseitig anziehen und abstoßen, befreunden und befeinden, loben und schmähen, bewundern und beneiden. Dieses bezieht sich natürlich nur auf solche Frauen, deren Männer in einer gewissen Wohlhabenheit leben. Von den ganz armen Frauen, welche weder Sklavinnen noch Dienerinnen halten können und alle Hausarbeit selbst thun müssen, läßt sich im Vergleich mit den armen Frauen bei uns zu Lande, außer den durch das Klima bedingten Verschiedenheiten, nichts sonderlich Abweichendes melden. Das Loos der Armuth sieht sich überall so ziemlich gleich. —

Werfen wir, um die Stellung einer in günstigern Verhältnissen lebenden Frau im Morgenlande richtig aufzufassen, einen Blick auf die Knospe aus welcher die Blume sich entfaltet.

Die Kindheit der Mädchen ist hier eine sehr kurze; mit dem zwölften Jahre wird die Jungfrau schon mannbar und muß nun ihr Gesicht verhüllen vor den Augen der Menschen. Wo ist aber ein hübsches Gesicht, welches sich nicht gern sehen ließe? Der Wunsch zu gefallen ist zu natürlich und menschlich, um ganz unterdrückt werden zu können, und wo ihm keine unnatürlichen Hindernisse in den Weg gelegt werden, da sorgt die Natur insgemein selbst dafür, daß er nicht ausarte in

Gefallſucht. Solche unnatürlichen Hinderniſſe treten aber den Mädchen im Orient auf jedem Schritt entgegen, und zwingen ſie, heimlich und durch Liſt zu erreichen, was ihnen öffentlich durch Brauch und Sitte der Heimat verſagt wird.

So kann die wahre Tugend des Weibes hier nicht gedeihen, und das, was dafür gehalten wird, widerſtrebt der menſchlichen Natur zu ſehr, um von ihr aus freien Stücken als Tugend anerkannt und geübt zu werden; daß verbotene Frucht aber am meiſten lockt, iſt eine Erfahrung ſo alt wie die Welt. Deshalb reicht auch in der That die weibliche Tugend im Orient nicht über den Haremskerker hinaus und die Leidenſchaft der Frauen kennt hier keine andere Grenzen als die, welche ihr gewaltſam geſteckt werden.

Das junge Mädchen wächſt im Vaterhauſe auf, wie eine Blume im Treibhauſe, und verläßt, wenn ſie heirathet, den einen Kerker nur, um ihn mit einem andern zu vertauſchen. Sie hat leſen, ſchreiben, ſingen und allerlei weibliche Arbeitskünſte gelernt, aber ohne ſich das Leben dadurch wirklich verſchönern zu können, denn je mehr ihr Verſtand und ihre Einbildungskraft geweckt werden, deſto lebendiger wird ſie ſich ihrer erniedrigenden und hülfloſen Lage bewußt. Das Leſen des Korans kann ihr keinen Troſt bieten, da die Verheißungen des Propheten von ewigen Strafen und Belohnungen ſich nur auf die Männer beziehen; und an den Dichterwerken ihres Landes kann ſie ſich wohl berauſchen, aber nicht laben, da das in dieſen Werken geſchilderte Glück in zu grellem Widerſpruche mit den gegebenen Verhältniſſen ſteht, denn der Grundzug der perſiſchen Lyrik iſt durchgehends ein geiſtvolles Beſpötteln und Bekämpfen des Beſtehenden, und eben deshalb ſprudeln dieſe Liederquellen ſo übermüthig, friſch und lebendig, weil ſie von ihrer Höhe herab die ſtarren Satzungen des Glaubens und der Sitte keck überſpringen, durchbrechen und mit dem Schaum ihres Witzes beſpritzen. Ein Liebesglück wie es Hafis predigt, kann heutzutage nur eine Geliebte des Mirza-Schaffy finden, und solche Geister sind im Morgenlande selten.

Es gehört hier zu den Ausnahmsfällen, daß ein Mädchen einem Manne die Hand reicht, den sie wirklich liebt. In der Regel entscheiden die Eltern über das Schicksal ihrer Tochter, und sehen bei der Wahl des Eidams weniger auf vortreffliche Eigenschaften des Körpers, Geistes und Herzens, als auf eine einflußreiche Stellung, Rang und Vermögen. Nun denke man sich ein frisches, blühendes Mädchen von zwölf bis funfzehn Jahren verheirathet mit einem sechzig- oder siebzigjährigen Manne, den sie nie gesehen und von dem sie höchstens weiß, daß er vielleicht schon ein paar Dutzend eben so blühende und junge Mädchen vor ihr seinen Lüsten geopfert. Unter den Augen dieses Mannes eingekerkert und bewacht wie eine Verbrecherin, muß sie sich in ihrem einförmigen Haremsleben noch glücklich preisen, wenn sie seine einzige Frau ist und nicht ein halb Dutzend zänkischer, neidischer und verbitterter Nebenbuhlerinnen über sich hat, die nach dem Rechte der Ancienneät, das auch in dem Harem gilt, ihr das Leben um so schwerer machen, je wohlgefälliger der Herr und Gebieter auf sie blickt.

Nimmt man einen solchen Fall, der zu den gewöhnlichen gehört, und erwägt man dabei, daß eine junge Haremsschöne bei ihrem südlichen Feuer vielleicht in einem Monat mehr von der Leidenschaft geplagt wird als eine ehrbare Nordländerin während ihres ganzen Lebens, so wird man es begreiflich finden, daß die Hareme des Morgenlandes wahre Spinngewebe von Intriguen, Ränken und Unsittlichkeiten sind. Denn weil hier die Erziehung des weiblichen Geschlechtes auf nichts weniger hinausläuft als den Geist zu bilden und das Herz zu veredeln, und weil die Mädchen von Jugend auf nur wüste und verwildernde Beispiele sehen, so gewöhnen sie sich schon früh daran, alles Lebensglück nur in einem rohen Sinnentaumel, oder in gleißenden Aeußerlichkeiten zu suchen. Es gehört in der That eine grundedle, harmonisch angelegte, wunderbar begabte Natur dazu, unter solchen Verhältnissen und Einflüssen die ächte Weiblichkeit zu wahren und gleichsam instinktartig das Rechte zu finden. Und wenn sie das Rechte gefunden, so müßte sie auch den Rechten finden, um es wahren zu können, ein Fall, der, wo nicht unmöglich, doch äußerst selten ist. Ich wiederhole es: der Regel nach ist die Stellung der Frauen im Orient (nach germanischen Begriffen von Frauenwürde) eine unfreie und unsittliche; und weil bei der Vielweiberei ein veredelnder Einfluß auf die Kinder nicht gedacht werden kann, so sind die Hareme als die Quellen aller Uebel zu betrachten, welche die muhammedanischen Völker seit Jahrhunderten heimsuchen und sie ihrem sichern Untergange entgegenführen. Ausnahmen davon bilden die lebensfrischen Stämme des Kaukasus, die eigentlich nur dem Namen nach Muhammedaner sind und mit der Vielweiberei so wenig zu thun haben wie mit anderen Auswüchsen entarteter Leidenschaft, welchen in Persien und der Türkei jährlich viele tausende von Menschen zum Opfer fallen ....

Daß es trotz der sklavischen Stellung der Frauen im Orient, wie ich solche oben in nackter Wahrheit zu schildern versucht habe, doch häufig einer schönen oder klugen Frau gelingt, einen dummen oder verliebten Mann vollständig zu beherrschen, ist eben so leicht erklärlich wie die Thatsache, daß die meisten Frauen das Entwürdigende ihrer Stellung gar nicht fühlen, und daß Diejenigen, welche Gelegenheit gehabt haben europäisches Leben kennen zu lernen, mit einer wahren Verachtung und tugendhaften Entrüstung auf ihre europäischen Schwestern herabsehen, die unverhüllten Gesichtes über die Straßen wandeln und auch mit andern Männern als ihren Ehegatten sprechen und verkehren.

In heimlicher Sicherheit mit einem Manne zu verkehren der ihr gefiele und ihm Alles zu gewähren was ihm gefiele, würde das Gewissen einer Perserin oder Türkin schwerlich beunruhigen; aber auf offener Straße mit einem vielleicht ganz ungefährlichen Manne über ganz gleichgültige Dinge zu sprechen: welch ein Greuel! — So richtet sich Urtheil, Anstands- und Schicklichkeitsgefühl immer genau nach den Einflüssen und Gewöhnungen unserer heimischen Umgebung. Um sich davon zu überzeugen, braucht man freilich weder nach Persien noch nach der Türkei zu reisen, wo sich die Begriffe wenigstens an althergebrachte, unveränderliche Formen knüpfen, während bei uns die tyrannische Mode alljährlich neue Formen und neue Begriffsverkehrtheiten erzeugt, so daß die oft gehörten Ausdrücke: »Man thut das nicht; man trägt das nicht; das paßt sich nicht!« nichts Anderes bedeuten als: »Ich und meine Frau Nachbarin von Krähwinkel thun das nicht, tragen das nicht und halten das nicht für passend, seit wir das letzte Mode-Journal gesehen haben.« —

Wie sich die meisten Verkehrtheiten auf einen ursprünglich ganz vernünftigen Gedanken zurückführen lassen, so läßt sich auch Manches zu Gunsten des morgenländischen Brauches sagen, welcher will, daß die Frauen sich nur für ihren Mann schmücken und nur vor ihm ihr Gesicht enthüllen, während es ihre Aufgabe sein soll, außer dem Hause nur verhüllt und in möglichst unansehnlicher Tracht zu erscheinen. Bei uns findet bekanntlich das umgekehrte Verhältniß statt: die Frauen verwenden zu Hause geringe Sorgfalt auf ihre Toilette, und putzen sich nur, wenn sie Gesellschaft bei sich sehen, oder in Gesellschaft gehen, also mit einem Worte: sie entfalten ihre Reize und ihren Putz mehr um Anderen als um ihrem eigenen Manne dadurch zu gefallen, und der Mann seinerseits sieht es mit Stolz und Befriedigung, daß seine Frau von andern Männern als eine schöne und elegante Erscheinung bewundert wird. Der Morgenländer dagegen hält es für recht und sittlich, streng darüber zu wachen, daß die Reize seiner Frau keine sündigen Begierden in den Herzen anderer Männer erwecken, und darum muß seine Frau beim Ausgehen ihre zierlichen Füßchen in möglichst großen Stiefeln und ihren feinen Wuchs in möglichst weiten Gewändern verbergen, während sie vom Gesichte nichts sehen lassen darf als was sie selbst zum Sehen braucht: die Augen. Zu Hause aber muß sie so feine und elegante Pantoffeln tragen, wie man dergleichen bei uns nur als Seltenheiten sieht, und muß überhaupt ihren Körper mit einer Sorgfalt baden, salben, pflegen und bekleiden, wie etwas Aehnliches bei uns ebenfalls nicht zu der Regel gehört.

Das Sittliche und Gute was diesem Brauche zu Grunde liegt, wird aber wieder aufgehoben durch den Mißbrauch der Vielweiberei, der, wie man es nicht genug wiederholen kann, die Quelle alles Uebels ist, weil er kein rechtes Familienleben aufkommen läßt und dadurch dem Staate seine beste und dauerndste Grundlage nimmt.

Freilich läßt der tatarische Lustspieldichter Mirza-Feth-Ali-Achundow in Tiflis einen seiner Helden sagen: die Vielweiberei, wie sie bei ihnen herrsche, sei nicht schlimmer als die Vielmännerei bei den Franzosen: »Die Vielweiberei bedeutet, daß ein Mann an einer Frau nicht genug hat, und die Vielmännerei bedeutet, daß eine Frau sich nicht mit einem Manne begnügt. Die erstere Sitte herrscht bei uns, und die letztere herrscht in Paris . . . .«

Daß etwas Wahres darin liegt, läßt sich (auch über die Grenzen von Paris hinaus) nicht läugnen, nur muß hinzugefügt werden, daß die »Vielmännerei« bei uns unter allen Umständen als etwas Unerlaubtes, Ungesetzliches und Strafwürdiges betrachtet wird, während die »Vielweiberei« im Morgenlande durch Religion, Brauch und Sitte geheiligt erscheint und deshalb um so verderblicher in ihren Folgen wirkt, weil kein Gesetz ihr abschreckend und strafend entgegentreten kann.

Auch liegt es wahrlich nicht an den Frauen des Orients, daß sie die »Vielmännerei« nicht mehr treiben als sie thun. Anlage und Lust dazu sind gewiß in hohem Grade bei ihnen vorhanden, und nichts fehlt als die — Gelegenheit! Wo diese sich darbietet, wird sie schwerlich unbenutzt gelassen. Auch lassen die Frauen kein Mittel unversucht, um die Schwierigkeiten zu beseitigen, welche ihrem Verkehr mit Männern im Wege stehen, trotz aller Gefahren, welche ihnen dabei drohen. Mit Hülfe der Blumensprache, vermittelnder Derwische und bestechlicher Dienstboten wird manche geheime Verbindung angeknüpft und manche verbotene Liebesblume auf den Beeten des Harems gezogen.

Wie dem immer sein möge: die Lebensfreuden sind den Frauen des Morgenlandes karg zugemessen. Gewöhnlich ist die Zeit ihrer Blüthe schon mit dem dreißigsten Jahre dahin, und an einer Asiatin, die nicht mehr durch Schönheit reizt, ist sonst wenig Reizendes zu entdecken. Das Gesicht welkt zusammen, der Charakter verbittert sich und die Stimme wird so widerlich kreischend, daß sie gleichsam allen menschlichen Ausdruck verliert.

Dreissigstes Kapitel.

Tiflis im Winter. Salon- und Volksleben.

Ich habe Euch bis jetzt Tiflis und seine Bewohner immer nur an schönen Frühlingstagen und aus verklärender Ferne gezeigt; — laßt uns nun die Bilder einmal zu einer andern Jahreszeit, und in der Nähe betrachten.

Es ist Winter. Wir haben zur Nacht ein paar Grad Kälte gehabt; dem schon zu dicker Schicht angewachsenen Schnee droht noch anderer zu folgen; der Himmel ist grau umwölkt und benimmt alle Aussicht auf die Gebirge; kaum noch bemerkt man aus der Ferne die hohe Bergveste von Tiflis, die so unheimlich aussieht, als wolle sie mit ihrem Schneemantel alle die blutigen Erinnerungen verhüllen, welche vergangene Jahrhunderte in ihr zurückgelassen. Der Winterschmuck steht ihr schlecht, wie ihrer ganzen Umgebung.

Die Kälte ist hier für einen Nordländer doppelt empfindlich und unangenehm, weil er fast gar keine schützenden Vorkehrungen dagegen findet. Dennoch wünschte ich immer bei der steigenden Wärme des vorrückenden Tages die Kälte des Morgens zurück, denn wenn die Sonne auf ein paar Stunden den Wolkenschleier zerreißt, so wird die ganze Stadt in ein Schmutzmeer verwandelt.

Der Morgens von den Dächern der Häuser heruntergeschaufelte Schnee häuft sich in den engen, krummen Gassen zu förmlichen Hügeln an, und bildet, durchknetet von Sonnenblicken und Kameeltritten, eine so unergründliche Masse, daß ein Fußgänger bei jedem Schritte tief einsinkt, und selbst der bestbespannte Wagen Mühe hat durchzukommen.

Aber dies ist noch die schönste Seite des Winters, die höchstens ein paar Wochen dauert, während welcher man doch wenigstens Morgens und Abends ausgehen kann, wenn durch die Kälte der Schmutz eine gewisse Festigkeit gewinnt.

Die eigentliche Dreck-Saison beginnt erst, wenn die Nachtfröste und Schneegestöber ganz aufgehört haben.

Die Luft ist warm, wo die Stadt von den sie umschließenden Bergen geschützt wird; aber dort, wo die Berge sich spalten, weht vom Kaukasus her, in selten unterbrochener Furchtbarkeit, ein schneidend kalter Wind, der die Hauptstraße von Tiflis durchheult, und auch auf dem Taurischen und Eriwan'schen Platze oft das Gehen unmöglich macht.

Durch den geschmolzenen Schnee und die häufigen Regengüsse sind die ungepflasterten Straßen oft zwei bis drei Fuß tief schmutzunterwühlt, und an tieferen Stellen ganz unter Wasser gesetzt. Während dieser Zeit — und man kann auf das Jahr immer ein paar Monate rechnen — wird jede Wanderung durch die Stadt zu einem gefährlichen Wagestück, denn selbst wer sich eines Pferdes, eines Esels, oder einer Droschke als Transportmittel bedient, kommt in Gefahr, ein unfreiwilliges Kothbad zu nehmen.

Daß unter solchen Umständen an Reinlichkeit in Kleidung und Wohnung bei der ärmeren Volksklasse, woraus doch die große Mehrzahl der Einwohner besteht, nicht zu denken ist, bedarf kaum der Erwähnung.

Ueberhaupt kennt man hier, selbst bei den höheren Ständen, mit Ausnahme derjenigen Georgier, welche sich schon ganz den europäischen Sitten anbequemt haben, keine Reinlichkeit in unserm Sinne des Wortes.

Die warmen, von Zeit zu Zeit genommenen Bäder müssen die ins Einzelne gehende Sauberkeit, wie häufigen Wechsel der Wäsche u. s. w. ersetzen.

Ich lasse es bei diesen allgemeinen Andeutungen genügen, denn so reizend es ist, eine feine und duftige Frauentoilette bis in ihre Innerlichkeiten zu verfolgen, so unerquicklich dürfte es sein, desgleichen zu thun, wo das Saubere und Feine sich blos nach Außen kehrt, wie bei der Mehrzahl der georgischen und armenischen Damen.

Die der Zahl nach schwer zu bestimmende, im Durchschnitt der verschiedenen Angaben etwa 35000 Menschen starke Bevölkerung von Tiflis, besteht in ihren Hauptelementen aus Georgiern, Armeniern, Russen, Deutschen und Persern. In geringerer Anzahl findet man Tataren, Juden, Zigeuner, Kurden, Lesghier, Osseten, Mingrelier, Imerier, Gurier, Tuschen und viele andere Gebirgsvölker vertreten. Einzelne Franzosen und Schweizer haben sich am Eriwan'schen Platze und in den angrenzenden Straßen als Perückenmacher und Zuckerbäcker für die vornehme Welt niedergelassen.

Diese vornehme Welt von Tiflis besteht wesentlich aus den russischen Beamten und Offizieren von höherem Range, um welche sich die reicheren georgischen und armenischen Fürstenfamilien, wie die Eristaff, Tumanoff, Tschawtschewadsé, Karganoff, Andronikoff, Orbélian u. s. f., so wie die vielen nachgebliebenen Prinzen und Prinzessinnen des alten georgischen Königshauses schaaren.

(Wundere sich der sprachenkundige Leser nicht über die häufig vorkommende russische Endung o f f bei den georgischen und armenischen Namen: — die Russen treiben ihr Eroberungssystem gründlich, und unterwerfen selbst die Namen ihrer Vasallen gewaltsamen Veränderungen. Jene Endsylbe o f f ist bei allen armenischen und georgischen Namen ein rein russisches Anhängsel, wo es ausgelassen ist, haben sich die betreffenden

Familien der Russificirung ihres Namens widersetzt. So heißen
z. B. einige Mitglieder des alten georgischen Fürstenhauses
Orbélian: Orbélianoff. Sogar der Fürstentitel der
Herrscher von Mingrelien, Dadian, ist für einen in Ruß-
land lebenden Zweig der Familie in Dadianoff umgewandelt.
Dasselbe gilt von einem Zweige der Familie von Rosen:
Rosenoff u. s. w.)

Das Leben in den Salons von Tiflis unterscheidet sich
in nichts Wesentlichem von dem Salonleben der größeren
Städte Europa's. Nur bei feierlichen Gelegenheiten, an Gra-
tulationstagen, auf großen Bällen im Pallaste des Statthalters u. dergl. entfaltet sich eine Pracht und Mannigfaltigkeit
der Kleidung, wie ich selbst in Konstantinopel und Paris nichts
Aehnliches gesehen habe.

Zu den großen Bällen im Sardaarpalaste werden gewöhnlich ein paar tausend Personen geladen. Die georgischen
Damen erscheinen dabei so reich geschmückt, daß sie buchstäblich
ihr ganzes Vermögen in Perlen, Edelsteinen und kostbaren
Stoffen zur Schau tragen. — Ja, ich habe Damen gekannt,
welche aus der ganzen Nachbarschaft Schmucksachen zusammen-
borgten, um recht glänzen zu können auf den großen Bällen
von Tiflis.

Während die tanzende Welt sich in der Mitte des großen
Saales bewegt, sitzen rund umher an den Wänden die stolzen
nicht tanzenden asiatischen Gäste, im silbernen Gürtel die
blitzenden Dolche, als ob es zum Kampfe ginge.

Hier, neben dem hochgewachsenen Tscherkessenhäuptling,
der sich eine Zeitlang den Russen unterworfen, um bei günstiger
Gelegenheit wieder loszuschlagen gegen seine Erbfeinde, sitzt,
bedeckt mit der schwarzen, phrygischen Mütze, im blauen Talar
der persische Muschtahid (Oberpriester), so feierlichen Antlitzes, als ob er die Gläubigen ermahnen wolle zum Gebet.

Jener langgewachsene Mann dort, mit den welken, ge-

bräunten Wangen, und dem scharlachrothen Gewande, ist der
Fürst der Truchmenen, der sich vor Kurzem ebenfalls mit seinem
Stamme dem großen Padischah der Moskow unterworfen hat,
und jetzt geblendet von dem ihn umgebenden Glanze nicht
weiß, wohin er sein staunendes Auge wenden soll, inmitten
der luftigen, von Juwelen schimmernden Peris, die so lieblich
umherspringen und die Männer umfassen im Tanze, als wäre
das ganze Haus ihr Harem und jeder Gast ihr Geliebter.

Der breitschultrige Mann dort, mit den geschlitzten Augen,
dem rothgefärbten Barte, und dem silberumbrämten Waffen-
rocke, ist ein Tatarenchan aus dem Daghestan. Er hält
seine, an den Fingerspitzen mit Chenna blaugefärbte Hand
an den langen Kinshal (Dolch) und denkt: Allah ist groß,
und seine Wege sind wunderbar, daß er meine Schritte geleitet in die Gemächer der Schönheit, wo die Frauen in den
Gewändern der Pracht, auf den Füßen des Leichtsinns umherspringen, vor den Blicken der fremden Männer, ohne
Schleier und Scham, als ob ihre eigenen Männer sie nichts
kümmerten!

Jener schlanke, junge Mann dort, mit dem stolzen Gesichte und den dunklen Augen, der, sich über die Sitten seines
Landes hinwegsetzend, mit der jungen Fürstin Orbélian den
anmuthigen Nationaltanz, die Lesghinka, tanzt, ist Daniel,
der Sultan von Jelissui.

Die ganze Damenwelt betrachtet seine schöne Gestalt,
seine leichten Bewegungen mit Freude und Wohlgefallen; die
gläubigen Moslem aber sehen zornigen Blickes auf ihn und
— dieser Eine Tanz hat ihm Land und Thron gekostet!

Ich hatte versprochen, ihn in Jelissui zu besuchen, und
unterweges erfuhr ich, daß sein Volk ein furchtbares Blutbad
angerichtet, die Russen aus dem Lande gejagt, und daß Sultan
Daniel seine Zuflucht zu Schamyl genommen habe, dessen
Erster Naib er noch jetzt ist.

In meiner Geschichte der kaukasischen Kriege und in meinem Epos: »Ada, die Lesghierin« findet der Leser ausführlichere Notizen über diese Vorgänge.

Wir steigen jetzt herab aus den prachtvollen Sälen des Sardaarpalastes, um zu sehen, wie sich das Volk auf der Straße belustigt. Denn in Tiflis giebt es keine geschlossenen Lokale zur Belustigung der arbeitenden Klassen.

Nicht einmal Kaffeehäuser findet man hier, wie in Konstantinopel und Smyrna.

Die **Duchans** (Schenken) sind ganz kleine Winkelkneipen, welche nur von ärmeren Leuten besucht werden, und gerade Platz genug bieten für den Duchantschik (Schenkwirth), seine Weinkrüge und einige Kunden.

(**Weinkrüge** sage ich, weil der Wein in Georgien nicht in Fässern, sondern in Krügen aufbewahrt und in Burduks [Schläuchen], inwendig mit Naphtha bestrichen, transportirt wird.

Diese Krüge ähneln in Gestalt den etruskischen und kommen an Größe unsern Weinfässern gleich.

Besonders in **Kacheti**, dem eigentlichen Weinlande, findet man solche, in die Erde gemauerte Krüge, von ungeheurer Weite und Höhe. Die deutschen Einwanderer sind hierin, wie in Allem, dem Brauche der Heimat treu geblieben und bewahren ihren Wein in Fässern auf.)

Die eigentlichen Volksvergnügungen sind: der Dsherrid (das bekannte Scheinturnier), der Faustkampf, das Strickspiel, der Tanz und die Jagd.

Der Dsherrid und der Faustkampf, wobei die meist breitschultrigen und hochgewachsenen Georgier eine staunenswerthe Kraft und Gewandtheit des Körpers entwickeln, wurde während meines Aufenthalts in Tiflis von der russischen Regierung verboten, angeblich, weil zu häufig Verwundungen dabei vorfielen, in der That aber aus demselben Grunde, welcher früher bei uns das Turnen zu einem strafbaren Vergnügen machte.

Die beiden erstgenannten kriegerischen Ergötzlichkeiten wurden immer auf freiem Felde, vor den Thoren der Stadt, unter Zudrang der ganzen kampffähigen Männerwelt, mit Einschluß der Fürsten und Vornehmen des Volkes, abgehalten.

Das Strick- oder Prügelspiel hingegen ist ein bloßes Straßenvergnügen der ärmeren Volksklasse.

Die Spielenden theilen sich in Vertheidiger und Angreifende.

Von den Vertheidigern hat Jeder zwischen den weit ausgestreckten Beinen ein dickes, etwa drei Ellen langes Strick liegen, welches die Andern ihm durch List oder Gewalt zu entreißen suchen.

Die über den Stricken Stehenden wissen jedoch ihren Schatz so hartnäckig und ausdauernd zu vertheidigen, daß die Angreifenden eine Menge Rippenstöße und Fußtritte davon tragen, ehe sie, nach langem Ringen, zum Ziele kommen.

Haben sie sich jedoch endlich der Stricke bemächtigt, so steht ihnen das Recht zu, denen, welchen sie dieselben entrissen, den Rücken damit zu gerben, was denn auch auf die unbarmherzigste Weise, obschon unter lautem Gelächter von beiden Seiten, geschieht.

Sind alle Stricke geraubt, so geht das Spiel von Neuem an, indem die vertheidigende Partei sich alsdann in die angreifende verwandelt.

Es wird einem Europäer ganz seltsam zu Muthe, beim Anschauen dieses wilden Gezerrs und Geprügels.

Die Georgier vergessen dabei, wie beim Dsherrid und Faustkampfe, ganz die ihnen scheinbar angeborne Trägheit. Alles ist Leben und Feuer. Die Füße in den hochhackigen, enganschließenden Schnabelstiefeln, drehen und heben sich mit unnachahmbarer Schnelligkeit; die großen, meist dunklen Augen rollen spähend nach allen Seiten hin; der schlanke Körper biegt und hebt sich mit wunderbarer Elastizität, und die prügel-austheilenden, unter weitaufgeschlitzten Aermeln hervorragenden Arme ergehen sich in den anmuthigsten Bewegungen.

Eine andere Belustigung der Georgier besteht darin, daß sie ihre schwarzen Schafpelzmützen (welche sich von den persischen nur dadurch unterscheiden, daß sie nicht so hoch und spitz aus-laufen) hoch in die Luft werfen und mit den Köpfen, ohne alle Betheiligung der Hände, wiederfangen, und zwar so geschickt, daß nur in äußerst seltenen Fällen eine Mütze vorbei und zur Erde fällt. Kommt ein solcher Fall doch einmal vor, so hat der Schleuderer und Besitzer der Mütze eine gute Weile das Spottge-lächter der Umstehenden für seine Ungeschicklichkeit zu ertragen.

Bei abendlichen Spaziergängen auf dem Awlabar, oder nach der, vor der Stadt gelegenen, deutschen Kolonie Neu-Tiflis, hat man auch häufig Gelegenheit, den ganz dem griechischen Choros ähnlichen Lieblingstanz der Georgier zu sehen.

Eine Anzahl Männer bilden einen großen Kreis; Jeder legt die Hände auf die Schultern seiner Nachbaren, und so drehen sie sich singend in der Runde umher, unter lautem, taktmäßigem Händegeklatsch und Zurufen der Umstehenden.

Die Lieder, welche man bei solchen Gelegenheiten hört, stammen meist aus der alten Zeit und sind gewöhnlich weit werthvoller, als die Erzeugnisse der georgischen Kunstpoesie.

Z. B. der schmucke Bursch erzählt seinen Freunden, wie er heimkehren wollte Abends vom Trinkgelag, wo sie gesessen und sich ergötzt haben an Wein und Gesang, neun volle Stunden. Warum tranken sie so lange? Dumme Frage! Sie bezahlten nichts dafür, weil die Frau des Wirths einen Sohn bekommen; und es war große Freude im Hause über den Segen, der der Frau widerfahren, denn sie hatte nur Töchter bis dahin. Und es wurde den Gästen Wein gespen-det in Fülle; zehn Tunga's[30]) rother Kachetiner!

Und als der schmucke Bursch geschwankt kam vor das Haus der Liebsten, fiel er nieder. Und sie stand auf dem Dache und zürnte und schmähete ihn, denn es war Niemand in der Nähe. Und er antwortete:

»Trunken bin ich, Kind! aber trunken von Liebe!«

»Nein, der Wein hat Dich niedergeworfen, Du Trunkenbold!«

»So richte mich wieder auf durch die Liebe! Siehe, es war große Freude im Hause des Wirths, weil die Frau einen Sohn bekommen; denn sie hatte nur Töchter! Und wenn Du zürnst über solchen Segen, so wird der Himmel Dir wieder zürnen, und Dir solchen Segen versagen!«

Und sie lächelte und warf ein Kissen vom Dache, und verschwand. Wozu braucht man ein Kissen? Um darauf zu schlafen. Wozu warf sie es herunter? Weil das Kissen für ihr Köpfchen zu groß war; es verlangte ihr nach einem andern Kopfe dazu; zwei Köpfe aber auf Einem Kissen bedeuten Mann und Frau! —

Es muß hier ergänzend bemerkt werden, daß es bei den Georgiern, wie bei den Armeniern, als böse Vorbedeutung gilt, wenn das erste Kind in der Ehe ein Mädchen ist; ganz unglücklich aber fühlt sich das Ehepaar, wenn mehrere Mädchen auf einander folgen. Eine Georgierin wagt sich kaum zu zeigen vor den Menschen, wenn sie nur Mutter von Töchtern ist. Wird aber ein Knabe geboren, so ist der Jubel groß, und Festgelage und Schmausereien werden gegeben zur Ehre des Kindes und der Mutter.

Die Tänze des weiblichen Geschlechts (d. h. der Mädchen, denn für verheirathete Frauen gilt das Tanzen hier zu Lande als etwas höchst Unanständiges) unterscheiden sich wesentlich von denen der Männer.

Entweder tanzt eine junge Georgierin allein auf dem Dache — ihres würfelförmig gebauten Hauses — zum Klange des Tamburins, welches sie geschickt in die Höhe wirft und wiederfängt, während sie in den anmuthigen Bewegungen ihres Körpers gleichsam alle Geheimnisse des Herzens auszudrücken sucht, — oder es stellen sich zwei junge Mädchen einander gegenüber und tanzen, ebenfalls zum Klange des Tamburins, und von dem Händegeklatsch der umstehenden Zuschauerinnen begleitet, die Lesghinka, den Fandango-ähnlichen, schon früher beschriebenen kaukasischen Nationaltanz.

Bei festlichen Gelegenheiten bilden sich, — während die jungen Männer in einiger Entfernung mit entblößten Füßen und abgeworfenen Oberkleidern im Faustkampf ringen, oder übereinander wegspringen, — zwei lange Reihen von Tänzerinnen, aus welchen nacheinander einzeln ein paar junge Mädchen vortreten, die Eine der Andern — das Tamburin in der Hand und mit niedergeschlagenen Augen — entgegenhüpfend, sie kreisförmig umschwebend und sich in den lieblichsten Fuß- und Armbewegungen ergehend.

Diese Tänze der jungen Georgierinnen gehören zu den liebsten Erinnerungsbildern des Reisenden, dem es vergönnt war, sie bei festlichen Gelegenheiten im Innern des Landes, oder in warmen Mondscheinnächten auf den Dächern der Häuser von Tiflis zu sehen . . . .

Die Vergnügungen der georgischen Männer sind alle mehr oder weniger lärmender Natur, sei es nun, daß sie sich singend im Tanze drehen, sich am Strickspiel, Mützenwerfen oder Faustkampf ergötzen, im kriegerischen Reiterspiel den Dsherrid schleudern, oder beim Trinkgelage sitzen und das silberbeschlagene Büffelhorn im Kreise herumgehen lassen. Das Trinken bildet am Ende doch der Georgier liebstes und vornehmstes Vergnügen, und sicher thun sie's darin allen Völkern des Erdballs zuvor, obgleich man wiederum in keinem Lande so selten einen Betrunkenen sieht wie in Georgien, hauptsächlich wohl, weil der Wein im Lande so billig und gut ist, daß er die Leute vom

Schnapstrinken, der Quelle roher Gemüthserregungen, abhält. Begegnet man einmal Abends einem Betrunkenen in den Straßen von Tiflis, so kann man immer Hundert gegen Eins wetten, daß es kein weintrinkender Georgier, sondern ein schnapstrinkender Russe ist.

Ich habe schon früher bemerkt, daß die georgischen Trinkgelage gewöhnlich durch Sänger und Sasandare (Spieler der Saß) verherrlicht werden. Diese herumziehenden Sänger lassen sich auch häufig auf den Straßen, öffentlichen Plätzen, und besonders auf dem Bazar hören und finden allezeit ein zahlreiches und aufmerksames Publikum. Die Lieder welche sie singen, sind meistens von ihnen selbst erdacht und stehen durchschnittlich etwa auf einer Stufe mit den auf unseren Jahrmärkten abgeorgelten Gesängen. Doch findet sich auch manche poetische Perle darunter, welche die Georgier wohl von dem gewöhnlichen Singsang des Tages zu unterscheiden wissen und im Gedächtnisse bewahren. Da man lyrische Poesie nicht wohl beschreiben, sondern nur durch Beispiele veranschaulichen kann, so lasse ich hier eines der besseren georgischen Volkslieder in möglichst wortgetreuer und sorgfältiger Uebersetzung folgen:

Georgisches Lied.

Seele, jüngst im Paradies geboren,
Seele, mir zur Seligkeit erkoren,
Seele, der Unsterblichkeit gegeben:
Glück erwarte ich von Dir und Leben!

Grüner Frühling, frisch und duftig blühend,
Mond, so hell am reinen Himmel glühend, —
Engel, zur Erlösung mir gegeben:
Glück erwarte ich von Euch und Leben!

Maid, wie lieblich bist Du von Geberden!
Sieh, kein Welterob'rer will ich werden,
Nur zu Dir laß mich den Blick erheben:
Glück erwarte ich von Dir und Leben!

Lieblingskind der Schöpfung! makellose,
Wonnevolle frische Bergesrose,
Hin zu Dir geht all mein Denken, Streben;
Glück erwarte ich von Dir und Leben!

* * *

Wenn solches Lied mit Begleitung des Instruments vom Sasandar vorgetragen wird, so singen alle Umstehenden den Refrain, wodurch zuweilen ein Lärm entsteht, wie ihn nur asiatische Ohren zu ertragen vermögen. Während meines Aufenthalts in Tiflis saß tagtäglich ein alter blinder georgischer Sasandar — der, wie die meisten seiner Zunft, zugleich Improvisator war — in einer Ecke des großen armenischen Bazars, und sang dort, bald allein, bald umdrängt von einem Haufen theilnehmender Zuhörer, mit zitternder Stimme seine melancholischen Lieder. Neben ihm auf der Erde lag ein altes Tuch ausgebreitet, zum Empfange der kleinen Geldgaben, welche mitleidige Seelen ihm spendeten, und welche die einzige Quelle seines Unterhaltes bildeten.

Ein ergötzlicheres Bild als der Anblick dieses armen, blinden Greises bot, fesselte mich einst auf der Rückkehr vom Bazar in meine Wohnung. Auf dem Dache eines kleinen, kaum acht Fuß über die Erde emporsteigenden Hauses stand ein Mann, der, ohne sich darum zu kümmern, ob ihm Jemand zuhörte, aus Leibeskräften in die Welt hineinsang, mit einer Stimme, die einer besseren Schule würdig gewesen wäre als er durchgemacht zu haben schien.

Ich war schon eine gute Weile sein staunender Zuhörer gewesen, ohne von ihm bemerkt zu werden, als sich plötzlich eine andere, nicht minder kräftige Stimme von der Straße her vernehmen ließ. Wenige Schritte vom Hause entfernt stand ein Mann, der scheinbar in drohender Bewegung nach dem Dache hinaufgestikulirte und dabei Verse sang, deren Inhalt ich leider nicht verstehen konnte, die aber jedenfalls auf den obenstehenden Sänger gemünzt waren, da dieser sofort eine heftige Entgegnung vom Dache heruntersang. Das seltsame Duett wurde immer lebendiger und lauter und lockte nach und nach eine Menge Leute in die sonst wenig belebte Gasse. Der Muth und die Sicherheit des untenstehenden Sängers schien mit der Zahl seiner Zuhörer zu wachsen, denn er improvisirte nun mit einer Geläufigkeit und Ausdauer, die seinen Gegner in die größte Aufregung versetzte und ihn lange gar nicht zu Worte kommen ließ. Halb in Verzweiflung verwandelte der auf dem Dache Stehende seinen Gesang in ein förmliches Gebrüll, fing an zu husten, blieb stecken, wurde verlegen, schlug sich vor die Stirn, und stand da in höchst komischer Stellung, mit offenem Munde, gespreizten Beinen und vorgestreckten Armen, unfähig weiter zu singen, während der untenstehende Sieger und das Volk ihn durch ein weithinschallendes, langanhaltendes Gelächter verhöhnten.

* * *

Die heißen Bäder von Tiflis spielen zwar im Winter nicht dieselbe Rolle wie im Sommer, wo sie, nach dem Grundsatz, daß Hitze durch Hitze vertrieben werden müsse, als tägliches Abkühlungsmittel gebraucht werden, — aber wenigstens einmal in der Woche geht auch im Winter jede Georgierin und Armenierin in's Bad und bringt dann sicher auch die besten Stunden des Tages darin zu. Natürlich sind Vorkehrungen getroffen, um den Frauen in den Bädern störende Begegnungen mit Männern zu ersparen, und es dürfte wohl selten einem Reisenden, selbst bei längerem Aufenthalte in Tiflis, vergönnt gewesen sein eines Anblick zu genießen, wie Alexander Puschkin, als er zum Erstenmal ein georgisches Bad besuchte. »Am Eingange des Bades — erzählt Puschkin — saß der Eigenthümer, ein alter Perser. Er öffnete mir die Thür; ich trat in ein weites, gewölbtes Gemach, und — welch Schauspiel bot sich hier meinen Blicken dar! Mehr als funfzig Frauen, junge und alte, halb- und ganz entkleidete, theils an der Wand stehend, theils sitzend, theils auf den Pritschen liegend, die Eine mit An-, die andere mit Auskleiden beschäftigt, füllten das Gemach aus. — Kommen Sie, kommen Sie! — sagte der Alte — heute ist Dienstag, heute ist Frauentag. Nun, ein großes Unglück ist es übrigens nicht! — »Durchaus kein Unglück! im Gegentheil!« erwiederte ich und blieb noch ein Kurzes stehen. Unser Anblick schien auf die Frauen nicht den geringsten Eindruck zu machen. Sie fuhren fort untereinander zu kichern und zu sprechen, wie in dem Augenblick da wir eintraten. Keiner Einzigen fiel es ein, sich mit ihrer Tschadra zu verhüllen; keine einzige ließ sich im Auskleiden stören. Es kam mir fast vor, als wäre ich den Frauen unsichtbar geblieben. Viele unter ihnen waren in der That herrlich und bewahrheiteten die Verse Thomas Moore's in seiner Lalla Rookh:

> — a lovely Georgian maid,
> With all the bloom, the freshen'd glow
> Of her own country maidens' looks,
> When warm they rise from Teflis' brooks.

Dagegen habe ich nie etwas Abschreckenderes gesehen als die alten Georgierinnen: das sind wahre Hexen.«[31] — — —

Die warmen Mineralquellen von Tiflis — alt- und weitberühmt durch ihre heilsame Wirksamkeit gegen Rheumatismen, Flechten, Kontrakturen u. s. w. — entspringen am südlichen Ende der Stadt, wo sie am Fuße des Narikalé zwischen den Kalksteinschichten in großer Menge hervorsprudeln und durch messingene Röhren in die steinernen, fast würfelförmig ausgehauenen Bassins der weitausgedehnten, kuppelbedeckten Badehäuser geleitet werden.

Die Temperatur der Bäder ist, in verschiedenen, durch Luftwechsel nur wenig beeinträchtigten Abstufungen von 19 bis zu 37 Grad Réaumûr.**)

Wer die Bäder nur zu seiner Hautreinigung benutzt, hat folgende Operation durchzugehen:

Zuerst muß der Badende in ein Bassin — so heiß er es irgend vertragen kann — hinabsteigen, und so lange darin sitzen bleiben, bis er sich in starker Transpiration befindet. Dann wird er auf ein Brett — eine Art Pritsche — gelegt und von dem Badediener — wozu man in Tiflis gewöhnlich handfeste Tataren nimmt — so kräftig abgerieben, daß dem Zuschauer solcher Operation angst und bange wird, während der Geriebene sich sehr wohl dabei befindet. Hierauf nimmt der Badediener eine aus feiner Leinwand oder Seide gefertigte, mit wohlriechendem Seifenschaum angefüllte Blase und schlägt damit so lange auf den badenden Dulder los, bis dieser ganz mit Seifenschaum bedeckt ist. Nun fängt das Reiben wieder an, welches bald mit bloßer Faust, bald mit einem grobseidenen Fausthandschuh geschieht, und nachdem der Körper so nach allen Richtungen förmlich durchgeknetet ist, wird er mit lauwarmem Wasser übergossen und von dem Schaume befreit. Der Badediener reckt und biegt an allen Gliedern, Knöcheln und Gelenken, daß der Neuling immer in der Furcht schwebt, das Bein, der Arm, oder der Finger, an welchem eben gebogen oder gereckt wird, müsse abbrechen. Der Körper hat aber durch das Transpiriren, den Seifenschaum und das Baden eine solche Geschmeidigkeit erlangt, daß die anscheinend halsbrecherische Operation ganz ohne Schmerz und Gefahr vorübergeht. Zur Vollendung seines Werkes gleitet der Badediener in gebückter Stellung und mit großer Geschicklichkeit den Körper des erst auf dem Bauch und dann auf dem Rücken ausgestreckt Liegenden hinab. Dann wird der Badende noch einmal eingeseift, abgerieben und abgewaschen, und verläßt nach einigem Ausruhen das Bad so leicht und wohlgemuth, als ob ein neuer Geist in ihn gefahren wäre.

Es muß zum Schlusse hier noch bemerkt werden, daß die Operation nicht immer gerade in derselben Stufenfolge vor sich geht, wie ich sie oben beschrieben habe. Die Einen der Badenden und Bader machen es so, und die Andern anders. Ich überließ mich beim Eintritte in's Bad immer ganz meinem Schicksale und den starken Armen der Badediener. Und so kam es bei dem Einen vor, daß der Anfang mit dem Einsteigen in das Bassin gemacht wurde, während es bei dem Andern geschah, daß man mich erst einseifte, rieb und knetete, bevor man mich in das heiße Wasser hinabsteigen ließ.

Die beiden Hauptpunkte des orientalischen Badens aber: das Reiben und Gliederrenken, bleiben immer dieselben. Das längere oder kürzere Sitzen in den Bassins, und die höhere oder geringere Temperatur des Wassers ist natürlich auch keinen festen Regeln unterworfen, sondern richtet sich ganz danach, wieviel der Badende vertragen kann.

So fühlt sich zum Beispiel ein Georgier sehr behaglich bei einer Wassertemperatur, die einem an solche Badegenüsse nicht gewöhnten Europäer die Haut verbrennen würde. Wie in allen Dingen, thut auch hier die Gewohnheit viel; nur an das stundenlange Verweilen in den heißen Bädern, nach Art der Landeseingebornen, gewöhnt sich der Europäer nicht so leicht.

Einunddreissigstes Kapitel.

Adel-Chan, der letzte Utzmeh von Kaitach.

Es war auf einem der früher beschriebenen, glanzvollen Bälle im Sardaarpallaste zu Tiflis, wo Oberst V... ein äußerst eleganter und feingebildeter Offizier, mich veranlaßte die Bekanntschaft eines Militairs zu machen, dessen dunkles, scharf ausgeprägtes asiatisches Gesicht auffallend mit der enganliegenden, russischen Uniform die er trug, kontrastirte. Die Uniform stand dem stattlichen Manne schlecht; er bewegte sich unbeholfen darin, mit einer gewissen Beklommenheit und Aengstlichkeit, die nicht zu dem männlichen Ausdrucke seines Gesichtes paßte; man sah es ihm an, daß er gewohnt war andere Gewande zu tragen. Der neben ihm stehende Oberst dagegen erschien wie geboren mit seiner Uniform, oder wie hineingewachsen, so war Alles aus Einem Gusse, Mann und Kleid. Um so mehr sprang das Unzusammengehörige zwischen Physiognomie und Kleidung des Andern in die Augen. Ich machte dem Obersten, als wir den uniformirten Asiaten aus dem Gesicht verloren, meine Glossen darüber und schloß mit der Bemerkung: wie es bei naturwüchsigen Menschen, und seien sie noch so schön und elastisch von Körper, doch einen eigenen Schliff und eine lange Gewohnheit erfordere, in unserer steifen Uniform, oder auch in unserm Frackanzuge sich ungezwungen zu bewegen, und wie gerade die ausdrucksvollsten Gesichter am wenigsten zu den Zwangsjacken der Mode paßten.

Der Oberst schien mich nicht recht zu verstehen, obgleich ich ihm meine Worte an einer Menge lebendiger Beispiele klar zu machen suchte. Da waren georgische und armenische Fürsten, die sich in ihrer kleidsamen Nationaltracht gar stattlich ausnahmen, während andere, die ihnen in Schönheit der Gestalt nicht nachstanden, doch wie Karrikaturen daneben erschienen, blos weil sie europäische Kleidung trugen.

Mein militairischer Freund hatte keinen Sinn für malerische Gewandung. Seine Schönheitsbegriffe gingen nicht hinaus über die gewöhnlichen Ansprüche der Eleganz, und das, was man im Salonskauderwelsch »comme il faut« nennt. Von diesem Standpunkte aus erschien ihm ein modisch zugestutzter Frack und eine gutsitzende Uniform schöner als alles Uebrige, und was in diese Bildungshülle nicht recht paßte, war ihm eben nicht »comme il faut«. Es liege aber — meinte er ganz richtig — im Interesse der russischen Regierung, die Fürsten und Vornehmen der unterworfenen Völkerschaften an das Tragen des Fracks und der Uniform zu gewöhnen, da ihr Beispiel mächtig auf die unteren Klassen zurückwirke und ein Volk mit seiner Nationaltracht auch mehr oder minder seinen nationalen Sinn abstreife. »Doch — fügte er hinzu — wir sind über Ihre Bemerkungen ganz von dem abgekommen, was ich eigentlich beabsichtigte, als ich Sie mit jenem Asiaten in russischer Uniform bekannt machte. Es ist dies ein, seiner wundersamen Schicksale wegen merkwürdiger Mann, der letzte Sprößling einer alten Fürstenfamilie aus dem Daghestan, deren tragische Geschichte tiefere Blicke in die Innerlichkeit des Lebens und der Zustände dieser Bergvölker thun läßt, als die längsten Reisebeschreibungen. Ich wollte Sie erst mit Dshamow-Beg (dies ist der Name des Fürsten) persönlich bekannt machen, und Ihnen dann die Geschichte seiner Familie erzählen, um Ihre Bewunderung für die Heldenvölker des Kaukasus in etwas auf das rechte Maß zurückzuführen.«

Die Worte des Obersten verfehlten nicht, meine Neugier rege zu machen, die durch seine Erzählung, welche Dshamow-Beg selbst theilweise ergänzte, vollständig befriedigt wurde.

Indeß, schon am folgenden Tage, als ich das Gehörte meinem Tagebuche zu dauerndem Gedächtnisse anvertrauen wollte, hatte ich viele Einzelheiten und Namen wieder vergessen. Der Oberst war nun so freundlich mir eine Abschrift aller darauf bezüglichen Berichte und Dokumente zu verschaffen, welche das Material zu nachstehender Geschichte lieferten, bei deren Erzählung ich mich alles poetischen Schmucks in Bild und Wort enthalten werde, um die Wahrheit in keiner Weise zu beeinträchtigen. Was ich biete, soll nichts sein, als ein klarer, zusammenhängender Bericht erwiesener Thatsachen.

* * *

Im Daghestan, dem heutigen Schauplatze des russisch-kaukasischen Krieges, liegt — nordwestlich von Derbent und nördlich von Tabassaran — ein blühendes, fruchtbares Ländchen, reich an Holz, Obst und Getreide, und wegen seines fetten, schwarzen Bodens und seiner dunklen Waldungen Kara-Kaitach (d. i. das schwarze Kaitach) genannt.

Bis zum Jahre 1820 bildete Kara-Kaitach, das zu wiederholten Malen selbst dem Andrange des gefürchteten Jermoloff widerstanden, eine für sich bestehende, vollständig unabhängige Herrschaft unter dem Namen Utzmeilik, welche Benennung von dem Worte Utzmey, dem Titel der regierenden Fürsten des Landes, abgeleitet wird.

Zu Anfange des Jahres 1820 wurde russischerseits durch den damals in Derbent stehenden General Madatoff die erste Verbindung mit dem derzeit regierenden Herrscher von Kaitach, Abel-Chan, angeknüpft. Dieser Fürst hatte drei Söhne: Mohammed-Chan, Dshamow-Beg und Utzmar-Chan.

Murtofali, ein Vetter von Abel-Chan, und zugleich dessen Schwager, da er mit einer Schwester des letztgenannten Fürsten verheirathet war, hatte vier Söhne: Bala-Chan, Emir-Hamsa, Bey-Bala und Elder-Beg.

General Madatoff hatte den Auftrag erhalten, den Utzmey von Kaitach zu bewegen, sich und sein Volk dem russischen Scepter zu unterwerfen. Trotz der großen und mannichfaltigen Schwierigkeiten, welche sich der Ausführung dieses Unternehmens entgegenstellten, wußte sich Madatoff durch Drohungen, Versprechungen und Bestechungen seines Auftrags so geschickt zu entledigen, daß er nicht allein Abel-Chan zur Anerkennung der russischen Oberherrschaft überredete, sondern den Fürsten noch bewog, seinen erstgebornen Sohn Mohammed-Chan als Unterpfand seiner Treue den Russen auszuliefern.

Der junge Prinz, welcher mit einer Tochter des als General-Lieutenant in russischen Diensten stehenden Schamchal-Mechti verheirathet war, erhielt die Weisung, in Derbent im Hause und unter der Aufsicht des Generals zu bleiben.

Aus der Befreundung des Utzmey von Kaitach mit Rußland entsprang eine Quelle des Unglücks für Bala-Chan, da Abel-Chan schon seit lange ein Todfeind seines Neffen war und mit Eifer eine Gelegenheit suchte, ihn zu verderben. Er klagte insgeheim Bala-Chan als einen Verräther an, und gebrauchte alle Mittel des Trugs und der Verläumdung, ihn bei der russischen Regierung in ein schlechtes Licht zu setzen; er bezeichnete ihn als einen Aufwiegler des Volks, der all' seinen Einfluß anwende, die Befestigung und Ausdehnung der russischen Macht im Daghestan zu vereiteln; er wußte es durch solche und ähnliche Beschuldigungen endlich dahin zu bringen, daß Bala-Chan vor Gericht gezogen und wie ein gemeiner Verbrecher nach Sibirien verbannt wurde.

Ob diese Beschuldigungen gerecht oder grundlos waren, konnte damals nicht ermittelt werden; genug, die russische

Behörde hatte dem verschmitzten Asiaten ihr Zutrauen geschenkt, und Bala-Chan wurde gestürzt. Zu spät sahen die Russen ein, daß dieses unglücklichen Prinzen mehrfach bewiesene Treue und Anhänglichkeit zu ihnen eben die Ursache von des Utzméy unauslöschlichem Hasse war, und daß alle Beschuldigungen, mit welchen Adel-Chan seinen Neffen überschüttet hatte, als eine treue Schilderung seiner eigenen Gesinnungen angesehen werden konnten.

Kurze Zeit, nachdem Adel-Chan sich den Russen unterworfen hatte, suchte er alle Verbindungen mit ihnen wieder aufzulösen; er zeigte sich niemals in Derbent, und wenn seine Gegenwart dort erfordert wurde, so schlug er sein Lager vor den Thoren der Stadt auf, wo er der sich zu ihm verfügenden Behörde Rechenschaft über seine Verwaltung ablegte und neue Befehle entgegen nahm. Bald auch Reue darüber empfindend, daß er sich hatte überreden lassen, seinen Sohn Mohammed-Chan als Geißel in die Hände der Russen zu liefern, befiehlt er dem jungen Prinzen, sich heimlich durch die Flucht wieder zu befreien. Dieser, dem Willen seines Vaters Folge leistend, sinnt alsobald auf Mittel zur Flucht. Er faßt den Entschluß, eine Mauer des Hauses zu durchbrechen, zieht zu dem Ende einen treuen Diener in sein Geheimniß, welcher die nöthigen Instrumente herbeischafft und seinem Herrn bei der Arbeit treulich zur Hand geht. Schon ist das Werk seinem Ende nahe, und alle Vorbereitungen zur Flucht sind getroffen, als ein Zufall die Sache verräth, in dem Augenblick, wo die Gefangenen zur Nachtzeit ihre Entweichung bewerkstelligen wollen. Der Kommandant, welcher durch seine Spione von dem Vorhaben des jungen Prinzen Kunde erhalten, läßt Mohammed-Chan sogleich in strengern Gewahrsam nehmen und ihn durch 25 Soldaten unter Anführung eines Offiziers bewachen.

Bis zu dieser Zeit hatte der Utzméy, wie schon gesagt,

allen freundschaftlichen Annäherungen mit den Russen auszuweichen gesucht, und war selbst den wiederholten Aufforderungen des Generals Madatoff, sich diesem in Derbent persönlich vorzustellen, nicht nachgekommen. Als er aber Kunde von der Entdeckung der beabsichtigten Flucht seines Sohnes erhielt, und von den strengen Maßregeln, welche man getroffen, um die Wiederholung eines ähnlichen Versuchs unmöglich zu machen, entschloß er sich endlich zu einer persönlichen Unterredung mit Madatoff, machte jedoch die Bedingung dabei, daß die Zusammenkunft außerhalb der Stadt vor sich gehen solle, und daß es ihm (dem Utzméy) erlaubt sei, unter beliebiger Bedeckung zu erscheinen. Diese Bedingung wurde angenommen, und die Zusammenkunft fand im Frühlinge des Jahres 1820 statt.

Der General hatte eine zahlreiche Truppen-Abtheilung vor der Stadt aufgestellt, und begab sich selbst mit einem glänzenden Gefolge zur anberaumten Zeit nach dem zur Zusammenkunft bezeichneten Platze, wo auch bald darauf der Utzméy erschien, gefolgt von tausend trefflich bewaffneten Reitern. Madatoff, der die hier zu spielende Rolle vorher wohl durchdacht hatte, empfing den Herrscher von Kaitach, wie ein Satrap seinen Gebieter. Er überschüttete Adel-Chan mit Ehrenbezeugungen aller Art, ließ, nachdem die ersten Bewillkommnungen vorüber waren, durch das beorderte Detachement kunstvolle Manöver ausführen, und beobachtete dabei auf's genaueste das unter den Asiatischen Fürsten bestehende altherkömmliche Ceremoniell.

Diesen die Zusammenkunft eröffnenden Festlichkeiten folgte ein vom russischen General veranstaltetes großartiges Mahl, an welchem der Utzméy mit den Vornehmsten seines Gefolges Theil nahm. Unter dem Donner der Kanonen wurde Adel-Chan's Gesundheit ausgebracht; darauf trug man auf einen Wink des Generals die für den Utzméy und sein Gefolge bestimmten prachtvollen Geschenke herbei; wiederum wurde auf

Abel-Chan's Gesundheit getrunken, und von neuem begann
der üppige Schmaus: kurz, Madatoff hatte nichts versäumt
gelassen, der Eigenliebe seines fürstlichen Gastes zu schmeicheln,
seine Augen zu blenden und seinen Magen zu überfüllen.
Doch die größte Ueberraschung war dem Utzméy bis zum Ende
des Mahles aufgespart.

Kaum hatten sich die Gäste von der Tafel erhoben, so
wurde Mohammed-Chan, der bis dahin in so strengem
Gewahrsam gehalten war, frei in die Arme seines Vaters
zurückgeführt. Aber alle diese Freundlichkeiten und Ehrenbezeugungen konnten den tief in der Brust wohnenden Russen-
haß des Asiaten nicht verscheuchen, obgleich Abel-Chan bei
der zu Ende des Festgelages mit Madatoff gepflogenen
Unterredung sein Ehrenwort gab: hinfort jedesmal, wenn die
Behörde es für gut erachte, in Derbent zu erscheinen, allen
zwischen ihm und Madatoff festgestellten Bedingungen getreu
nachzukommen und bis zum Tode ein treuer Vasall des
Kaisers, seines Herrn, zu bleiben.

Kaum war er jedoch mit seinem Sohn zu Hause wieder
angekommen, so befahl er seiner ganzen Familie, sich schleunigst
reisefertig zu machen, ließ Alles, was an Geldern, Schmucksachen
und sonstigen Kostbarkeiten aufzutreiben war, zusammenraffen,
und traf die Anstalten zur Abreise mit solcher Eilfertigkeit,
als ob er stündlich das Hereinbrechen irgend eines drohenden
Ungewitters fürchte. Er flüchtete in das Land des Sultans
von Awarien, und schickte unterwegs einen Boten an Madatoff ab, mit einem Brief dieses Inhalts: »Ich bin bei Euch
erschienen, meinen Sohn zu befreien; mein Sohn ist frei.
Kommt jetzt und herrscht in meinem Lande: Abel-Chan kann
keines andern Fürsten Unterthan sein!«

Es regierte zu jener Zeit in Awarien der Sultan Achmet-
Chan, welcher den Utzméy gastfreundlich aufnahm und ihm
den volkreichen Aoul Balakany, in einem gleichbenannten

Thalkessel gelegen, zum Asyl anwies, alle weitere Hülfe aber seinem Gaste versagte.

Da die Einkünfte, welche Abel-Chan von diesem Aoul bezog, nicht ausreichten, seine Familie zu unterhalten, so sah er sich genöthigt, nach und nach alle von Kaitach mitgenommenen Gelder und Kostbarkeiten zuzusetzen. Inzwischen hatten sich die Russen seines Landes bemächtigt und die Verwaltung desselben dem ihnen treu ergebenen Emir-Hamsa, dem nächsten Verwandten Abel-Chan's, anvertraut, welcher unter russischem Schutze fast unumschränkt über Kaitach herrschte, ohne jedoch den Titel Utzmey führen zu dürfen. Dem edlen Emir-Hamsa war das bittere Loos seines unschuldig nach Sibirien verbannten Bruders, von dem er nicht wußte, ob er todt oder lebendig war, tief zu Herzen gegangen. Seit dem Tage seiner Trennung von Bala-Chan war ihm keine Nachricht von dem Schicksal des Unglücklichen zu Ohren gekommen. Er hatte schon alle Hoffnung aufgegeben, jemals wieder von seinem geliebten Bruder zu hören, als ihm seine Diener eines Tags die Ankunft eines fremden Tataren melden, welcher zum Fürsten geführt zu werden verlange unter dem Vorwand: er habe ihm Sachen von der größten Wichtigkeit mitzutheilen. Der Tatar wird vorgelassen und überreicht dem erstaunten Emir-Hamsa einen Brief und zwei Feuersteine als Botschaft von seinem todtgeglaubten Bruder Bala-Chan.[33]) Der Brief enthält eine kurze Schilderung der Leiden, welche der Unglückliche im wüsten Sibirien, zusammengeworfen mit den rohesten Verbrechern, auszustehen hat. Der vor Rachsucht glühende Prinz ruft seinen Bruder, als den nächsten Verwandten, zur Erfüllung der heiligen Pflicht der Blutrache an Abel-Chan, dem Urheber seines Unglücks, auf, und übersendet ihm zu dem Behuf, der Sitte gemäß, als Symbol die beiden Feuersteine.

Der Emir verstand den Willen seines Bruders, doch wie

sollte er gleich eine Gelegenheit zu der selbst auszuführenden
Strafe finden? Denn Abel-Chan, das ersehene Opfer, wohnte
im Innern von Awarien, und war weit aus dem Bereiche
seines Arms. Die Gelegenheit, die auf ihn gewälzte Rache-
schuld abzutragen, fand sich schneller, als der Emir glaubte.

Der an einen üppigen Lebenswandel gewöhnte Abel-
Chan hatte, wie wir schon oben bemerkt, sich genöthigt gesehen, bei seinen geringen, ihm aus dem Aoul Balakany zu-
fließenden Einkünften zur Unterhaltung seiner Familie den
größten Theil der mitgenommenen Habseligkeiten zuzusetzen.
Jetzt war es damit ganz zu Ende gegangen, und da ihm der
Sultan von Awarien jede weitere Unterstützung versagte, so
ergriff er das letzte ihm übrigbleibende Mittel: die Hülfe
seines Neffen Emir-Hamsa zu erflehen. Er schilderte ihm
in den grellsten Farben seine unglückliche Lage, drang in ihn,
gegen eine beträchtliche Entschädigung dem Throne zu entsagen,
und seinen Einfluß bei der russischen Regierung anzuwenden,
daß ihm (Abel-Chan) sein väterliches Erbe zurückerstattet werde.
Er versprach dafür den Russen Gehorsam, Treue und Förderung
ihrer Interessen, soviel in seinen Kräften stehe. Für die Aufrichtigkeit seiner Gesinnungen rief er Himmel und Erde zu
Zeugen an, und erbat sich, um das Weitere zu besprechen,
eine geheime Zusammenkunft mit ihm.

Der Emir empfand bei dieser Botschaft eine Freude, der
eines Tigers gleich, der in der Ferne sichern Raub erspäht.
Er hoffte in den mit Abel-Chan anzuknüpfenden Unterhandlungen einen günstigen Augenblick zu finden, das Gericht
der auf seine Seele gewälzten Blutrache zu vollstrecken.

Unverzüglich eilt Emir-Hamsa nach Derbent zum der-
maligen Kommandanten, Oberst-Lieutenant von Ascheberg,
macht diesem die Anzeige, daß der Utzméh durch eine eben
angelangte Botschaft den Wunsch geäußert, eine geheime nächtliche Zusammenkunft zu haben; der Grund dieser beabsichtigten

Zusammenkunft sei ihm unbekannt, doch glaube er aus seinen persönlichen Erfahrungen, so wie aus dem bisher gezeigten treulosen Benehmen des Utzmey schließen zu dürfen, daß derselbe wieder etwas Schlimmes gegen die Russen im Schilde führe; er erbitte sich daher im Interesse der russischen Verwaltung die Erlaubniß, ganz nach eigenem Gutachten bei der bevorstehenden Unterredung zu verfahren, selbst wenn es die Umstände erheischen sollten, daß der Utzmey der Gefangenschaft oder dem Tode anheimfalle.

Der Kommandant nimmt keinen Anstand, die erbetene Erlaubniß zu ertheilen. Sogleich sendet Emir-Hamsa dem Utzmey seine Einwilligung zu der vorgeschlagenen Unterredung, und bestimmt ihm als Ort ihrer Zusammenkunft das hochgelegene Dorf Mendshalissa, macht jedoch zur Bedingung, daß jeder von ihnen nicht mehr als zwei Begleiter mit sich führen dürfe. Die Unterredung sollte mit dem Dunkel der Nacht beginnen.

Emir-Hamsa hatte, seinen eigenen Bedingungen ungetreu, funfzig trefflich bewaffnete Reiter im Hinterhalt versteckt, und erwartete, glühend vor Rachsucht, seinen Oheim Abel-Chan, welcher auch nicht verfehlte, sich zur bestimmten Zeit einzustellen, begleitet von seinem Sohn Mohammed-Chan und einem Kuli[34]) aus seinem Gefolge. Nach Beendigung der gegenseitig mit erheuchelter Herzlichkeit ausgedrückten weitschweifigen Freundschafts- und Ehrenbezeugungen setzten sich die beiden Fürsten auf zu dem Ende ausgebreiteten Burken[35]) einander gegenüber. Jeder der beiden gebrauchte jedoch nach daghestanischer Sitte die Vorsicht, sein Gewehr mit gespanntem Hahn vor sich auf den Knien zu halten, um im Fall einer Verrätherei augenblicklich zur Gegenwehr bereit zu sein; das Feuergewehr des Emir aber war mit zwei Kugeln geladen, und am Schloß desselben war einer der Flintensteine von Bala-Chan.

Die Unterhandlung dauerte sehr lange. Der Utzmey schilderte in gesuchten Ausdrücken all' sein ausgestandenes Ungemach, die Mißhandlungen, welche sein Sohn während seiner Haft in Derbent von Seite der Russen erfahren, die Entbehrungen, welchen er und seine ganze Familie während ihres freiwilligen Exils ausgesetzt gewesen seien u. s. f. Er beschloß seine Rede mit der Versicherung, daß er das Thörichte seines Schrittes, dem Thron zu entsagen und sein Land zu fliehen, jetzt eingesehen habe, und sich reumüthig den weitern Verfügungen der russischen Behörde unterwerfen werde, wenn er dadurch Wiedereinsetzung in seine frühern Rechte erlangen könnte.

Emir-Hamsa hörte ihm ruhig zu, und unterbrach nur hin und wieder den Strom seiner Rede durch Worte des Beifalls und der Ergebenheit. Er versicherte ihm, daß er all' seinen Einfluß bei den Russen anwenden werde, um Begnadigung für ihn zu erwirken. Er habe auch, fügte er hinzu, bereits alles Mögliche gethan, um der Sache eine günstige Wendung zu geben, und sei vom Kommandanten von Derbent beauftragt, einige vorläufige Verfügungen in Betreff dieser Angelegenheit mitzutheilen, jedoch könne dies nur unter vier Augen geschehen, weshalb er ihn bitten müsse, seine beiden Begleiter auf einige Augenblicke zu entfernen. Abel-Chan befahl seinem Sohn Mohammed und dem Kuli, sich zurückzuziehen, bis er sie rufen werde. Der Kuli gehorchte stillschweigend dem Befehl seines Herrn; Mohammed aber, der Besorgniß zu hegen schien, blieb unbeweglich auf seinem Platze.

»Nun — fragte neugierig Abel-Chan, welcher das Zurückbleiben seines Sohnes nicht zu bemerken schien — worin besteht Dein Auftrag?« »Ich habe Dir gesagt — erwiederte unwillig Emir-Hamsa — daß die Nachrichten, welche ich Dir mitzutheilen habe, für Dich allein bestimmt sind; warum schickst Du Deinen Sohn nicht fort? Fürchtet er etwa für seines Vaters Sicherheit?« »Fort, Bursch!« rief der Alte ärgerlich Mohammed-Chan zu, »glaubst Du, Dein Vater fürchte sich vor einem bartlosen Knaben?« Diesesmal gehorcht Mohammed dem strengen Befehl des Utzméy, bleibt jedoch mit immer steigender Besorgniß in einiger Entfernung stehen, und sucht, soweit dies in der Dunkelheit möglich, mit scharfem Auge den Bewegungen der beiden Fürsten zu folgen. Die Unterhaltung dauert noch eine gute Weile fort; endlich sieht er, wie die beiden sich erheben, unter vielen Zärtlichkeits-Bezeugungen Abschied von einander nehmen und auseinander gehen. Er eilt freudig seinem ihn rufenden Vater entgegen; da flammt es plötzlich hell durch die Nacht, ein lautkrachender Schuß fällt — und der Utzméy sinkt, von zwei Kugeln getroffen, leblos zu Boden nieder.

Der Schuß kam aus der Flinte mit dem Feuersteine von Bala-Chan. Der Mörder flüchtete nach vollbrachter That mit seinen beiden Begleitern dem Orte zu, wo die funfzig bewaffneten Reiter verborgen lagen.

Der vor Rachsucht tobende Mohammed folgt den drei Flüchtigen, erreicht sie und will sich auf seinen Feind werfen, kann aber im Dunkel der Nacht den Emir von seinen Begleitern nicht unterscheiden; alle drei sind von gleicher Größe, in gleicher Kleidung und übereins bewaffnet. Der Emir hatte seinen Plan gut ersonnen und war in der Wahl seiner Beute vortrefflich zu Werke gegangen. Mohammed-Chan hatte an Feuerwaffen nur eine Pistole und eine Flinte bei sich, und mußte daher erst seines Zieles ganz sicher sein, ehe er wagen konnte zu schießen; endlich glaubt er den Verräther entdeckt zu haben: er drückt ab, und es fällt einer von den dreien — er hatte falsch gesehen, der Getödtete war nicht Emir-Hamsa. Er feuert sein Pistol ab, wieder fällt ein Opfer; er wirft sich wüthend auf die Leiche, sicher, seinen Feind getroffen zu haben; aber auch diesmal hat er sich geirrt; der Getödtete war der zweite Begleiter Emir-Hamsa's, welcher selbst wie durch ein Wunder gerettet zu sein schien.

Knirschend vor Beutewuth wie ein Tiger der Wüste springt Mohammed auf und stürzt mit gezücktem Dolche seinem fliehenden Vetter nach; dieser hat aber inzwischen einen bedeutenden Vorsprung gewonnen und Zeit gehabt, seinen Reitern das verabredete Zeichen zu geben; er befiehlt ihnen, nach der Richtung hin zu feuern, wo er seinen Verfolger zu entdecken glaubte; wie ein Wetterleuchten flammt es plötzlich durch die Nacht, und der Donner von funfzig Flintenschüssen rollt wie lautschallendes Hohngelächter hinterher.

Mohammed ist noch zu weit entfernt, um getroffen zu werden, aber das Unerwartete des verrätherischen Angriffs macht ihn stutzen; er sieht, daß hier seiner Feinde zu viele sind, eilt zurück und kommt athemlos wieder bei der noch blutigen Leiche seines Vaters an. Er wirft sich auf ihn und bedeckt das schon kalte Gesicht mit Küssen und mit Thränen der Wuth und des Schmerzes; dann reißt er zum furchtbaren Andenken eine lange Pistole aus seines Vaters Gürtel, als Zeichen der blutigen Rache an Emir-Hamsa.

Herr, hört Ihr nicht den Roßhufhall unserer nachsetzenden Feinde? — ruft herbeieilend der Kuli — wir haben keinen Augenblick zu verlieren.

Sie eilten im Fluge der Stelle zu, wo ihre Pferde standen, schwangen sich in den Sattel und jagten davon, schnell wie der Wind, der die Steppe fegt . . . . Ein drittes Pferd stand gesattelt, aber kein Reiter war da.

Der Leichnam des Utzmey wird gefunden, und am folgenden Tage läßt ihn sein Neffe Emir-Hamsa zur Erde bestatten mit so viel Pracht und Aufwand, daß die Kosten sich über tausend Silberrubel beliefen. Die Leichen-Festlichkeiten dauerten sieben Tage lang, während welcher Zeit auf Befehl des Emir alle Bewohner von Kaitach ihren Fürsten beweinen und die Zeichen der Trauer anlegen mußten. Nach der Beerdigung seines Oheims schickte Emir-Hamsa einen Boten an den Kommandanten von Derbent, mit der Nachricht: er habe Rußland von einem heimtückischen und mächtigen Feinde befreit. Die russische Regierung, um sich erkenntlich für diesen Schritt zu zeigen, ernannte den jungen Emir zum Hauptmann.

Zweiunddreissigstes Kapitel.

Abel-Chan, der letzte Utzméy von Kaitach.

(Fortsetzung.)

Nach dem Tode des Utzméy war Mohammed-Chan der Aelteste seiner Familie. Die Schwierigkeiten der Unterhaltung derselben waren inzwischen immer größer geworden, und da Mohammed nicht wußte, wie er der Noth abhelfen sollte, so entschlossen sich seine Mutter und seine Gemahlin Hülfe bei dem mit den Russen befreundeten Schamchal von Tarki zu suchen, um durch Vermittelung dieses Fürsten von dem damaligen Oberbefehlshaber des Kaukasus, Yermoloff, Begnadigung und die Erlaubniß nach Kaitach zurückzukehren, zu erwirken. Dem Einfluß des alten Schamchals Mechti gelang es in der That, den General Yermoloff zu bewegen, die Erlaubniß zur Rückkehr der verarmten Familie des Utzméy zu geben, und derselben zur Bestreitung ihrer nothwendigsten Ausgaben die Einkünfte eines Aouls anzuweisen. Uebrigens blieb das ganze Land nach wie vor unter der Verwaltung des Emir-Hamsa.

Durch die unbedeutenden Einkünfte eines einzigen Aouls war der unglücklichen Fürstenfamilie leider wenig geholfen; ihre Noth nahm von Tag zu Tag zu; der unternehmende Mohammed faßte daher den Entschluß, durch Erzeigung irgend eines wichtigen Dienstes die Freundschaft und das Vertrauen der Russen wieder zu gewinnen und sie wo möglich zur Abtretung seines väterlichen Erbes zu bewegen. Eine Gelegenheit zur Ausführung dieses Planes fand sich bald.

Es hauste zu jener Zeit in den Schluchten von Kaitach ein mächtiger und furchtbarer Räuber, Namens Abdullah-Beg, Sohn des Kadi von Tabassaran. Er hatte der Räubereien und Morde so viele begangen, daß man weit und breit seinen Namen mit Grausen nannte, und daß von der russischen Regierung ein hoher Preis auf seinen Kopf gesetzt war.

In den letzten zwei Jahren hatten, in Folge der zu Kaitach herrschenden Unruhen, die Räubereien so überhand genommen und der Anhang Abdullahs hatte sich so vermehrt, daß die Russen zu wiederholten Malen Jagd auf ihn machten, ohne daß es ihnen jedoch gelungen wäre, den kühnen Räuberfürsten aus seinem Schlupfwinkel zu verscheuchen. Der beherzte Mohammed-Chan, auf seine List und Gewandtheit bauend, theilt dem Herrn von Ascheberg seinen Plan mit, und verspricht, über kurz oder lang den Räuber auszuliefern, wenn ihm dafür von der russischen Regierung Rückerstattung seines väterlichen Erbtheils zugesichert werde. Die Bedingungen werden angenommen.

Der junge Fürst gesellt sich alsobald persönlich der Bande des Abdullah-Beg bei, um in der Nähe des gefürchteten Räubers seine Schlupfwinkel und Lebensweise besser kennen zu lernen, und wo möglich eine Gelegenheit zu erspähen, ihn lebendig in die Hände der Russen zu liefern. Durch einige kühn ausgeführte Streiche sucht er sich das Vertrauen Abdullah-Begs zu erwerben, lernt aber bald einsehen, daß er auf diese Weise niemals sein Ziel erreichen werde, da alle noch so fein angelegten Pläne und Entwürfe an der Vorsicht und Wachsamkeit des daghestanischen Räuberfürsten scheiterten.

Mohammed-Chan kehrt zurück zum Kommandanten von Derbent, theilt ihm mit, daß es unmöglich sei, den Räuber lebendig zu fangen; er habe jetzt aber einen neuen und sicheren Plan, ihn in seine Gewalt zu bekommen, ersonnen, und bitte sich zur Ausführung desselben vier Pud Pulver aus. Das Pulver wird ausgeliefert, und Mohammed macht sich von neuem auf den Weg, nimmt diesmal jedoch zur Sicherheit einige zuverlässige Gefährten: Oshänka-Albury, Ojsil-Machmet, Urutsch-Machmet und mehrere Kulis mit zu Hülfe.

Die Reiter machen gegen Abend im Dickicht eines unabsehbaren Waldes Halt — in der Nähe eines kleinen daghestanischen Aouls gelegen, wo sich die Wohnung Abdullah-Begs befand. Dort werden die klugen Pferde im Gebüsch verborgen gehalten, und die wachsamen Reiter verstecken sich im dichten Laubwerk der hohen Bäume.

Erst um Mitternacht führt Mohammed seine Gefährten auf wohlbekannten Pfaden zu einem, inmitten des Waldes gelegenen, freien Platz, wo sich etwa zwanzig Schritte von ihnen die zerstreuten, kleinen Festungen gleich gebauten Häuser des Aouls ausbreiten. Schon lagen, nach der ringsum herschenden Stille und Dunkelheit zu schließen, alle Einwohner in tiefem Schlafe; nur im Hause des Abdullah-Beg schien man noch nicht an Ruhe zu denken. Durch die Spalten der geschlossenen Fensterläden schimmerte hell der Schein eines Lichtes; mehrere Personen schienen dort noch in eifrigem Gespräche begriffen; hin und wieder drang der Schall von unverständlichen Worten zu den lauschenden Spähern herüber. Ruhte Abdullah-Beg aus beim heitern Mahle in der Mitte der Seinen nach mühsam vollbrachtem Tagwerk? Oder war er beschäftigt, neue Plane für den kommenden Tag zu schmieden? Oder vertheilte er eben die zuletzt gemachte Beute unter seine gierigen Raubgenossen? Genug, er war beschäftigt; weiter brauchte Mohammed nichts zu wissen; welcher sich beeilte, die nöthigen Vorbereitungen zur Ausführung seines Plans zu treffen. Er nimmt Albury und Urutsch Machmet, welche das Pulver tragen, mit sich ins Dorf, schleicht in das erste Stockwerk des Hauses Abdullah-Begs;[36]) angelangt in der Mitte des Stalles, schüttet er das mitgenommene Pulver aus und bedeckt es mit einem aus der Küche herbeigeschafften, großen Kessel, welchen er am Boden zu befestigen sucht, indem er zwischen die äußere Wölbung desselben und die niedrige Stalldecke eine dicke hölzerne Stange klemmt. Dann führt er, vermittelst einer kleinen, unter dem Kessel gelassenen Oeffnung, dem Pulver eine präparirte Lunte zu, zündet die Lunte an und flieht eiligen Schrittes mit seinen Gefährten wieder dem Dickicht des Waldes zu. Dort sehen alle mit unaussprechlicher Spannung der zu erwartenden Explosion entgegen.

Eine halbe Stunde war so bereits vergangen und noch hatte man nicht das leiseste Geräusch vernommen, das Licht flimmerte noch oben durch die Spalten der Fensterläden, und das Gespräch dauerte lebhaft fort wie früher. Mohammed kann sich nicht mehr halten vor Ungeduld; er vermuthet, die Lunte müsse verglommen sein, und will selbst nach dem Hause gehen, um andere Anstalten zur Beschleunigung der Explosion zu treffen. Von diesem tollkühnen Schritt hält ihn jedoch sein treuer Urutsch zurück, der lieber selbst sein Leben daran wagen, als seinen Herrn solcher Gefahr aussetzen will. Er nimmt ein Feuerzeug zu sich, geht auf das Haus los, und hat beinahe schon die Stallthüre erreicht, als plötzlich unter furchtbarem Gekrach die Explosion erfolgt.

Erst schlug es wie ein hochauf gescheuchtes Feuermeer zischend nach allen Seiten hin, dann erfolgte ein Getöse, einer seltsamen Mischung von Kanonendonner, Regengeprassel und Sturm gleich. Der obere Theil des Hauses wurde hoch in die Luft geschleudert, und begrub Alle, die es in sich geschlossen, unter seinen Trümmern.

Abdullah-Beg mit seiner ganzen Familie, mit seinen Dienern und Gästen, zusammen siebenzehn Menschen — kamen dabei um's Leben, nur ein kleines Kind, der jüngste von Abdullahs Söhnen, ward wie durch ein Wunder gerettet ...

Voll Entsetzen sahen selbst die Urheber der Unthat den Folgen ihres frevelhaften Beginnens zu. Die durch den nächtlichen Lärm von ihren Lagern aufgescheuchten Bewohner des Aouls waren bei dem Anblick des ebenso grauenhaften, wie ihnen unerklärbaren Schauspiels so von Furcht ergriffen, daß keiner wagte seine Hütte zu verlassen. Mohammed-Chan allein war unerschüttert geblieben; seine einzige Sorge war, den treuen Urutsch wieder zu finden, der für ihn sein Leben gewagt hatte. Er befürchtet, daß der tollkühne Urutsch bei der Explosion zu Tode gekommen, aber ob er todt oder lebendig, Mohammed will ihn nicht zurücklassen und wenigstens seine Leiche mitnehmen. Nach langem sorgfältigem Suchen findet er endlich den Unglücklichen, halb verbrannt, zwischen den rauchenden Trümmern des Hauses liegen. Er rafft ihn unter freundlichem Zusprechen auf, verbindet seine Wunden so gut es die Umstände erlauben, vertraut ihn dann der Sorgfalt seiner Leute an, und führt die Genossen seiner Gräuelthat auf demselben Wege durch das Dickicht des Waldes zurück, woher sie gekommen waren.

Angelangt in Derbent macht er dem Kommandanten einen getreuen Bericht von der Ausführung seines gefahrvollen Unternehmens. Herr von Ascheberg berichtet seinerseits der Oberbehörde über das Vorgegangene, und stellt, seinem Wort gemäß, Mohammed-Chan die verheißene Belohnung zu. Nach der darauf erfolgenden Verfügung wurden Mohammed-Chan im Jahr 1825 drei Aoule: Kola, Welikent und Sselich, zusammen 250 Häuser enthaltend, aus dem Besitzthum seines verstorbenen Vaters zuerkannt.

Dshänka-Albury, Gjül-Machmet und der glücklich wieder hergestellte Urutsch-Machmet erhielten jeder eine goldene Medaille mit der Schleife des St. Annenordens.

Die Kulis jedoch blieben unbelohnt, weshalb sie im Jahre 1832, als der General Adjutant Baron von Rosen den Daghestan besuchte, demselben ein Belohnungsgesuch einreichten, als Theilnehmer an der Ausrottung der Familie Abdullah-Begs. Die Bittschrift wurde dem Kaiser eingesandt, welcher jedem der Kulis 75 Rubel Silber auszahlen ließ, für ähnliche etwa wiederkehrende Fälle jedoch eine strenge Verordnung erließ, in welcher er seine höchste Unzufriedenheit über die Zerstörung des Hauses Abdullahs äußert, wo, um einen Schuldigen zu bestrafen, sechzehn Unschuldige mit in's Verderben gestürzt wurden. Er befiehlt, in Zukunft bei ähnlichen Fällen vorsichtiger zu Werke zu gehen und niemals wieder so grausame Maßregeln zu ergreifen, welche künftig statt Gnadenbezeugungen und Belohnungen nur seinen Unwillen und Strafe nach sich ziehen würden...

Ich bin, um Mohammed-Chans Mordanschlag mit allen seinen Folgen ohne Unterbrechung darzustellen, in unserer Erzählung ein paar Jahre zu weit vorausgeeilt, und muß hier ergänzend bemerken, daß bei einer im Jahre 1826 vom Oberst Düsterloh befehligten Expedition gegen Tabassaran, Emir-Hamsa in der blutigen Schlacht bei Bent-Meschah um's Leben kam.

Das Gerücht ging, er sei heimlich während des Gefechts durch die Hand Dshamow-Begs, des jüngern Bruders Mahammed-Chans, als ein Opfer der Blutrache gefallen; doch fehlt diesem Gerüchte alle weitere Bestätigung. Nach dem Tode des Emirs kam das Utzmeilik Kaitach an seine beiden jüngern Brüder Bey-Bala und Elder-Beg. Nicht lange sollte Mohammed-Chan seinen Vetter Emir-Hamsa überleben. Bei der Belagerung der Festung Burnaja im im Jahre 1832, zu welcher Zeit er im Detachement des General-Majors Kachanoff diente, kam der junge Prinz plötzlich in Folge einer kurzen aber heftigen Krankheit um's

Leben. Es verlautete, er sei auf Anstiften der Brüder Emir-
Hamsa's vergiftet; doch auch diesem Gerüchte fehlen alle
Beweise.

Bey-Bala und Elder-Beg hatten, dem Beispiele ihres
verstorbenen Bruders folgend, immer die bewährteste Treue
und Ergebenheit den Russen gegenüber gezeigt; auch gelang es dem Einflusse dieser beiden Fürsten, die Freiheit
des unglücklichen Bala-Chan zu erwirken, welcher, wie
wir zu Anfang dieser Erzählung gesehen haben, in Folge der
Verläumdungen Abel-Chans, unschuldig in Sibirien in der
Verbannung schmachtete.

Im Jahre 1831 kehrte Bala-Chan nach langjähriger
Trennung in seine Heimat Kaitach zurück. Hier wartete seiner
ein neuer Schmerz. Er entbrannte in heftiger Liebe zu der
schönen Bela, der verwittweten Tochter seines als Opfer
der Blutrache gefallenen Feindes und Oheims Abel-Chan.
Sie hatte ihren jungen Gemahl, den Sohn des Schamachal-
Mechti, durch den Tod verloren, und Bala-Chan hielt,
als die Zeit der Trauer vorüber war, um ihre Hand an.
Ihr gegen den Bewerber feindlich gesinnter Bruder aber wollte
die Einwilligung dazu nicht geben, und verheirathete seine
Schwester an Schach-Abbaß, den jüngern Bruder ihres
frühern Gemahls. Das glückliche Ehepaar lebt heute noch
im Aoul Butynach, im Schamchalischen Gebiete. Hier in den
wilden Ländern des Kaukasus, wo man den Werther noch
nicht gelesen hat, ist die Liebe auch nicht so sentimentaler
Art wie bei uns zu Lande. Der Asiat schießt sich nicht aus
Liebe todt, sondern tödtet lieber die, welche ihn hindern, den
Gegenstand seiner Neigung zu besitzen. Bala-Chan wußte
sich bald Ersatz für seinen Verlust zu verschaffen, indem er
das Herz einer schönen Fürstentochter aus dem Aoul Kjüsteck
gewann. Mit größtmöglicher Eile wurden die Vorbereitungen
zur Hochzeit getroffen. Schon war der zur Festlichkeit bestimmte

Tag gekommen, und der Käbin entrichtet. Die reichen Geschenke des Bräutigams waren der Sitte gemäß bereits auf Lastthieren in die Wohnung der Braut geschickt, während im Hause Bala-Chans die in großer Anzahl geladenen Gäste lustig zechten und jubelten.

Wer im Daghestan gewesen, weiß, wie leicht die Fürsten und Edlen dieses Landes, dem Beispiel ihrer Priester folgend, sich an den Genuß des Weins gewöhnen, trotz des großen Propheten und seiner heiligen Gebote.

Das Unglück schien Bala-Chan noch nicht genug verfolgt zu haben: während er fröhlich und guter Dinge dasitzt in der Mitte seiner Gäste, sinkt er plötzlich, zum Schrecken aller Anwesenden, wie vom Schlage getroffen, todt zu Boden nieder.

Wir überlassen die Gäste ihrem Schreck und die Braut ihrer Verzweiflung: um, ehe wir den Lauf unserer Erzählung weiter verfolgen, zuvor die Ursache des plötzlichen Todes Bala-Chans zu erforschen. Es wurden Gerüchte laut, daß seine Brüder, welche fürchteten, von ihm, dem älteren Bruder, verdrängt zu werden, ihn vergiftet hätten. Bei den sorgfältigen Erkundigungen, welche ich darüber eingezogen habe, glaube ich jedoch diesen Gerüchten mit einiger Sicherheit widersprechen zu können, und nehme an, daß der unzeitige Tod Bala-Chans eine natürliche Folge seines unmäßigen Genusses geistiger Getränke war. Schon im kalten Sibirien hatte er sich, aus leicht erklärlichen Gründen, dem Laster des Trinkens ergeben, und bei seiner Rückkehr nur allzugern den feurigen Rebensaft seines Heimatlandes gegen den Branntwein von Tobolsk vertauscht.

Anmerkungen.

1) Vergl. Parrot, Reise zum Ararat (Berlin, 1834) Bd. I. p. 43.

2) Dies war der Name, den mir Mirza-Schaffy und die andern tatarischen Schriftgelehrten meiner Bekanntschaft gegeben, da sie meinen wirklichen Namen nicht aussprechen konnten.

3) Fragmente von Gasels, denen der Endreim fehlt.

4) Gedichte in gereimten Doppelversen, wie z. B. folgendes ein Mesnewi oder gereimter Doppelvers ist:

„Um zu Dir, mein Leben, zu kommen, hab' ich Leben gegeben;
Sei barmherzig! denn durch Dich erst kam ich zum Leben!"

5) Vierzeilige Gedichte mit drei Reimen, welche eine reimlose Zeile in sich schließen, wie z. B.:

„Verbitt're Dir das junge Leben nicht,
Verschmähe was Dir Gott gegeben nicht,
Verschließ Dein Herz der Liebe Offenbarung
Und Deinen Mund dem Saft der Reben nicht!"

6) Die Potiphar.

7) Joseph.

8) Das Gedicht ist in Deutschland wenig bekannt, und ich glaube deshalb durch die Mittheilung desselben manchem Leser einen Gefallen zu thun:

Not a drum was heard, nor a funeral note,
As his corse to the ramparts we hurried:
Not a soldier discharged a farewell shot
O'er the grave where our hero was buried.

We buried him darkly at dead of night,
The sod with our bayonets turning,
By the struggling moon-beam's misty light,
And the lanthorn dimly burning.

No useless coffin enclosed his breast,
Nor in sheet, nor shroud we bound him;
But he lay like a warrior taking his rest,
With his martial cloak around him.

Few and short were the prayers we said,
And we spoke not a word of sorrow;
But we steadfastly gazed on the face of the dead,
And we bitterly thought of the morrow.

We thought as we hollowed his narrow bed,
And smoothed down his lonely pillow,
That the foe and the stranger would tread o'er his head,
And we far away on the billow.

Lightly they'll talk of the spirit that's gone,
And o'er his cold ashes upbraid him;
But little he'll reck, if they'll let him sleep on,
In the grave, where a Briton has laid him.

Not half of our heavy task was done,
When the bell toll'd the hour for retiring,
And we heard by the random and distant gun,
That the foe was suddenly firing.

Slowly and sadly we laid him down,
From the field of his fame fresh and gory;
We carved not a line, we raised not a stone,
But we left him alone with his glory.

Rev. Charles Wolfe.

9) Ein den ganzen Körper verhüllender, weißer Schleier.

10) Oberpriester der Schiiten.

11) Der kürzlich verstorbene Großvezier von Persien, ein durch russischen Einfluß mächtig gewordener Mann.

12) Farsenland — Persien. Die Perser nennen sich selbst Farsi.

13) Frau von Gribojéboff, zur Zeit, wo ich sie kennen lernte (1844), noch eine der gefeiertsten Schönheiten von Tiflis, stammt aus einem georgischen Fürstenhause und verheirathete sich,

noch sehr jung, mit dem russischen Gesandten am persischen Hofe Gribojédoff, welcher bekanntlich bei einem Volksaufstande in Teheran (1829) vom Pöbel umgebracht wurde. Gribojédoff gilt mit Recht als der bedeutendste Lustspieldichter Rußlands. Sein berühmtes Lustspiel: Gore ot umà (Горе отъ ума) „Leiden durch Verstand," welches erst nach dem Tode des Dichters, und leider in sehr verstümmelter Gestalt, im Druck erschien, ist so volksthümlich geworden, daß fast jeder Russe von einiger Bildung die schlagendsten Stellen daraus (deren schneidender Witz in russischen Zuständen wurzelt) auswendig weiß ... Gribojédoff soll schon vor seiner letzten Abreise nach Persien eine düstere Todesahnung gehabt haben; gewiß ist, daß er gegen mehrere seiner Freunde geäußert, er werde schwerlich lebendig aus Teheran wiederkommen. So erzählt der berühmte Dichter Puschkin, bei Gelegenheit seines Aufenthalts in Tiflis, wo er dem Leichenbegängnisse Gribojédoffs beiwohnte: „Ich sah ihn zum letzten Male voriges Jahr (1828) in Petersburg, kurz vor seiner Abreise nach Teheran. Er war auffallend trübe gestimmt und quälte sich mit seltsamen Ahnungen. Ich versuchte Alles, um ihn zu beruhigen, aber er antwortete mir kurz: Vous ne connaissez pas ces gens-là; vous verrez qu'il faudra jouer des couteaux."*) Und richtig ist er unter persischen Messerstichen um's Leben gekommen! Seine Ruhestätte hatte er ebenfalls schon während seines frühern Aufenthalts in Tiflis bestimmt. Er wollte begraben sein auf dem Friedhofe der Kappelle des heiligen David, welche am Abhange des (im Verlauf dieses Buches wiederholt genannten und beschriebenen, Davidsberges, von den Georgiern Mta-Zminda (d. i. der heilige Berg) genannt) liegt. Dort erhebt sich jetzt über seinem Grabe ein einfaches, geschmackvolles Denkmal.

14) Die alten Armenier gaben, statt irdischer Dinge, das heilige Kreuz als Zeichen der Verlobung.

15) In dem »Compendio Storico di Memorie Cronologiche concernanti la Religione e la Morale della Nazione Armena, etc. dal Marchese Giovanni de Serpos« findet sich T. 3. p. 171 sq. das Abweichende folgendermaßen geschildert: »Giunti, che sono alla abitazione dello sposo, fanno sedere il marito sopra un

---

*) Aus Alexander Puschkin's „Reise nach Erserum" im achten Band seiner gesammelten Werke (russische Original-Ausgabe von 1838) p. 166.

soffà già preparato, ed alla sua destra vi adagiano sua moglie;
e prendendo una bella coppa la empiono di vino, che viene
benedetto dal sacerdote, il quale nella divota orazione, che
dice in tale congiuntura, commemora il miracolo fatto da Gesù
Christo nelle nozze di Cana, convertendo l'acqua in vino. Di
tal vino così benedetto ne porge egli stesso a bere qualche
torso a novelli conjugi, e suole anche loro darsi delle mandorle,
ed alquanto d'una confezione fatta di burro, zucchero, e mele.
Frattanto che si fa quest' allegria, si canta un divotissimo ritmo
pieno di molti augurj di prosperità sì eterne, sì temporali,
che a nome della Chiesa si fanno agli sposi, e dettasi dal
sacerdote in fine una breve orazione, ed il Pater noster,
si dà termine per quel giorno alla funzioni ecclesiastiche, e
tutti gli astanti baciano con divozione le corone degli sposi.
Queste corone vengono da esso loro portate in capo per otto
giorni, o per tre almeno, e in codesto tempo vivono separati
e in perfetto celibato . . . ."

In Uebereinstimmung mit dem letztern Punkte steht die Schilderung eines alten ehrenfesten Reisenden aus dem siebzehnten Jahrhundert, welche den Titel führt: „Warhaffte und eigentliche Beschreibung deß gegenwärtigen Zustandes deren unter der Türkischen Thranney seufzenden Griechischen und Armenischen Kirchen ꝛc. ꝛc." und wo es p. 92 heißt: „Montags früh Morgends ist gemeiniglich die Zeit, da sie mit oder nach vor aufgehender Sonne die Hochzeiten zu halten pflegen. Das Fest beginnet Sonntags Abends, und wird drey oder vier Tag lang mit grossen Freuden fortgesetzt: welche Zeit die Braut fast immerdar in einem Sessel sitzet, und nicht schlaffen darff: so muß auch der Bräutigam sich indessen ihrer enthalten, und ist ihme nicht eher, als erst Mittwochs Abends oder Donnerstags früh ihr ehlich beyzuligen erlaubt; worauf alsdann der Braut Jungfrauschafts-Zeichen öffentlich vorgezeigt werden."

16) Die Georgier und Armenier trinken bei Festgelagen nach einer bestimmten Ordnung und Regel, wobei ein Tolumbaschi, d. i. Vortrinker, präsidirt und Strafen und Belohnungen austheilt. Ueber die üblichen Trinksprüche Allah werdy! und Jachschi Joll siehe das dreizehnte Kapitel dieses Werkchens p. 122.

17) Feribun (Aferibun), der siebente König von Persien aus der ersten Dynastie, war ein Sohn des Alfian, eines Nachkommen

aus dem Geschlechte Dschemschib's. Er besiegte den Zohak, einen Usurpator der persischen Krone, nahm ihn gefangen und hielt ihn in einer Höhle des Gebirges Demawend in sicherer Verwahrung. Der Tag dieser berühmten Schlacht wurde von den Persern Mihirdschan genannt, weil er gerade in den Anfang des Herbstäquinoktiums fiel, welches diesen Namen im persischen Kalender führt. Saabi und Dschami verherrlichen in ihren Liedern die Weisheit und Gnade Feridun's.

18) Iskjander — Alexander der Mazedonier.

19) Nuschirwan — auch Anurschiwan Ben Cobad — hat von den Arabern den Beinamen Kisra und von den Persern den Beinamen Khosru erhalten. Es ist dieses Khosroes der Erste, ein Sohn Cobades', eines Königs aus der Dynastie der Sassaniden, auch die Dynastie des Khosroes genannt.

Nuschirwan wird von den persischen Geschichtsschreibern und Dichtern als ein Fürst gerühmt, der alle Tugenden in sich vereinigte.

20) Kaffgebirge — Kaukasus.

21) Dschemschid, der vierte König aus der Dynastie der Pischdadier. Der eigentliche Name dieses Königs ist Dschem; dieses Wort Schid, welches im Altpersischen die Sonne bedeutet, wurde dem Namen des Königs hinzugefügt, wegen der großen Schönheit und Majestät seines Angesichts, oder nach Andern: wegen des Glanzes seiner Handlungen. Dschemschid ist der Gründer von Persepolis.

22) Nerses — der gegenwärtige Katholikos der Armenier, machte 1825 den Krieg gegen die Perser mit.

23) Hassan-Chan (Hussein-Chan) — der persische Statthalter zu Eriwan.

24) Sarbassen — persische Soldaten.

25) Chorassaner — so heißen die in Eriwan wohnenden Perser, im Gegensatz zu der eingeborenen Bevölkerung, welche aus Armeniern und Tataren besteht.

26) Melik — es ist hier der Melik Sahak, der armenische Fürst von Eriwan gemeint, der wegen seiner hervorragenden Eigenschaften sowohl bei Russen wie bei Persern in großem Ansehen stand.

27) So hießen die Nachkommen des Propheten.

28) Das Wort unbärtig: thükssüs, hat einen doppelten Sinn. Einmal bedeutet es, was es sagt, und zweitens werden solche junge

Leute damit bezeichnet, welche sich zu Werkzeugen geschlechtlicher Verirrungen mißbrauchen lassen. Die letztere Bedeutung des Wortes ist bei Persern und Tataren die allgemeine.

29) Sowohl bei den Tataren, wie bei den Georgiern und Armeniern werden die Ehewerbungen immer durch Vermittler besorgt. Durch einen alten Mann wendet man sich an den Vater, und durch eine ältere Frau an die Mutter der Braut, um das Nöthige einzuleiten.

30) Eine Tunga enthält ungefähr fünf unserer Flaschen.

31) Puschkin, Reise nach Erserum p. 158.

32) Vergl. Parrot, in seinem obengenannten Werke, Bd. I. p. 41 ff.

33) Wie der Tatar zu dieser Botschaft gekommen, habe ich nicht ermitteln können — wahrscheinlich ist es, daß er eine Zeitlang — wie dieß hier häufig der Fall ist — in Sibirien in der Verbannung gelebt, dort Bala-Chan's Bekanntschaft gemacht und späterhin die Erlaubniß erhalten hat, in sein Vaterland zurückzukehren.

34) Kuli — Reitknecht, Sklave.

35) Burka — kurzer Filzmantel, auswendig mit Rauchwerk.

36) Die Häuser im Daghestan sind gewöhnlich so eingerichtet, daß sich Stallung, Geräthkammer und Küche im ersten Stock, die Wohnungen aber im zweiten Stock befinden.

www.ingramcontent.com/pod-product-compliance
Lightning Source LLC
Chambersburg PA
CBHW022110300426
44117CB00007B/660